思想觀念的帶動者
文化現象的觀察者
本土經驗的整理者
生命故事的關懷者

心靈工坊
[PsyGarden]

Master

對於人類心理現象的描述與詮釋
有著源遠流長的古典主張,有著素簡華麗的現代議題
構築一座探究心靈活動的殿堂
我們在文字與閱讀中,找尋那奠基的源頭

敘事治療的精神與實踐

作者－黃素菲

The Spirit and Practice of Narrative Therapy

目錄

彼此說故事之為社會行動

丁興祥／輔仁大學心理系教授

定位之重要

開車的人都知道前輪的「定位」是很重要的事，如果前輪定位有問題，那事情就大條了。不只是開車不順，甚至不知開到何處，如果操作不當還可能出車禍。「定位」（positioning）不可小覷之。這不只限於開車，人生、學術研究、專業實踐也是如此。

然而，要「重新定位」並不易，往往要「用功的轉，勿原地踏步」（宋文里老師語）。學術及研究、實踐之定位可能要面對「理論、研究與實務」間的分裂與掙扎。我在 2006 年《應用心理研究》主編一個專題，就是在探討「心理學的定位與開展」的議題；「重新定位」是個「典範轉移」的問題，它不只是邏輯的、方法的，也是歷史的、社會及文化的問題。

「質性心理學」的興起，就是對傳統心理學的挑戰與翻轉，就是心理學的「典範轉移」。肯尼斯・格根（K. Gergen）在《翻轉與重建：心理治療與社會建構》（*Therapy as Social Construction*）一書中，即論及「心理治療」典範定位及轉向的議題。格根在心理學界，尤其是社會心理學在初露鋒芒時，就大膽地挑戰了心理學的一些基本預設問題。他已開始反思「典

範」定位問題，也許會被人視為「麻煩製造者」，換個視角，也可以視為典範的「翻轉及建構」者。

我是在 1980 年赴美讀書，修習的領域是「社會及人格」心理學，沒想到在上研究所的一門討論課，教授要我們讀一篇格根的文章：〈社會心理學之為歷史學〉（social psychology as history）。回想當時好像遭到當頭棒喝，原來心理學並不如原先的預設是門「自然科學」。格根文中反覆論證，說明心理現象，尤其是社會心理現象，是脫離不了「當時」的時空條件。而心理學的研究「對象」及「現象」是鑲嵌在（embedded）特定的時空脈絡中。而現代心理學卻是採取「去歷史」（ahistorical）的方式定位心理學。當年受到格根的震撼，一直銘印在心，原來學術有「定位」問題，而且茲事體大。

素菲這本《敘事治療的精神與實踐》，可以說是心理學重新定位的故事之一。

心理療癒之為社會建構

席拉・邁可納米（Sheila McNamee）及格根於 1992 所主編的《翻轉與重建：心理治療與社會建構》（宋文里譯，2017），就是在提出「社會建構」作為心理治療的知識論取向。這是不同於傳統的治療「視框」，重新定位了心理治療或療癒的方向。這對二十五年後臺灣的「諮商及心理治療」領域，仍是深具啟發性之心理學視野。心理治療要走出「醫療體系」、「數據」及「診斷手冊」，將桑土「病理化」「本質化」，這種「專家」模式（現代主義模式）翻轉朝向以「案主」中心，治療者與案主可以「對話」「協商」，彼此共感，共行，進而共舞，共創

「新故事」，彼此共建「在地的」「社群的」「共同參與式」的「後現代模式」。這種「新版本」的心理治療故事，是需要大夥一起重建的。改變的契機，可出於一念及機緣。而「視框」之轉換，頗為關鍵。如何打破原有對人的「囿限的存有」觀，而進入一種格根所謂的《關係的存有：超越自我‧超越社群》（Relational Being: Beyond Self and Community）。新的「關係論」典範，係對西方啟蒙時代以來的「個體論」（個人主義）傳統提出異議，轉向將人視為彼此共處於關係之中。在關係中能彼此對話，生命及故事可在彼此共生、共感、共建，互動的關係土壤中，或可開出新的花朵。這是須要用力轉向的。

素菲這本書，可以說是承接這一學術轉向的脈絡，以在地實踐的經驗實例，為臺灣心理學的重新定位，增添扭轉的馬力。

結伴攜手共行之必要

如果我們將「文」視為彼此「交談」或「書寫」，這樣的預設成為一種集體行動，是可以翻轉傳統學術的方向。傳統的學術書寫將「研究」「理論」的價值放得最高，而後才是「應用」及「實踐」（社會行動）。「我知道，我發現」優先，然後才是「我要告訴他人」。但在格根的《關係的存有：超越自我‧超越社群》觀點下，反而要翻轉這個優先順序，將原來的「知」優先，改為「行」優先。「知」之所以發生只能透過社會參與。研究行動之能讓人明白及值得動手，正是因為有一種先於該行動本身的「關係」使然。其順序是「我與他人交談，故我能知」。「與他人交談」的重要性優先於做研究。這是一種以「文」會友。

「敘事研究」（narrative inquiry）作為「質性研究」之一種，便是轉換傳統心理學以「工具」取向對待研究對象。研究只是為研究者獲得所要的資料（數據）。敘事研究卻將研究對象視為「故事的相遇」（Narrative encounter）。彼此像是一種友誼關係，一種夥伴關係。這是可以一種默默地進行，彼此信任，或局部地參與他者的生活世界，彼此共同努力建構一種好的社會，以友輔仁。這是將彼此看成「關係的存有」。敘事研究是一種故事的遭遇，可以廣泛的應用於人文及社會科學的不同領域。也可說是一種社會科學的運動。可為弱勢者發聲，可以重新建構自己的「自我認定」（self-identity），進而可彼此共同說故事。一起共說，共感，找到彼此的共在。大夥一起行動，彼此增能（enable），培力（empower），這便是「敘說與行動」。格根認為敘事研究，可以是「人學研究」（Human Research）的另類發展。

典範翻轉難，畢竟人在江湖。敘說研究在心理學界，自從 1986 年薩賓（T. Sarbin）出版《敘說心理學》（*Narrative Psychology*）算起來也超過三十年。在國內推動「敘說研究」也超過了二十年。走不一樣的路，往往要困知勉行。還得立志及自我確認。在諮商與心理治療這行，在研究與實務之間，一直有著分裂的掙扎與痛苦，這不只是個人的問題，也是許多前輩們的問題，更何況身處不同的文化及歷史脈絡，又會面臨在地化的問題。翁開誠（2004）〈當 Carl Rogers 遇上了王陽明：心理學對人文心理與治療知行合一的啟發〉文章中，就清楚地描繪這樣的專業處境。

素菲這本《敘事治療的精神與實踐》也可說是她一路困知勉

行的結果。當年她去加拿大遇見雷尼（David L. Rennie）便開啟了人文主義詮釋學方法論，也接觸到「社會建構論」的前輩們的著作。開啟了新的「視框」。難能可貴的是她不只是研究及實踐，還將經驗及個人的反思寫下來。這本書可以說是對自身行動的反思吧。在這本書中，她不但回顧了敘事治療的前輩們的理論、學思歷程，以及他們實踐的故事。她還十分用心地整理、詮釋了「敘事治療」哲學基礎（現象學、現象心理學、後現代理論、社會建構論等）。這是不容易的工作。哲學思想各有其源頭，彼此的基本預設也不完全一致。要能彼此匯通並容納差異，和而不同之不易。

她在文中自述自己過去有一種「學究」的堅持，認為要先弄通學理才能進行應用。但她反思到自己的「古板」。如今能夠「放下」，困知勉行，一面做一面反思，知行可合一（心即理），也是一種殊途同歸之路。這種摸索前行，「敘說與實踐」，能參與他人之世界，共行共舞，說說自己也聽聽他人的故事，或可召喚出故事療癒的建構社會之學。

這樣的工作需要結伴且同行，心理學（心理治療）是朝向他人的。本書的後半部即在介紹「敘事治療研究與實務」，特別介紹了「敘事三重山」（黃素菲，2016）及「敘事治療與介入技術」。這是「敘事治療」的方法及技術，屬操作的層次，可為初學者進入這個領域頗為實用的方便法門。「敘事典範」不只可應用於臨床及諮商領域，也可以跨學科、跨領域的應用。素菲在這本書最後的第三篇，是將敘事治療應用於「生涯諮商」（Career Counseling）以及「諮商督導」。這當然也是她累積了十多年的從事生涯探索及督導經驗談。

說故事的療癒或遭遇可為人文心理學建構出一條另類途徑。這樣或可化解學術上研究與實踐之間的斷裂。本體上我們都是「關係的存有」。路是人走出來的。千里之行,始於足下。結伴攜手共行,可如跳探戈,可共舞出一個美麗的未來。

【推薦序 2】
敘事治療的詩意與禪風

林美珠／國立東華大學諮商與臨床心理學系教授

　　敘事治療引進國內多年，在助人專業引起很大的迴響，而近年來學術社群對於敘事治療的探討亦方興未艾。對許多專業助人工作者來說，敘事治療是一個很有魅力的治療學派，其「去病理化」的人文特質吸引著許多學者及學生的注意。

　　很高興諮商與輔導學術界能有一本屬於國內的敘事治療專書出版，特別是用中文這樣的「語言」書寫成的敘事治療，讀起來格外的親切。素菲對「語言」的掌握力很強，能善用一些古籍典故，例如庖丁解牛、老子、金剛經……等，又如第五章當中藉三重山比喻敘事治療的歷程，在學術的生硬質地上畫龍點睛，讓這學術著作多了一些平易近人的味道，這同時也是中文世界的獨特韻味之所在，讓人讀過後對敘事治療產生不同的理解與想像。素菲筆下的敘事治療別有一種特殊的詩意與禪風。

　　本書內容豐富，涵蓋理論基礎、治療實務與應用三個部分。在理論基礎方面，素菲回顧了當代敘事治療重要學者／實務工作者之理論、敘事治療的知識論、還有敘事治療心理師的世界觀，鋪陳出敘事治療的理論背景。敘事的概念及理論基礎是跨學科及專業領域的，要從中理出一條清晰的脈絡誠屬不易，素菲在這個部分付出相當多的時間與精力，其來回考究與查證的精神令

人佩服。在敘事治療實務方面，素菲以自身的研究及實務案例作為敘事治療實務之說明，補強了過去國內研究／實務工作者僅能參考國外案例之缺憾。從這個章節看到素菲在敘事治療實務中融入了靈活性，貼近本土的個案世界，以三重山的比喻重新詮釋敘事治療的內容也相當精采。在敘事治療的應用方面，生涯實務以及諮商督導之應用，這兩處連結亦為本書之亮點。還有，生命自傳 S 生命線的練習活動，對許多的學習者來說非常有幫助。

在這本書當中，我看到的不是敘事治療的技巧操作，而是素菲多年來在實務現場的反思，在實務與理論之間穿梭的用心，以及對於人的真心關懷與聆聽。本書全文文筆流暢，易讀易懂，對於華人世界從事敘事治療的學習者來說可以提供敘事治療的理路基礎；對於敘事治療的實務者來說，可以提供敘事治療技巧應用之法；而對於敘事治療的教育訓練者來說，則提供了一個可以帶領學習者學習的架構。我由衷的推薦。

以平安養　靜心前行

　　最早發想寫本「敘事治療」書的種籽，大約是 2008 年 11 月的事，應邀出席在上海交通大學舉辦的「2008 第二屆中國職業生涯規劃國際論壇暨 GCDF[1] 全球峰會」，主講《敘事取向的生涯諮商：理論篇》，獲得很正面的迴響，當時大陸很少聽到敘事治療的聲音。隨即陸續將 PPT 改成專文，也陸續零星撰文，後來在 2011 年和 2013 年都草擬過書籍的章節目錄，現在看來那些目錄顯得「華而無實、大而不當」，但是從此寫這本書的筆就沒有停過。

　　機構的或個人的諮商督導實務，每每有感也會寫成「段落」；陸續邀約的演講、工作坊，準備過程或現場有所感悟者，也會配合翻查文獻而將 PPT 轉成較為順暢完整的「文本」；偶而接案、閱讀、生活中或有體驗者，也會立即寫下「心得」；2012 年連續兩學期在臺北護理健康大學「生死與健康心理諮商所」開設「現象學與存在主義心理治療」累積了一些筆記；2014 年去上海交大訪問半年，完成了敘事治療知識論的章節；加上 2014 到 2017 年陸續發表刊登的研究論文等。這些都

1　Global Career Development Facilitator，全球職涯發展師。

在這本《敘事治療的精神與實踐》的文稿花園裡，四散成橫枝蔓葉的各色草花、樹木，等待著被剪輯。想來先有個「不切實際」的目錄，也是必要的過程。

催促讓這本書得以真正「上路」，跟參加了 2017 年 6 月吉兒・佛瑞德門（Jill Freedman）來臺三天的「敘事治療在伴侶與家庭中的運用」的工作坊有直接關聯。三天浸泡在敘事治療的現場裡，突然間感覺自己手上有一台遙控的空拍機，從一種鳥瞰的視角，比較具體看出這本《敘事治療的精神與實踐》書本的輪廓和定位。重新落實書籍的目錄，當場跟心靈工坊的桂花老友約定，10 月給出整本書的初稿。

本書共分三部分、八章。第一部分是敘事治療的理論與基礎，包括：敘事治療理論的回顧與統整、敘事治療的知識論、敘事治療心理師的世界觀；第二部分是敘事治療的研究與實務，包括：敘事諮商歷程、敘事三重山、敘事治療的方法與介入技術；第三部分是敘事治療的應用，包括：敘事理論與生涯實務、敘事治療的諮商督導。內容雖有部分依據自己的研究論文，但為了閱讀的順暢性，幾乎大幅度改寫與重整。

本書得以問世，過程中萬分感謝編輯林妘嘉的投入，我們來回超過 50 次以上的信件往返，妘嘉細膩而認真，在段落順序、語句表述、訛誤修正等給予諸多寶貴的意見，我們爭執最多的是關於引用作者的格式，最後是互相都退讓一步。不禁想到《天才柏金斯》（Genius）這部電影，描述編輯柏金斯做一個「收服」費茲傑羅、湯瑪斯沃爾夫及海明威等文學家的過程，也許比黑山道士「降妖」還要磨人。我雖不是偉大的作家卻同意片中傳達的意念：作家的作品有如原石，編輯讓珠寶經由打磨或設計，更加

綻放本身的光采。

　　書寫完了，仍覺得心虛，概念繁複抽象、具體實例不足；西方理論挪移、本土深耕欠缺。或許，就得這麼吊過書袋，我才能放得下！距離「不徐不疾，得於手而應於心」還太遠，遑論「放鬆，學走路；讀書，過生活」。期勉自己繼續以平安養，靜心前行。

黃素菲

國立陽明大學人文與社會教育中心 316 研究室

2018 年，初春

第一篇

敘事治療的理論與基礎

敘事治療前輩：回顧與統整

　　故事取向的治療不是為了建立普世皆準的真理條件，而是要將不同時間的事件連接在一起，敘事的模式不是要帶來確定性，而是要帶出更多不同的視野。

——麥克‧懷特（Michael White）和大衛‧艾普斯頓（David Epston）[1]。

1　White, M. & Epston, D. (1990), *Narrative Means to Therapeutic Ends*. p.78.

本章將介紹敘事治療創始人麥克・懷特（Michael White）和大衛・艾普斯頓（David Epston）的生平著述、學思歷程和概念精華，也引介他們很重要的同儕夥伴吉兒・佛瑞德門（Jill Freedman）和金恩・康姆斯（Gene Combs）的生平著述和核心理念。受到敘事治療啟發和影響的學者和實務工作者實在不勝枚舉，限於篇幅，本章僅再介紹我自己比較熟悉的吉姆・度法（Jim Duvall）和蘿拉・蓓蕊思（Laura Béres）。

　　傳統上，諮商心理學界對於前來尋求協助的人（the person who come to seek for help），大多數是以當事人（client）、案主、個案、來談者等等來稱呼。敘事治療的作者在行文時經常使用「前來拜訪我的人」（the person who come to visit me），但前來求助（come to seek for help）與拜訪（come to visit），在關係上仍有所不同，後者更強調平等關係，因此本書一律將前來諮商的人稱之為「來訪者」，只有少數段落配合文獻引用和說明，沿用個案和案主的稱呼。本書以「敘事治療師」或「敘事治療心理師」指稱以敘事治療來進行心理諮商與治療的專業工作者，書中對於一般心理諮商與治療工作者，則以「治療師」稱呼，有些是根據文獻直譯為「心理治療師」，有些則是配合臺灣心理師法而稱之為「心理師」或「諮商心理師」。

麥克・懷特和大衛・艾普斯頓

人物簡介

　　麥克・懷特 1948 年在南澳大利亞阿德雷德（Adelaide）出生長大，第一份專業工作是協助緩刑者的社會福利工作者。他於

1979 年從南澳大學社會工作系畢業後，在阿德雷德兒童醫院擔任精神科社會工作者，並於 1983 年創立了杜維曲中心（Dulwich Centre）成為執業的家庭治療師。從他在醫院工作四年旋即獨立開業，可以看出他必然看到病人有可為之處，而醫院不足以讓他盡情發揮。他的工作夥伴大衛·艾普斯頓曾說：「他是素人哲學家……他是技巧高超的衝浪者，航行在未知之海，帶著我們許多人和他一起享受『解構』世界的樂趣。」（黃孟嬌譯，2008/2007，p.256）懷特定義自己為實踐學者（Practitioner-scholar），他讓專業實踐與理論概念緊密結合。他身上有一種拓荒的冒險家精神，不禁慶幸，還好他沒有繼續留在學校，被學院式傳統的治療理論綑綁，或許正因為他敢於沒有專家學位的光環，才能讓自己真正發光。

2008 年 1 月，懷特設立了阿德雷德敘事治療中心，提供個人、夫妻、家庭，團體諮詢，並和社區合作，提供諮商服務和培訓講習班，這個敘事治療中心成為孵育與探索敘事實踐的最佳沃土。懷特在兒童和土著以及精神分裂症、厭食症／暴食症，男性暴力和創傷者的臨床實踐上，提供飽滿的經驗與價值，杜維曲中心盛開著美麗的、新奇的花朵，芬芳了全世界。他除了著述無數，也獲得許多殊榮，包括：美國婚姻與家庭治療協會國際研究員，美國婚姻與家庭治療協會大師採訪會議，加利福尼亞奧林達肯尼迪大學授予他人文學名譽博士，以表揚其對家庭治療理論與實踐獎的傑出貢獻。

2001 年 4 月，透過茵特森創意對話中心創始人吳熙琄老師的推薦，張老師基金會邀請麥克·懷特來台親自帶領「敘事治療工作坊」；心靈工坊初成立，出版的第一本書即是懷特的經典

著作《故事‧知識‧權力：敘事治療的力量》[2]；自此，開啟了麥克‧懷特與臺灣心理助人工作者的深厚關係。

懷特在 2008 年 4 月 5 日因心臟衰竭不幸過世，4 月 24 日臺灣地區的的弔念者一同在台北開平高中舉辦「向敘事治療創始人致敬——麥克‧懷特追思紀念會」。由促使臺灣與懷特相遇的故事源頭——吳熙琄老師、張老師基金會，以及心靈工坊文化公司，三方合辦這場紀念會，並邀請了金樹人、吳熙琄、翁開誠、丁興祥、黃素菲、周志建等長期鑽研敘事治療的學者以及實務工作者，分享他們所認識的麥克‧懷特、對敘事治療的觀點、在臨床工作上的運用，除了是對大師追思緬懷，也是國內敘事治療的傳承。

我當時做了一個簡短的回顧報告，名為「麥克‧懷特對臺灣學界的影響」，我藉由 21 個關鍵字（16 個中文，5 個英文）、兩個搜尋系統，搜尋出 1994 年至 2008 年之間，共有 272 篇相關文章與論文。其中 156 篇文章分布於六大類刊物，這六類分別是：（1）心理、諮商與輔導類（2）教育類（3）醫護類（4）通識類（5）語文哲學類（6）其他，共計 44 種期刊。博碩士論文共 116 篇。全體作者共計 87 人，其中 60% 的作者只寫一篇，但是也有 29% 的作者寫 3 篇，最多產的作者寫了 7 篇。不同年份的文章數量略有不同，但是最近 4 年就佔了 1/4 強，2004 到 2008 年間共計 200 篇，佔 73.5%，2001 到 2008 共計 256 篇，佔 94.1%，但 1998 之前每年幾乎都只有一、兩篇而已。

---

2   *Narrative Means to Therapeutic Ends*, White, M. & Epston, D.，廖世德譯，2001/1990，心靈工坊出版。

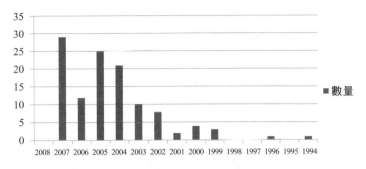

圖 1-1　各年度 博碩士論文篇數統計圖

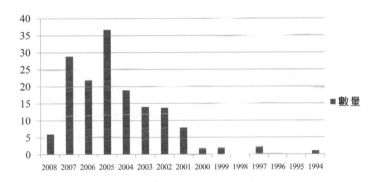

圖 1-2　各年度 文章與論文篇數統計圖

　　根據葉安華、李佩怡、陳秉華 2017 年針對 1994 到 2014 年出版之自我敘說研究取向論文進行概括性的統整分析，發現臺灣近 20 年來累積近千篇相關學位論文，其中近一半出現在 2010 到 2014 年之間；期刊論文從 1999 到 2014 年之間，近半數出現在最後五年。2018 年是麥克・懷特逝世十周年，時至今日，他對臺灣諮商、輔導、教育、社工等學界論文研究主題與方法的影響力，應當是持續增加當中。

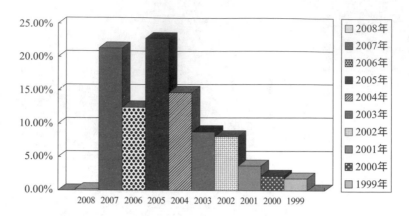

圖 1-3　各年份（論文、文章、博碩士）篇數圖

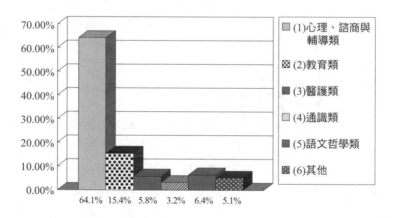

圖 1-4　各期刊文章數量統計圖

核心理念

麥克・懷特的學思歷程

　　麥克・懷特重視社會建構歷程，屬於非結構主義心理學，他深受美國心理學家威廉・詹姆斯（William James）啟發。詹姆斯

以反對結構主義意識元素分析的研究出發，出版的《心理學原理》（*The Principles of Psychology*）被視為心理學的經典著作，而且公認是美國功能學派興起的里程碑（James, 1981）。詹姆斯確定了心理學研究的目的不在於發現構成意識的基本元素，而在研究個體意識在適應其環境時所發揮的功能，尤其是他認為，世間無絕對真理，真理決定於實際效用，而且真理常隨時代環境變遷而改變；適合於時代環境而有效用者，即是真理（張文哲編譯，2014）。詹姆斯的實用主義思想，對懷特而言，無疑是發展敘事治療知識論與世界觀的有力依據。

雷夫・維高斯基（Lev Vygotsky）這位蘇聯的文化歷史心理學家，研究領域除了語言發展、教育心理學，還涉及兒童發展過程中文化調解和人際溝通的重要作用。他觀察到通過這些相互作用發展出更高的心理功能，也代表了文化的共同知識，他把這個過程稱為內化（internalization）。「內化」在可以理解為「知道如何」（knowing how）（Vygotsky, 1978）。懷特想要「知道如何」獲得在地知識的心理學機制。他離世前的重要巨著《敘事治療的工作地圖》[3]，也是受到維高斯基（Vygotsky, 1978）「潛在發展區」（zone of proximal development，ZPD）的影響。懷特還設計「鷹架對話」（scaffolding conversations），幫助來訪者將問題或舊有的習慣與自己分開，然後在中間搭起鷹架，讓來訪者能有一塊「潛在發展區」，邁向更多新的可能性。雷夫・維高斯基的研究和論述，無疑也為他提供了重要的理論後盾。

3　*Maps of Narrative Practice*，黃孟嬌譯，2008/2007，張老師文化出版。

懷特早期受到英國社會科學及語言學家葛瑞利・貝特森（Gregory Bateson）系統理論和控制論的影響，貝特森（2002）提出西方以認識論作為一種思維方式，將導致人們對所有控制論系統施加專制統治的心態，他強調人永遠無法控制整個系統，因為系統不能以線性方式運作。控制論的非線性性質，註定了人無法為系統創建自己的規則，否則將變成自製系統的奴隸。後來他廣泛接受各種論述的刺激，包括美國心理學家傑若米・布魯諾（Jerome Bruner）心理語言學理論中的敘說建構、生命自傳歷程（Bruner, 1991, 1995）等觀點的影響；受到文化人類學家克利福德・葛茲（Clifford Geertz）的文化詮釋方法、在地知識的觀點、豐厚的描述等影響（Geertz, 1973a, 1973b, 1957, 1992）；以及具備種族、性別敏感度的芭芭拉・梅耶霍夫（Barbara Myerhoff）在人類學研究中的異國情調的文化、世俗儀式、生命史雙重框架等等薰陶（Prell, 1989；Myerhoff & Kaminsky, 1992）；還有蘇格蘭文化人類學家維克多・透納（Victor Turner）象徵人類學或象徵與詮釋人類學中提到的過關儀式（前閾限階段、閾限階段、後閾限階段[4]）、移動中的文化、社會劇與中介性理論、結構和反結構等的感染（Turner, 1969, 1986）。這些人類學家、社會學家和哲學家，可以說都是懷特間接的老師，在懷特的論述中可以見到他重視文化詮釋、地方知識、豐厚描述、雙重視框、過關儀式等等影響的痕跡。

　　懷特也被後結構主義及法國的批判哲學家的思潮所吸引。

4　「閾限」指感覺器官察覺到最小的物理刺激量，引用到心理面向是指剛剛察覺到的心理改變。

後結構主義哲學家米歇爾・傅柯（Michel Foucault）以知識社會學觀點論述知識與權力的關係，他將歷史分化為一系列「認識」，並將這個認識定義為一個文化內一定形式的權力分布。從而可見，「真理」是運用權力的結果，而人只不過是使用權力的工具。依靠一個真理系統建立的權力可以通過討論、知識、歷史等來被質疑，而通過強調身體、貶低思考，或通過藝術創造也可以挑戰這樣的權力（劉北成等譯，1992b/1977）。這些想法很大程度的刺激懷特思考治療師和來訪者之間的角色權力關係，以及治療理論作為專業知識對於治療關係中的權力分布之影響。

法國批判哲學家德希達（Jacques Derrida）（張寧譯，2004/1978）認為在古希臘哲學家柏拉圖（Plato）的形上學傳統中，都有意的採用二元對立的方式將在場／不在場、言說／書寫、生／死、本質／表象、內在／外在等概念對立起來，而前者往往被暗示是好的，後者往往是被貶抑的。他認為受到傳統形上學的貶抑，具有不確定性的「書寫」就被「確定」在二元邏輯上，所以，德希達則藉由「書寫」的不確定性，倡導語言的自由遊戲，即意義的無限衍異，來破壞形上學的基礎，揭櫫「書寫」的不透明、中介特性，以及文字傳達意義的延宕、挪移、及後設性。而「差異」（或 difference、延異、衍異、分延）的觀念，更直指意義表現，實踐的無限播散、分裂可能。這些觀念也支持懷特相對影響問話（relative influence questioning）的概念，仔細聆聽來訪者隱而未顯的支線故事，並且更自由的以書信、會員重新入會等等靈活的方式，去協助創造來訪者更多挪移位置與衍異意義的可能性。

麥克・懷特與大衛・艾普斯頓最初、也是最重要的一本

書，原文書名是 *Narrative Means to Therapeutic Ends*，這個書名直接清楚明白說明書的意旨。Mean 有非常多意思，指道理或清楚的條理，或某件事意圖表達其意義，可以是指意思、意味、意圖，意義，也是卑鄙、刻薄，也是平均、中間，此處應該是道理、理路、意義，或方法、手段。End 是指目標、目的、終點、結果、等等。所以原書可以翻譯成「以敘事理路通達治療目的」，或是「以敘事方法達到治療結果」。1989 年懷特和艾普斯頓這本書的初稿在德威中心印行，書名是 *Literate Means to Therapeutic Ends* 他們一開始並不是用 Narrative 這個概念。《韋氏新世界辭典》對 Literate 一詞的定義是「讀與寫的能力」（ability to read and write），而在《韋氏新國際辭典》的定義則是「素質或識字狀態」（the quality or state of being literate），而《牛津辭典》的定義則是「熟悉信件或文學，受過教育，指導，學習」（acquainted with letters or literature, educated, instructed, learned）。總之，這個字的意思是識字、有文化的、讀與寫以及學習的能力等。最早懷特和艾普斯頓用 Literate 這個字的概念，已經很清楚是要協助來訪者「對自己的生命經驗擁有讀與寫或學習的能力」，簡單的說是「生命經驗讀、寫能力」。這個源頭，非常令人感動，可以想見他們兩人是在澳洲和紐西蘭，以自己的實踐經驗積累出實踐知識，加以命名為《以生命經驗讀、寫能力為方法》（Literate Means），可能後來才發現有一個學術圈的專門術語稱為「敘事或敘說」（narrative），於是 1990 年在紐約出版時，不知道是不是「投降」給學術界了，書名從 Literate 變成 Narrative 這個字了，書名成為「以敘事理路通達治療目的」。這本書已經翻譯成三十幾種不同的語言，在臺

灣由廖世德翻譯，書名即是前面提過的《故事·知識·權力：敘事治療的力量》。

懷特是勤奮寫作的實務工作者，他陸續在德威中心出版創作的文章和書籍，包括：1992 年他將過去三年間零零星星和艾普斯頓一起完成的文章整理出來，在德威中心出版《經驗，矛盾，敘說與想像力：大衛·艾普斯頓和麥克·懷特的精選論文》[5]；以及著作《重寫生活：訪問和撰文》[6]、《治療師的生活之敘說》[7]、《敘事實踐的反思》[8]、《敘事實踐與異樣生命：復甦日常生活中的多樣性》[9]，以及 2006 年跟艾莉絲·摩根（Alice Morgan）合著的《說故事的魔力：兒童與敘事治療》[10] 和 2007 年在紐約出版《敘事治療的工作地圖》，最後這本書應該是繼 1990 年首作之後的重要著述，統整過去十幾年的實務經驗之大成，他用「地圖」來揭示他要走的路，說明在治療過程中為什麼要往前這個或那個方向，同時他也警告說有這麼多方向，他可能會來到這條路，你可能會進去那條路；他強調這不是手冊，你找不到像麥當勞套餐似的建議。臺灣在 2008 年立即出中文版。

---

5   *Experience, Contradiction, Narrative and Imagination: Selected papers of David Epston & Michael White, 1989-1991*, Epston, D. & White, M., 1992.

6   *Re-Authoring Lives: Interviews and Essays*, 1995.

7   *Narratives of Therapists' Lives*, 1995.

8   *Reflections on Narrative Practice*, 2000.

9   *Narrative Practice and Exotic Lives: Resurrecting diversity in everyday life*, 2004.

10 *Narrative Therapy with Children and their Familie*，李淑珺譯，2008，心靈工坊出版。

很不幸，2008 年懷特因心臟病驟逝，《敘事治療的實踐：與麥克持續對話》[11] 這本書是敘事治療大師麥克‧懷特去世後，他在澳州德威中心的共事者埋首在他的檔案系統中，努力找尋出的珍貴資料，集結了懷特描述自己工作的談話、演講內容及關於工作背後的思想、決心和目標，彌足珍貴。臺灣也在隔年立即翻譯出版印行。

大衛‧艾普斯頓的學思歷程

　　麥克‧懷特與專業生涯中的重要合作夥伴大衛‧艾普斯頓，並稱為敘事治療法的創始人。艾普斯頓出生於 1944 年加拿大安大略省。他於 19 歲離開加拿大，1964 年抵達紐西蘭，五年後在奧克蘭大學完成社會學和人類學學士學位，於 1971 年獲得了愛丁堡大學社區發展文憑，1976 年獲英國華威大學應用社會學研究學位，1977 年獲得社會工作資格證書。艾普斯頓自 1981 年到 1987 年在紐西蘭奧克蘭醫院擔任高級社會工作者，從 1987 年開始在萊斯利（Leslie）中心擔任家庭治療師，目前是萊斯利中心奧克蘭家庭治療中心的聯合主任。

　　1997 年艾普斯頓和吉兒‧佛瑞德門及丁‧勞勃維茲（Dean Lobovits）出版了《兒童敘事治療：嚴重問題的遊戲取向》[12]，這本書為孩子們的心靈以及家庭的思想提供了清新的視野，主題從脾氣問題到飲食失調延伸到自殘自傷等議題。書中運用外化發

11　*Narrative Practice: Continuing the conversations*，丁凡譯，
　　2012/2011，張老師文化出版。

12　*Playful approaches to serious problems: narrative therapy with children
　　and their families.*

揮了有趣的想像力,如「癢癢」、「偷偷摸摸的 Poo」(指維尼熊)等等,使得本來沉重的問題,進入一種創造性的過程,需要想像力、原創性和激發孩子合作的熱情。2004 年艾普斯頓和梅塞爾(Rick Maisel)及博登(Ali Borden)出版了《咬著那雙使你飢餓的手:抵抗厭食/暴食的啟發》[13]。這本書分為四部分,第一部分「誘惑與監禁」中,介紹敘事治療對飲食失調的概念,也論述大量臨床案例的治療素材和來訪者的關鍵反應;第二部分「反對厭食症/暴食症」,介紹了敘事治療師使用的方法,包括外化、共同敘說等等;第三部分的主題是「從厭食症/暴食症中重獲人生」,焦點是敘事治療的治療策略以及解決復發的問題;第四部分「成為一個反厭食/暴食的盟友」,討論如何撫癒一個飲食失調的人,包括住院治療問題。這本書最重要的價值是提供了豐富的案例和極具創意的信件、證書等文件治療方法。那些正在與飲食失調鬥爭的人以及照顧他們的人,無疑會在許多病人的信件、證書等文件中找到靈感並轉化到自己身上或臨床工作中。

2008 年由鮑恩(Barry Bowen)編輯艾普斯頓手邊未出版文稿完成《向下和向上:帶著敘事療法的旅行》[14],這本書在懷特去世的同年出版,紀念意味濃重,最初由英國的家庭治療協會(AFT)出版,目前已經絕版了,但家庭治療協會慷慨地將手稿免費提供給有關各方,可以輸入關鍵字「Down Under and Up Over – Travels with Narrative Therapy」下載全文 PDF 檔案。書頁

---

13 *Biting the hand that starves you: inspiring resistance to anorexia/ bulimia.*

14 *Down Under and Up Over — Travels with Narrative Therapy.*

中可以看到艾普斯頓情深義重的寫到：「在愛中紀念懷特（1948-2008），我的摯友，同事和『兄弟』。」就如書名，這本書分成兩部分，第一部分「向下」，包含艾普斯頓過往不同時期寫作生涯發表的作品，每一章都反映了他和他的創作夥伴懷特的創造力。第二部分「向上」，包含了艾普斯頓臨床工作的六個案例，這些案例都是首次發表，包括慢性睡眠的創造性方法、兒童與其疏遠的父親之間的關係、法庭報告、偷竊和兄弟衝突，以及關於抗厭食症的長篇章節，這些都是艾普斯頓臨床工作的核心課題。

　　大衛‧艾普斯頓和臨床社工大衛‧馬斯頓（David Marsten）及婚姻與家庭治療師蘿莉‧馬克漢（Laurie Markham）於 2016 年一起出版《闖進兔子洞：魔幻奇境的敘事治療》[15]，8 年前他們就想要寫這本書，馬克漢當時候還是個研究生，在洛杉磯以非傳統具變革性的立場，跟邊緣青少年工作，提供了非常精彩又有創意的實踐案例，並在趣味、創意中卻仍然謹守專業倫理的份際。大衛‧馬斯頓在書中對於權力議題有很多細膩的思考，無論是精神病理學診斷，或是傳統家族治療中對於家庭結構角色的僵固化、過度強調個人化、資本社會中的生產機制、新自由主義、基進的現代主義等等都提供了嶄新的觀點。他們倆人都認為大衛‧艾普斯頓是個值得珍惜的資深夥伴，希望能將不同的理論、觀點、實踐無縫接軌的融合在一起。

　　2016 年大衛‧艾普斯頓在系統治療期刊發表〈重新思考敘

15　*Narrative Therapy in Wonderland: Connecting with Children's Imaginative Know-How.*

事療法：未來的歷史〉[16]，整篇文章都在回應懷特的大作《敘事治療的工作地圖》這本書。文中艾普斯頓說到：「以懷特的學術生涯歷程，他必須寫這樣一本跟『地圖』有關的書，來交代他的『臨床實務工作的概念化方法』。」很多朋友和同行對這本書都愛不釋手、無法掩卷，但是他呼籲讀者不可以按圖索驥的去做臨床實踐。我想艾普斯頓這篇姑且稱之為回應文或書評的文章，是以苦口婆心、震聲疾呼的方式，再一次定調敘事治療：所謂「地圖」正好把你帶到沒有地圖的國度，讓你快速找到自己的路徑。

麥克‧懷特的概念精華

懷特的概念非常繁複、多樣，以下僅摘述他最具有影響力的重要觀點。外化應該是他理論中最重要也是最基礎的核心，將來訪者的問題外化而衍生出其他的敘事治療方法，如重寫對話、會員重新整合、定義式儀式、突顯獨特意義經驗的對話和鷹架對話等。懷特的概念深深影響著全世界的治療師。

一、外化對話

外化的問話（externalizing conversation）本質上是一種「人與問題關係的修正」（廖世德譯，2001/1990，p.71），敘事治療為了實踐「人不是問題，問題才是問題，把人和問題分開」基本信念。外化的問話，有點像是對「問題」進行一種「冷酷」的調查，來訪者必須移動觀點，把「問題」放到自己的「對

---

16   Re-imagining narrative therapy: A history for the future.

面」，創造出來訪者跟「問題」的心理空間。敘事治療師帶著外化的態度聆聽，將產生解構的效應，也就是拉開來訪者與問題的距離，辨識自己與問題的關係，開展多元視角而賦予故事新的樣貌。

在進行外化時，懷特也運用文本類比的特性而提出「若要創造生活的意義，表達我們自己，經驗就必須成為故事」（廖世德譯，2001/1990，p.11），強調「隱喻」是外化對話中極為重要的方法，經常使用在外化的隱喻如：對抗問題、與問題戰鬥、驅逐問題、向問題罷工、拒絕問題的要求、從問題中奪回主控權、火葬問題、讓問題去服刑等等。此外為問題「下結論」也是很重要的外化方法，在一段外化的對話過程之後邀請來訪者對故事做一個暫時性的總結，有些來訪者本來是沮喪而缺乏生命力，最後可能給出的結論是「在冷灶裡加入火紅的煤炭」，或是一個懷有社交恐懼者，可能給出的結論是「經營一個自在喝茶的花園」。

敘事治療心理師也可以依循四種探索類型來協助來訪者將問題外化，懷特稱之為四種探索類型定位圖（statement of position）。探索類型一：協調出獨特且接近真實經驗的問題定義，敘事治療師會支持來訪者為困境與問題下自己的定義。探索類型二：繪製問題影響的地圖，探索問題在來訪者生活的不同領域造成何種效應／影響。探索類型三：評估問題行為的效應影響，敘事治療師支持來訪者評估問題的運作與活動，以及它對生活造成的主要影響。探索類型四：為評估辯護，和來訪者一起探索「為什麼」需要評估。

懷特說：「外化對話藉由將問題客觀化，為原本將問題視為內化的想法解套，將問題客體化，使來訪者能夠將問題和

自己切割，問題就是問題，問題不等於人。」（黃孟嬌譯，2008/2007，p.12）外化對話不但讓來訪者重新定義問題與自身的關係，也在發展自我認同感時認可他人的聲音，藉此重新定義彼此的關係。外化對話開啟了許多可能性，讓來訪者可以重新定義他們的自我認同，重新體驗他們的生活並追求自己所珍視的一切。

二、重寫對話

　　重寫對話（re-authoring conversation）邀請來訪者繼續發展並敘說生活故事，也幫助來訪者納入某些被忽略卻具有潛在重要性的事件和經驗。這些事件或經驗並不在主要故事裡，它們可以被視為「獨特意義經驗」或「例外」。重寫對話地圖指引敘事治療師在形成治療對話時，重新發展屬於來訪者生活的次要故事線，這些次要故事線使得來訪者能夠配合自己重視的主題，面對他們的問題與困境，這些重要的主題在重寫對話中會愈來愈清楚豐富。

　　懷特主張的重寫對話地圖（re-authoring conversations map）是依據傑若米·布魯諾（1986）的故事隱喻和文本分析。重寫對話是建立在文本類比上，是由行動藍圖與意識藍圖組合成的故事。**行動藍圖是故事的素材，由構成情節與故事主題的系列事件組成。意識藍圖則是由包含在行動中的所知、所感、所思，或是無知、無意、無感所組成。**意識藍圖呈現故事主角的意識，主要是由他們對於行動藍圖中的事件所產生的想法組成，也就是他們對這些事件所歸納出來的意義，還有對於形成這些事件的意圖與目的所做的推論，以及對相關角色特性、身分所做成的結論。懷

特為了加深自我的建構性意涵，將「意識藍圖」更名為「自我認同藍圖」。

　　換句話說，「行動藍圖」意指來訪者描述自身在故事中的行動或作為，而「自我認同藍圖」意指來訪者以主導者身分，對行動或作為所歸納出來的意義或結論。通常「行動藍圖」包括來訪者敘說故事中的事件、環境、順序、時間、情節等。「自我認同藍圖」包括來訪者帶著意圖的理解，這份理解同時還伴隨著知道這是自己一致性的價值，以從理解中達到領悟、學習、建構知識。意圖性的理解會使來訪者發現許多行動是由內在的價值、信念、渴望、期待、目標及承諾所組成。

　　懷特並刻意區分「內在特質性理解」（internal state understanding）與「意圖性理解」（intentional state understanding）的差別，前者是由「自我」中心散發，後者強調「個人主導」（personal agency），他主張揚棄前者深耕後者。懷特認為「意圖性理解」才能協助來訪者感受到自己與他人有所連結，能認識自己的經驗，對於被忽略的事件表達出情感上的回應，深思別人對自己的生活和認同有何看法，表達出對意圖與價值的投入與承諾。藉此敘事治療師可以依循來訪者的自我認同藍圖提出問題的好處與目的，並從中發展出屬於來訪者生活的次要故事線，這些次要的故事線使來訪者能配合自己重視的主題，面對他們的問題與困境。

二、會員重新整合

　　懷特（廖世德譯，2001/1990）強調：「自我認同立基於『與生活的關聯性』，而非以自己為核心」，他認為一個人過

去、現在與計畫未來時，必須納入具有生活關聯性的成員，這是建構個人自我認同不可或缺的環節。會員重新整合對話（re-membering conversation）提供來訪者機會，重新修訂與生活相關的組成成員，提升或貶低某些組成成員的地位，重視或抹除某些組成成員，為那些對於個人自我認同重要的聲音賦予正當性，或視其為不重要而撤銷其會員資格。會員重新整合對話可以扮演解藥，解除在當代西方文化中十分普遍且強而有力的孤立認同感。懷特將生命視為有會員的組織，並導入特定做法，相信並同意自我認同是由個人過去與現在當中重要的角色所形成，開啟各種不同的可能性，在治療對話脈絡中重建自我認同。

懷特早在 1988 年就源於失落與悲傷的治療經驗開始發現「說再見」的隱喻的重要性，並關注「會員重新整合對話」的價值與方法（White, 1988a, 1988b）。會員重新整合有很多好處和目的（黃孟嬌譯，2008/2007，p.122-123）：

1. 將「生命」視為一種「會員」俱樂部，將「自我認同」當成生命的「組織」建構，與「封裝自我」的觀念呈現對比。

2. 促成發展多元聲音的認同感，而非「封裝自我」的一元聲音認同感。

3. 藉由提升與重視某些成員，開啟修正個人生命成員的可能性。

4. 豐富地描述了人們較喜愛的自我認同、對生命的認識和生活的技巧，這些都源自於來訪者生活中較重要的關係。

5. 針對來訪者與生活中重要角色的關係，以互相付出的互惠分享，取代個人自我認同的「被動接受者」的概念，讓個

人的力量得以復原。

6. 不鼓勵消極回憶個人的過去，而是刻意與個人經歷中的重
要角色，以及目前生活中重要或可能重要的自我認同重新
互動。

經常透過兩種方式探索生活中的重要角色，第一部份邀請
來訪者：（1）重新衡量這個重要角色對自己的生活有何付出，
（2）透過這個角色的眼睛，見證自己的自我認同，開啟豐富的
描述。第二部份邀請來訪者：（1）重新衡量自己對這個角色的
生命有何貢獻，（2）為這種連結如何形成，或可能形成這個角
色對自我與生命的觀感，進行豐富的描述。以上會員重新整合的
隱喻做法不僅是治療情境的介入方法，也可以應用在每一個人的
日常生活。

會員重新整合有助於來訪者豐富描述替代故事的歷史，生命
中的重要他人常會記得來訪者展現某種技能、特長與能力的事
件，重要他人對這些事件的認識可以和替代故事中的其他事件連
結起來，有助於豐厚的描述。

四、定義式儀式

定義式儀式（definitional ceremories）源於文化人類學家梅
耶霍夫（Myerhoff, 1982）用來描述猶太長者社區討論會的詞
彙，是人為創造的情境：召集社區成員一起聚集而有機會論述再
論述，上演再上演他們的生活故事，創造出集體的自我定義，降
低孤立的影響，改善孤立所帶來的被忽視感。

懷特將定義式儀式應用在敘事治療中，定義式儀式有利於認

可來訪者的生活，並加以「重新分類」，這與當代文化中，許多儀式評斷人們的生活並使其降級，兩者形成對比。定義式儀式提供來訪者選擇的機會，在仔細選擇過的局外見證人面前，敘說或展現自己的生活故事。定義儀式技巧促使認可的傳統再現，可能會引起這些儀式的來訪者的強烈共鳴。這樣的結果會產生豐富的故事發展，使人更能感受到個人主權，並提供基礎讓來訪者能繼續面對他們的困境與憂慮。

定義式儀式的架構有述說、重述與再重述三個階段：

1. 由定義式儀式的來訪者述說重要的生命故事。

2. 由受邀參與的局外見證人重述故事。

3. 由來訪者再重述局外見證者的重述，這個工作必須由定義式儀式的來訪者完成。（黃孟嬌譯，2008/2007，p.162）。

在諮商與心理治療中納入聽眾，可以為來訪者提供：（1）在社群成員及受邀參與的局外人眼中重視自己的樣貌，（2）體驗故事所表達的認同，是可以聲討（denounce）得到認可，（3）體驗這些認同聲討的真實性，（4）介入形塑生活，而且進行方式是能不與所珍視的事物相衝突（黃孟嬌譯，2008/2007，p.161）。

定義式儀式中的局外見證人回應，並非依據當代的正向回饋（給予肯定、指出正面之處、恭賀式的回應等），不是依據專業評估與詮釋，也不是要形成意見、給予建議、做出宣示、引介道德或訓誡故事，相對地，局外見證人投入對話的方式，是道出吸引他們的故事，這些故事內容所喚起的意象，與這些故事呼應的個人經驗，以及他們自己的生活如何受這些故事所觸動。這些局

外見證人的重述，將有利的重現來訪者重視的生活方式，並給予高度認可，有助於提昇來訪者面對生存的對抗策略。

五、突顯獨特意義經驗的對話

懷特說他使用的「獨特意義經驗」（unique outcomes）或「例外」取自於美國社會學家厄文‧高夫曼（Erving Goffman）的定義「將經驗組織成任何人生命課題中的社交要素……特殊意義經驗受到忽略，儘管此類事件經過時間變化，是彼此獨立發生的，但是對社會不同範疇的成員來說他們都是基本且普遍的」（1961，p.127）。突顯獨特意義經驗的對話（conversations that highlight unique outcomes）要求敘事治療師參與時要離開治療的中心位置，將作者身分還給來訪者。這些對話幫助來訪者找回那些獨特卻被淘汰的經驗之重要性，協助來訪者反思這些經驗，並予以形象化。突顯獨特意義經驗的對話讓來訪者有機會為自己的生活目標發聲，根據自己的價值發展出更強烈的生命熟悉感。突顯獨特意義經驗的對話使來訪者得以重新界定自我和他人的關係，在發展自我意識時，也認可他人的聲音，可以更加支持自己與他人有關的認同感。

懷特（廖世德譯，2001/1990，p.25）認同「意義」是由人與人之間互相建構與發展出來的，我們從探索自己的生命故事中，可以找到特殊的意義，找到意義也等於找到繼續下去的力量。但有時候，生命中的事件過於細瑣和龐雜，我們不一定都能從中賦予意義，進而得到能量。這時，敘事治療師幫助來訪者找到那些獨特但卻遺落的重要經驗，反思這些經驗後賦予新的意義，透過重新賦予意義後的這些重要經驗所發出的光亮，照亮來

訪者的生命、改變歷程。

　　獨特意義經驗（unique outcome）是藉由將問題具象化後，敘事治療師的焦點放在來訪者的問題故事無法預測的時刻，透過思考這類的問題，可以找到更多「替代故事」，協助來訪者看見自己也有不同於負向經驗的故事腳本。同樣的，懷特建立四項探索階段，並經由臨床實踐將第一版本修改為第二版本，以去除敘事治療師在治療中的權威角色，並同時保持協助來訪者探索的積極功能。這「四種探索類型」更加聚焦在來訪者的獨特意義經驗，或是充滿問題的主要故事線中的旁支故事，包括：（改寫自黃孟嬌譯，2008/2007，p.203-212）

1. 定義獨特意義經驗。找出接近生活經驗且具有特殊意義的事件，並且用來訪者獨特的用語描述。

2. 繪製獨特意義經驗地圖。將特殊經驗併入時間軸成故事線，雖然是特殊經驗但不是偶發或意外，而是重要的關鍵事件。

3. 評估特殊事件的影響。需要經由具體事件或經驗，反映來訪者真實感受，這些體驗式的感受，提供來訪者了解關鍵經驗，是如何運作及產生影響的。

4. 為評估辯護。針對前一個階段，讓來訪者反覆思考為什麼會有這些感受或經驗，讓來訪者對於自己這個獨特意義經驗，經過辯證式思考的歷程後能更為確立，成為生命故事的一部分。

　　這四種探索類型稱為「定位圖論述」，使來訪者為可能成為獨特意義經驗狀態的發展定向，也使敘事治療師為這類發展定

向。這種發展的意義會在探索脈絡中經由協商產生，原本被漠視或被小看的亮點，愈來愈具份量而使來訪者看到新的可能性，治療將從獨特意義經驗發展成為多元故事線。

六、鷹架對話

受到蘇聯心理學家李夫·維高斯基（Lev Vygotsky）的影響（Vygotsky, 1978），懷特設計「鷹架對話」（scaffolding conversations），幫助來訪者將問題或舊有的習慣與自己分開，然後在中間搭起鷹架（scaffolding），讓來訪者能有一塊「潛在發展區」（ZPD），邁向更多新的可能性。在舊有熟知和全新未知的中間地帶，來訪者經歷自己擁有自由選擇和權力，可以掌握自己的生命，依照自己的步調往自訂目標邁進，這同時也可以說是一種賦能的歷程。「鷹架」提供來訪者機會，以容易掌控的步驟跨越這個區域往前邁進。

來訪者大多數帶著生活的挫敗感來尋求諮商，很難相信自己擁有「個人主權」和「責任行動」，甚至來求助的行為本身，就表明了自己的失能。問題是在傳統權力的關係脈絡中，「個人主權」和「責任行動」往往跟權力結構綑綁在一起成為「正常化評斷」（normalizing judgment），只要是無法複製崇尚個人主義的「獨立、自主」規範的人就會被視為失敗者。因此敘事治療師必須讓來訪者有機會把個人失敗的經驗，放在這種權力結構使然的正常化評斷的脈絡中，使來訪者找到力量推翻這種現代力量的運作。

懷特所發展出的「鷹架對話」，以五種探索類型為結構，可以做為發展治療對話的指引，也可以看見來訪者漸進移動的學習

任務,都是從已熟知的事物或個人對所處環境的直接經驗中,拉出一段鷹架空間,差別只在於每一種類型的認知程度與任務不同,其中包括:

1. 初階拉距任務:鼓勵人們找尋自身世界中不熟悉或無法定義的事件,歸納特徵與意義。
2. 中階拉距任務:鼓勵人們將自身世界的特定事件連結,培養個人對經驗之間的比較和分類,也能敏感於這些特殊事件之間的異同。
3. 中高階拉距任務:鼓勵人們反思、評估,並且敘述自己從這些連結中的認識和理解。
4. 高階拉距任務:鼓勵人們從具體及特定的情境中將獲得的認識和理解抽象化,以形成關於生命與自我認同的概念。
5. 非常高階拉距任務:這些任務會促使讓生命前進的計畫持續發展,並且能與生命、自我認同、對於自身行動的執行和期待,彼此調和。

　　懷特深信「個人主權」的經驗以及「責任行動」的能力,建立於社會性合作的形式中,並且將成為潛在發展區搭建鷹架的素材。透過這種了解個人主權與責任行動的對話,將使原本以為走投無路的來訪者,找到支持各種可能性的力量。

　　懷特對於敘事治療的貢獻太多、太大,上述只是萬中取一、畫龍點睛的概述,讀者可以根據書末參考書目再自行深究。總之,透過懷特所提供外化對話、重寫對話、會員重新整合、定義式儀式、突顯獨特意義經驗的對話、鷹架對話等技巧,能在實務工作中幫助來訪者敘說並豐富生命故事,從中找到

亮點、理出意義，為過去或當下的問題提供出口，發展出其他新
的可能性。

吉兒・佛瑞德門和金恩・康姆斯

人物簡介

　　吉兒・佛瑞德門（Jill Freedman）和金恩・康姆斯（Gene
Combs）是夫妻也是工作夥伴，他們做敘事實務、研究、訓
練、教學，超過 20 年。《敘事治療：解構並重寫生命的故事》
（*Narrative Therapy*）是他們共同的作品。他們一起獲頒美國家
族治療學會（AFTA）家庭治療創新獎，並在世界各地舉辦了敘
事療法的講習班，溫暖、輕鬆和鼓舞人心的風格，以及他們所體
現的思想受到很多學習者的尊重。他們的著述包括：《符號、故
事和儀式：在個人和家庭治療中使用隱喻》[17]；《敘事治療：社會
建構下的偏好的真實》[18]；第三本書是關於敘事治療運用在伴侶諮
商，最近由澳洲德威中心出版。

　　佛瑞德門是伊凡斯頓（Evanston）家庭醫療中心的主任，
芝加哥家庭健康中心的成員，她是美國婚姻及家庭治療協會
（AAMFT）認可的諮商督導，也是國際知名的敘事療法作者和
訓練師。她在芝加哥地區進行臨床實踐，並從事艾滋病毒感染者
和學校計劃的協商。佛瑞德門不斷受邀參加國家和國際會議，目

17　*Symbol, Story, and Ceremony: Using Metaphor in Individual and
　　Family Therapy, 1990.*
18　*Narrative Therapy: The Social Construction of Preferred Realities,
　　1996.*

前仍然是第一線的敘事實踐者，也是一位以敘事做家族治療經驗老到的臨床實務專家，經常旅行在亞洲、美洲與歐洲，進行敘事治療的訓練、教學工作。

康姆斯是芝加哥大學行為科學教育學系的副教授和主任，這是設在北岸大學健康制度（North Shore University Health System）的家庭醫學住院醫師教學計畫。他是伊凡斯頓家庭醫療中心的志願教授、芝加哥家庭健康中心的副教授。他曾任婚姻和家庭治療教育認證委員會（COAMFTE）和美國家庭治療學會的理事，被美國婚姻和家庭治療學會授予該協會傑出貢獻和領導獎。康姆斯帶領與教導年輕醫生們，當他們面對必須與「藥丸、醫療程序和高生產力」合作的壓力時，他致力於幫助他們保持人味、人際能力和反思性思考。他目前的興趣聚焦在國際敘事療法教學，包括與創傷倖存者工作，以及組織和社區的諮詢合作。

核心理念與概念精華

以下內容大多是參考《敘事治療：解構並重寫生命的故事》所整理，其中大多數概念，幾乎都傳承於懷特，也有一些素材來自 2017 年 6 月佛瑞德門應心靈工坊邀請來台舉辦「敘事治療在伴侶與家庭中的運用」三天工作坊的講義和我個人的筆記。

一、*將問題外化*

對於將問題外化（externalizing problem），佛瑞德門的建議是，敘事治療師平常就要培養將人與問題分開的習慣，才能在治療情境中靈活地運用來訪者對於問題的標籤（用語），在跟來

訪者討論問題時，盡量用他們描述問題的語詞與想法。若是來訪者尚未浮現出對於問題的標籤，敘事治療師可以問自己：是什麼創造了問題？是什麼讓來訪者這麼做、這麼想、這麼感覺？是什麼影響、限制或壓制著來訪者？然後跟來訪者檢核你所發現的標籤。佛瑞德門也強調懷特相對影響問話的重要性，一方面探索「問題對人的影響」，問題如何影響來訪者的生活、關係、運作能力等等；另一方面探索「人對問題的影響」，此時來訪者能夠從限制他們的問題中，得以改變、影響、或逃脫出來。透過相對影響問話有機會發展成一個替代故事，亦即來訪者或家庭正在對抗問題的一個偏好的故事，並將這個偏好的替代故事歸位到生活中，成為鮮明且有意義的故事。

二、發展故事的提問

發展故事的提問（question to develop stories）不是提問一個問題，而是一串提問。佛瑞德門說，她首先可能從一般打招呼的問候開始：天氣如何？吃了什麼？接著，去了解跟問題故事有關前前後後的時間、人物、地點等等細節：之前的行動，當時的情況，之後的經驗；然後，探索意義、邀請多元觀點、探索知識、技巧和能力；最後，達到建構自我認同藍圖和行動藍圖。對於諮商、治療情境的進展，佛瑞德門總是像個魔術師一般，在平凡無奇中創造出驚奇，在無路可走時開創新局，這可能要歸功於她的發展故事問話技巧，特別系統、清晰、具體。她用六個面向來發展故事：

1. 探索經驗的細節以提升來訪者（和治療師）經驗投入的程度。敘事治療心理師可以問自己：

（1）什麼是我想要多看、多聽、多感受的，以協助自己更全然地進入來訪者的這段經驗？

（2）什麼樣的問話能夠使我邀請來訪者更投入這段經驗？

2. 隨著時間的進展，發展豐厚的故事線。敘事治療心理師可以問來訪者：

（1）你可不可以告訴我一段過去的、跟你剛剛描述類似的經驗？

（2）我們正在討論的這個經驗，其根基是什麼？

3. 關於他人的問話。敘事治療師可以問來訪者：

（1）在這個事件中，還有那些人是重要的？

（2）我們討論的這件事情，有誰在背後促使其發生嗎？有誰會支持你或反對你嗎？

4. 意義的問話。敘事治療心理師可以問來訪者：

（1）這對你的意義是什麼？

（2）這個事件說明了你所重視的價值，或是基本立場是什麼？

（3）這件事的重要性是什麼？為什麼這對你這麼重要？

5. 邀請多元觀點。敘事治療心理師可以問來訪者：

（1）你可不可以告訴我，你的夥伴會看見什麼？這對他來說意味著什麼？

（2）如果小時候（10 年後）的你，看到目前發生的這一切，會注意到什麼？

（3）如果你是牆上的掛鐘，目睹這整個過程，你會學到什麼？

6. 關於知識、技巧和能力的詢問。敘事治療心理師可以問來
   訪者：

   （1）為了處理這個狀況，你需要什麼知識、經驗？能夠
      去看見並欣賞自己擁有這些知識、經驗，是怎樣的
      感覺？能夠依賴這些知識、經驗，這會對這件事情
      的未來發展帶來什麼不同的影響？

   （2）你會怎麼說，或怎麼命名自己在擺脫這一團糟的過
      程裡，所展現的技巧、能力？這些技巧、能力是怎
      麼來的？

   （3）這是你最近發展出來的能力？還是你自有記憶以來
      就有這些能力？還有沒有其他情況，這些能力也扮
      演了重要的角色？

　　發展故事總有個開始，通常開始總是不容易的，俗語道
「好的開始是成功的一半」。關於「定調並開始治療」（Setting
the tone and beginning to therapy），佛瑞德門的作法是：

　　　　當來訪者第一次在等候室，我會話家常，有啥麻
　　煩？雨真的下得很大。他們可以選自己想坐的位置。我
　　會說，我想多認識你，除了你帶來的問題，可以讓我多
　　認識你嗎？這樣開始經常讓他們嚇一跳，因為他們以
　　為要開始談問題，可是所有的人都在生活中，還有很
　　多問題之外的部分，都是很重要的，包括，閒暇時做
　　什麼？看什麼書？做什麼休閒？懷特會跟 10 歲的男孩
　　討論滑板，想跟他探討美國跟澳洲在滑板方面有何差
　　別，坐我旁邊的家族治療大師說這沒有必要。就系統取

向家族治療的角度來看，確實沒有必要，但是就敘事治療師表達尊重來訪者來說，這非常必要。外化就已經開始了，敘事治療師是先認識你？還是先認識你的問題？通常他們喜歡我去認識他／她。我也會問：你有沒有想認識我什麼？來訪者也許會嚇一跳，但這是個雙向交流，你決定對我敞開，我也想對你敞開。他們是有主導權、選擇權的。（Freedman, 2017）

關於治療之初，敘事治療師與來訪者的倫理界線問題，以及伴侶或家族治療時選誰作為第一個破冰，佛瑞德門說：

如果來訪者問我一些私人的資訊，我會盡量嘗試去回答。我不認為這是自我揭露。這只是讓我們在一個共同的空間中，擁有真正的平等、尊重與了解。然後我才問他／她現在我們可以談談問題嗎？如果房間有很多人，我會仔細思考要從誰開始？如果是異性戀伴侶關係，邀請男生？涉及權力議題，如果先邀請女生？掉入關係中的刻板印象？也許我會從不是跟我聯絡的人先開始，或由他們決定從誰先開始。（Freedman, 2017）

關於來訪者誤認治療師的專家權力角色這種常見的社會刻板印象問題，佛瑞德門非常具有政治敏感度，這裡說的政治是小寫的政治（cultural political），不是大寫的國家政治（National Political），是發生在日常生活中，隱藏在生活細節中的政治。所以她強調：

如果現場有兒童，我會請父母幫我翻譯給兒童了

解。我也想建立一種治療歷程是青少年可以在這裡玩和
創造的氛圍。在治療之初要建立一個架構。我發現人們
來晤談室，經常會把治療師看成是法官、教師或教導
者，嘗試要說服治療師，他／她的故事才是真正的故
事，我不關心誰的故事比較正確，我也不在乎去形塑他
們的關係，我在乎發展出貼近他們渴望的故事。我不要
他們彼此競爭，而要他們相互理解。（Freedman, 2017）

三、強調「隱而未現」的問話

對於探索「隱而未現」（absent but implicit），佛瑞德門有
很多極富創意的做法，她特別能夠在諮商看似掉入困境時，神奇
地出現一些讓受訪者重振力量的提問，常見的問句是：

1. 這說明了你珍惜什麼？
2. 如果這個問題是對某種事物的抗議，你認為那是在抗議什
   麼？
3. 是不是有一些重要的東西被違背了？你可以試著描述一下
   嗎？
4. 我們可這樣說嗎？你把這個視為「問題」，是說你不願它
   繼續下去？「不願它繼續」，這代表了你的什麼堅持？
5. 當我在聽你說時，我覺得這當中好像少了什麼，有什麼
   重要的東西不見了，是嗎？你可以說說，是什麼不見了
   嗎？
6. 當你對著這個說「不是」，那你會對著什麼說「是」？
7. 為什麼在家人（老闆、伴侶……）面前說出這個觀點，對
   你而言很重要？

她也建議多注意來訪者希望和夢想的改變。我在第七章撰述
敘事治療在生涯諮商的運用時也特別提到，後現代放棄生涯目標
這個概念，而是以「吸引子」（attractor）來表述我們在日復一
日的日常生活中行動的軌跡與方向。日常生活的行動規則用吸引
子觀點可以獲得更加合理的說明。「吸引子」是指一種混沌系統
中無序、穩態的運動形式，比較靠近後結構主義的非線性多元思
維（第七章將再詳述）。佛瑞德門注意到隨著時間的推移，敘事
治療心理師聆聽到的來訪者希望和夢想，內容可能隨之改變，敘
事治療心理師可以藉此探索「隱而未現」的故事，並好奇它們原
來的樣貌，例如：當你堅毅不拔的努力著，你是為了什麼而如
此堅毅不拔的努力？當你說你仍然在乎，你在乎的是什麼？當
然，更要注意去聆聽來訪者未曾說明的相反字詞；如果不是這
個，那你說的是那個？如果這個讓你覺得不對，哪個會讓你覺得
比較對？

四、催化見證者位置

　　佛瑞德門在工作坊中教授見證者（witness）位置的方式，使
我深受啟發，這個技術能夠很有效的幫助來訪者拓展多元觀點
並豐厚故事。見證（witnessing）在實務上的定義是：在他人訴
說其故事時，帶著興趣和尊重傾聽，並提供反思後的回應。這
可以是一般性的反思，或是回答某些特定的問題，例如：對你
而言，故事當中有何驚喜之處嗎？為什麼？在你所聽到的內容
中，最能帶出希望感的是什麼？敘事治療師運用見證者位置聽
見伴侶、家人的故事，讓缺席的故事顯現、隱而未顯的觀點浮
出，這符合敘事治療多元觀點的信念。同時，也借力使力經由家

人位置弱化治療師專家的位置，既運用了敘事隱喻，也服膺敘事的權力觀。

關於在家族治療中，幫助家人定位位置，以及如何邀請家人做見證者位置的問話，佛瑞德門的說法如下：

> 在建構會談架構時，我常用的方法是見證，其中一個家庭成員說故事時，其他家人的聆聽是為了了解。不需要太費力解釋，我先只對某人說話，其他人聽。有時有人會打斷，我會說我知道你有不同版本的故事，可以先聽完，現在先了解他的版本，等一下我也會要求其他人聽你的版本。

> 通常我問他在家裡談過了嗎？他們會說在家裡已經談過。我發現他們沒有人在聽，因為他們都認為別人的故事版本是錯的，所以效果很差。於是我就說：「那要不要試試看不同的方式？」

> 也有人來治療室，是認為這裡比較安全，帶著「我想讓你搞明白」的念頭來。我的重點在於彼此了解各自的經驗和故事版本。一個講完，我會邀請另一個人延展深入。這是重要時刻，我會問女兒：「媽媽說這些時，妳在想什麼？」可能她會說「她說的都是錯的」，我就會仔細的思考，斟酌故事渴望浮現的時機，我會說：「妳是不是很驚訝媽媽這麼費心？有沒有哪個點觸動妳？對妳有什麼影響？」（Freedman, 2017）

敘事治療師要催化見證的過程。通常治療師在做家族治療時，一次跟一個人工作，其他人是旁觀的聆聽者。只有在場的人

帶著深思停留在聆聽的見證者位置上，敘事治療師才將焦點轉置到他／她的位置，邀請他／她成為見證者。通常這種對話焦點的轉變，都是在情境現場，治療師以非口語方式進行置換。有時候也可以先跟來訪者協商，取得允許，這樣有利於讓過程進行得更加順暢。例如，本來治療師跟母親對話一陣子了，找到機會配合眼神和身體轉向，轉過去對著兒子，以第三人稱方式進行：「你剛剛聽到的那個媽媽，跟你以前知道的她，有不一樣嗎？」

我認為最有意思的是，運用見證者位置是一種關係認同（relational identity），更接近東方歸屬於團體的人際關係本質。見證者位置的聲音，浮現出其他家人的角色如何看自己，可能意外地達到使來訪者在家中建構自我認同的效果。

五、立足於正向瞭望點

這是緊隨著「見證者位置」的相關技術，敘事治療師要思考那一種態度／立場／姿態比較有利於、有助於當場的見證過程。例如：你可能會對某個特定的來訪者說：「在我和 X 談話的時候，你可不可以用朋友的立場，來聆聽整個過程？身為朋友有時會保留自己的觀點，並試圖透過聆聽去了解他，可以嗎？」換個場景，敘事治療師可能會用完全不同的語言表達方式、或是不同的方式去催化見證的過程。

佛瑞德門提醒家族治療的現場可能有二到五個家人或者更多，治療師在現場只針對一個人進行訪談時，要保持警覺，讓在場其他擔任見證者的人明白，他們將會獲得充分的時間和空間，以表達他們所見、所思。在訪問見證者時，治療師要帶著尊重，努力探詢其各自的經驗，盡力去探索見證者的位置可能帶出

來的新觀點。轉換到不同人的時候，特別留心在不同見證者位置，治療師所要提問的問題。例如，**治療師問見證者：「在聽○○分享時，你在想什麼？」跟問見證者：「聽到○○說你們的差異不是問題，他更珍惜你們共同創造的美好回憶，這對你的意義是什麼？」兩者是大不相同的，前者是一種含糊地邀請，後者則具體以正向瞭望點（vantage point）來提問**。總之，敘事治療師邀請見證者發表「位置」的觀點時，是以提問邀請見證人激盪出他們的回應，最好是緊扣住貼近渴望的故事，即便只有小小的亮光，也值得去試試看，例如「雖然情況不很順利，你覺得○○在……的意圖是什麼？他的選擇表露出比較多的合作？還是比較多的新方向？看到這一點，會帶來那些新的發展？」

在團體情境中，要特別留意創造出空間容許不同的見證者表述，敘事治療師可以只邀請一個人針對特定的片段做回應，也可以邀請幾個人針對不同片段做回應。透過這些催化見證過程的形式，不只是邀請不同人對同一個事件做「不同觀點」的見證而已，更得以催化「解構意義」的見證。若以實際例子來說，假如一個來訪者以討論在關係中的希望、價值、夢想為起始點，邀請來訪者在見證伴侶（家人）分享時，可以緊扣下列位置來擔任傾聽的見證者：（1）以一個特定對象（朋友、導師、角色典範等）的方式傾聽；（2）從關係的「正向瞭望點」去聆聽；（3）與配偶（子女）一起建構一種「反憤怒」的位置，邀請來訪者訴說能夠彰顯這個位置的故事，並邀請見證者從這個觀點來聆聽。

重點在於我們連結的是貼近渴望的故事，而非問題故事。佛瑞德門強調敘事治療師必須是透過正向瞭望點去進行見證，如果

一直浸泡在問題故事，見證者的反思也可能會強化問題故事，因此，敘事治療師必須設置一個瞭望的觀點或位置，以便生產出支線故事或替代故事。

六、活化見證者位置

見證和定位（positioning）是指敘事治療師運用現場家庭成員，調動不同「定位」來創造多重故事、不同觀點的故事，和不同立場的故事，這是佛瑞德門很強調敘事治療師必備的能力，也是她用來針對來訪者的「隱而未顯」的技術之一。以局外見證人的方式，當某一家庭成員（例如媽媽）說話時，邀請另一家庭成員（例如女兒）暫時擔任見證者，以見證者的「定位」，讓家庭成員有機會換個位置，借以體驗到即便一樣的故事，但是聆聽的人因為換個位置，將會聽到很不一樣的面向，以見證和定位可以有效地達到解構效果。

敘事治療師邀請擔任見證者的一方（例如女兒）回應：「妳聽到我剛才訪問媽媽，她說出她限制妳晚上 10 點以前回來，以及偷看妳手機的理由，妳今天聽到的媽媽，有任何地方跟妳以前認識的她不一樣嗎？」當媽媽單獨與敘事治療師對話，有機會離開熟悉的「媽媽」角色，進入完整的經驗脈絡，豐厚媽媽的故事，而見證者的「定位」，也使得女兒得以離開原來的「女兒」角色的關係脈絡，聆聽完整的「媽媽」的故事。

佛瑞德門的主要工作經驗是針對家庭，如果是一對一的個別諮商會談，似乎也可以稍加改變加以運用，例如運用單面鏡、運用影像，或者只是運用想像力。我最常用的就是「觀眾」，我會問來訪者「你天上的爺爺會怎麼看正發生在你身上的這些

事？」或是「如果一直看著這件事整個過程的你腳上這雙鞋會說話，它會說什麼？」

　　總之，就是邀請來訪者想像一個特定對象或特定一群人，就坐在他身邊，協助來訪者創造並維持安全、安靜或好奇的位置；類似「觀眾」的技巧。邀請來訪者提出一種情境，他們曾經成功地運用技巧、能力或觀點在這類情境，並獲得正向結果，邀請來訪者從內心傾聽這個想像的情境。建議來訪者從正向瞭望點看見自己，並連結到「重要的」而非「正確的」想像情境。

吉姆‧度法和蘿拉‧蓓蕊思

人物簡介

　　心靈工坊總編輯王桂花在 2011 年法蘭克福書展（Frankfurt Book Fair），看到吉姆‧度法（Jim Duvall）和蘿拉‧蓓蕊思（Laura Béres）剛剛出版的新書，紫色封面，書名：*Innovations in Narrative Therapy: Connecting Practice, Training, and Research*，帶了一本回來給我，問我值不值得翻譯成中文？我才翻了前三章，就愛不釋手，卻總是有些瑣事繁忙，最終拖到 2016 年夏天才把譯稿出清，中文書名是《敘事治療三幕劇：結合實務、訓練與研究》。度法和蓓蕊思的原文書名，很清楚說出書的內涵，亦即他們一方面想提出一些不同於過往的敘事治療觀點，另一方面帶領一些學生做實務的訓練並進行研究。本書是以 2002 年 9 月開始的一項研究計畫為基礎，他們共同建立起一套研究治療實務方法，並在這個研究項目下開啟訓練計畫中的反思教導與敘事實踐。

度法曾經在辛克斯-迪奎斯特 （Hincks-Dellcrest）中心機構擔任主任，也曾是多倫多短期治療國際訓練中心（Brief Therapy Training Centres–International）的主任，也擔任《系統治療雜誌》（*Journal of Systemic Therapies*）的編輯。他是治療師、培訓師、演講者，也是個作者，熱衷於以合作取向和敘事實踐，為兒童、家庭、社區和組織提供服務。度法希望以後現代哲學開闢多種可能性，使他服務的對象產生新的和意外的機會，並且脫離被認可和壓制的侷限。同時他也是一位充滿激情的批判性思想家，重視合作取向、後現代和社會正義的實踐。除了這本書之外，度法 2012 年還和同僚撰寫了一份政策文件〈不多也不少——短期兒童和青少年心理健康服務〉[19]，由於這份極有價值的政策文件中的建議，安大略省政府規定了能力導向的短期服務，以便該省每個社區的兒童和家庭都可以使用。他目前剛剛與瑪麗-納薩莉・博杜安（Marie-Nathalie Beaudoin）合作一本新書，書名是《合作治療與神經生物學：行動中的新興實踐》[20]。

　　蓓蕊思在多倫多大學讀完碩士和博士，博士學程尤其投入文化研究。畢業後她在多倫多辛克斯-迪奎斯特機構第一線做兒童與家族治療社會工作，同時受邀擔任該機構研究計畫的研究員，而度法是該機構的主任，這本書就是在這個因緣下誕生的。2013 年蓓蕊思搬去倫敦，現任英國國王學院（King's University College）社會工作系的副教授，並有自己的診療所，

19　"No more, no less: Brief mental health services for children and youth", Duvall, J., Young, K., Kays-Burden, A.

20　*Collaborative Therapy and Neurobiology: Evolving Practices in Action*, 2017.

主要治療受虐婦女，和曾有虐待行為的男性，也經常接觸成癮者。蓓蕊思過去 15 年來創作量頗為豐富，一開始，她著眼於受虐婦女，展現出性別權力省思，寫了三篇受虐婦女與流行文化的關係，第一篇是〈美女與野獸：將虐待浪漫化的流行文化〉（Béres, 1999），第二篇是她 2001 年的博士論文《浪漫、受苦和希望——與受虐婦女的反思練習》，第三篇是博士論文的延伸〈談判圖像：流行文化、想像力，並希望在臨床社會工作中實踐〉（Béres, 2002）。

核心理念

蘿拉‧蓓蕊思的學思歷程

蓓蕊思跟度法很不一樣，後者比較關心改善制度與政策，比較入世，蓓蕊思則較為出世，她休息幾年之後，出現的文章靈性傾向愈來愈清晰、明朗化。2009 年她寫了一篇〈正念和反思：無我作為反思實踐者〉收錄在希克（Steven S. Hick）主編的《正念和社會工作：反思實務和介入》[21] 書中。接著蓓蕊思第一次出現跟敘事有關的論述，還是關心虐待問題，只是對象由受虐的女性轉換成施虐的男性，蓓蕊思 2010 年和妮柯斯（Melissa Page Nichols）合作，主題是「曾經有過施虐行為的男性敘事治療團體介入」。這應該就是《敘事治療三幕劇：結合實務、訓練與研究》第八章的資料來源。

然後蓓蕊思就大膽把敘事和靈性結合在一起，於 2012、

---

21 *Mindfulness and Social Work: Reflective Practice and Interventions.*

2013 年連續寫了兩篇文章，主題是〈一個單薄的地方：敘事的空間和地方，凱爾特靈性和意義〉[22] 和〈凱爾特人靈性和後現代地理學：與地方接觸的敘事〉[23]。凱爾特（Celtic）是一個島、一個地名，也是中世紀以來有別於天主教的一個宗教分支。凱爾特天主教會本質上和一般的教會截然不同，他們的基督教比天主教會更不專制，對婦女的精神更友善，與自然更相關、更適合凱爾特人的多神論。蓓蕊思去訪問蘇格蘭西部赫布里底島（Hebrides）上的居民生命故事敘說，並進行反思。他們都是凱爾特教派，她特別探討了居民們與空間和地點的交往，因為這個小島被描述為一個「薄的地方」，指的是這種實存世界和精神世界之間邊界薄弱的特性。她結合敘事實踐和傳記人類學，描述受到凱爾特精神和後現代地理影響雙重框架下，呈現出的居民故事元素。

2014 年蓓蕊思自己寫了一本《敘事實踐者》（The Narrative Practitioner）。她在這本書中提供了敘事理論和實踐指南，這跟 2015 年她去德威中心學習而紮根於懷特和艾普斯頓的觀點有關，並緊隨「將來訪者視為自己生活中的專家」的治療理念。基於蓓蕊思的教學、實踐和研究經驗，這本書為敘事治療理論的基本原理和實踐方法提供了橋樑，書中呈現具體的案例研究和細緻的對話地圖，可以幫助讀者在現實生活中將關鍵思想和技巧應用到日常情境中。主題更涵蓋了道德、價值觀、諮商督導，和自我照顧等重要課題，可以為治療師、社會工作者以及在人事領域工

22　A thin place: narratives of space and place, Celtic spirituality and meaning.

23　Celtic spirituality and postmodern geography: Narratives of engagement with place.

作的人士提供豐富的思維和技巧。

2016 年蓓蕊思再出版《靈性的實踐》（*Practising Spirituality*）她關心全球經濟、社會、政治的困境導致人們更難體驗生命的意義，希望不同的宗教信仰、文化背景的人都能互相了解與連結，並認為助人工作在當前與未來都必須肩負與面對這種全球人類共同的難題。在這本書中，她探討在日常生活的靈性經驗，以及在治療中的應用，主題包括：正念，法輪功的冥想與實踐；靈性、社會正義、專業實踐之間的詮釋；靈性在緩和治療中的角色；本土化靈性——人際相互關係和人、動物之間的連結；靈性在安寧療護和接納的實務等。整本書提供豐富的案例研究，並強調以關鍵性反思為核心，透過靈性的實踐為整體心理健康和社會照護的學生和從業人員，提供重要和發人深省的思考。

吉姆・度法和蘿拉・蓓蕊思的概念精華

《敘事治療三幕劇：結合實務、訓練與研究》一書總共八章，分上下兩篇，上篇是從批判性審視來做理論的論述，共有四個章節，分別是：（1）故事的重要性：歷史和文化的背景；（2）故事治療是一齣三幕劇；（3）語言循環；（4）關鍵時刻。上篇可以說是度法和蓓蕊思對敘事治療理念的梳理，也可以說是他們敘事治療的概念精華。下篇則從理論到實踐，將理論延伸到實務領域獲得驗證性學習，也有四個章節，分別是：（1）當你能擁有的只有現在：免預約門診的回顧諮商與敘事治療，（2）走出地獄的旅程：處理創傷與暴力的陰影，（3）與成癮者工作時的語言應用：故事裡的關鍵時刻，（4）團體治療實務：曾對伴侶施暴的男性（故意不說是男性施暴者）。下篇是度法

和蓓蕊思的臨床實踐的四個經驗，都又再扣回前四章的概念核心、介入技術。以下摘述書中的概念精華。

一、強調反思實務的重要性

　　度法和蓓蕊思採用關鍵性反思研究方法，來強調反思實務的重要性，以及探索哪些因素是將行動思維轉變成關鍵性反思的實務方法。度法和蓓蕊思提出四個層次的反思：反思（reflection）、反思性（reflectivity）、反身性反思（reflexivity）與關鍵性反思（critical reflection）。

　　「**反思**」是行為主體立足於自我以外並批判地考察自己，「**反思性**」是行為主體立足於自我以外批判地考察自己的行為及其情景的意識與能力。「**反身性反思**」涉及到我們辨識所有面向的自我（包含心理與身體方面）的能力，以及辨識我們的環境脈絡如何影響我們執行研究或創造知識的方式的能力。英國切斯特（Chester）大學的富可（Jan Fook）教授和加德納教授（Fiona Gardner）認為，反身性反思是影響關鍵性反思理論模型發展的傳統思維。反身性反思也與人類學領域有關連，他們看重研究者本身對於所探究領域造成的影響。他們所引用的這類型的反身性反思，是鼓勵實務工作者「同時向內與向外觀察，以辨識出實務與社會的、文化的理解之間的連結」（2007）。更敏銳的注意到不被關注的歷史中存在許多被邊緣化的視角，知識創造有可能發生自正規的系統運作，也可能發生在不正規又不系統的生活日常，而出現在直接因應身處情境中產生的理解，是初露頭腳、未被闡明的知識幼苗。

　　「**關鍵性反思**」是指一種實踐技能，由資深實踐者指導相關

從業人員和學生，以使他們能夠探索自己的實務經驗，鼓勵他們從自己的實務中去反思——反思「行動過程」，而且反思「行動本身」——如此便可能有助實踐理論的發展。這更像是一個「由下而上」的理論建立過程。麻省理工學院城市規劃教授及哲學家許恩（Donald Alan Schön）（1983）認為直覺與藝術應重新受到高度重視，而不是僅僅依賴理性的科學方法。他認為應該顧及環境脈絡與情緒，並且認為我們應該對過去視為理所當然的若干知識理論的假設提出質疑。

二、重述轉化階段的重要性

　　阿諾‧梵蓋納普（Arnold van Gennep）的「過關儀式」（rite of passage）不斷成為敘事治療引用的重要概念，「過關儀式」可以讓文化中特殊的社會價值和信念更加清晰可見。普遍的故事都有開始、中間和結束，過關儀式由三個階段：分離階段（前閾限階段）、轉化階段（閾限[24]階段）、重整階段（後閾限階段）的「原型」組成。過關儀式是人們藉以進展到生命的另一個階段的儀式，結婚、生產、死亡、或遭逢危機或變故，都會以儀式或典禮來呈現，文化與文化之間的方式可能不同，但功能卻是一樣的。度法和蓓蕊思以及懷特都借用這種從普遍的故事形式衍生而來的概念。

　　約瑟夫‧坎伯（Joseph Campbell）和他的著作《千面英雄》（*The Hero with A Thousand Faces*）受到梵蓋納普（1909/1960）

24　感覺器官察覺到最小的物理刺激量，引用到心理面向是指剛剛察覺到的心理改變。

「過關儀式」概念的影響而提出：出發、啟程和歸返。文化人類學家透納（Turner, 1969）的著作也提出儀式歷程：結構和反結構，他擴大了梵蓋納普的階段理論，強調轉化歷程。透納（Turner, 1969）在開始和結束階段之間的轉化階段做了釐清，他指出在兩個階段之間的過渡狀態，即臨界狀態中，個人是在「中間和之間」（betwixt and between），他們不屬於他們曾隸屬於的社會，他們還沒有被重新納入這個社會。這個轉化概念，在治療中也就是人們在「兩可之間和兩者之間」，已經離開了先前階段，但是又還沒到達重新整合階段，他們處於中間狀態。轉化階段可以提供再生和更新的知識，這得要經由社會合作和別人支持才得以完成。治療實踐也以這種類似建立社會合作性質的脈絡，來使知識再生。他們三人都認為生命中的困頓是一種轉化，置身於常變的脈絡和文化背景中，關鍵事件總是儀式化、解讀、與別人一起再解讀，讓知識得以更新和再生。

不管歷經多久的長短故事，三個主要的元素：開始、中間和結束，都形成一個主題或一個情節，並且維持情節的流暢、前進和在軌道上。這個簡單的模式，由開始的喚起改變，接著是轉化階段，最後以一個「解決」結束或終結，傳達一種運動的感受（Campbell, 1949; Turner, 1977; van Gennep, 1960）。重要的是，要將這種故事形式應用到治療歷程中，也會釋出重要的價值，有助於讓我們從一種理所當然的自我認同中抽身，轉而經由多元、不同、重構等方式來達成自我認同。

因為，在支配性故事情節中的事件都具有高度選擇性，旁邊留下的許多事件，永遠沒有機會串在一起成為凝聚的故事情節。為了要在重新建構故事時，吸收這些被忽視的生命事件，敘

事治療心理師會以嘗試性對話邀請來訪者討論而不是結論，亦即提問多於定論。敘事治療心理師與來訪者一起共寫、繪製故事情節，使得他們有機會從問題重重的故事中脫身而出，走向更好的、轉化的故事。「轉化的故事是執行的故事」（Freedman & Combs, 1966, p.87）。當來訪者開始去執行更好的故事情節，當他們在生活處境中說出、也活出這些故事，就能完全投入到他們更喜歡的生活中。

當來訪者剛剛進入諮商會談時，經常被強勢的負面故事掌控，通常治療師都感受不到他們好的一面，此時他們沒有表現出喜好的故事，不知道他們想要如何感受自己、想要別人如何感受他們。來訪者初期表達的問題故事，幾乎強烈地受到的文化論述的影響。「社會論述強烈的塑造一個人決定什麼生活事件可以說，及他們應該如何說，這發生在來尋求諮商的人身上，也一樣發生在治療師身上。」（Freedman & Combs, 1996, p.43）去認清強勢故事的作用力，對敘事治療心理師很有用。當我們與來訪者進入初期治療階段，在專業同僚之間有一種普遍的箴言「**對人認真以待，而非如實以待**」。這句話的意思是說敘事治療心理師要非常相信來訪者，同時又要非常不相信來訪者，「非常相信他們」意思是說敘事治療心理師要專注聆聽又真誠接納，理解呈現在眼前的難題對他們來說真切不疑；「非常不相信他們」意思是說敘事治療心理師既要聽到他們已經說的，同時還要聽到他們沒說的、隱藏的、在主流故事之外的其他支線故事。

三、將故事治療視為一齣三幕劇

引導度法和蓓蕊思的理論取向是來自敘事的、後結構的，和

社會建構的理論，故事隱喻根植於這些理論取向，進而說明其運行路徑。他們強調意義建構是經由語言和發生在不同時間的事件串連而來。故事可以做為一個暫時性的地圖，提供恆久的空間去降低在生命轉換時，對人們的自我認同和個人主導性，所造成的各種問題的衝擊。人們之所以會遭遇困難，是因為企圖要適應生命的轉換。故事性治療的時間觀使得我們可以知覺和偵測到不同時間的差異和改變，它也使得我們得以說明關鍵性思考和反思實務，度法和蓓蕊思認為這比只是依賴因果線性的「問題解決」取向好得多。

　　度法和蓓蕊思介紹一個在治療對話中帶入故事情節架構的新方法，故事治療三幕劇，他們也嘗試以地圖的方式來說明三幕劇的架構。三幕劇分別是：啟程分離、閾限轉化和重新整合，又分為六個小步驟：

1. 故事起頭（從前從前，有一個人叫另一個去做……），使用外化的問話、解構式傾聽和解構式提問。

2. 背景故事（每天……），加入社會建構圖譜，注意壓迫和主流故事的影響，也運用會員重新整合對話的方法，必要時會將重要他人納入治療會談。

3. 關鍵事件（然後，有一天……），依循懷特將維高斯基的潛在發展區的概念加入敘事治療，催化鷹架過程以支持前進，捕捉重要事件或獨特意義經驗。

4. 評估定位（因為發生了……），以反映經驗和反思經驗（reflecting on experience and reflecting in experience），來探索意義的相對性和多元性。

5. 反思性總結（故事的啟示……），協助來訪者建構重新融

表 1-1　故事治療三幕劇

三階段	第一幕 啟程：分離階段。	第二幕 上路：轉化階段。	第三幕 結束：重新融入。
特徵	通常源於來訪者在日常生活中遭遇困頓。	來訪者的特徵是不舒服、困惑、失序、或對未來有不符現實的過高期待。	來訪者特徵是到達某些新狀態，特定的新責任，與個人有關的特權等等。
六步驟	1. **故事起頭**：來訪者開啟故事大綱，表明要談的重點，心理師設定議程以便開始治療會談。 2. **背景故事**：心理師將來訪者的事件、故事置入相關的社會、文化脈絡，便於了解問題／議題的架構。	3. **關鍵事件**：確認和重新解釋那些根植於人們生活中重要事件的經驗。 4. **評估定位**：判斷人們生活中的問題的影響力。	5. **反思性總結**：反思和總整理治療會談裡或整體治療過程中所發生的種種。 6. **重獲脈絡**：發展新的背景故事脈絡，來看清已經發展出來的改變，和去適應重新融入的認同。

　　入的自我認同，思索來訪者可能會採取的未來步驟，幫他
們邁向他們偏好的生活。

　6. 重獲脈絡（最後……），是指看見生活中周遭他人，這些
　　人肯定且支持個人實現他們的新故事，使他們遠離被舊問
　　題影響而陷入的混亂。

結合六個小步驟在一起，成為度法和蓓蕊思在治療對話中帶入故
事情節架構的三幕劇。

　　度法和蓓蕊思仔細熟讀懷特的《敘事治療的工作地圖》，
並重新以自己的方式重組成兩個定位地圖，定位地圖 1 的陳述

是描繪問題的作用，定位地圖 2 的陳述是描繪技能或主動性的作用。其實這可以看成是相對影響問話的「變形」，因為相對影響問話是指一方面探索「問題對人的影響」，一方面探索「人對問題的影響」（White, 2004），透過相對影響問話有機會發展成一個替代故事。而度法和蓓蕊思的定位地圖 1 其實就是探索「問題對人的影響」，定位地圖 2 就是「人對問題的影響」。表 1-2 是度法和蓓蕊思更詳細描述具體的細節。

表 1-2　定位地圖的陳述比較

定位地圖 1	定位地圖 2
描繪問題的作用，即探索「問題對人的影響」	描繪技能或主動性的作用，即探索「人對問題的影響」
1. 為問題命名。 在對問題命名的過程中，使得人與問題變成外化和客觀化的關係，外化過程可說是一種反向操作，尤其在治療情境中，來訪者總是典型地被客觀化和病理化。	1. 對技能、特殊意義經驗，或主動面對所出現的問題，做協商和命名。 問題故事總是有裂縫，裡面可能包含著特殊意義經驗、技能，和某些個人主動發揮影響力的時刻，繼續開啟當事人的技能、屬性或主動性。
2. 為問題的範疇與影響力做探討和命名。 主要是去探究問題出現在何處，例如：學校、家裡、職場、社區。當確定了問題主要位居何處，問題所瀰漫的影響力會被解構，並且問題的相關影響和作用也會被確定，同時，這個人受到這個問題的相對影響也會確定並清晰可見。	2. 對技能、特殊意義經驗或理解，描繪影響力和潛在的影響力。 去探究來訪者的技能、特殊意義經驗或理解等，出現在何處，例如：學校、家裡、職場、社區。這些已經發展的技能、特殊意義經驗或理解等，如何改變了問題所造成的影響？在個人生活中，問題還留有多少空間？

定位地圖1	定位地圖2
3. 評估問題的作用與影響力。 去評估問題對這個人的影響，要求來訪者對問題在他生活所造成的影響，表達出個人的立場。例如：它是好事嗎？或不完全是件好事嗎？或介於兩者之間？他們喜歡讓問題繼續以原來的狀態，留在他們的生活中嗎？要完全將問題排除在生活之外？還是要改變他們跟問題的關係？	3. 對技能、特殊意義經驗或理解，評估影響力和潛在的影響力。 評估技能、特殊意義經驗或理解，對個人生活具體和潛在的影響力，邀請來訪者對技能、特殊意義經驗或理解，在他生活所造成的影響，表達出個人的立場。例如：它是好事嗎？或不完全是件好事嗎？或介於兩者之間？他們喜歡讓技能或屬性繼續留在他們的生活中嗎？
4. 調整對問題的作用與影響力所做的評估。 關於問題對個人生活的影響，邀請他們調整他們的立場，假如問題所造成的影響是負面的，就去追問怎麼會這樣？這個人在這個問題所在的立場，表達出這個人的什麼價值觀？何以對他們這麼重要？可以邀請他們去思索，假如更進一步接觸這些價值觀，他們可能會出現哪些不同的觀點？	4. 調整對技能或屬性的作用與影響力所做的評估。 關於技能或屬性對個人生活的影響，邀請來訪者調整他們的立場，假如問題所造成的影響是正面的，就去追問來訪者做了什麼而發生了影響？這個人在技能或屬性所在的立場，表達出這個人的什麼價值觀？何以對他們這麼重要？

　　度法和蓓蕊思基本上認為以整體形式創造出一種排列或一種結構，讓敘事治療師與來訪者的治療情境具有連貫性和目的性，則其中無止盡的行動和創造力都可能發生。度法和蓓蕊思的三幕劇為個人創造出空間，讓來訪者可以即興創作出新的方式去

看或做事情，以充滿創意和彈性的選擇去投入其中，探索出喜歡的意義，以提供生活和自我認同，所有這些活動都有助於產生一種個人主導感。

四、探討語言循環運用於治療上的重要性

德勒茲（Gilles Deleuze）、帕內特（Claire Parnet）、德希達和傅柯的作品[25]，對於理解我們使用的字詞在形成意義時，背後社會建構之複雜性和流動性，有很卓越的貢獻。這也提醒度法和蓓蕊思特別注意讓來訪者命名，以及使用來訪者的用語不予更動，是極為重要的。也就是帶著「不知道」的立場，試著把來訪者的每一個情緒或思考都當作是一個行動或反應，例如敘事治療心理師可以問來訪者的反應（甚至只是一種感受），是會使他們站起來對抗他們所抱怨的，還是會與這些抱怨站在同一邊。

度法和蓓蕊思引用德希達（張寧譯，2004/1974）提出語言具有「易碎性」的觀點。他們喜歡「易碎性」這個字，因為它本身就能夠形成一段回應的區間，「易碎性」有時候可以視為脆弱，有些人認為是美麗的表徵，可以視之為纖細之物，帶有開放性和彈性，而不是僵固或侷限。德希達（趙興國等譯，1998/1992）也描述了「餘燼」，他認為文字有如餘燼，「餘燼」是來自被火所焚燒的某物，它們不同於火，卻仍然保有溫度，能夠重新點燃火苗，但是它們也很脆弱易碎，因為它們遲早都會成為灰燼，餘燼無法明確指出火裡有什麼。同樣的，文字可

---

25 Deleuze（1994）、Deleuze & Parnet（2002）、Derrida（1974, 1978, 1992）、Foucault（劉北成等譯，2001/1973, 劉北成等譯，1992b/1977, 劉北成等譯，1992a/2009）

能存在於跟某物的關係裡，但是無法捕捉其中所有一切。

　　度法和蓓蕊思引用德勒茲和帕內特（2007）「草」之於「樹」的隱喻，撰述關於地下莖的意象，有助於他們去了解把思考與書寫連在一起的方法。地下莖是一種像是「草」類或草莓植物的根系系統型態，廣佈於泥土下，卻又在泥土上四處冒出來。每一個纖細的草莓株，在園中看起來四散各處、各不相干，但在表面底下，其實他們全都連接在一起。你永遠不知道那裡又會冒出一個草莓株，這跟一棵「樹」的成長印象大不相同。「地下莖」的根系沒有階層、主幹、分枝，只有互連的芽苗各自從不同方向冒出來、長出來的多元性。「地下莖」的隱喻對於德勒茲的多元性，同時是解釋、也是範例。建議治療師們對於線性和常見的階層結構訪談方式，最好抱持關切和保留態度，這也提醒度法和蓓蕊思，當進行治療性訪談或對話時，必須十分敏覺於這種結構的干擾。

　　度法和蓓蕊思強調語言可能包含一些說出或未說出的隱含意涵，敘事治療師必須尊崇那些在治療會話中的聲音、意義和故事，注意權力所造成的語言術語差異，也包含治療師在寫紀錄時所習慣使用的術語和描述的框架，甚至，在語言中故意創造結巴，都保留了對來訪者語言使用空間、權力的尊重。

五、深思關鍵時刻導引蛻變過程

　　度法和蓓蕊思提出關鍵時刻（pivotal moments）的概念，關鍵時刻大多發生在第二幕，轉化階段的前後，離開第一幕，可能已經進入第二幕，但是尚未進入第三幕，也就是在過渡時期，既是這樣又是那樣，是在「兩可之間和兩者之間」，來訪者處於

中間狀態，轉化階段可以提供再生和更新的知識，因此是關鍵時刻。

關鍵時刻有如存在於當下治療對話當中的一個測量單位，是很短暫的顯現時刻，只占了幾秒鐘的時間，若是關鍵時刻被忽略而沒有被即時辨認出來的話，便一閃而過了。關鍵時刻在晤談時，大多只是隱而未顯、尚未成形的狀態，是在互為主體之間交流的對話中產生，是透過對話來反思治療晤談內或晤談外的言行而產生的結果。這些時刻被形容為「關鍵」，因為來訪者在這歷程中，獲得了有意義的轉變。使來訪者能夠換個角度看待他們自己、他人或他們的處境，一系列全新的可能選項便於此展開。

某種程度上，關鍵時刻有如「微故事」，我們感受到它們是活生生的。關鍵時刻帶來呼喚，邀請來訪者重新建構自我認同；它挪出一個空間給來訪者，讓他們在此述說自己的微故事或者敘事。這些有如微故事的關鍵時刻，並非如同敘事或其它故事一般，以傳統、線性的理解來架構。這些故事是相互連結的，並且是來訪者主觀的、內在經驗的呈現，詹姆斯（James, 1981）稱之為內在生命與意識流的語言。在這段時間裡，他們變得更能夠接觸與感知自己——那個也許已經丟失或者被遺落在陰暗角落的自己——來訪者可能會經驗到個人的熟悉感與親近感，使得來訪者能夠與他人互動更加親密。

當關鍵時刻浮現於治療對話中，那個當下，也許就是來訪者獲得改變最有利的時機。在不同故事裡，關鍵時刻出現的樣貌各不相同，卻有著相似的現象，也可以稱為當下時刻（present moments）或者此時此刻（now moments）。這時候來訪者被引導朝向自己所堅信的價值，以及於此世界中自己偏好的存在方

式;關鍵時刻為他們帶來能夠產生共鳴的重要意義,和向前邁進的潛在動力。過去一百多年以來的心理治療,確實都關注於過去與未來的事,而很少考慮到這些關鍵時刻與當下時刻。諷刺的是,治療對話都是發生在當下!倘若當下時刻能夠成為舞台焦點,那麼心理治療與治療成效將會呈現什麼樣的新面貌呢?

當關鍵時刻出現時,治療師要能夠回應並且同理那個頓悟,同時讓自己成為一位好聽眾,才能協同來訪者一起發揮好奇心創造出貼近他們渴望的故事線。治療師的這種認同使得來訪者的頓悟變得真實,同時也幫助他們堅持在這個情境裡,也就是說當來訪者正在描述他們的理解、「啊哈」的時刻,以及他們的頓悟,治療師必須認真聆聽並深入同理這些反應,仔細地詢問來訪者在這些關鍵時刻的過程中經驗到些什麼。有時,對話會轉向,聚焦於來訪者在這個時刻中,對於自身處境的看法是否有所不同,以及關鍵時刻的經歷最終引領他們前往什麼方向。

關鍵時刻出現是有一些特徵的,例如:當對話步調較緩慢的時候;當治療師經常「留心」於來訪者沉默的那個當下時刻;當治療師與來訪者家庭之間關係和諧,治療師邀請來訪者(們)對於各個面向表現出興趣與好奇;特殊形態的提問與隱喻語言的使用,也能引起這類意義轉向的現象。

六、*敘事實踐的經驗*

度法和蓓蕊思在書中後半段具體介紹如何將敘事實務應用於免預約門診的環境中。想像一下你感冒了,不必事先預約,直接走去最近的耳鼻喉診所掛號看病。免預約門診目前仍是相對較新的一種提供心理治療服務的方式,特別是以敘事方法進行心理治

療。他們藉由一個治療實例的歷程記錄，在與早年有創傷議題的來訪者一起工作的過程中，示範敘事治療的技巧。他們也描述與成癮者一同工作時，相關聯的一些敘事觀點，並以一個案例研究的方法呈現一名女性同時接受個別敘事治療與匿名戒酒團體（Alcoholics Anonymous; AA）的比較。最後呈現出一個小型研究計畫的研究成果，是針對曾對伴侶施暴的男性敘事治療團體，進行治療錄音轉錄文本的質性分析；他們非常細膩的使用「曾對伴侶施暴的男性」而不是傳統的字詞「男性施暴者」，這種小小細節大大彰顯出他們不願意粗暴地貼標籤，而留給這些曾經施暴的男性，更大的自由空間去跟自己的問題對話與協商。我在看這實務取向的四個章節時，特別感動，他們不只是描述實踐的方法與細節，更重要的是，他們以反思性歷程回顧的方式，提出了以敘事來做實踐的意義與價值。

章末語

第一章是整本書最後完成的，本來我以為這一章將會是容易寫的，因為三組敘事治療心理師都是我頗為熟悉的「同行」，落筆之後應該是一路順暢、健「筆」如飛。沒想到開始要真的弄清楚每個人的學術理路、掉進去他們的生命歷史，一篇一篇精彩的文章，讓我有如進到一個魔幻森林，竟如此繁花錦簇、柳暗花明、處處驚喜，讓我在其中流連不已、難以自拔。有時候讀了三、四篇他們的論文，才寫了兩句話，有時候為了確定一句話，又必須讀三、四篇文章。例如本章這短短幾句話：「懷特早期受到英國社會科學及語言學家葛瑞利・貝特森系統理論和控制

論的影響……後來他廣泛接受各種論述的刺激，包括美國心理學家傑若米・布魯諾心理語言學理論中的敘說建構、生命自傳歷程（Bruner, 1991, 1995）等觀點的影響；受到文化人類學家克利福德・葛茲的文化詮釋方法、在地知識的觀點、豐厚的描述等影響（Geertz, 1957, 1973a, 1973b, 1992）……」幾乎花掉我一整週的時間。要真正理解一個人談何容易。

撰寫這一章，讓我重回學生的身分，在閱讀中不斷呼應到我心中認同的核心信念，不論是問題外化的觀點與作法，或是敘事的三階段，總覺得是走在自己熟悉的故鄉，一景一物都有過往歲月的痕跡。在找資料補充他們的生平和著作的過程中，我覺得像是在跟老朋友一起喝咖啡、聊天。好想在單面鏡後面觀察佛瑞德門如何做「局外見證人」的定位；也好想跟著蓓蕊思去凱爾特小島，看看什麼是一個被描述為「薄的地方」？尤其是寫到艾普斯頓（Epston, 2016）以文會友，在〈重新思考敘事療法：未來的歷史〉文中回應懷特的《敘事治療的工作地圖》這本書，我掩卷沉思許久，感動於艾普斯頓展現出跟懷特深厚而珍貴的情誼。我多麼幸運而驕傲，能夠以這樣的深讀與書寫，向我景仰的人們致敬。

重點回顧

1. 麥克・懷特最有影響力的重要觀點：外化是他理論中最重要也是最基礎的核心，將來訪者的問題外化而衍生出其他的敘事治療方法，如重寫對話、會員重新整合對話、定義式儀式、突顯獨特意義經驗的對話和鷹架對話等。
2. 吉兒・佛瑞德門的概念精華，包括：將問題外化、發展故事的問話、強調「隱而未現」的問話、催化見證者位置、立足於正向瞭望點、活化見證者位置。
3. 吉姆・度法和蘿拉・蓓蕊思的概念精華，包括：強調反思實務的重要性、重述轉化階段的重要性、將故事治療視為一齣三幕劇、探討語言循環運用於治療上的重要性、深思關鍵時刻導引蛻變過程、分享敘事實踐的意義與價值。

【第 2 章】

敘事治療的知識論

向上延伸？重心向地？

一種心理治療是向上延伸

另一種心理治療卻是重心向地

向上延伸的心理治療關注的是超越視框、行動反思

重心向地的心理治療是要將知識權力下放、保有健康的能動性

這兩種不同的治療方向都很有價值

敘事治療很巧妙地同時向上又向地

既重視反思理解又重視在地知識

　　——改寫自美國著名舞蹈家艾略特‧費爾德（Eliot Feld）。

美國知名芭蕾舞蹈家艾略特・費爾德（Eliot Feld）一直遵循著他想要走的道路，重新定義舞蹈分類的可能性並創造出不同風格的舞蹈作品，在現代舞和芭蕾舞的語彙間，他將兩種舞蹈的語言融合。他表示：「一種舞蹈是向上延伸，另一種舞蹈卻是重心向地，這兩種不同的特質都很吸引我，在我的編舞生涯中，我一直試圖去調和並處理這兩種不同的元素。」

　　這一章的知識源頭，可以追溯到 2004 年，我去加拿大多倫多約克大學（The University of York），追隨雷尼（David L. Rennie）做博士後進修。雷尼一生都在體現案主中心心理治療，強調治療師反思性理解的重要性（Rennie, 1998, 2001），他更重要的貢獻是質性研究的方法論，結合人本主義和詮釋學的哲學傳統（Rennie, 2007, 2012），發展出獨特的人本主義詮釋方法學。

　　雷尼介紹我認識社會建構論大師肯尼斯・格根（Kenneth J. Gergen）的書，我開始接觸到格根和凱斯・戴維斯（Keith Davis）合編的《社會建構的人》[1]，接著陸續閱讀《翻轉與重建：心理治療與社會建構》[2]，和《醞釀中的變革：社會建構的邀請與實踐》[3]，以及《脈絡中的社會建構》[4]等等，及其他格根的單篇論文。而社會建構論是麥克・懷特發展敘事治療極為重要的思想基礎，他 2001 年的專書《故事・知識・權力：敘事治療的力量》

1　*The social construction of the person*, Gergan, K. J., 1985.
2　*Therapy as social construction*，Gergan, K. J. (edited with S. McNamee)，宋文里譯，2017/1991，心靈工坊出版。
3　*An invitation to social construction*，Gergan, K. J.，2014/1999，心靈工坊出版。
4　*Social Construction in Context*, Gergan, K. J., 2001.

詳細描述社會建構論對敘事治療的啟迪。

　　除此之外，雷尼還推薦了幾位後現代治療或敘事治療相關的作者和著作給我，例如《實在心智，可能的宇宙》[5]、《敘事知識與人文科學》[6]、《心理學和後現代》[7]，以及《敘事真實與歷史真實》[8]等。雷尼列給我的書單，我再藉以查看其他重要的參考文獻，閱讀的延伸使我拓展眼界，也奠定敘事治療的知識基礎。感謝雷尼列給我書單，並耐心陪我每週兩小時一對一的對話，給我很多的啟發，可惜我還沒有機會報答，他已逝去，十分唏噓。這些書單可以說是從邏輯實證論到現象學心理學的後現代知識論轉向，極具有指標性意義的書籍。

　　從多倫多回來之後，與敘事治療的知識論相關的閱讀一直沒有間斷。2014 年我以交換學者的身分去上海交通大學，剛好哲學系邀請美國夏威夷大學資深哲學教授成中英，在上海交通大學講學開課「易與易學導論」，這麼好的機會我當然不願意錯過，課程中的易經我吸收有限，但卻因此種下敘事治療本土化的種籽，有一點點小苗散落在書中各處，並在本書第四、五章發出一些小幼芽，第七、八章算得上是敘事治療的本土在地實踐。當時法籍華裔哲學家高宣揚也在上海交通大學哲學系，他跟法國哲學家呂格爾（Paul Ricœur）有多次深談的機會，也轉寫為書籍《利科的反思詮釋學》（大陸將呂格爾譯為利科）。那一年也開始認真讀了一些歐陸哲學家的著作，包括海德格的《存在

5　*Actual mind/possible world*, Bruner, 1986.

6　*Narrative knowing and the Human Science*, Polkinghorne, 1988.

7　*Psychology and postmodernism*, Kvale, Eds.1992.

8　*Narrative Truth and Historical Truth*, Spence, P. D., 1984.

與時間》（*Sein und Zeit*）、呂格爾的《敘事與時間》（*Time and Narrative*），及其他現象學相關的著述。大概前後累積超過十年的反芻，成為這一章的土壤和養分。因此，本章將介紹敘事治療的哲學基礎，後現代理論與敘事治療的關聯，社會建構論對知識的理解如何影響敘事治療的立場。

敘事治療的哲學基礎

這一節先從胡塞爾（Edmund Husserl）的現象學（phenomenology）所帶來的知識論轉向為起點，他認為描述（description）是在還原的基礎上進行的，不需要先設立假設，而是如實地發現對象本身，胡塞爾認為心理具有意向性（intentionality）本質的觀點，逼迫我們必須思考什麼是知識與真理，也直接開啟了現象學心理學的大門。接著，將條列出現象學心理學的六個重要特徵，現象學心理學為現象學哲學提供了一個嶄新的向度，不只是為了符合「是什麼」的客觀理念，而精心設計出一套「如何是」的方法步驟，更是根據各種領域裡所充實的各個不同之「是什麼」勾勒出現象學方法「如何是」的一般普遍性。最後，以七個論述觀點切入，整理出現象學心理學如何成為敘事治療的知識論根基。

現象學基本概念

法國現象學哲學家梅洛龐帝（M. Merlear-Ponty）在他的《知覺現象學》[9]說：「在胡塞爾的最初著作出版後的半個世紀，

9　*Phenomenology of Perception*，江志輝譯，2012，p.1，北京商務印書館出版。

還要提問什麼現象學？似乎很離奇，然而，這是一個尚未解決的問題。」因此有必要在此簡單釐清現象學的概念。

胡塞爾 1900 年的《邏輯研究》（*Logische Untersuchungen*）標誌著現象學的誕生，後來又陸續經過舍勒（Max Scheler）、海德格、沙特（Jean-Paul Satre）、梅洛龐帝、高達美（Hans-Georg Gadamer）、呂格爾等哲學家們，前仆後繼加入現象學的陣營（倪梁康譯，2006）。胡塞爾在《大英百科全書》（*Encyclopædia Britannica*）（1913）所寫的現象學詞條中，對現象學的發展做了預示：「現象學標示著一種在十九世紀末、二十世紀初，在哲學中突破性的新型描述方法，……這種方法可以為一門嚴格的科學的哲學提供原則性的工具，並且透過它們始終一貫的影響，使所有的科學可能進行一次方法上的變革。」胡塞爾提供了一個現象學的方法，完全不同於自笛卡爾以降，西方實證主義的科學觀點與方法。

胡塞爾（倪梁康著，2016）所提供的現象學方法（phenomenology method），先從 method 這個字起頭，它意指方法，拉丁文為 methodus，它分為兩部分，metho 是指遵循，dus 是指道路。而 phenomenology 這個字，它是由 phenomenon 和 logos 所組成，phenomenon 是指現象，logos 是指普遍的觀念或知識，Logos 也是 discourse 的意思，使得談論之物呈現出來，讓之被看見（let something be seen），Phenomenon + logos 的原初意義是：顯示自己者（that which shows itself in itself, the manifest），「現象」的意義是顯示自己者或開放者，呈現自己而被看見之像。所以 phenomcnology（現象學）這個字就是關於**現象的普遍的觀念或知識**，現象當然也是指顯現給我們的事物。

海德格進一步闡釋說現象是**就其自身顯示自身者**（陳嘉映、王慶節譯，1988/1927）。也就是說，現象就是本質，現象存在著背後並沒有任何更加本質的東西，**現象能夠直接將自身亦即將其本質給予我們**。胡塞爾（倪梁康，2006）認為意識活動不是一個人對外在實有性世界之刺激所產生的被動性反應，他關心意識的「意向性」作用：意識之流指向世界的知覺、想像、分析、回憶等主體性作用。把在意識之流中呈現出來的對象，視為認知活動的對象，並研究它的本質，而不視之為外在世界中的實有存在，世界也因此而易位成為一客體，意識的主動性認知作用，可以主動地作出選擇並加以解釋。胡塞爾使得哲學研究由研究「什麼」是外在世界？「什麼」是意識？轉換成為研究意識「如何」瞭解外在世界？外在世界又「如何」被瞭解？胡塞爾對現象學心理學主要貢獻有兩方面：一是對意識的意向性本質的分析，二是提出生活世界（life-world）的觀點。

1453 年哥白尼（Nicolaus Copernicus）提出的天體論，使得歐洲進入近代科學革命，伽利略（Galileo Galilei）提倡以數學來理解世界，將世界視為一座物理機器，笛卡爾（René Descartes）提出「我思故我在」（*Cogito ergo sum*）的哲學確定性主張，奠定了歐洲啟蒙時代的思考基礎，牛頓（Isaac Newton）的古典力學原理使得自然科學更加系統化、精緻化。在這個傳統之下，西方對外在世界的看法，都是將之客觀化。邏輯實證主義者認為人類知識是由邏輯、數學思維和謹慎的經驗觀察組成的。至此，心理不過是具有物理屬性的存在。

德國生理與心理學家韋伯（Ernst Heinrich Weber）就是最明顯的例子，他發現差異閾與刺激強度的比值為一個恆定常數，並

用公式表示：ΔI（差別閾限）／I（標準刺激強度）＝k（常數／韋伯分數），換句話說差異閾與刺激強度成正比，為了推崇韋伯的發現，心理學界將此規則稱之為韋伯定律。為了描述連續意義上心理量與物理量的關係，德國哲學和實驗心理學家費希納（Gustav Theodor Fechner）在韋伯研究的基礎上，於 1860 年提出了一個假定：把最小可覺差（連續的差別閾限）作為感覺量的單位，即每增加一個差別閾限，心理量增加一個單位，這樣可推導出如下公式：$S = k \log I + C$，其中 S 為感覺量、k 為常數、I 為物理量，C 是積分常數……通式：$S = k \log I$。其含義是感覺量與物理量的對數值成正比。也就是說感覺量的增加落後於物理量的增加，物理量成幾何級數增長，心理量成算術級數增長，這個經驗公式被稱為費希納定律或韋伯-費希納定律（Weber-Fechner law）。

這種科學主義的特徵是將感覺、知覺與意識都客觀化，是先建立一個假設，從而驗證並建構出一種客觀真理。這樣的思維，是將世界視為純粹的物理世界，這將使我們遠離了原初的生活世界，導致生活意義的喪失。

胡塞爾（李幼蒸譯，1994/1922）提出的生活世界的觀點，不只是對上述科學主義的真理與知識的質疑，也對心理學產生極大的影響。就胡塞爾的觀點來看，我們所經驗到的現象世界，就是本質的世界。這個世界就是我們生活於其中，直接與其打交道的世界，胡塞爾稱之為「生活世界」，在這個生活世界中，對象與對象所處的世界，始終是先在地給予我們，對象直接將自身給予我們，我們可以直接把握到對象，對象始終處於開放中，具有無限的可能性和變化性。因此，胡塞爾認為任何研究都要從這個

呈現給我們的世界出發，而不是從既有的關於世界的假設切入。

胡塞爾（倪梁康著，2016）認為意向性具有能指－所指（noesis-noema）的結構，能指是意向活動，是意識或知覺；所指是意向的對象。兩者直接關聯，也就是說意識與世界直接關聯。當我們看一個杯子時，這個杯子已然經過意識建構，這個意識建構過程是先驗存在的，胡塞爾據此探究先驗自我在認識中的作用。這是胡塞爾超越論現象學的主要觀點，目的是對意識的意向性本質的分析。雖然是哲學的範疇，似乎跟心理學沒有直接關係，但是胡塞爾提出心理具有意向性本質的觀點，卻直接開啟了現象學心理學的大門，也撼動人類必須思考什麼是知識與真理。

胡塞爾認為心理具有意向性的本質，總是與對象關聯，心理與對象關聯的過程，也就是心理直接把握對象的過程，他稱之為直觀（intuition）。直觀可分為本質直觀與感性直觀兩種，感性直觀使得對象將自身給予我們，本質直觀在這個基礎上直接把握對象的本質。例如我們看到眼前這個杯子的形狀、顏色與材質，也同時看到作為普遍之物的「杯子」；我們看到眼前這個獨特的女子，她的眼睛、嘴巴、臉龐、身材、膚質等等，也同時看到作為普遍之女性的「女人」本質。這兩種直觀合為一體，使得現象學在經驗與觀念之間，維持一種不即不離的關係，一面直接把握住對象的經驗內涵，一面又能夠直接把握住普遍的觀念（概念、知識）。不同於二元論將心理作為客觀物理世界的對象，現象學認為感覺不必屈從於客觀的物理對象，這也同時超越了德國哲學家康德（Immanuel Kant）的現象與背後存在的物自身的概念（李明輝譯注，2013）。

胡塞爾（李幼蒸譯，1994/1922）進一步提出還原的方

法來排除干擾、確保直接把握住對象。他認為還原有三種方法：（1）放入括弧（epoché），就是將與對象有關的各種先在的觀點，擱置起來，放入括弧中；（2）本質還原（eidetic reduction），是指透過對個別對象獲得直觀，排除事實成分，得到普遍本質的過程，換句話說，描述（description）是在還原的基礎上進行的，不需要先設立假設，而是如實地發現對象本身；（3）先驗還原（transcendental reduction），是將世界的存在徹底的擱置，探究先驗自我，從而考察認識何以可能的問題（李幼蒸譯，1994/1922）。從這裡現象學心理學的認識論與方法學的基礎，已經確立了。

現象學心理學

從實驗心理學之父馮特（Wilhelm Wundt）在 1879 年設立了第一個心理學實驗室開始，一直到行為主義、認知心理學的實驗心理學，可以發現心理學是一門探究事實（matter of fact）的科學，也是一門經驗科學。根據教科書《心理學導論（十六版）》[10]，將心理學定義為：對個體的行為及其心理歷程的科學研究（The scientific study of the behavior of individuals and their mental processes），更可以確定心理學是一門實證科學。

在這種實證科學的思維下，事實是只存在於具體時空中的存在物，事實與本質相對，本質可以脫離具體時空的抽象概念，但是事實又無法脫離本質，兩者無法分離。例如：我知覺到一

10　*Atkinson and Hilgard's Introduction to Psychology 16th edition*, Nolen-Hoeksema, Fredrickson, Loftus & Lutz, 2014.

朵園子裡的紅玫瑰花，這個心理活動是在我所在的玫瑰花面前進行的，實證心理學所探究的是存在著的具體世界中的事物，並未將世界徹底的擱置起來，胡塞爾稱之為世間（mundane, or worldly）層面（倪梁康編，1997）。世間與先驗是相對的，世間層面必須以經驗為前提，所以是經驗科學，必須以具體的玫瑰花為素材來進行探究；先驗層面是探究本質的科學，它可以擺脫事實與經驗直接進行抽象思考，例如，一個講解玫瑰花是薔薇科薔薇屬灌木（rosa rugosa）的生物老師，不需要經驗基礎而直接在植物學知識的抽象基礎上進行。

　　然而，現象學通向原初世界的道路是透過反思（reflection）途徑來實踐的，如稍早之例子，當我看著眼前這個杯子的形狀、顏色與材質，我也能夠看到「杯子」這個普遍之物，同時我還能體驗「我在看」的這個活動，這個「體驗我在看」就是反思。當我們在考察「杯子」這個普遍之物時，我們不可能在「我在看」的這個活動中進行，但是在進行「我在看」的這個活動時，卻又不會造成所考察之物「杯子」的任何變化。胡塞爾（李幼蒸譯，1994/1922）認為反思具有獨特的特性，在反思感知到被把握之物，原則上可以被描述為這樣一種東西：它不僅存在著，並且在感知目光之內持續著，而且在這個目光朝向它時，它已經存在著了。胡塞爾說現象學研究要從所給予的一切出發，要返回物自身（back to things themselves），從語言和意見、概念返回事物本身，擺脫一切不符合事物的偏見，他稱之為「一切原則的原則」。現象本身成為現象學研究的核心精神，直接把握對象，開啟通向知識的反思之路，也就是把握明見性（evidence）原則，對象直接將自身給予我們，以獲得直接確定

的知識。

　　現象學心理學（phenomenological psychology）是一門心理學。它的探究必須建立在經驗活動上，並直接把握對象，探究的對象必須存在於世界之中，必須處於世間的層面。現象學心理學不會將心理學視為物理思維的成分論，或實證主義的因果論。現象學心理學以現象學哲學為基礎，提出人文科學觀，以生活世界為出發點，重視意向性觀點，影響了質性研究的方法論。現象學方法，即是透過揭示生活世界獲得知識。胡塞爾重視本質科學，能夠為現象學心理學提供直接的理論基礎，這個理論基礎是反對二元論和實證主義，以「生活世界」為人置身所在的基礎，面對的是原初的世界而非經過理論建構的世界，重視意義而非客觀事實，認為心理現象具有意向性本質、與對象之間不可分割，以反思途徑、還原和描述等方法能夠直觀對象本質。

　　蔡錚雲（2006）在討論現象學心理學的實徵與詮釋兩種應用模式系譜上的對照時，引用美國心理學家喬齊（Amedeo Giorgi）對於現象學是否可作心理學典範的評論：一方面將現象學置於海德格重視思維，重視「計算的思維」（releasement）或「沉思的思維」（gelassenheit）的層次來瞭解，後者與「順其自然」的態度結合，乃在以之來面對物體，對於神祕之事呈現開放；另一方面以對存有學差異之忽略作為現象學為心理學典範的條件。以經驗描述為分析對象的現象學方法，並非只是從事經驗對象的還原與描述，而是揭露了存在處境的置身結構，現象學心理學為現象學哲學提供了一個嶄新的向度，那就是系譜現象學。針對超越現象與詮釋現象學之間理論上的困惑，它做了理論與實踐上的翻轉。也就是說，不只是為了符合「是什麼」的客觀

理念，精心設計出一套「如何是」的方法步驟，更是根據各種領域裡所充斥的各個不同之「是什麼」勾勒出現象學方法「如何是」的一般普遍性。

英國存在主義心理學家斯普尼利（Ernesto Spinelli）（2005）認為過去心理學以人本主義心理學（humanistic psychology）為第三勢力，現在應該以現象學心理學為第三勢力，與精神分析和行為主義並駕齊驅，而人本主義是在現象學心理範疇中的一個支派。而奧尼爾（Patrick O'Neill）（2002）在他一篇討論質性研究典範的文章中提到，以現象學心理學為中心的質性研究，繼精神分析、行為主義、人本主義、女性主義／多元文化主義，成為第五勢力。麥克勞德（John McLeod）在他的著述《諮商與心理治療中的質性研究》[11] 專書第三章中，以完整篇幅介紹了現象學派，包括：現象學方法的原則、從胡塞爾到現象學的研究、實徵現象學的杜肯學派、概念化會談、存在現象學的研究和現象學派的評價；第四章則介紹詮釋學和現象學——質性研究法的核心，包括：所有的質性研究皆根源於詮釋學和現象學、現象學和詮釋學之間潛藏的吸引力、現象學和詮釋學的結合：海德格；最後介紹了諮商和心理治療領域的質性研究。可見現象學心理學在質性研究和心理治療領域中，逐漸增加重要地位。

綜上，可知現象學心理學有幾個重要特徵：

1. 現象學心理學是一門心理學，不是現象學

11　*Qualitative research in counselling and psychotherapy*，連廷嘉、徐西森譯，2007/2001，心理出版社出版。

現象學是一門哲學，探討的是萬物之本、作為存在者的存在的問題。現象學心理學是心理學，以經驗活動為基礎，探討生活世界中的心理現象。

2. 現象學心理學是研究心理現象的獨立學門

現象學心理學不是現象學在心理學領域的應用，現象學心理學是以現象學為理論基礎，運用現象學方法來研究心理現象的獨立學門。

3. 現象學心理學是探究存在於生活世界的經驗本身

現象學心理學不是胡塞爾的超越論現象學心理學，超越論現象學心理學著重在三個核心，即：純粹自我的活動、意識的構成活動、構成活動中的意向對象等。現象學心理學並不會將世界的存在徹底的擱置，現象學心理學探究的對象必須存在於生活世界之中。

4. 現象學心理學設計出一套方法步驟，揭露存在處境的置身結構

現象學心理學不是主觀的心理學，基本上談到主觀與客觀，是二元論的觀點，二元論將內心的心理活動視為主觀，將人之外的外在事物視為客觀。現象學心理學能夠區分呈現給我們的內容與呈現著的對象，藉此揭示原初的生活世界。

5. 現象學心理學不是人本主義心理學

現象學心理學關注的焦點是世間層面的生活經驗，以世界原初意義為目標。人本主義心理學以美國心理學家馬斯洛（Abraham Harold Maslow）和羅傑斯（Carl Rogers）為代表，關注的焦點是以健康的人為對象，以發掘潛能和充

分發揮自我功能或自我實現為目標。

6. 現象學心理學不是存在心理學

現象學心理學關注意義、價值與倫理，存在心理學關注選擇、自由、孤獨、焦慮、死亡等。現象學心理學與存在心理學都受到胡塞爾現象學的影響，但是現象學心理學大於存在心理學，存在心理學大致包含在現象學心理學之中。存在心理學以瑞士精神科醫生賓斯汪格（Otto Ludwig Binswanger）、美國心理學家羅洛·梅（Rollo May）、丹麥哲學家齊克果（Søren Aabye Kierkegaard）等為代表，主張透過選擇來獲得自由，也受到海德格和存在哲學影響，以面對死亡來覺察存在意義，藉此能本真地存在於世間。現象學心理學還受到梅洛龐帝（寧曉萌，2013）的影響，較為關注意義，和受到舍勒的影響，也較為關注價值與倫理議題，較少關注死亡，不關注選擇和自由。

敘事治療與現象學心理學

現象學心理學進入心理學領域後，原先胡塞爾所設想的，為心理學奠基的功能並沒有出現，它反而成為心理學流派之一（Kockelmans, 1967）。就像胡塞爾原本設想的現象學是為了給予知識嚴格的基礎，讓各種學科的認識成果有堅實的地基，不過後來的發展卻呈現為對人之種種存在特徵的揭露。梅洛龐帝的現象學是知覺現象學，也是身體現象學，在《知覺現象學》中（江志輝譯，2012），他以專章寫到〈作為表達與話語的身體〉（The body as expression, and speech），主要討論「表達」

與「話語」的問題，「表達」是身體「在世存有」（being in the world）的具體化與當下化的行動，從而揭示出作為「我能」的「身體」朝向世界的「實存」。下面將以身體與表達、「說話」與「說的話」、語言與語境、回應經驗的語言、語言在存有層面的理解、語言之於離苦的轉化等觀點，討論現象學心理作為敘事治療之知識論基礎的串接。

| 視野之窗 |

以現象學心理學為基礎的心理治療師圖像

有一次我這樣跟一個憂鬱症與強迫症共病，幾近自我放棄的來訪者說：

如果我們是教練與運動員的關係，我們之間必然存在著相信。我相信你可以奪標，你相信我可以助你達陣。現在，你覺得練得很累，想停止，對嗎？

如果我們是師傅與徒弟的關係，我們之間必然存在著修練。我評估你的進展提供不同的酵素，你照單練功等待熟成。現在，你覺得仍然看不到未來，想放棄對嗎？

如果我們是山與水的關係，我們之間必然存在著互助的關係，山聚積雲而成水，水滋潤樹而成山。你負責說你的故事，我負責聽出玄機，相映才能成就生命之林。現在，你覺得水只是造成洪災，沒啥用處，對嗎？

如果我們是人與人的關係，我們之間必然存在著觀

照，你透過說話而觀照自身，我也經由你而觀照自身。我想我們還沒到這裡。

說話本身就是對自身的確認，一說再說是要創造多重的視野。你說話本身就有價值。說話是你用自己的方式凝固漂浮的生命經驗，你的語言是你經驗的凝固劑，你的生命經驗可以經由一說再說，被你提取與塑成，淬鍊出核心意義。其實你來，只要負責說你自己就好，你願意相信，而繼續修練嗎？

這是我始終如一的邀請，請繼續自己與生命的對話，不要輕言止步。要相信，只要繼續前行，有可能見識到不一樣的生命景觀，甚至，到達你要的世界。

一、身體與表達

表達意味著存在的當下化與具體化，為存在揭示出一種在其現實困境中的實存模式，存在是表達的本質。當下化是指人在世存有，表達的給出也給出了存在自身。具體化是指表達不僅是空洞的話語、行為或圖像等等表徵，表達是存在的實際展開並成為自身內在的問題。可以說「表達」是梅洛龐帝作為在「知覺經驗」與「思維」之間的一個中介。

梅洛龐帝在《知覺現象學》中處理的「被知覺的世界」與「身體」是息息相關的。「被知覺的世界」是針對胡塞爾的「生活世界」的進一步延伸考究，是我們自身在其中實存的、在認識之前就已經存在的原初知覺的場域；而「身體」作為知覺的主體，以身體圖式（the body schema）朝向在世存有（being in the world）的身體本身，則以其「投身世界」（dedicated to world）與作為「在世存有」之錨定點（anchoring point）的雙面特徵，與「世界」形成一種悖論。

也就是說，**作為主體的身體是存在於世界之中，既是世界的一部分，「我能」的「身體」又在投身世界時，同時建構著這個世界。**「世界」與作為主體的「身體」之間，表達（expression）可以視為中介的橋樑，**在知覺經驗到思維過程，發生建構性作用。**所有表達的「意義」，都同時勾連主體與世界，主體是存在於世界之中，既是世界的一部分，又在投身世界時，同時建構著這個世界，**在世存有（being in the world）又在世構作（constitute the world）**，表達在知覺經驗到思維過程發生建構性作用。話語（speech）可以說是最常見又最普遍的表達行動。

敘事治療中的敘說者，既是生活世界的一部分，被生活世界所塑成，同時，敘說者敘說自身的知覺、思維、反思，也創造出一種新的經驗與意義。**在敘說者投身世界時，也將敘說者自身經由敘說所建構的經驗與意義，投擲到世界之中，又同時建構著這個世界，達到在世存有又在世構作的實存。**

二、「說話」與「說的話」

寧曉萌（2013）也認為梅洛龐帝為了解決從知覺到身體自身，到在世存有的存在（being），「表達」可以視之為過渡的中介論題。表達的媒介可以是語言，或其他藝術媒介，如繪畫、音樂、舞蹈、電影等。寧曉萌在書中專門討論話語的語言表達。他認為必須對考察的「話語」與「日常的說話」

做出區分，他認為「話語」可以區分為**「被說的話語」**（the spoken）、**「能說的話語」**（the speaking）。也就是說，從語言的表述與語言的內容，可以區分為**「說話」**（saying）、**「說的話」**（the said），「說話」可以視為「能說的話語」，「說的話」可以視為「被說的話語」。「說話」才能產生「表達」作為在「知覺經驗」與「思維」之間的中介機制，而在知覺經驗到思維過程時發生建構性作用。

「所說的話」是說話的內容，「說話」本質上是存在的現身方法，是兩種不同的思維向度。一般說話都直接給出「主題概念」也就是著重在「所說的內容」，但是「說話」的範疇遠遠超過「所說的話」。「說話」大於「所說的話」，也大於「如何說話」，**「說話」也不只是「所說的話」和「如何說話」的總和而已，「說話」包括說出來的，也包括沒有說出聲的沉默經驗。**

胡塞爾說：「開端是尚還沉默無聲的經驗……惟其自身具有的意義帶來純粹的表達。」「開端」是指一切的開始，什麼都還沒有發生的肇始之初，可能是**沉默、空寂的無聲世界，但卻不是無意義**。「沉默無聲」卻有經驗，沉默無聲中，經驗依然還是衍生著、醞釀著。「尚還」是等待中，蓄勢待發，暫時無語、無聲，可能是無法言說，或是不想說，也可能是經驗本身超出一切語言所能表述，找不到敘說之道。「惟其自身」指沒有人能代為發聲，主體必須只能由自身表達，唯有主體自身能掌握開端的無聲的經驗。「純粹的表達」指回到現象原初的開端狀態，讓語言自然湧現，到達沉默經驗自身本有的意義，在表達中完成意義。

敘事治療所強調的治療師必須具備雙重聆聽的態度，一方面聽到來訪者說出來的問題故事，也就是主流故事，或為諮商

中當前「主題」，的另一方面還要聽到來訪者未曾言明、隱身於生活現場的「背景」。敘事治療師不只是聆聽來訪者已說／選擇說出來的故事，還要去聆聽來訪者沒說／刪除未說的部份。在這裡來訪者「**說出來的問題故事**」就是「**所說的話**」，是說話的內容；而「**未曾言明、隱而身於生活現場的背景**」，**可以視為存在的現身方法**。來訪者雖然「沉默無聲」卻有經驗，是敘事治療核心假設的立基點，包括：**（1）治療師必須抱持「不知道」（not knowing）的態度，對來訪者的生活世界和經驗保持好奇，讓來訪者以主體位置由自身表達；（2）「人不是問題，問題才是問題」**，若是將表達視之為過渡的中介論題，將「問題」脫離「人」而放入「生活世界」，**才能開展出從人「身體自身」到「在世存有」的空間而找到敘說之道。（3）尊重來訪者是自己問題的專家**，把人和問題分開的信念，提供治療師靜候來訪者「尚還」衍生著、醞釀著、蓄勢待發，暫時無語的經驗。敘事治療這些核心信念都呼應了現象學心理學強調唯有主體自身能掌握開端的無聲的經驗，因此，敘事治療心理師在問題外化之後讓來訪者命名，而不是採用專家的診斷。

三、*語言與語境*

若說語言是主題，語境就是脈絡。語境概念由波蘭人類學家馬林諾斯基（Bronis aw Malinowski）在 1923 年提出，分為情景語境和文化語境，也可以區分成語言性語境和社會性語境。語境（語言的文化背景、情緒景象、時空環境等）的介入，一方面使多義的語言符號趨向單義，另一方面又使語言符號，增生出語境意義。所謂語境意義，是指對來訪者而言語言符號實際具有的涵

義，以及來訪者對自己的語言表達所賦予的意義和解釋。

任何時候來訪者在說話，就同時包含了語言與語境兩者。就像眼角餘光，是指去注意眼睛視野邊緣的畫面，這就像是**主題旁邊的細節，或是話語給出的隱藏脈絡**，或是細微的表情語氣的變化……這些邊邊角角，蘊含著豐富的訊息，開啟一片片繁花錦簇的世界。餘光讓心理師注意到細節與變化，鑽進語言給出的縫隙之中，將隱藏的脈絡顯現出來，於是**話語只是一座橋樑，我們得以藉著話語的橋樑，穿梭在話語給出的不同語境世界之間，豐厚了語言的單薄性與僵固性**。單薄性是指語言無法掌握經驗的全貌，僵固性是指語言經常在文化範疇中形成固定的意符。

所謂治療，是對經驗的回顧與整頓，說話成為治療的必然，治療師總是在聽來訪者說話，可是治療師都知道，沒說的、詞語之間、隱而未顯的卻又十分重要，所以說話這件事，就不只是指說出來的話，還包括沒說的、說不出來的、無法言說的，都在語境之中。也包括何以這樣說？說給誰聽？除了說話，治療過程中總還有許多思考，這些思考在兩人的交談空間發生，心理師的提問，如果可以開創出思考的空間，有機會讓來訪者在這個空間中迴旋、轉身、停駐，再繼續前行。

敘事治療中強調支線故事、隱藏故事、隱而未顯的故事，和突顯獨特意義經驗的對話，都與現象學心理學強調探究的前提必須建立在經驗活動上，並強調探究的對象必須存在於世界之中，也就是把握明見性（evidence）原則有關。**敘事治療認為來訪者隱而未顯（absent but implicit）的隱藏故事，需要敘事治療心理師以眼角餘光去關注稍縱即逝的獨特意義經驗和關鍵時刻，把握住對象（來訪者）直接將自身給予我們（敘事治療心理**

師），協助創造來訪者更多挪移位置與衍異意義的可能性，而開創出貼近來訪者的偏好故事。

四、「說的話」與「說話」的實例

阿美的故事（故事、人名、背景皆重新改寫）：阿美現在約60歲，曾經是一個事業成功的女性，25-45歲的二十年馳騁在職場上，她善於投資理財，股票和房地產投資獲利不少，45歲離開職場之後的物質生活無虞。20幾歲時她認識一個男生阿雄，同居並生下小麗。後來阿雄也成為成功的律師，卻另外娶妻生子，與阿美斷絕關係。阿美一直都忽視小麗的存在，把這個非婚生女兒視為生命中的暗瘡，交給自己的父母撫養。小麗自國中開始染上毒品，到快30歲時因過度吸毒致死。同時阿美在小麗6歲的時候跟老李結婚，兩年後生下小英，現在小英已經25歲了。現在的阿美認為「小麗死了也好，反正那一段就讓它過去」，她認為那一段人生就當作不曾存在過。阿美切掉過去的人生，造成一種人工的斷裂所形成的僵局。這是故事的內容，也可說是阿美「說的話」。

關於阿美的「說話」跟「說的話」間截然不同，可以說「說話」是脈絡或語境。來訪者在說話的時候十分瑣碎、鉅細靡遺，但是系統清晰、有條不紊，例如：

> 那是一間很大的公司，在美國有上市，我想說她（小英）難得回來，我就跟我先生（老李）開車一起載她去那家公司面試。我女兒穿著高跟鞋，不是太高那種，太高的跟就不夠莊重，差不多5公分，剛好，很得體，跟她的衣服很搭，她穿灰色套裝，上輕下重，我覺

得很驕傲，我的努力沒有白費......那個公司不讓我們停車，警衛趕我們走，他做警衛本來就是他的職責，不能怪他盡責。我們就開到對面 7-11 的停車場暫停，也不敢停太久，它是給來買東西的人停，那我們就假裝去買東西，其實沒有要吃什麼，後來我就買了一杯重烘焙拿鐵，我是不要加糖，我先生不喝咖啡，所以我就幫他點了一杯茶⋯⋯外面有一點下雨⋯後來我女兒出來，我們就去吃飯，我就說不要去西餐廳，就一般麵攤就好，又還沒開始賺錢。我女兒說要直接回台中，她在台中讀研究所，她是搭高鐵回去，當天晚上⋯⋯

或是：

那時候就是他（老李）大哥要幫他妹妹過生日，我先生那邊的大哥，就去吃國賓飯店，是他弟妹打來約的，當初他大哥跟他大嫂感情鬧得很僵，就是他大嫂把錢都給他弟弟，他大哥就很生氣，可是他大嫂的弟弟，就我先生那邊的大嫂的弟弟，去香港置產，賭對了，後來他大哥也想買房，就跟他妹妹借錢，反正就是要藉機會謝謝他妹妹，所以連他妹妹全家都請了，很少見的，大哥要跟妹妹過生日⋯⋯

　　來訪者經常為小事而情緒不佳，叨叨絮絮沒完沒了，怕被冷漠、怕被遺棄，很難與人連結。連續一年多的諮商晤談似乎提供了一個安全的空間，使來訪者可以慢慢反芻生活中引發她情緒的諸多人際與事件，形成一種有如牛的反芻狀態。在晤談時害怕兩人談話中間有空檔，總是會用「話語」將晤談時間填得滿滿沒有

任何空隙。這也反映出阿美「沒有」或「不要」讓心理治療師有機會介入。

　　說話不只是「說的話」，「說」本身就在「表達」，有時話語之外的「說」本身，遠多過「說的話」，來訪者用瑣碎的語言表述填滿生命的空白，她說話，同時給出了「說話者自身」的處境。她「說的話」滴滴答答、瑣瑣碎碎、曲折細膩、鉅細靡遺、交代完整，但這同時給出了「說話者自身」的處境，心理師感受到來訪者的故事總是繞來繞去，有如進入語言的迷宮，很容易在治療過程中迷路而失去方向；來訪者的整個說話給出了一種跳離現場、不在當下的疏離感。這種自我疏離狀態，就是來訪者給出的在世存有也是在世構作，表達在知覺經驗到思維過程發生建構性作用。說話本向世界敞開，是向著世界的存在，說話本身不屬於意識範疇，說話自身恰恰正是意識的生產，或是參與著意識的建構歷程。也恰恰在這個地方，敘說（narrative）建構與敘說認同才具有主／客體的可逆性。

　　現象學通向原初世界的道路是透過反思途徑來實踐的，而度法和蓓蕊思（黃素菲譯，2016/2011）具體提出敘事治療同時強調四種層次的反思：

1. **反思**（reflection）是行為主體立足於自我以外的批判地考察自己。

2. **反思性**（reflectivity）是行為主體立足於自我以外，批判地「考察自己的行為及其情景」的意識與能力。

3. **反身性反思**（reflexivity）涉及到「辨識心理、身體所有面向的自我」的能力，以及「辨識環境脈絡如何影響了我們行動或認知方式」的能力。

4. **關鍵性反思**（critical reflection）是指一種實踐技能，由經驗累積產生經驗知識而自我教導，以使我們能夠探索自己的經驗，從行動中去反思——反思「行動過程」，而且反思「行動本身」——如此便可能有助於實踐知識的發展。

「行動藍圖」和「意識藍圖」是敘事治療用來作為提升來訪者反思能力的操作概念。**行動藍圖是故事的素材**，由構成情節與故事主題的系列事件組成，也就是阿美的故事內容，阿美「說的話」。**意識藍圖是我們的「心智檔案櫃」，呈現出故事主角的意識**，主要是由我們對於行動藍圖中的事件所產生的想法組成，也就是我們對這些事件所歸納出來的意義、對於形成這些事件的意圖與目的所做的推論，以及相關其他角色特性、身分所做成的結論。意識藍圖由包含在行動中的所知、所感、所思，或是無知、無意、無感所組成，也就是目前阿美「說話」的方式。敘事治療心理師增加來訪者的意識藍圖，將有助於提升其反思的層次，而創造出敘說認同。

五、回應經驗的語言總是迂迴而緩慢

生活是透過語言才得以描述，生活世界的語言往往是瑣碎或凌亂或鬆散，不若學術語言精練與準確。**知識的生產有必要回歸生活經驗的基礎，才能進行知識生產行動**，否則就會被學術的權力擊毀，或是被學術語言暴力綁架。在補捉意義時，要與語言產出的生活背景緊密相連，才不至於用語言或文字表述時，造成經驗的切割、斷裂。同時，**對生活經驗進行脈絡性轉化**（contextual transformation），而非落入學術文化或心理理論的

對立性之中。闖入未知又陌生的領域，可能是迂迴的軌道，回應經驗有時總是迂迴而緩慢。

海德格認為我們「不只在語言中思考，而且沿著語言的方向思考」。高達美指出，語言是理解的普遍媒介，理解從本質上說是語言的，語言是一切詮釋的結構因素，因此我們所認識的世界是語言的世界，世界在語言中呈現自己，來訪者的世界在言說中，無所遁逃地呈現出來，所以，我們掌握語言的同時也為語言所掌握，這個掌握的維度就是理解的界限，同時也是語言的界限。在此開啟了治療的可能性。

去回應各種來訪者人生的複雜與未知，是許多心理師做諮商與心理治療的初衷，在生活破碎之處，存在本真顯露時，初始不識得自己的經驗。後來才逐漸轉向受苦經驗的凝視與眷顧，慢慢體會慈悲的滋味，所謂的離苦得樂，慈是理解，也就是經由同理與陪伴，使人離苦，悲是寬諒、悲憫，也就是經由轉化觀點與視框，使人得樂。

敘事治療就是在治療者與來訪者（即言說者）沉浸在語言交流過程中，透過心理師與來訪者的對話，不斷推進言說的各種可能性，到可掌握與可理解的最前線（frontier）。度法和蓓蕊思（黃素菲譯，2016/2011）強調轉化階段的重要性，轉化可以提供再生和更新的知識，因此是關鍵時刻；以「關鍵」來形容這個時刻，是因為來訪者在這歷程中，獲得了有意義的轉變。關鍵時刻存在於當下治療對話當中很短暫的顯現時刻，若是關鍵時刻被忽略而沒有被即時辨認出來的話，便一閃而過了。關鍵時刻在晤談時，大多只是隱而未顯、尚未成形的狀態，是在互為主體之間交流的對話中產生，是透過對話來反思治療晤談內或晤談外的言

行而產生的結果。使來訪者能夠對生活經驗進行脈絡性轉化，將自我知識的生產回歸生活經驗的基礎，換個角度看待我們自己、他人或我們的處境，一系列全新的可能的選項便於此展開。

六、*語言在存有層面的理解*

詮釋現象心理學對語言的重視，也許不受本質現象學者的歡迎，但是對現今不斷面對語言再現的諮商與臨床心理學來說，卻是一個重新審視自身發展的機會。詮釋現象心理學的想法來自海德格，但不能不追溯到早期胡塞爾的現象學心理學。沿著心理現象的處境，我們才能夠從語言的存有性來追索心理現象在世存有的可能性。也因為語言的緣故，詮釋心理學勢必是「在世存有」的心理學，涉及我們在世界的理解，也就是對心理本質採取非實體化的立場。余德慧（2001）嘗試以現象學心理學進行對生活世界的詮釋，他認為我們必須主張，任何語言性的心理理解都存在著本體的層面，雖然**語言作為賦義的表象至為明顯，而詮釋現象心理學恰好就是要解除賦義表象的遮蔽，而取得語言在存有層面的理解**。因此，我們在詮釋現象心理學的研究，通常都在揭露這一層面的消息，並且在這層面取得研究成果。余德慧認為：

> 說給人家聽，其實是我們說給自己聽。海德格說：「說同時也是聽……說本來就是聽。說乃是順從我們所說的語言聽。」很重要的是說開始讓人擁有（owning），所有人的說其實是擁有。因為說是顯現，語言給了顯現，又進一步讓某種本質上的「我性」出現。在此情況下，我性就使人們發現，他的說進入一個投入（appropriation），如此，說才有了生命感。所以，語言從說到它做為存有之屋，其中的關鍵就

是語言的顯現（showing）使人開始擁有。這樣的投入
才使得我們說：我歸屬在說者之中。（2001，p.97）

　　現象學心理學以經驗活動為基礎，探討生活世界中的心理
現象，不會將世界的存在徹底的擱置，現象學心理學探究的對
象必須存在於生活世界之中。這就意味著現象學心理學家關注人
類如何在生活世界活動，人類如何經歷、保存、記憶這些活動經
驗，以及這些活動經驗如何影響人類自身。而敘事治療也在關心
人類在生活世界的活動經驗，以及如何述說這些經驗。李維倫
（2004）認為現象學心理學的心理病理學解釋了「人受苦於心理
疾病」的經驗現象，重新描述了人於受苦之中所產生的世間關係
變化。**人的世間關係變化其實就是人與人、人與物，以及人與週
遭的倫理秩序變化，這個理解本身即是一種實踐：以不同的方式
觀視受苦之人。**而隨之展開的心理助人行動，也就會帶著人與人
之間相互對待的倫理秩序照見，也就呈現為一種倫理行動。

| 視野之窗 |

東方與西方，都指向解除語辭對存在的遮蔽

　　老子認為「道」不可觸摸、莫可名狀，故謂：「無狀
之狀，無物之泉。」只能用「道」來代表，亦可勉強稱為
「大」。

　　故謂：「道可道，非常道，名可名，非常名。無，名天
地之始；有，名萬物之母。」意謂「道」是玄妙深奧的，常

人難以理解及形容。若可用言語來描述「道」，就不是真正的「道」了。

當宇宙萬物形成之際，人類會給萬物命名，但都不是事物真正的名字，因為天地萬物都是由「道」衍生出來的，用語辭加以命名、分類，是人類對於生活世界行指稱之便，實則語辭與所指之物，沒有必然的對應關係。此即呼應余德慧的存有之屋，以及詮釋現象心理學恰好就是要解除賦義表象的遮蔽，而取得語言在存有層面的理解。

敘事治療是經由來訪者說自己的故事，去組織自己的經驗，心理師與之共寫貼近自己渴望的故事，這個實務實踐的場域，其實可以呼應現象學心理學的知識論核心：現象學心理學探究的對象必須存在於生活世界之中。度法和蓓蕊思（Duvall & Béres, 2011）強調語言可能包含一些說出或未說出的隱含的意涵，敘事治療心理師必須尊崇那些在治療會話中的聲音、意義和故事，注意權力所造成的語言術語差異，也包含治療師在寫紀錄時所習慣使用的術語和描述的框架，甚至，在語言中故意創造結巴，都保留了對來訪者語言使用空間、權力的尊重。李維倫（2016）認為以目前心理學裡流行的「理論—應用」分別來看專業實踐並不適當；**專業實踐並非僅是理論知識的應用，而是在有所置身的實踐行動中獲得對人類存在性的洞察**。此外，實踐心理學也以深入生活現場的垂直模式取代了地域文化差異的水平模式，做為知識本土化的定義，提供出既屬現場個別性又具存在普遍性的知識之道。

七、語言之於離苦的轉化

敘事治療的目標在於透過問題「外化」，辨識出人與問題的關係，並透過人與問題關係的修正找出「獨特結果」，讓新的故事能夠形成，能涵蓋先前未被說出的經驗，實行新的意義。問題外化與未來故事的想像可說是讓人採取一個距離（distancing）的位置，來觀看自己與問題的關係，同時透過距離的觀照讓原本身在其中而無法看見的其他生活面向浮現，距離化的能力可以說是反思的能力。盧怡任、劉淑慧（2014）試圖以現象學心理學的觀點，探究受苦者在受苦中的轉變經驗，可以藉以理解從現象學心理學處境結構看敘事治療對離苦的論述。

從現象學心理學處境結構的空間性來看，敘事治療透過問題外化將個人與問題分開，重新釐清個人與問題之關係，即是使被拒絕的現有處境重新浮現，並由現有處境中找出獨特結果，並透過獨特結果發展新的期望處境，期待透過新的期望處境使現有處境能有被接受的可能。從現象學心理學處境結構的時間性來看，敘事治療強調現在與未來的發展，並從未來重新省視現在。盧怡任、劉淑慧（2014）的研究結果認為受苦轉變經驗中的處境與籌劃的轉變是一種「學習」過程，有些處境的現實性是我們無力改變的，但我們可以透過敘說讓世界樣態的多義性出現。因此敘說的空間決定於我們有多大的彈性改變與現實的關聯，當與處境的關聯方式改變，意義也會隨之改變。

本節我嘗試由上述七個論述觀點切入，交織出現象學心理學成為敘事治療的知識論根基的圖像。關於現象學心理學理論與敘事治療實務的交織、敘事治療的治療機制，以及敘事視框轉變與敘事特徵的心智循環空間，本書將在第五章的「敘事的治療機

轉」詳述之。

後現代理論與敘事治療

　　接下來我將先針對現代與後現代、典範轉移、結構主義與後解構主義，鋪陳心理治療理論在後現代的轉向，接著，針對敘事的定義與療癒進行初步討論。敘說讓我們將生活現狀帶來秩序和意義，也反過來提供我們自我概念的架構，我們對自己和別人訴說自己的生命故事，同時也創造了敘說認同，使得我們在所說的關於自己的故事中重新認識自我。敘事諮商重視生命主題與主觀意義，以外化鬆動強勢的主流故事，並在故事中開展隱而未顯的替代故事成為未來方向。

後現代

　　什麼是現代主義？什麼是後現代主義？這兩個問題一直爭議頗多，本書採用文化區分而非年代區分，也就是說，現代主義與後現代主義是一種文化的分野，而非年代的劃分（馬一波、鐘華，2006），但是為了說明方便，大致可以將心理治療做以下區分：人文學派或浪漫時期（romantic），大約是 1890-1960 年代，諮商焦點著重「專家」，典型的代表是精神分析學派、人本學派等。現代主義（modern），大約是 1960-1990 年代，諮商焦點著重「個案評估」、「診斷因果關係」，典型代表是認知學派、行為改變學派等。後現代主義（postmodern），大約是 1990年之後，諮商焦點著重「參與觀察者」、「社會互動」、「語言的敘事」，典型的代表是敘事治療、焦點解決、合作性語言治療等。

一、現代與後現代

沈清松（1993）認為「現代」與「後現代」是應該連貫起來思考的。後現代並不是現代的結束，它事實上是現代的延續，甚至是其加深；然而在此延續歷程裡面也包含著某種斷裂。後現代性理論（post-modern theory）焦點是針對現代性理論提出批判性觀點，尤其是針對自笛卡爾以降的哲學理路提出批判性觀點。後現代針對經由啟蒙運動到工業革命，一路以來的科學理性試圖找出普遍性、一致性的「絕對真理」進行反思，而提出「相對主義」論述。後現代理論反對現代主義聲稱：理論是對現實的鏡像反映，並提出觀點論（perspectivist），認為理論只是理論學家在特定框架下對現象提供的暫時性局部觀點；觀點論強調我們所有對於世界的認識，都是透過歷史、記憶和語言中介的認知性再現（representation）。

現代是指在西方中世紀或封建主義時期之後的時代，現代性（modernity）是一種歷史斷代術語，從笛卡爾到啟蒙運動的後繼者，都重視理性思考與邏輯實證，並視之為科學與社會進步的基石；現代性包含整體經濟的、政治的、社會的、文化的轉型。啟蒙運動開啟了民主政治時代，建立公平正義的社會秩序。科學理性造就了工業革命，並將人類帶進資本主義社會與市場經濟的消費文化中。現代性具有個體化、世俗化、工業化、商品化、城市化、科層化、和理性化的特徵。現代性使得西方開始展開殖民主義，第一波政治與經濟殖民始於十八世紀，延續到十九世紀末，第二波是二十世紀西方繼續發展更多學術與文化等意識形態殖民，包括好萊塢（Hollywood）影視產業、全球連鎖企業無孔不入的攻佔與滲透。現代性帶來許多負面影響，包括被

資本社會壓迫的勞工和農民、貧富差距與城鄉落差、男權中心主義與婦女邊緣化、種族主義與種族歧視等問題。

　　過去心理治療理論長期以來從認知行為治療、現實治療、家族治療等等，包括服膺這些理論的學者，如艾理斯（Albert Ellis）、亞倫貝克（Aaron Beck）、米紐慶（Salvador Minuchin）等心理治療大師，都壟罩在現代主義的思潮之中。各種臨床診斷的測驗，如投射測驗（projective test）[12]、人格量表、精神生理測驗、神經和神經心理測驗、智力測驗等等；以及各種治療方法，如嫌惡治療法（aversion therapy）[13]、系統減敏感法（systematic desensitization）[14] 等等治療法，他們在建構治療理論、方法與編制衡鑑工具的過程，都必須服膺邏輯實證論的知識論與方法學的支配。也就是：觀察現象、提出假設、驗證假設、提出結論與發現。這一套建立理論的過程，簡單的說就是以簡馭繁的科學邏輯。

　　然而，1960 年代起，德希達、法國哲學家李歐塔（Jean-François Lyotard）和地理學者哈威（David Harvey）等，認為計算機、媒體、經濟制度等，正產生一種嶄新的社會文化形式，需要用新的概念與論述去理解。基於對現代性思潮的反省，後現代學者們宣稱在當代高科技媒體（high tech media）社會中，

12　編註：透過給受測者一系列的模糊刺激，要求受測者敘述模式、完成圖示或講述故事，如羅夏克墨跡測驗（Rorschach test）。
13　編註：利用會令人產生不愉快感覺與厭惡的刺激以改變當事人不當行為的治療方法
14　編註：行為學派認為焦慮是個體被制約的產物，因此透過使用反向的替代活動，降低個體的內在焦慮。

新近出現的變化和轉型過程，正在產生一個後現代社會（post-modern society）（沈清松，1993）。詹明信（Fredric Jameson）（1988）認為後現代社會特徵是資本在全球更廣泛而深入的均質化（homogenization）滲透，同時也產生更廣泛的文化碎裂（fragmentation），時空經驗改變導致主體與文化的質變。這些新的社會變化開拓了後現代視野，也提供了豐富的社會經濟、文化的論述基礎。

後現代性（post-modernity）時代是一個嶄新的歷史階段，也開創出獨特的社會文化特性，需要運用不同的概念或論述才能加以理解。高宣揚（1999）提出現代與後現代視角的比較，現代主義（modernism）鍾愛宏觀（macro-theories）理論，後現代主義傾向贊成微觀（micro-perspectives）論述；現代主義鍾情於因果辯證與邏輯推論，後現代主義偏好多元性、多樣性、片斷性、地方性、不確定性、異質性；現代主義推崇統一的本質性主體，後現代支持去中心化的（decentered）碎裂主體。

最重要的是，後現代主義對於心理現象的多元性、歧異性、文化性等採取包容與兼容的態度，採取現象學心理學的知識論位置，重視個別心理現象本身，也看重個別差異。現象學心理學所提出的人文科學觀，以生活世界為人置身所在的基礎，面對的是原初的世界而非經過理論建構的世界，這也影響了質性研究的方法論，即是透過揭示生活世界獲得知識，能夠為現象學心理學提供直接的理論基礎，這個理論基礎是反對二元論和實證主義，重視主觀經驗而非客觀事實。

二、轉移中的典範：從系統到故事

　　控制論（cybernetics）是指資訊處理系統的結構和流程，係根源於希臘文 kubernetes，原意是船上的舵手。由此可見，控制論是藉由一連串的矯正錯誤來控制，使船保持在正確的航道上，強調以正確邏輯、科學證據，找到有效策略來正中目標。這樣的信念也影響到心理治療領域，像是認知治療理論、結構家族治療理論等。這種治療理論會誘導治療師以超然、客觀的方法去評估出錯的原因，然後去修復心理症狀，這就好像是技術員修復故障的發動機一樣。認知治療心理師傾向於認同自己是醫療體系中的一員，認知治療師像醫師一樣，針對症狀做出診斷，開列處方，並要求病人遵循醫囑服藥一樣。霍夫曼（Lynn Hoffman）（1981，p.111）曾經寫道：「一旦你有這種特徵，就很容易從功能障礙的角度來看……會假設治療師應該知道什麼才是『有用的』家庭結構，而據此來改變家庭。」這種透過家庭規則、角色權力、溝通方式來調整家庭系統，達到動態平衡的系統，稱為第一層控制論。

　　系統家族治療試圖發展出一套概念架構，希望它能越過早期實證主義式的治療理論，這種發展使得家族治療的思想有了轉變（宋文里譯註，2017/1991，p.78）。後來逐漸有人發現家族治療師不可能自外於治療之外，而做出客觀評估，尤其不可能自外於家庭系統之外，治療師就是系統中的一部分，不可能具有超然於系統外的客觀性（Watzlawich, 1984; Hoffman, 1985），引用生物學和生態學觀點，這稱為生態系統典範，治療師成為家庭動力系統中的一員，重點在家庭成員彼此之間的連結，這種思考稱為「控制論的控制論」，或稱為「第二層控制論」

（secondary-order-cybernetics），後來稱為構設主義（宋文里譯註，2017/1991，p.79）。

第三個階段進入社會隱喻和社會構建論。敘事治療在家庭治療成為後現代理論的一個分支。施密特（Schmidt G.）和塔蘭可（Trenkle B.）（1985）討論在家族治療中，建議把巡迴問話（佛瑞德門稱之為見證者的位置）（Freedman, 2017）作為間接的暗示，這些暗示表面上是指針對某個家庭成員說的，卻可以影響一個或更多的家庭成員。後現代治療師的問話，培養出來訪者對自己好奇的態度，使來訪者進入自己和其他家庭成員經驗的真實，而不是治療師理論的真實。

來訪者在自己的經驗中尋找各種可能性，後現代的治療師參與其中，消弭了階級與權力差異，更加平等的共同建構出滿意的故事。後現代的治療師體驗自己「在過程中」的感覺，放棄領航舵手的角色，不再朝向既定的方向或目標，好的情況會是一同發現、有所進展，比較壞的情況是一同流浪、暫時迷路，但是無論如何，會創造出謙遜的和諧關係。敘事治療心理師藉著社會建構的立場，去探討人與人之間，人與習俗規章之間的現況，把焦點放在社會文化對個人生活和認同所造成的影響。身為敘事治療心理師，所相信的信念，會導引其選擇的位置，而來訪者所選擇的位置，決定了他／她怎麼看世界，也決定了他／她怎樣跟人互動。眾人的生活都是故事，並能實踐出其個人的生命意義。

三、*結構主義與後結構主義*

解構主義源於結構主義，又稱為「後結構主義」，「後」的意思是超越。它是對結構主義的延續，又是對結構主義的否

定。後結構主義者與結構主義最明顯不同的地方在於，他們拋棄了結構主義的簡化主義方法論。他們挑戰結構主義宣稱自己能夠詮釋所有的文本，並且認為一個文本之外中立全知的觀點是不可能存在的。根據佛瑞德門（Freedman, 2017）的觀點，基本上，後結構主義幾乎是等同於後現代主義，下表 2-1 是綜合上述，列出結構主義與後結構主義觀點的比較。

　　表 2-1 中左列是結構主義的特徵，右列是後結構主義特徵。結構主義特徵是重視類別向度和共相事實，推崇概括化並將之推論到個人身上，強調社會角色與規範、重視客觀詮釋的意義，依據規則或規範來決定個人生命價值，重視專家知識所建構的理論概念，認為唯有經過高度訓練的專家，才有權力及能夠精確地解讀表象線索，將之轉譯解釋，並依此斷定個人生命故事的意義。後結構主義特徵則是重視特定細節和殊相事實，推崇多重觀點的多元故事，強調社會個人的生活是有價值的並被賦予主觀詮釋的意義，依據個人置身體現的期待（embody expectations），來決定個人生命意義的理解與價值，重視在地知識（local knowledge）所累積的實踐經驗，認為每一個人都有權力去解讀、理解表象的訊息，每一個人經由彼此之間的行動、訴說，和記憶的故事，都有權建構自身的生命意義。

表 2-1　結構主義與後結構主義比較

	結構主義觀點 structuralist view	後結構主義觀點 post-structuralist view
共相——殊相	以概括化（general）的類別對人進行分類，尋找將個體區分為種種類別的向度，和共相的事實。	尋求人們自我認同的特定的（specific）細節，和殊相的事實。
單薄結論——豐厚描述	高度推崇概括化（generalizations）類型，把那些從廣大人群中獲得為真的單薄結論（thin conclusions），應用到特定的個人身上。	推崇來自多重觀點的多元故事，使我們得以豐厚地描述（thick descriptions）人們的生命故事。
客觀——主觀	強調個體的生活是透過社會角色與規範，並重視客觀詮釋的意義。	個人的生活是有價值的，並被賦予主觀詮釋的意義。
社會規範——個人期待	依據規則或規範（rules or norms）來決定個人生命意義的理解和價值。	是依據個人置身體現的期待來決定個人生命意義的理解與價值。
理論知識——在地知識	重視專家知識（expert knowledge）所建構的理論概念，認為專家有權力定義人們的自我認同，他們比來訪者自身更有能力去分析、了解來訪者。	重視在地知識（local knowledge）所累積的實踐經驗，認為人們有權力、能力根據自己的生活細節的知識，來定義自我認同。
專業轉譯——各人理解	表象蘊含了深度認同的線索，專家才有權力精確地解讀表象線索，唯有經過高度訓練的專家，才能正確的將這些線索轉譯解釋。	表象是我們全部的已知，每一個人都有權力去解讀、理解表象的訊息。

	結構主義觀點 structuralist view	後結構主義觀點 post-structuralist view
專家解讀—— 自我建構	專家有權解讀架構下的公式常規（formulas），並依此斷定個人生命故事的意義。	每一個人經由彼此之間的行動、訴說，和記憶的故事（stories），都有權建構自身的生命意義。

敘事的定義與療癒

　　麥克勞德（McLeod, 1997）在他的著作《敘事與心理治療》（*Narrative and Psychotherapy*）中提到，Narrate 是拉丁文 narrare 原本是「去告訴」（to tell）的意思，與另一個拉丁字 gnarus 屬於同源，它的意思是「知道、得到、專精於」（knowing, being acquainted with, expert in），兩者都是印歐語系「知道」（know）的字根。這些字底下龐大的字系家族是由拉丁字 cognoscere 而來，這字包含有「認知」（cognition）的本意，又同時是名詞和代名詞，gnosis 是由希臘字 gignoskein 而來，現代英文中的 know 是由古代英文中的 gecnawan 而來。而 Narrative 這個字似乎比 know 這個字更加足以反映所有上述自古以來此字的傳承性和意義性。

　　其實，並沒有全新的治療，現在任何人要發展出或學習到一種所謂的新的治療理論和技術而完全罔顧已經存在的各種多元的治療概念和方法，這幾乎是荒誕的無稽之談。即使在治療理論的文獻脈絡中某些點子似乎頗為新奇，其實還是源自於更廣大而豐富的文化傳統。

　　但是，每一個治療同時又都是新的治療，我們一直不乏新

的治療理論，新的取向也持續推陳出新，在其中治療者得以遵從特定的指導步驟和特定的治療模式而學習該治療方法（Moras, 1993）。無論如何這些治療師都帶來他們的個人經驗和價值，治療模式都整合了治療者個人的世界觀和風格，而畢竟與來訪者接觸是一種非常「個人化」的狀態（Lomas, 1981）。

敘說是一連串過去發生過的事件組織、串接成具有敘說者獨特解釋意義的過程。敘說者對於故事安排與主角特性具有主導性，並會在故事串接過程中推論事件的因果或關係，使得看起來混亂、隨機、無序的生活現場，顯現出秩序與意義。呼應呂格爾（Ricoeur, 1984/2004）說：「未能全盤地作為我們生命的作者，我們學著成為自身故事的敘說者。」此外，寇克倫（Larry Cochran）（黃素菲譯，2004/1997）以敘事取向進行生涯諮商，著重個人的生命主題與主觀意義，以未來藍圖描繪生涯願景，協助來訪者以未來故事錨固生涯目標。懷特與艾普斯頓（廖世德譯，2001/1990）也強調人是自己問題的專家，以外化來將問題與人分開，使人有能力發展出多元視角，看到自己想要的理想未來。佛瑞德門與康姆斯（易之新譯，2000/1996）則認為敘事諮商能幫助來訪者鬆動外在文化的強勢故事，尋找隱藏故事或支線故事，重新建構個人滿意的生命故事。整體而言，敘事諮商重視生命主題與主觀意義，以外化鬆動強勢故事，並在故事中開展隱而未顯的替代故事成為未來方向。

凸顯個人生命敘說的重要性，是因為我們的社會都提供了極為重要的集體敘說（collective narrative）來協助個體適應、授予社會意義，這些可以視為「故事背後的故事」（Bruner, 1986）。每一個社會都有不同的文化，而文化發展本身形成的

規則、角色等，都是為了協助個人合模（fit in）。文化具有極為重要的合模功能，每一個文化都會說怎樣是成功的、好的、對的，怎樣是不成功的、不好的、不對的。但是，這種集體敘說忽視了每個人的獨特性，故事敘說（storytelling）是藉由幫助我們說自己的生命故事，主動去建構生命歷程。在敘事治療的過程中，來訪者是故事敘說者，專家變成故事的編輯，意義成為藥方。所以敘事治療心理師的工作是幫助來談者完成自傳故事的形塑與推理（doing autobiography shaping and reasoning）（Heinz, 2002），經由來談者個人的生命敘說，將過去事件與當前議題，建構成有意義的連結，以主體意義（subjective meaning）取代集體敘說而引導自我方向與個人責任。

從社會建構論的角度來看，我們感覺到困頓是因為將自己置身在某些強勢的、壓迫的故事中，強烈的影響到我們的自我感，削弱我們的主控權，和壓抑其他具可能性的選擇能力，使我們信以為真並認為無法改變。布魯諾（Bruner, 1986）認為隨著時間推移、不斷重複，這些強勢的主流故事變得越來越僵化和堅硬，但很諷刺地，是說故事的人將自己侷限在自己創造的故事裡。美國心理學家薩賓（Theodore R. Sarbin）（1986）強調敘說不只是使我們將生活現狀帶來秩序和意義，也反過來提供我們自我概念的架構；我們對自己和別人訴說自己的生命故事，同時也創造了敘說認同，使得我們在所說的關於自己的故事中認識自我。

傳統的治療，有些時候治療師好像在聽來訪者的故事，可是其實卻只是在聽故事之外的「線索」，像是來訪者的「性格」特徵、「情緒」狀態、或是「行為」症狀；這是一種診斷的「傾

聽」，以便能夠為來訪者的問題進行一種正確的評估或說是衡鑑（assessment），治療師才能夠據以確定接下來的「治療目標」。這是治療師在焦慮驅迫之下為膠著的症狀尋找出路。敘事治療心理師強調想要了解生命故事在治療中的意義，最重要的是靜下心來聆聽來訪者說故事，並且就緊貼在來訪者敘說的故事脈絡與底韻之中，不必「出來」故事之外用大腦工作，把來訪者一個人單獨留在他所置身的世界。

敘事治療與傳統治療最大的不同是強調「相對影響問話」的重要性，一方面聽到來訪者如何「被問題所影響」，另一方面也去發現來訪者「如何影響問題」。例如，當一個來訪者在他的工作場域中，必須面對罹難者的家屬進行事後的賠償與安撫，或經常因為客戶不滿而必須每天直接面對面處理各種要求與抱怨，他的工作壓力大到使他夜間無法一覺到天明，甚至一直想著要提早退職以便脫離他苦惱而充滿窒息感的工作職場。但是他說故事時，充滿情感的描述他和兄弟手足之間成長的過程，這些是他的生命早期確切而不容詆毀的篇章，跟他敘說的充滿壓力的工作難題一樣重要。這些在自我敘說（self-narrative）時「大聲」說話的生命故事情節，自有其意義與目的，甚至是開啟替代故事的治療契機，但是總是經常被主流故事淹沒或被來訪者忽視。敘事治療就是要在來訪者敘說的過程中，不管是經由訴說或抱怨，這些主要的、或隱而未顯的生活經驗都得以有機會重說、重寫或重新編輯。

如懷特和艾普斯頓（廖世德譯，2001/1990）說的「以敘說的方法達到治療的目的」（Narrative Means to Therapeutic Ends），敘事治療提供了一個如何以故事進行治療的方法架

構。本書將在第四至六章詳述敘事治療的歷程、方法和技術。

社會建構論如何影響敘事治療的知識論立場

constructivism 與 constructionism 是不同的兩個字，本書參考輔仁大學心理系教授宋文里於《翻轉與重建：心理治療與社會建構》（*Therapy as social construction*）一書中將 constructivism 翻譯為「構設主義」（宋文里譯註，2017/1991），而，將 constructionism 翻譯為「建構論」的譯法，因而將 cognitive constructivism 譯成「認知構設主義」，social constructivism 譯成「社會構設主義」，將 social constructionism 譯成「社會建構論」。

構設主義心理學家皮亞傑（Jean Piaget）提出認知理論（cognitive theory），他認為「知識是人類建構的觀念所組成」（knowledge is a compilation of human-made constructions），主張「知識來自主動建構的過程」（Knowledge is the result of this active process of construction）（Copple, Sigel, & Saunders, 1984, p.18）。構設主義知名的學者包括：維高斯基、皮亞傑、美國教育學家杜威（John Dewey）、義大利哲學家維柯（Giambattista Vico）、美國哲學家羅蒂（Richard McKay Rorty）、布魯諾等等，雖然他們各自的主張仍有差異與不同。

教育哲學（educational philosophy）上也用 constructivism 這個詞，認為學生在學習過程中，建構他們自己的、獨特的意義。依照這種教育哲學，教育家強調要學生掌控自己的學習，並批判教師以講授式的單向輸入教學法。臺灣各個大學這一波的翻轉教學、問題解決式教學的運動，大多是受到構設主義的影響。

建構論（constructionism）這個詞則是指從傅柯之後，分析知識與權力的關係，並重新釋放知識生產的位置所產生的思潮（陳瑞麟，1994）。傅柯認為知識領域就是權力領域，我們每一個人都陷落在這個知識／權力網中，一方面承受權力的效應，一方面也在人我關係中運用權力。從傅柯（劉北成譯，1992a/1961；1992b/1975; 2001/1973）的角度來看性、瘋癲、罪犯等等並不是一種獨立於外界條件的觀念，而是文化建構的結果。

陳瑞麟（2002）以批判性地角度，檢視傅柯的「知識／權力」理論，勾勒一個可能的「權力和知識的關係模型」：

1. 權力是產生效果的動力，權力關係可以是支配關係或是競爭關係：權力如果產生過強的支配關係就變成壓迫，如果產生過強的競爭關係就變成「戰爭」，換言之，壓迫和戰爭乃是權力的極端行使。

2. 權力不是來自一個中心，而是不固定的、流動的：這些特性繼承傅柯的理論，權力不是存在一個固定中心的機構內，而是存在於人際關係之中。換言之，權力主要在權力位置之間行使。然而，在一組關係內，權力有可能被集中到某一個匯聚點（主體）之上，並因主體的差異而行使模式有所不同。

3. 完整的權力關係分析不能略過意向主體，權力的意圖和目標是來自集體意圖：具有意向性（信念、欲望、意圖等）的主體，必是權力關係分析中不可或缺的環節。雖然個別主體的意向在許多權力關係組成的權力系統中，可能無足輕重，但是如果權力有其意圖和目標的話，那必定來自「集體意圖」。而且，集體意圖最初可能由個別主體的

意圖所誘發，個別主體的意圖也可能在日後發展成某個
「當權」的集體意圖。

4. 權力可以被儲存和懸置，只有在「作功」（產生效果）
下，權力才顯現出來，或說權力才算是在行使之中：在知
道權力行使的技術或策略之下，權力有可能被處在行使者
位置的意識主體所懸置。這也意味著「知識」有可能被用
來懸置權力，而不使其「生效」。

5. 權力可能促進知識和真理的生產，知識和真理也可能強
化權力；但它們未必總是和權力對立，也不總是權力的
產物。知識和真理並不是一定處在權力行使的領域外，權
力的確有可能促進知識和真理的生產，後者也可能鞏固或
強化權力的行使。但是，我們不能因此宣稱知識和真理都
是權力的產物。知識和真理仍可以在「概念重組」的過程
中，找到逃逸出權力支配的自由。

6. 一切公開的言論，不管是不是真話，都有權力的作用。在
強調真言論的權力效果時，我們也絕不能忘掉非真言論的
權力效果。

知識與權力密不可分，治療師必需對於形構知識的權力具有
敏察度，否則知識可能淪為權力的工具，使用知識的人，將成為
不當權力行使的共犯結構。建構論提供了良好的基礎，來提高治
療師的敏察度。原因是知識是在不同的社會文化脈絡下被建構
的，貝特森在著作《心靈與自然》[15] 中，從「每個學生都應該知

15　*Mind and Nature: A Necessary Unity*, 2002.

道」的基本科學假設開始，進一步闡述認識論的兩個基礎，一個是世界的多元版本，另一個是關係的多元版本，重點是他認為人類根本不可能了解到客觀事實，因為所有的事實都受限於其所在的社會背景。基本上，貝特森說的就是美籍波蘭裔哲學家柯日布斯基（Alfred Korzybski, 2010）的名言「地圖不是地方本身」（The map is not the territory.），除非親自去到當地，把人放回該地方，才能從整體社會情境理解這個人。

我們對於事情的了解或賦予事情的意義，都是由事情的背景所決定，也受限於這個背景。換句話說我們認識的世界都受限於這種預設的脈絡，並以之為前提，只要事情不「符合」這些預設的前提，也就無法作為被我們看到的「存在」之事實，必須「符合」才「存在」，不「符合」就不「存在」。問題是沒有一個人的預設前提是一樣的。因此，個人的知識是在社會文化的環境下建構的，個人所獲得的知識與社會文化脫不了關係（陳瑞麟，2001）。社會建構論認為人對自己的知識，也是在他所處的社會文化脈絡下被建構的，我們所認識的自己，是個體與當時社會環境互動與溝通後的一種共識作用的結果（von Glasersfeld, 1995）。

以下針對兩部分進行說明：（1）建構、構設主義、認知構設主義、社會構設主義的定義；（2）社會建構論與故事敘事的發展。

建構、構設主義、認知構設主義、社會構設主義的定義與內涵

一、建構

「建構」（construction）這個詞，原本用在建築上，以許多鋼骨搭起建築物的結構，即是「建構」。建築師把建築物的結構設計成什麼樣子，工人就應根據藍圖而把建築物「建構」成什麼樣子。建構這個字指的是構成、構造、組成、組建、建造等等的意思。傳統西方文化中，對於知識如何獲得，有兩種主要對立的理論——指導主義（instructionalism）與構設主義（constructivism）。指導主義認為知識獲得只是真實世界的表徵，也就是說，知識本身跟學知識的人（knower）是分別獨立存在的兩者。持這種觀點的哲學家，把知識看成只是一種能夠正確反映真實世界的客觀事實，以這樣的觀念發展出來的研究方法，去探索自然界的種種問題，被稱為實證主義（positivism）。

二、構設主義

構設主義（constructivism）不採取知識本身跟學習知識的人兩者獨立的觀念，反而強調知識是基於學習者在現實世界中，透過自身經驗及事件本身的作用關係而獲得，持這種觀點發展出來的研究方法，去探索自然界的種種問題，被稱為相對主義（relativism）。他們把學習看成心智建構（mental construction）的結果，也就是學習者把新接觸到的訊息融入他們已有的知識中，建構成新知識的過程。因此，構設主義者認為即使學習新知識，學習者仍然會帶著已有的觀念去接觸新觀念。透過學習活

動，讓新舊知識接軌，當新舊知識無法融合銜接的時候，學習者就會發生認知衝突或認知重組，因此，構設主義強調學習者在學習過程中的主動角色。

三、認知構設主義

構設主義的學派中，兩個極端的代表是皮亞傑的認知構設主義（cognitive constructivism）與維高斯基的社會構設主義（social constructivism）。皮亞傑接受康德「先驗知識存在」的主張，他把康德的主張跟邏輯連結，認為邏輯能力就是先驗知識的一個例子（李明輝譯注，2013）。他好奇這樣的知識如何在兒童的腦海中發生，所以提出一個假說，主張思想的結構跟思想的邏輯具相同的形式。皮亞傑認為生長中的兒童，是研究人類知識起源最好的資訊來源，首創臨床晤談法（clinical interview）做為研究策略與方法，他建立的研究領域也被人稱為遺傳（或發生）認識論（genetic epistemology）。

皮亞傑認知發展階段理論認為：兒童對於自然世界的想法，是經歷一系列質的變化階段。皮亞傑的認知發展理論固然有所貢獻，但是他所提出的認知發展機制更為心理學界所重視。他主張認知發展是從一個認知平衡狀態成長到另一個狀態，如果學習者的經驗跟所預期的一致，這些經驗就能直接賦予意義；但是，如果新經驗並非預期的，將有三種認知運作：忽視新經驗、在腦中改變新經驗使之能契合舊有資訊，或是改變認知基模使新經驗能契合。他認為學習發生在認知基模（schemata）改變，當新資訊跟先前經驗有差異而不能契合時，就無法彙整入已有的基模中，就無法產生知識的理解，勢必要修正基模來消除新

舊經驗的落差，這也就是概念改變的過程。

四、社會構設主義

社會構設主義（social constructivism）認為「知識是個人與別人經由磋商與和解的社會建構」（朱則剛，1994）。主要在強調個人建構知識是在社會文化的環境之下建構的，因此所建構之知識與社會文化脫不了關係，建構出的知識意義雖然是相當主觀，但也不是隨意的任意建構，而是需要與別人磋商和對話來不斷的加以調整和修整，而且會受到當時文化與社會的影響。主張個體的發展受到社會情境與文化脈絡影響，且將人類語言視為社會互動的工具之一，社會構設主義認為知識是適應性的，透過個體與環境互為主體，進而建構出知識整體。

維高斯基出身知識份子家庭，他是馬克思主義者，創出一套知識的馬克思理論（Marxist theory of knowledge）。就某種程度來看，皮亞傑與維高斯基觀點相似，但是維高斯基拒絕知識的生物學觀點，而注重文化與社會的角色（李維譯，1997）。他認為智力發展最主要的推動引擎是文化，而其機制是成人與兒童之間的社會化互動。就如同皮亞傑是從研究個人以尋找知識成長的新資料庫，維高斯基則在文化的歷史中替他的想法找到支持。他認為語言是文化發展與傳承的一項工具，所以它必須跟文化同步成長。從這個觀點看，維高斯基的理論是社會歷史取向，維高斯基理論堅持較高階的心智過程，本質上是社會性、文化性以及歷史性（李維譯，1997）。

社會構設主義並非反實證主義，雖然它確實是站在本質論的對立面。社會構設主義學者不強調個人的知識建構，反而提出合

作式的意義塑成（collaborative meaning making）。在這個架構下，科學教師的角色急劇地轉變，老師的責任不再是指導學生去懂那些已經印好在手冊、書本或其它權威知識，而是在許多建構知識的方法中去找出路徑。根據上述討論整理出認知構設主義與社會構設主義之比較（見表 2-2）。

表 2-2　認知構設主義與社會構設主義 之比較

	認知構設主義 （cognitive constructivism） 皮亞傑（Piaget）學派	社會構設主義 （social constructivism） 維高斯基（Vygotsky）學派
理論起源	康德「先驗知識存在」與邏輯實證論。康德的《純粹理性批判》（*Critique of Pure Reason*），經黑格爾（G. W. F. Hegel）把它形式化成正、反、合三個階段發展。	馬克思理論（Marxist theory of knowledge）。把柏拉圖的辯證法（dialectic）當成是一個跟人的靈魂作批判式對話的形式。
焦點	汪重生物學觀點，遺傳基因取向。把任何與一個相關基模一致的特定知識稱為概念架構（conceptual framework），把衍生自不同基模（schemata）的知識稱為另類架構（alternative frameworks），把專家在其領域的概念架構稱為科學概念（scientific conception），而學習者在未被指導之前的概念稱為前概念（preconception）。	注重文化與社會的角色，社會歷史取向。認為語言是文化發展與傳承的重要工具，堅持較高階的心智過程本質上是社會性、文化性以及歷史性。

	認知構設主義 （cognitive constructivism） 皮亞傑（Piaget）學派	社會構設主義 （social constructivism） 維高斯基（Vygotsky）學派
理論名稱	認知發展階段理論。	社會認知發展理論，潛在發展區（ZPD）與鷹架學習理論。
研究方法	臨床晤談法（clinical interview）。	辯證法。
改變歷程	思想藉著從一個認知平衡狀態成長到另一個狀態而發展，當原先的認知基模不能解釋現象時，會修正或重組認知基模。	對話是最具有社會性的語言形式。
改變機制	認知衝突（cognitive conflict）導致基模之間的轉變。	合作式意義塑成（collaborative meaning making）。

　　社會構設主義與皮亞傑學派最大的不同在於，社會構設主義學者把他們的典範回溯自辯證法（dialectic）。起初柏拉圖把辯證法當成是一個跟人的靈魂作批判式對話的形式。康德在他的《純粹理性批判》（*Critique of Pure Reason*）一書中把辯證法說明得更精緻，最後經黑格爾（G. W. F. Hegel）把它形式化成現今形式。依黑格爾辯證法，理論是經過正、反、合三個階段發展成的。也就是說，一種概念先經過正、反的辯證，隨後產生的衝突概念要經由更高階的概念——「合」來解決。然後，這將會變成下一個正、反、合三個階段所辯證出來的理論。

　　綜觀維高斯基學派對於皮亞傑學派的認知構設主義，最常見的批評有主要兩點：首先，社會構設主義學者認為皮亞傑認知構

設主義過度強調邏輯思考，雖然重視邏輯推理符合了某些科學教育學者的胃口，卻不為社會構設主義者接受。社會構設主義學者對皮亞傑學派的第二個批評是認為皮亞傑忽視知識建構過程中所處的情境，所以理論發展無法落實到實際的社會情境而失去價值。

社會建構論及其與故事敘事的發展

一、社會建構論的知識觀

社會建構論（social constructionism）是指社會所建構的事實（reality in social construction），社會建構論關切獨立於社會評斷之外的人類生活現象，尤其是要去揭開個人或團體所參與的社會，如何建構了我們知覺到的真實。社會建構論著重於社會的人文現象，此現象經由某群體的社會互動而產生，而社會構設主義只著重於個人的學習歷程。社會建構論更加關心社會上各個團體的互動歷程，及這些團體互動結果所產生的真實，不同團體會建構出不同的知識與真理。

不同的人在同一個空間進行觀察，因為每個人背景不同、意圖不同，所注意的面向差異極大。「消防局人員」著重安全檢驗，會注意有沒有火災噴水口？緊急出口？「室內設計師」著重美感或功能，會注意顏色、材質、燈光、動線等；「清潔人員」會注意哪些地方髒污？水槽、垃圾桶位置？窗戶高度等；「大樓買主」會注意屋齡、地點、交通、價位等等。對於消防人員重視的緊急出口，大樓買主可能毫不在意，因為跟房屋價值無關。或是我們幾乎可以從這個人關心的面向，來了解其身分背

景。來自不同的觀點所描述的房間可能變成完全不同的房間，而每個人都可能認為自己看到的是對的，甚至是唯一的。如果不交談討論，這個房間會被單一定義。如果不帶任何觀點，我們幾乎無話可說。每一個人的觀點都帶著價值、偏見、位置、權力等等，沒有所謂的「乾淨」的描述。這會是怎樣的房間，取決於我們跟誰交談，交織出什麼？我們的交談決定了這是個什麼房間，是我們一起共同建構了這個物體。就算有所謂的「客觀」，也許那也只是大多數共同的交集。

因為強調人所在的情境背景對於知識產生的重要性，所以社會建構論者一向努力探究語言在建構的角色。對話，這個最具有社會性的語言形式，是社會建構過程的中心。所以，那些把語言認為是調和知識建構過程的人，都被當作是社會建構論者。他們相信，不管是有錢人或窮人、多數族群或少數族群、男性或女性，所有人如果沒有機會去講話，學習就無從發生，也因此，任何構設主義概念假如會剝奪某些學生的學習，就是社會不公。根據上述討論整理出社會構設主義與社會建構論之比較（見表2-3）。

表 2-3　社會構設主義與社會建構論之比較

	社會構設主義 （social constructivism）	社會建構論 （social constructionism）
理論起源	馬克思理論。柏拉圖的辯證法（dialectic）把它當成是一個跟人的靈魂作批判式對話的形式	後現代、女性主義或社會權力結構分析。

	社會構設主義 （social constructivism）	社會建構論 （social constructionism）
焦點	注重文化與社會的角色，社會歷史取向。認為語言是文化發展與傳承的重要工具，堅持較高階的心智過程本質上是社會性、文化性以及歷史性。	個人的自我、知識與認同都是由社會所建構。自我認同經常在我們的社會文化脈絡中，經由各種意見和與別人交流而交織出來。
自我觀	自我的發展受到社會情境與文化脈絡影響，且將語言視為社會互動的工具之一，自我與環境互為主體。	「自我」不僅是個人意識的顯露，「自我」也揭露了它所存活的社會環境。
改變歷程	對話是最具有社會性的語言形式。	經由個人對生活事件和經驗的反思的行動，去瞭解有那些社會脈絡（social context）在塑造個人。
改變機制	合作式意義塑成（collaborative meaning making）	個人是生活意義的詮釋者，個人可以賦予生活經驗獨特的解釋與觀點。

社會建構論者有時會質疑「教育是一種使人失去好奇的過程」？因為獲得知識或創造知識的過程，會被學科的陳述規範或研究方法訓練成客觀、理性的學者，即使社會科學也都被期待成為科學家。社會建構論重視創造性，因此深思：你想要怎要的世界？如何重新建構？什麼是有價值？多元真理？社會建構論也鼓勵好奇，而非狹隘地追求一種方法所得到的不可撼動的結果，而是鼓勵打開所有的可能性。

社會建構論強調「不是你是誰，而是什麼使你成為你是誰」（It's not who you are, but what hold who you are.）。敘事治

療師不僅專注聆聽來訪者說的「我是內向、安靜的，我口才不好，不適合擔任領導者」的自我陳述，同時會**好奇而提問**來訪者：「什麼時候？發生什麼事情？或是什麼人……？使你開始用『內向、安靜、口才不好』來形容你自己？」也就是要去好奇是什麼經驗，使得來訪者有機會讓「內向」、「安靜」、「口才不好」上了身？（見表 2-4 的例子）治療師好奇哪些時候來訪者不是「內向、安靜、口才不好」？就可能有機會給出來訪者何以如此這般說自己生命故事背景脈絡，回到生命原初的處境，就可能看到各種以前視若無睹的觀點，或浮現出隱而未顯的偏好故事。

表 2-4　自我認同的好奇與提問

例子	例 1：我是內向的	例 2：我很安靜	例 3：我口才不好	例 4：我不適合擔任領導者
來訪者的自我認同	因為我在班上很少主動表達自己的意見。	一群人在一起，我都只是靜坐一旁聽別人說話。	我姊姊總是講的又快又好，我總是把簡單的事情，講的很複雜、瑣碎。	我不夠霸氣，站在台上會緊張。
治療師好奇而提問	不說話就是沒有意見嗎？內向幾歲了？在什麼情況時，內向比較強大？你做什麼行為時，內向會比較弱小？	當你在聽的時候，你在想什麼？腦子安靜嗎？安靜都是怎麼跟你說話的？安靜都聽到什麼？看到什麼？	什麼是口才好？什麼是口才不好？你跟姊姊有何不同？你的複雜與細節，有什麼意含？複雜、瑣碎在說什麼？	你怎麼學到這個道理的？誰告訴你的？你說的霸氣，是什麼樣子？領導者的樣子是怎樣？

敘事治療心理師會好奇：平常只會說「我是內向的人」，其實是「因為我在班上很少主動表達自己的意見」使你／妳認為自己是一個內向的人？除了著重你／妳所所描述的自我特質之餘，思考一下，是什麼原因使你／妳認為自己是有這種特質的人？是誰說的？你／妳真的是「很安靜」、「口才不好」、「不適合單擔任領導者」嗎？是什麼原因使你／妳這樣看待自己的？你／妳是如何使得這些特質成為自己的一部份的？

　　從社會建構論的角度來看，「自我」不僅是個人意識的顯露，「自我」也揭露了它所存活的社會環境。如果自我認同是社會建構出來，那麼敘事治療心理師的責任是尋找我們自我認同裡的特殊細節、殊相事實。拉岡（Jacques-Marie-Émile Lacan）說：「我們的願望是他者的願望。」（杜聲鋒，1988:34）所以，鄧明宇（2005）說：「我的『他者』是我的家庭（社會的主流價值），我理解到：我硬頸的活著，但不是我，是我的家庭（社會的主流價值）活在我身上。」

　　還好，敘說不只是使人將生活現狀帶來秩序和意義，也反過來提供我們自我概念的架構。我們對自己和別人訴說自己的生命故事同時，創造了敘說認同（Sarbin, 1986）。不同的敘說認同不只把我們和某個社會關係連結在一起，也提供出局部自我的連貫性與穩定感。經由敘說我們開始定義自我，澄清生命的連續性，藉此宣稱我們的生命有其特定的秩序和方向。

二、社會建構論與故事敘說

　　七〇年代時，英國愛丁堡大學（University of Edinburgh）的一群科學社會學家，提出了日後被稱作「社會建構論」的「科學

知識的社會學」（sociology of scientific knowledge），主張不僅社會文化因素會影響科學家的活動，而且科學知識本身也無可避免地是由其所決定。科學知識是利益、權力、意識型態等種種社會因素所建構而成的，是科學家和社會群體的實踐、生活與互動中磋商或折衝（negotiation）後的約定，因此只是一種在社會文化中所形成的共識（consensus）。科學知識不是如過去學者所想像般單純地反映自然實在，它不是由自然決定，而是由社會決定。社會建構論者說他們並非忽視自然與物質的存在，而是要強調存在本身的社會建構性（Newton, 2007）。

「社會建構論」一詞涵蓋很廣，社會建構學者與批判實在論的歷史學者、社會學者、哲學家有很多辯論（Sismondo, 2009）。其實社會建構論有很多不同的主張，其中有些反實在論，有些並非如此。兩派主要的爭論仍然在於，物質世界是否有一獨立實存、在言說之外的經驗或「自然」。這個辯論也牽涉到認識論、存有論與政治性問題。本文採取比較廣義的看法：認為自然本身具有社會建構性，非一獨立於社會文化語言之外的存在，也就是說，在人類世界沒有絕對純然的客觀現實。

英國哲普作家巴吉尼（Baggini, 2004）的著作《我們為什麼要活著？尋找生命意義的 11 堂哲學必修課》[16] 指出社會建構論者並不主張有客觀現實的存在，並且批判任何對知識本質論的宣稱，任何本質論都是人造的、偏狹的乃至壓迫的。他在 2015 年的著作中譯本甚至還以特別醒目的書名《你以為你以為的就是你

---

16 *What's It All about? Philosophy and the meaning of life*，朱立安·巴吉尼（Julian Baggini），2007，麥田出版。

以為的嗎？》[17]，討論我們實際上擁有多少自由？什麼是值得追求的自由？社會建構論的觀點認為，知識無法自外於知識論述者及其社會權力結構。社會建構論相信理論知識與個人意義，皆受社會及文化因素的影響，也與權力規範有關，諮商與心理治療有必要以社會建構論來建立倫理架構基礎和認識論基礎（Guterman & Rudes, 2008）。由於對社會文化因素的重視，語言的使用及語言形成的情境脈絡，就特別受到社會建構論的重視。語言不再只是實證主義傳統下所認定的消極表意的工具，而是扮演更加積極的生產知識的社會角色，反映語言對話中的社會歷程及脈絡觀點。

（一）現實是社會建構出來的

如果我們將社會倒推回到一種極為原初的狀態，一對年紀不到 20 歲的新婚夫妻，類似馬奎斯（Gabriel García Márquez）的《百年孤寂》[18]，或是莫言（2010）的《豐乳肥臀》，他們決定遠離熟悉的家鄉，開創出屬於自己的村落。終於在經過一年的跋山涉水，找到一個有水維生、有山為屏障、有土地可耕作、隔幾里路也有幾處人家的地方，他們準備在此長住久居，慎重地記錄自己的姓氏和家鄉，說明他們是在此落戶的第一代。歷經 200 年，他們的子孫繁衍到第八代，從兩個人到現在已經成為幾千人

---

17 *Freedom Regained: The Possibility of Free Will*，朱利安・巴吉尼，黃煜文譯，2016/2015，商周出版。

18 *Cien años de soledad, Gabriel García Márquez*，加布列・賈西亞・馬奎斯（Gabriel García Márquez），楊耐冬譯，1990/1967，志文出版社出版。

的村落。有一些重要的習慣一直傳承下來，例如：當初第一代的這對新婚夫妻，發現冬天枯水，他們兩人「商量決定」鑿了一個很大的蓄水池，在夏天有計畫的蓄水。第二代就說：「我們爹娘說鑿蓄水池以防冬天缺水……」，到了第三代人，就說：「我們的長輩說最好鑿個蓄水池……」，可能到了第六代，說成了「應該要鑿蓄水池」，到了第八代，就變成了「蓋房子，旁邊一定要鑿個蓄水池，這是祖訓，就是該這樣」。格爾茨（Clifford Geetz, 1983）從人類學考察的觀點發現，一個長久沿襲的習慣會成為制度，一個制度化的社會，就會被當成是客觀的真實。

根據社會建構論的觀點，我們在治療的場域中，對於來訪者生命故事中所訴及的信仰、法律、社會習俗、食衣住行習慣等等，所交織出來的「真實」，都不會理所當然視之為客觀的真實，這些來訪者故事中的描述，都是長時間的社會互動所形成的。換句話說，我們一起在生活中建構出我們的真實，並且生活在其中。教育制度、醫療制度、法律制度、婚姻制度……都是我們一起在生活所共同建構出的真實，成為制度化的社會，又被我們當成是客觀的真實。

美國兩位社會學家柏格（Peter Ludwig Berger）和樂格曼（Thomas Luckmann）（1966）認為任何社會團體在建構並維持其「真實」知識，有三個重要歷程：（1）典型化（typification）是指社會中的人把觀念進行分門別類的不同社群組織，例如基督徒、佛教徒；教師群體、工人團體等等；（2）制度化（institutionalization）是指環繞各種典型而出現制度的過程，例如教育制度、勞工制度、法律制度等等；（3）正當化（legitimation）是指特殊社會群體把制度和典型合理化的過程，

例如，藉由名人銷售而提高業績、學者出版論文以送審升等，當有足夠的正當性時，制度就成為眾人所擁有的真實經驗，個人會把這種真實當作是外在強制的真實，甚至以此形成自我認同或自我批判。最後以物化（refication）總括前面三個歷程，物化就是：

> 把人類活動的產物理解成人類產物以外的東西，比如自然的真實、宇宙定律的結果、上帝意志的表現。物化意味著人類忘記自己對人類世界的創作地位。
> （Berger & Luckmann, 1966, P.89）

其實，每個治療術語都只是為了有助於某個社群的人，在溝通互動的時候，有效的指陳某些經驗、現象或狀態，可是它只是一個有效、好用的社會建構，要是把這個社會建構視為某種既存的外在真實，就會出現問題。

（二）現實是經由語言構成的

現代主義者的觀點認為語言符號代表「真實世界」中一對一表達物體和事件的方式，他們認為客觀（事實）的世界和主觀（精神）的世界之間截然不同，而語言可以做為主客觀世界之間可信而準確的連結。在人的「外面」有個真實的世界，我們可以藉著語言去描述、解釋、理解它，並且把我們內在的表徵精確地反映到外在的真實世界上。

後現代主義者的信念截然不同，他們把焦點放在語言如何組成人們的世界和信念，認為世界是在語言中建構出來的真實，眾人唯一能認識的世界是語言分享的世界，而語言是一種互動的過

程，語言並非被動接受既存真理的容器。羅蒂（Rorty, 1989）認為真理無法獨立存在於人類心靈之外，因為字句無法自外於人類社群而存在。世界固然是在人之外界，可是關於世界的描述則存在於人的社群中，世界並不會說話，只有生活在世界的人會說話。一旦我們以語言安排妥當，世界能使我們擁有信念，可是世界本身靜默無語，無法提供語言，是人類使用語言來言說這個世界。也就是說，**語言並不反映外在的自然世界，語言創造出我們所知的外在自然世界。**

格根（Gergen, 1985）認為社會建構論者的運動始於「質疑把知識當成是精神表徵」的觀念，轉而將知識看成語言陳述的表徵，所以他認為（Gargen, 1985, p.270）：「並不是人可以在腦袋某處擁有某種東西，而是人共同做出來的某種東西，語言基本上就是共有的活動。」後現代的立場，使得知識的研究成為研究「人類對於周遭事物之語言表達的方式」。

雷克斯（Willam D. Lax）（宋文里譯註，2017/1991, p.139）認為後現代的著作經常著重文本和敘事的觀點，特別注意會談的／多元的觀點、自我揭露、以水平結構來對抗上下階序結構，並且注意過程勝於目標。他也認為自我並非一個具體化的實體，而是一套敘事；文本不是被詮釋之物，而是不斷演進的過程；把個體視為處於社會意義的脈絡之中，而非精神內部的實體；更強調科學知識之所以被視為關於世界的不可否認的「事實」，其實是出於世界如何在社群信念中運作的敘事知識。上述引於格根《翻轉與重建：心理治療與社會建構》書中的觀點，對於治療師來說意味著，不管是來訪者的信念、關係、感受或自我認同的表述與改變，都涉及到語言的表述與改變，及這些表述與改變又都

是由社會所建構。

　　語言因為時間與地區的不同而不斷改變，即使同文同種，在不同地區與不同時代，對同樣的現象一直會有新、不同的語詞不斷遞嬗。德希達（Derrida, 1988）認為意義不是藉著一個字詞本身來傳達的，而是藉著該字與其情境脈絡背景的關係來傳達，而沒有兩個情境脈絡背景是完全相同的，所以任何字詞的意義都處於不是絕對精確的狀態。在兩個人的對話過程，或是文章和讀者之間，意義總是在話語交流的脈絡中流盪著，以波光形式暫時浮現。

（三）現實是藉著故事來組成與維持

　　許多後現代主義都強調，我們對於自己和世界的認識，能得以組成、維持並交流，敘事佔了極為重要的核心（Jameson, 1988; Gergan, 1991; Kvale, 1992; Guterman & Rudes, 2008）。博金霍恩（Donald E. Polkinghorne）（1988）直接說：「故事之於人，猶如水之於魚」。懷特和艾普斯頓（廖世德譯，2001/1990，p.10）則說：

> 人們努力使生活有意義時，所面對的是要根據事件的時間順序整理他們的經驗，以這樣的方式達到自己和周遭世界合理的描述……這種描述可以用故事或敘事來表達。故事的成功經驗可以提供人們連貫的感覺和生活的意義，這都仰賴每日生活的次序和進一步經驗的詮釋。

布魯諾（Bruner, 1986）也認為我們關於人類經驗和記憶的組成，主要發生在敘事的形式中，包括故事、神話，或是藉口、做

或不做的理由等等。

格根和凱依（John Kaye）（1991）談到現代主義者脈絡下的治療性敘事，指出敘事的本質是語言結構，如果這套語言是在科學的情境中所產生，敘事就能成為客觀知識的導體（宋文里譯註，2017/1991, p.281-282）。也就是說，現代主義者對於故事是採取「本質結構」來解釋故事，而不是讓故事「自己說明一切」。後現代主義者認為故事就是生活，社會文化、情境背景的故事和個人的故事一樣重要，我們生活在故事裡，故事使我們生活在一起，也使我們分開，我們靠著所居住的社會種族群體的在地故事而生活。懷特（White, 1992）提到文化故事會決定我們個人生命故事的樣貌，我們的生活藉由自己所敘說的故事而產生意義，我們建構自己的故事與我們所在的文化敘事息息相關。在任何社會文化中都會有某些敘事具有優勢、具有比較大的支配權，這些主流故事存在著我們喜愛和習慣的信念，並且會在人們的互動交流中表現出來。人們會就範於主流文化來形成自我認同和自我評價，甚至有些文化會藉著殖民而壓迫弱勢文化，或是將主流文化強加到邊緣文化的人身上。

不論我們是屬於那一種文化，文化中的敘事都會影響到個人的生命故事，使個人覺得某些事件具有某種意義，而某些事件比較不具意義，每個人留在記憶中的事件都會組成故事，各個故事組合起來就會成為這個人的生命敘事。通常沒有「成為故事」的事件，遠比成為故事的事件還要更多，即使是一個最長、最複雜的自傳，都還是遺留很多很多沒有寫進去的事件。這意思是說，當來訪者敘說的是一個不快樂的故事，或是一個充滿問題的故事，敘事治療心理師就要好奇，哪些事件被挑選進來編織成故

事？哪些事件沒有被挑選進來？如果把那些遺漏沒有挑選進來的故事，重新再組合成為新的故事，來訪者原先帶來的故事，會變得不一樣嗎？如果來訪者的故事是因為主流故事的壓迫，尤其要去檢查那些沒有被選進來故事的事件，賦予這些事件新的意義，才有機會發展出不同面貌的替代故事。

故事或許會有個結局，但是故事永遠不會結束，人只要繼續生活，故事就會繼續發展。敘事治療可以說是一種給來訪者重新述說故事並且重新生活的機會，當來訪者有機會重新述說自己的生命故事，常常會體會到自己在開創新故事的經驗，並且重新生活成故事，又在新的處境中體驗到不一樣的經驗。所以，布魯諾（Bruner, 1986）認為「我們不是把文化當成主題，而是把文化當成主題的表現，而且是藉著重新訴說和重新生活而重新表現這些主題，故事只有瞭解其表現才能發生改造作用。」這也就為什麼敘事治療心理師特別重視來訪者的在地知識，期待去認識獨特的來訪者，如何受到其獨特的文化背景脈絡所影響？並且珍惜每一個人與眾不同的生命故事。欣賞每一個與眾不同的故事，慶賀其獨特之處，根據其特殊性，發展貼近它所偏好的故事，並且在生活中表現出來。

（四）沒有絕對的真理

社會建構論者的世界觀認為人類無法認識客觀真實，我們只能去詮釋經驗，詮釋經驗的方式繁多，沒有哪一種詮釋可以說是真正的真理。多樣性、多元性、差異性，一直都是社會建構論者接受的事實。紀茨（Geetz, 1983）認為一群人的文化是一種文本的集合體，而這些文本本身也是集合體，他寫到關於峇里島人的

自我描述，認為峇里島人對於儀式準備的參與，似乎勝過於對宗教反省的思考，舉行儀式看起來流於機械化的延續，但他認為整個宗教並不是缺乏理性的因素，他認為其實一個人的行為比一個人的性格來得更重要。當我們透過格爾茨對鬥雞的描述來看／理解峇里島人，其實只是透過他眼中的／以他的文字描述的峇里島人，並不是真實的峇里島人，我們讀到的是格爾茨所展示的峇里島人生活的「事實」，並不是峇里島人生活的「事實」。

　　西方文化中強調個人化的自主性、獨立性、主體性，與東方人強調關係中的自我、中庸之道、易經的變與不變，以及峇里島人想要把所有個人表達的觀點都規格化成為獨特風格的戲劇角色，視自我是永不改變的戲劇角色。敘事治療支持社會建構論者的觀點，認為自我是經由語言而產生的社會建構，並藉著敘說而得以維持，自我並不存在於個體之內，而是發生在人與人之間的歷程或活動。挪威心理學家科費爾（Steinar Kvale）（1992）強調目前對人類的認識，正從個體心靈的內在轉向與其他人類共存的世界，興趣的焦點從心靈容器的內部轉向人類的外在世界。格根在《關係的存有：超越自我・超越社群》[19] 書中，進一步強調並不存在客觀獨立的自我，所有的自我都是在關係中的存有。人類也無法認識絕對的真理，各個專業的真理是專業社群對話、互動的結果，而日常生活中的真理是由我們每天生活中的故事所組成。

19　*Relational Being: Beyond Self and Community*，宋文里譯，2016/2011，心靈工坊出版。

（五）社會建構論者的立場

　　從社會建構論的角度來看，敘事治療心理師的立場是要培養一種去專家、去中心的態度，讓來訪者成為治療的中心（Anderson& Goolishian, 1991）。從後現代主義與道德相對主義的角度來看，敘事治療激發來訪者去檢視自己的故事是如何建構出來的，對自己有什麼影響？試圖去了解支持來訪者問題故事的信念是什麼？哪些社會建構的歷程強化了這些觀點？這就又涉及權力的議題，傅柯的《瘋癲與文明》（*Madness and Civilization*）、《臨床醫學的誕生》（*The Birth of the Clinic*），一一檢視變態、犯罪和性的標籤，及其產生的壓迫（劉北成譯，1992a/1961,; 1992b/1975; 2001/1973），對傅柯而言，語言是權力的工具，社會上有權力的人會創造出具有影響力的社會論述，形成主流觀點，他認為知識和權力之間具有緊密的關聯，社會的論述決定什麼知識該是社會中真實或正確的知識，有權力控制論述的人，也有權力控制知識，也就有權力控制真實。

　　布魯諾（Bruner, 1986）認為佔優勢的敘事是權力的單位，也是意義的單位，敘說自己故事的能力包含了支配的成分。事實上，衡量敘事是否具有優勢，可以根據其在論述中分配的地位看出來，而對抗的故事通常得不到發展的管道，必須尋求地下媒體或邊緣團體才得以發聲。這些立場有助於協助治療師發展出自我質問：

1. 我詢問的是許多描述，還是只有一個真實？
2. 我聆聽來訪者時，是否能了解這個人體驗的現實是如何經由社會建構出來的？
3. 當下誰的語言擁有特權？我是否試著接納並了解這個人的

語言描述？如果我認為自己的語言較為優秀，或自認比較精準，是什麼使我這麼想呢？在治療中，不同的語言差別會產生什麼影響？

4. 有哪些故事支持來訪者的問題？是否有主流故事壓迫或限制來訪者的生活？我聽到哪些邊緣化的故事？有沒有線索顯示，尚有未被討論到的邊緣化的故事？我該如何誘導來訪者加入「知識反抗」陣營呢？

5. 我是否把焦點放在意義，而不是「事實」？

6. 我是否從廣泛的事件來評估來訪者？也誘導來訪者廣泛地去評估事件？

7. 我是否以個人的經驗提出意見？我的背景、價值觀、意圖是否透明，好讓來訪者評估我有沒有出於偏見所造成的影響？

8. 我是否陷入病態或正常的思考陷阱？我們是否根據來訪者經驗中造成問題的部分，同心協力地定義問題？我是否遠離「專家的」假設或理論？

（六）社會建構論與敘事治療

懷特引用傅柯（劉北成譯，2001/1975；劉北成譯，1992b/1977）著作討論客體化（objectification）和從屬關係（subjugation），同時他也引用貝特森（Bateson, 1972）負向解釋（negative explanation）、克制（retraint）、雙重描述（double description）等觀念。懷特（廖世德譯，2001/1990）特別提醒我們所有有關世界的知識，都是把「外在的」或「客觀的」坦實以各種不同的心智地圖方式做紀錄，而不同的地圖會對於「現

實」做出不同的解釋，沒有那一張地圖能夠涵蓋其所代表區域的所有地貌細節，而在地圖世界本身，地圖所沒有呈現出來的事件，就等於不存在。

懷特（廖世德譯，2001/1990）認為時間是很重要的因素，事件地圖的時間是認識差異、發現變化的基本要素，故事是經由時間延伸的地圖。如果治療師把注意力放在不支持「問題故事」的經驗，或是使「問題故事」無法維持的其他經驗，來訪者在治療過程中，也就是以治療對話來發展故事的時間中，故事在不同的治療時間已經發生了變化，來訪者也就活在新的故事中。

當治療場域重視社會建構論時，就會關心社會中的故事如何影響個人──包括你我及來訪者──的生活，同時某些個人的故事也會影響到某些文化的論述，不只是像國父或者是臺灣歷屆總統這些大人物的故事才會影響我們；還有政商名流、社交名媛的故事也在發揮影響力；甚至誰投資了什麼，開創出一番事業，使你開始注意股票行情；或是誰做了黑心食品而鋃鐺入獄，茶餘飯後跟朋友都在聊食品安全；以及科學雜誌報導，某教授的研究發明了一種膝關節治療新方法，你開始為了老邁的母親仔細上網查閱資料；甚或是某學者性騷擾學生經調查屬實，被停職解聘，你心裡一驚，想要提醒自己今年剛上大學的女兒人身安全；當然也包括市井小民的生活故事，陳樹菊賣菜捐款、黃俊凱每個月提供 200 個愛心便當給獨居老人，你身為臺灣人覺得與有榮焉；也包括某個你喜歡的歌手新發表的某一首打動你的新歌，讓你久久不能自己；亦或是隔壁鄰居家裡突然遭小偷，讓你擔心是否該換把鎖……每天我們在新聞上聽到的報導，或是在 line 上面讀到的故事，親朋好友、街坊鄰居每天發生的事，都在互相彼此影響，或

許牽動我們的情緒，或許鬆動我們某些價值觀，或許讓我們調整某些想法或作為，甚至深受啟發而從泥淖中掙扎脫身。

維卡特（K. Weingarten）（1991）認為在社會建構學者的觀點下，自我的經驗存在於與他人不斷的互動中，自我會藉由各種不同的敘事而不斷的自我創造，別人也會在這些敘事中互相交織，甚至格根（宋文里譯，2016/2009）在《關係的存有》書中直指：自我是無法單獨存在的。敘事的治療師也會思考，來訪者都被那些故事圍繞？他們被哪些故事影響？認同哪些故事？這些故事如何形成他們對日常生活經驗的解釋？他們的故事也在影響他身邊的人嗎？當然，敘事治療心理師也會更加敏銳與審慎的思考，他們的存在，對於來訪者組建出貼近於他／她所渴望的故事，發揮了哪些有效的作用？如何發揮這些效用？敘事治療心理師的身分、年齡、性別、族群、宗教背景、城鄉差距、教育與經濟階級等等，如何影響來訪者的故事敘說？是否會使來訪者感受到主流故事的壓迫感？敘事治療心理師和來訪者都是文化中的成員，是以合作的、同心協力的方式，帶著好奇與欣賞與來訪者對話、互動，致力於注意哪些生活文化中具有支配性的主流故事在影響來訪者，而造成限制或壓迫？進而拓展並豐厚其支線故事、發展替代故事。

從上述社會建構論的角度來看，很多來訪者的問題是在文化脈絡中被建構的。這些脈絡包括種族、階級、性偏好、性別，和邊陲的權力關係。自我認同是社會建構出來的，我們的個我感（personhood）與認同（identity）都深深根植於我們日常生活中鼻息仰賴、習焉不察的文化之中，而敘說（narrative）提供了自我與文化之間的一座橋樑。來訪者講自己的故事，就給出了他所

活的世界。來訪者經常是這些主流論述的受害者，因為在社會化的歷程中，我們有內化自己文化中主流敘事的傾向，很容易將主流論述視為真理，而看不到其他敘事的可能性。懷特（White, 1990）認為即使是最邊緣、最沒影響力的生活，仍然是「活生生的生命故事」，只是主流故事將這些人的經驗邊緣化，敘事治療植基於產生地方性的個人或群體的故事，並活出這些故事的意義。這種「反抗」使來訪者可以在生活中擁有並要求超越主流故事，發展其他故事的可能性。

章末語

這個章節最早動筆，卻最難完成。因為背後積累大量的閱讀，書一讀多了就難免一片混亂，要在混亂中理出頭緒總是煞費工夫。第一稿匆匆忙忙停筆結束，一個月後再拿出來讀，發現好多缺漏！重新修潤稿件，釐清引文意圖與說明，提高論述理路明晰性，整理前後文使之順暢，增加段落條理的邏輯性……。雖然一改再改，仍然有諸多不足之處，也只能就此擱筆。

當初的思考理路是想要釐清敘事治療心理師世界觀的哲學基礎，我嘗試從胡塞爾現象學為起點，他以生活世界為出發點，重視意向性觀點，不只是使得心理學的方法論，從實證論範疇拓展到更廣泛的質性研究範疇，也使得現象學心理學成為敘事治療的知識論基礎。敘事治療跟典範轉移密不可分，從結構主義到後結構主義，標示著從系統論到故事觀的變革。更重要的是後現代的思潮滲透到敘事治療中，諸如社會建構論認為現實是社會建構出來的、各個專業的真理是專業社群互動的結果、人的世界沒有絕

對的真理、傅柯的權力解構、德希達的語辭延異等等，更加使得
敘事治療立足於後現代的花園，成為一株盛開的芬芳花朵。

　　過去的我有一種「學究」的堅持，非要弄清楚敘事治療知
識論的基礎，才可以進行敘事治療技術的應用，這應該算是過
時的「古板固執」。寫完這本書，才發這極可能是一種錯誤的僵
化。說不定一面做實務體驗，一面核對理論觀點，也是一種殊途
同歸的「務實」做法。

重點回顧

1. 敘事治療的哲學基礎是現象學心理學，現象學心理學以現象學
哲學為基礎，提出人文科學觀，以生活世界為出發點，重視意
向性觀點，影響了後現代的治療觀，也挹注質性研究的方法
論。
2. 現代到後現代的典範轉移，從系統論到故事敘說，敘事治療根
植於後現代、後結構主義的世界觀。後現代支持去中心化的碎
裂主體，對於心理現象的多元性、歧異性、文化性等採取包容
與兼容的態度，並且以此發展治療方法。
3. 敘事治療對於知識理解奠基於社會建構論，採取其觀點認為現
實是社會建構出來的，現實也是經由語言構成的。社會建構論
強調現實是藉著故事來組成與維持，認同世界沒有絕對的真
理，人類也無法認識絕對的真理。敘事治療心理師的立場是要
培養一種去專家、去中心的態度，讓來訪者成為治療的中心。
敘事治療認為來訪者的問題是在文化脈絡中被建構的，自我認
同也是社會建構出來的，敘事治療植基於產生地方性的個人或
群體的故事，並活出這些故事的意義。

【第 3 章】
敘事治療的心理師

所謂的心理治療師，並沒有辦法治療任何人
所謂的被治療者，那是因為他們準備好要改變自己
治療師在做的只是
發現、發掘想要改變的動機
維持改變的動機不要消失
讓改變的動機化為行動

—素菲的敘事筆記，2017。

本章將先從病理觀、治療觀、權力觀、時間觀、空間觀、自我觀、關係觀等入手，論述敘事治療心理師的世界觀；接著從關於問題的觀點、治療對話的定位和自我認同形成歷程與改變，來討論傳統心理治療與敘事治療的差異；最後整理出敘事治療的假設，藉以鋪墊出敘事理論（第 4、5 章）與技術（第 6 章）的基礎。

文中也嘗試將華人文化中相關的概念，平行的以方塊方式在段落中浮出。這些華人文化的方塊內容，還需要更多的研究來探索其間的關係，因此，行文過程我決定區隔這些跟華人文化有關的文字與正文的內容段落，單獨以方塊的方式處理。希望運用中國園林設計中借景的概念，「望出窗外」探得的山水，窗外的山水雖不是園子裡的一部分，卻又能擴大園子的視野。

敘事治療的心理師立足於後現代治療的位置，掌握敘事治療的假設，從而進行實務操作。敘事治療是一種提問的學派，而不是給答案的學派。敘事治療心理師的提問意圖要引導呈現的是人類的希望、夢想、承諾、目的等功能取向（functional approach）的思維，而不是為了呈現內在狀態，像是資源、特質、性格等結構取向的（structural approach）思維（見圖 3-1）。敘事治療心理師的「專家技術」是提問，心理師的「好奇」引發問話，包括開啟空間的問話、外化的問話，解構的問話，意義性的問話，發展故事的問話，以及較喜歡選擇的問話等等。

敘事治療的基本理念是相信故事是人類的經驗本質，而個人的意義都蘊藏在故事裡，不同的故事蘊藏著不同的意義，為人們帶來不同的影響。故事具有真正的影響力，單薄的故事，造成單一、片面的影響，豐厚生命故事，就會帶來多元視角，產生新的

可能及新的影響。

在社會中每一個人都參與、創作彼此的故事，互動過程中，我們形塑彼此和各自的世界。心理治療中的對話，也是社會影響歷程的一種形式，在治療關係中，來訪者而非心理師，才是自己生命故事的重要作者。我們的來訪者在與問題纏鬥的過程中所獲致的內部知識，不只是對他個人有用，也對其他面對類似問題纏鬥的人們，有所助益。

問題「誕生」於社會各式各樣的論述（discourse）中，而在人們互相交談過程中「孵化」成形。因此，即使看起來是來訪者帶著問題前來尋求幫助，來訪者不等於問題，問題必須與人分開。為了要挑戰問題的影響力，心理師協助來訪者在不同的論述下，重新經驗其問題及問題的影響力，這將會對於鬆動問題故事有所幫助。

我們生命中遭逢的因緣聚合，影響我們的認同經驗。佛瑞德門（Freedman, 2017）提到：The members of our lives contribute to our experience of identity. 可以理解為：我們生命中的「會員」影響我們的認同經驗。為了更貼近華人文化，我將生命中的「會員」改寫成「生命中遭逢的因緣聚合」，所以意思是：我們生命中所遭逢的因緣聚合，會影響我們的認同經驗。敘事治療相信人們總是會伺機而動（taking initiatives），也總是對問題有所回應，因此，來訪者可以選擇、維持想要在生命中保持親密互動的因緣。敘事治療認為「我之所以成為我」是透過所做的選擇、人際關係的因緣聚合、參與的社群，及賦予自身經驗的意義而完成的。身為敘事治療心理師，我們的工作是協助來訪者如身歷其境一般地，體驗到其貼近渴望的故事。

安心之道——以靈性消融二元對立與衝突

　　身體是可見的靈魂，而靈魂是不可見的身體。身體和靈魂沒有任何一部分是分離的，它們是彼此的一部分，它們是這整體的一部分，身體是宇宙裡最精緻的結構。靈性不是靈異，也不是通靈，靈性是可以實踐的生活態度與精神，靈性超越宗教，可以說是一種信仰的態度或是生命哲學。是一種願意相信人與人之間，人與物之間，人與生命之間，人與宇宙之間，都存在著某種聯結，在這種連結之中締結感知與共鳴。

　　靈性可以成為消融自己、他人、社會及世界對立，和跳脫彼此間的交錯和衝突的超越性脈絡，使人得以安頓自己。李安在《少年 Pi 的奇幻漂流》電影中將少年和老虎放在一條救生艇上共存，基本上就是一種將對立與衝突付諸消融的意象，而終於獲得平衡與安頓的過程。

　　同時，我認為所謂的靈性是一種修持的意願，「意」是音心，心的聲音，「願」是原頁，原初的心性。願意其實是一種聽到原初自己心性聲音的修持。這種願意是靈性的基礎，也是安心的方法。要得「安心」得先「安」心，「安」心的安是動詞，「安」心指的是一種方法，像是安頓，安置，安放等，「安心」的安是名詞，「安心」指的是一種狀態，例如：平安，安穩，安寧等。先有動詞的「安」心，才能獲致名詞的「安心」的境界。

敘事治療心理師的世界觀

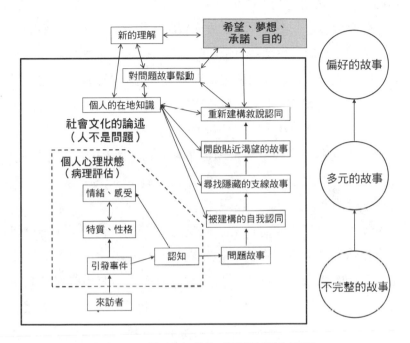

圖 3-1　敘事治療的病理觀與治療觀

一、病理觀

　　敘事治療的心理師透過提問創造出一種心理空間，在這個空間中使人能夠經驗到生命的不同面向，使人相信生命還有開展的可能性。而病理評估是經由來訪者的背景資料，藉著 DSM 或其他病理診斷進行評估，神經生理病理評估是以大腦、神經等生理病因為焦點，心理適應病理評估是以適應、統計上的少數等為焦點。

　　生病是個意外，「正常」生活才是一切希望的所在。如果回

到這個病人本身，對病人（而不是對病人的問題）進行豐厚的生命描述，展開在地的素樸生命敘事，其實並沒有「病人」這種人。生命敘事是一種個人史的故事敘說，相信人人都是生命的知識份子，將會形成整體敘事重組的過程。從來訪者的敘事，到勾勒主觀意義感和偏好的故事，直到與疾病對話達成病情轉變，最後達到健康的敘事，是來訪者建構出來的健康認同。在這個情況下，諮商空間是作為「知識」對象的來訪者自我構作生命知識的場所，諮商關係是作為倫理境遇下相對待「我與你」的真誠接觸，諮商時間是作為「知識」對象的「病」、「問題」、「困擾」轉化的歷程。

典型妄想症（delusional disorder）患者的思考混亂，現實與想像混淆，過去與現在夾雜，此刻與彼時交錯，自己與他者接壤。他們的思考不同於大多數人的思考模式。妄想症患者無法維持一般人的思考架構，他們掉入另一個世界，經常是逐漸緩慢的踽踽獨行，很長一段時間，才發現他真的走到岔路去了，而且越走越遠，最後只剩下一片荒煙蔓草。妄想症狀的認知功能失調，在於他們經常神遊在現實與幻象錯落之間，他們的主觀世界與客觀現實錯置、失序，有如生活架構與功能失序的中輟生。中輟生是失去正常架構的學生，無法維持跟一般學生一樣的生活作息，無法正常起床，上學，讀書，考試，也就無法維持自己在大多數人的軌道上。而所謂大多數人的軌道，恰恰好是心理診斷手冊的統計基礎，背離大多數人而落在統計上的少數，就被視為異常。

當我們真正靠近來訪者，暫時拋棄心理診斷準則或是拋棄學生應該要上學的規條，這時像是拄著拐杖登山，山徑有時被蔓生

的草叢淹沒，好像沒有路了，但是只要仔細聆聽來訪者說話，來訪者總是可以指出下一步要去的方向。因為人的說話，總是在自己的心理脈絡裡移動並且前行。這種慢，看似沒有效能，卻是回歸到認識這座山的本身的做法。要慢，才會細緻，細緻才可能在進入來訪者幽微的世界中，就算錯失，也容易微調，比較靠近來訪者的主觀正確。既定的準則與規條，有如進山的康莊大道，迅速指出整座山的地圖與路徑，卻可能因此跟這座山產生疏離。太快，往往會因為大步而失之草率，因為大步跨出去，固然快速，但是如果方向不正確，大步也容易變成大錯。

在圖 3-1 中，個人心理狀態中的認知、特質、性格、情緒與感受（虛線），並不是敘事治療師關切的焦點，敘事治療師把眼光放在形成問題故事的社會文化論述整體脈絡（實線），以及運用個人的在地知識，看見被社會建構的自我認同，尋找隱藏的支線故事，開啟貼近渴望的故事，鬆動問題故事，重新建構出敘說認同，以取代早先被社會建構的自我認同，並發展出充滿希望、偏好的故事。

二、治療觀

如果來訪者與心理師，帶著面向未來的不安與焦慮向前行，那麼「進步」、「痊癒」指的是什麼？心理治療是一個人進入晤談室後，讓自己以比較滿意的狀態離去。心理治療並不是車子進場維修，再把車子修好開出廠的過程。即便醫生也無法使每個身體「壞掉」而進醫院的病人，離開時都保證「痊癒」。那麼如果醫療是專家將專業知識技能教導給民眾的過程，使人有更好的態度來面對自己的人生。那麼，敘事治療師是透過「問話的治

療」，來體現出對來訪者經驗世界的重視，創造出一種心理空間，重建對經驗世界的認識，在這個空間中使人能夠經驗到生命的不同面向，使人相信生命還有開展可能性。理論上，諮商或治療是在見到來訪者的第一天就籌畫著讓來訪者離開。

心理師並非嚴格禁止在治療會談傳遞資訊給來訪者。心理師在治療室中，貼近來訪者、理解來訪者，在對話中共同「揭示來訪者的世界」，心理師所傳遞的資訊，是來自治療會談當下對來訪者的感知。心理師不是去分析來訪者，對來訪者進行邏輯分析或思辨、辯證，這種作法是針對問題解決，無法將來訪者視為生命的主角。我們需要的是如實的反映，這種如實反映的本質，比較接近審美，而不是分析或詮釋，我們更無須做病理或道德上的判斷，因為最終解釋的權力，還是在來訪者自己身上。心理師尊崇來訪者的經驗知識、在地知識，以保持、啟發來訪者的能動性，經由對問題故事的鬆動，和來訪者自身的在地知識，重新建構敘說認同，以開創出貼近希望、夢想、承諾、目的的偏好故事（圖 3-1）。

| 視野之窗 |

「無所住又無所不住」的自我反思

金剛經說的「無住」不是不住。「無住」是中性的無所住又無所不住，不逃避也不執著。「不住」有厭惡離棄的負面感受。

傳統治療都是要協助來訪者去除「症狀」或解決「問

題」，但是敘事治療是要促進來訪者與「問題」產生距離感，靈活的進出不同的故事線。

透過距離不時觀察自己與問題、自己與自己、自己與別人、自己與處境、甚至自己與治療師的狀態。把視角分散到各種不同的位置，在「無所住又無所不住」狀態，進行自我反思。

三、權力觀

英文字 author（作者）跟 authority（權威）值得探究一番。什麼是作者（author）？這似乎是一個不必提問的問題。作者無處不在，不只是創作文學、小說的人，才叫做「作者」，在創作巨著的哲學家、社會學家、歷史學家，還有科學家等等亦是。李偉俠（2005）認為可以簡單地說作者就是「把想法、觀念化成文字的人」。如果我稍微停頓在這個句子的前面一點點「把想法、觀念化成文字」，也就是強調「作者」的「作」而非「者」，那麼，誰是「作者」？

以心理學領域為例，一般大學和研究所裡，學生與老師所讀的論文、所用的書，幾乎都是西方著作居多，誰是「作者」？當一個學者不是以英文寫作，似乎就很難成為「作者」，至少很難成為國際知名的「作者」，那麼這個以印度文、越南文、中文、日文……寫作的人，是「作者」嗎？其實再考究下去，一個人要怎麼透過寫作（authoring）而成為一個作者（become an author）？這就會討論到與作者（author）相關的權威（authority）這個字，在英文是具有語意的文化性與親密性。

當一個「作者」持續寫作，累積其著作到某種質與量的學術標準，而這種累積經常又跟權威有關，例如科技部（國內最高學術權威機構）、SCI[1]、SSCI[2]、TSSCI（學術期刊權威指標）[3]，所以作者（author）透過某種特定關係（authorship）的聯繫就能擁有權威（authority）。到這裡，我們還能說作者是「把想法、觀念化成文字的人」嗎？還是其實是「讓想法、觀念被權威認可的人」才能成為「作者」，擁有「作者身分」（authorship）從而成為權威（authority）。

設想一下，你寫了一段散文，關於你去澎湖度假的感想，你將這篇短文 po 在臉書上，立刻獲得三段回應：第一段說你寫的是政治論述，第二段說你在寫愛情滋味，第三段說你用風景暗喻人生。你辯解說：不是這樣，你只是很單純的寫遊記。請問這種情況下，你的朋友們也成了「作者」嗎？他們的「閱讀」比你更優秀嗎？為什麼他們更優秀？還是你這個「作者」才是正確的？為什麼你才是正確的？誰決定這段散文在寫什麼？

敘事治療強調知識不是力量，而是分享；權力不是支配，而

---

1 編註：Science Citation Index，國際引文索引，是由美國科學情報研究所（Institute for Scientific Information）於 1960 年上線投入使用的一部期刊文獻檢索工具，通過論文的引用頻次統計及研究，以評判產出績效並反映學術水平。

2 編註：Social Sciences Citation Index，社會科學引文索引，是由美國科學資訊研究所（Institute for Scientific Information）發展出，透過分析學術文獻引用的資訊，了解目前該領域最具影響力的研究成果，並說明相關性及先前文獻對當前文獻的影響力。

3 編註：Taiwan Social Sciences Citation Index，臺灣社會科學引文索引資料庫，由國科會社會科學中心所建立。

是連結，**敘事治療認為我們每一個人都有權力成為自己生命故事的作者**，我們將自己的經驗說成獨特的生命故事，不必經由專家或權威的認可，甚至要鬆綁被權威的社會論述形塑成的「問題」故事，將「問題」與人分開，由人作為解決「問題」的專家，重新**找回創作生命故事的作者權**。

四、時間觀

黃仁宇（1987，p.166-167）在〈我對「資本主義」的認識〉一文中提到：

> 我寫的「萬曆十五年」，也並不如有些人認為的是一本歷史專書，而是傳統中國尚未與歐洲全面衝突的一個解剖。……表示這與同時期的歐洲相比，這些組織與作風與西方的系統與節奏，有很大的差別。因之也是在「有」和「無」之間，反面的檢討一個問題。……我們應該先分開國家的畛領看，不應當把中國的萬曆十五年看成歐洲的 1587 年，或者把法國、荷蘭、比利時的事和英國的事籠統敘述。我已經看清了資本主義是一種組織和一種運動，而且它又有一個直線式的發展，並且到了某一階段，就變成了無可逆轉的形勢，可見「時間」是一個很重要的因素。

不同的國家歷史之間無法放在同一個時間軸上做比較，中國明朝歷史年間一個商人有一千兩銀子的資本和同時間一個荷蘭商人有一千兩銀子，在資本主義形成的歷史上講，因為兩方社會結構不同，可能有霄壤之別。因為其法制、思想、社會運作，各有其獨特的作風與節奏，橫向去看不同國家在同一個年代的發展，可能

導致歷史學視角的錯位，必須以縱向的時間軸，垂直式的去理解一個國家的發展脈絡，才能獲得縱深的理解。不同的人也是無法在同一個時間現場做比較，因為每個人所身處的背景脈絡各有不同。**敘事治療關心的是我們在生命歷史的現在，透過記憶與語言將過去的生命經驗串結成為故事的敘說，同時在這種故事敘說中獲得意義感。**

敘事治療的時間觀同時聚焦在過去、現在與未來，但是同時又是只聚焦在「現在」。因為所有的過去經驗，都是以「現在」在此刻、當下被敘說，那敘說出來的過去，是以「現在」所「回顧顯現的過去」，其實不是真正的過去，最多可以說是「過去的再現」。而所有的未來都還沒到達，未來故事也都是以「現在」在此刻、當下的敘說來顯現，那敘說出來的未來故事，是以「現在」所「瞻望而顯現的未來」，其實不是真正的未來，真正的未來並未臨在。

1927 年獲得諾貝爾獎的康普頓（Arthur Holly Compton）所做的散射實驗是「把光撞擊到電子（帶電粒子）之後，光會以另外一個角度彈射出來」。實驗證實「光子」不僅僅有能量更有動量，光子作為基本粒子從此確立，「人們才真正接受光子的存在」。高涌泉（2013）在《科學雜誌》撰文〈電子沒有世界線〉以量子力學來討論時間現象時提到，愛因斯坦（Albert Einstain）曾問：「你不看月亮時，它還在那裡嗎？」每個人都知道這個問題的答案——月亮當然在那裡。但是對於電子而言，這個問題的答案卻是否定的，因為量子力學創建者薛丁格（Erwin Schrödinger）發現，**在測量電子的位置或速度之前，它並沒有位置或速度可言。**

測量的這個動作，讓欲測量的物理性質從無變有。真實人物改編、第 74 屆奧斯卡最佳影片《美麗境界》（*A Beautiful Mind*）的男主角納許（John Forbes Nash），在 1957 年夏天絞盡腦汁思考量子力學問題，他要找一個「不同的、更令人滿意的、不可觀測的實在（reality）的底層圖像」，納許認為這項研究誘發了他的精神病。愛因斯坦晚年量子力學已經開始發展，他當時覺得這種答案太荒謬，他不能接受。他相信電子應該和月亮一樣，即使當我們不去觀測它的時候，也存在於空間中某個特定的位置。不少人認同愛因斯坦，認為他的看法合情合理，甚至連薛丁格也是。換句話說，以量子力學的位置、速度觀來看，**時間不是客觀的存在，是在人的意識裡，人的凝視才讓時間存在**。

　　事件性也是在闡述「時間不是客觀的存在」的意旨，事件性──俄國思想家巴赫金（Mikhail Mikhailovich Bakhtin）（1994）的假設──是指在本質上，這是關於**在難以更動的特定之無法複製的時刻中，所發生的行為**。每一個事件都包含著它自己獨特的個人行動，在一個特定的時間脈絡下，這並不只是單純地依照過往事件規格化複製的產生過程。這個事件性，這些**存在於事件之中難以更動又無法複製的特定性質，就是使得每一個個人故事與眾不同的原因**，跟其他人的故事大不相同，而值得去述說。因為有這個事件性，所以就有覺察多元性（Morson, 1994）。不平凡事件（eventful）必須是無法複製，這意思是說其意義和份量都是無法分割地，與形成事件的時刻緊密連結在一起。**每個人選擇說什麼及如何說都是「息息相關」（momentous），又「當下即是」（presentness）**。「事件性」有如量子力學所強調的「時間不是客觀的存在，在難以更動又無

法複製的時刻，人的凝視才讓時間存在」。

　　薛丁格（Adam Hart-Davis，張如芳譯，2017/2015）為了突顯量子物理中，疊加狀態的荒謬性，把他的貓放在盒子裡，盒中擺有放射性物質與瓶裝毒氣。在放射性物質旁邊擺上某種偵測器，偵測放射性物質是否衰變。只要偵測衰變，就會讓槌子掉下來，把毒氣玻璃瓶打碎，貓聞到就會死掉。一開始貓是活著，元素還沒衰變。我們數分鐘後打開，如果沒有衰變，貓活著；如果衰變，貓就死掉了。但是問題是：打開之前，貓是什麼樣的狀態？只有當你去看牠，你才迫使牠是「生」或「死」。還沒有觀測之前，是處於某種「疊加狀態」。有一個機率，這機率會隨時間而變。因此，薛丁格的貓，還沒確切觀測到之前，是處於不生不死，既生又死的狀態。以巴赫金的事件性觀點來看，他強調「難以更動又無法複製的特定性質」正是薛丁格說的「疊加狀態」隨時間而變的機率。

　　就巴赫金（Bakhtin, 1994）和量子力學的觀點，敘事治療中來訪者敘說的過去故事，是在**來訪者現在意識狀態中顯現，來訪者不去說那段經驗，那段經驗就無法顯現，經驗也就不存在，未來故事也一樣**。因此敘事治療的時間觀跟薛丁格一致，在人去測量電子的位置或速度之前，它並沒有位置或速度可言，源於人去測量的這個動作，讓欲測量的物理性質從無變有。也就是說：「你不看月亮時，月亮就不在」，敘事治療也是「你不說故事時，故事就不在」，甚至可以說是「你不說故事時，你就不在」。

有無相生：你不說故事時，你就不在

老子說有無相生，謂：「天下萬物生於有，有生於無。」當宇宙尚未形成，萬物不會存在，故稱「無」。天地初開，形成宇宙，故稱「有」。「萬物」由「有」所衍生，而「有」從「無」所衍生，天下萬物均起於「有」，而「有」又起源於「無」。「道」賦予萬物生機而使各遂其生，老子認為「道」是萬物的宗主，「道」生於天地萬物之先，獨立長存於萬物之外，不斷循環運行，遍及天地萬物，絕不止息。

「無名天地之始，有名萬物之母。故常無，欲以觀其妙；常有，欲以觀其徼。此兩者同出而異名，同謂之玄。玄之又玄，眾妙之門。」老子以「無」稱呼天地的開始，以「有」稱呼萬物的母親，「始」即是「母」，均為根源之意。總是觀察「無」，以觀察萬有之開端初始、本質本體，也總是觀察「有」，以觀察萬物之結果終點、作用現象，「有」與「無」相同，都是無從切割的融通整體。

「有」與「無」都極其深遠，一切奧妙精微、起始、萬有，都由此生、出於此門。

五、空間觀

敘事治療（黃素菲，2018）至少需要創造兩種空間，第一層空間是：心理師與來訪者之間的空間。敘事治療篤信來訪者是自

己問題的專家，在信任的諮商關係中，使得來訪者允許心理師透過對話產生對來訪者的影響作用，最後心理師再把權力交還給來訪者，回歸來訪者的能動性，這個歷程拉開心理師與來訪者互動的空間。第二層空間是：來訪者與問題之間的空間。外化的問話本質上是一種開啟空間的問話，敘事治療為了實踐「人不是問題，問題才是問題，把人和問題分開」的基本信念，用外化的問話，提供來訪者移動觀點，創造出心理空間；心理師帶著外化的態度聆聽，將產生解構的效應，也就是拉開來訪者與問題的距離，開展多元視角而賦予故事新的樣貌。

這兩種空間觀共同的特色是「距離拉遠、全局視野」，在第一層空間：是透過拉開「心理師與來訪者的空間」，使來訪者脫離視心理師為專家的主流論述，來訪者擁有打造自己生命故事的主角位置，以整體生命格局來理解自身經驗與故事的交織，實踐來訪者是「自己生命故事的作者」的意涵。在第二層空間：是透過拉開「來訪者與問題的空間」，使來訪者脫離主流故事對問題故事的影響力，從整體社會文化脈絡的視角來理解問題的面貌，以宏觀全局的角度去創造貼近渴望的故事。

| 視野之窗 |

西方向天，東方向地

西方人的空間觀是向天的，所以教堂都高聳入雲端，直達天廳。芭蕾舞蹈的肢體動作也都是向上伸長的、延展的。

中國人的空間觀是向地的，大多數建築都是向地的，長

城盤據北方，天壇鎮守祈年，紫禁城坐擁帝殿，中國武術首
要基本功是蹲馬步，下盤要穩固。

六、自我觀

「自我」是現代主義認為的可被探究之獨立客體？
還是可以主觀定義的主體？拉岡提出來的「主體間性」
（intersubjectivity）給現代性的主體性以致命的打擊（馬元龍，
2006）。他認為，主體是由其自身存在結構中的「他性」界定
的，這種主體中的他性就是「主體間性」。他對黑格爾《精神現
象學》（*Phänomenologie des Geistes*）中的「奴隸和主人」進行
了精神分析語言學上的重新描述。他認為，當看守為了囚犯而固
定在監獄的位置上的時候，那他就成了囚犯的「奴隸」，而囚
犯就成了主人。根據這種主體間性，針對笛卡爾的「我思故我
在」，他提出了相反的思想：我於我不在之處思，因此，「我在
我不思之處」。這應該說是對笛卡爾的「我思」主體的最大摧
毀，也是對現代性思想根基的摧毀。

格根（Gergen, 1985）的後現代社會建構論主張解構心理學
中的「經驗實證論」或「邏輯實證論」，提議以不同源流的學術
路線，來共同搭建美國學術所需的「新科學」，深深影響整個心
理學的方法論，他引進詮釋學、辯證法、批判論述、後現代主義
與關係論等等多元的論述、研究的方法，深入自我、技術、公民
社會、組織變革與發展、心理治療、教育實踐、老年化問題和政
治衝突等領域。

格根（宋文里譯，2016/2009）提出主流觀念認為，主體是

自我指向的行動智者，但他在《關係的存有》這本書中，對這個啟蒙時代以降的個人主義傳統提出異議，認為我們必須超越將「個體」視為知識起點的理論傳統。他強調「關係」的優先性，從本質上來說，關係才是知識建構的場所，呼籲要從囿限的存有到關係的存有，他認為主體的知識、推理、情感和道德是在以關係為中心的情景中產生的。主體間的相互溝通和影響非常重要，知識的發展是一種社會現象，並且只有在溝通中產生意義，關係的歷程先於個體。

敘事治療承接社會建構論的觀點，認為自我認同是社會建構的，當我們在生命敘說時所形成的自我觀，往往也是由我們所在的「他者」、「關係」、「情境」等等知識建構的「關係場所」產生的。因此，與這個建構「自我觀」的「關係場所」對話，是重構「自我觀」的必要過程。

七、關係觀

隱身在政治、電影、社會中的各種「造神運動」裡的存在焦慮，意味著缺乏社會論述中的成就，等於人生沒有意義？不被社會論述肯定，等於沒有價值？所以就會出現鋼鐵人、蜘蛛人、超人⋯⋯來滿足觀影者在巨大螢幕前投射自己未被滿足的慾望，或從影片中透過成為超人的錯覺，緩解無意義的存在焦慮。

沙特（高宣揚，1993）把人的存在狀況分成三種：

1. **在己存有（being-in-itself）**：也有人將這個名詞譯為「本然存在」，用最簡單的說法就是指我們軀體的存在，它還沒動用意識。軀體是客觀的，可以看到它、接觸它、嗅它。它是一個客體，只是存在於此，再無其他。

2. **為己存有（being-for-itself）**：也有人翻譯成「自覺存
   在」，也就是當我們運用了意識，感到自己的存有的狀
   況。人類之失望、歡樂、空虛、焦慮、不安、失落、想
   望、否定、肯定、追尋都與這個自覺有關。它是變動不定
   的，有高有低、忽大忽小。當然這個自覺也可以讓我們
   「為自己的未來做設計」。

3. **對他存有（being-for-others）**：也有人翻譯成「他覺存
   在」，也就是說意識到別人在觀看我們時的一種存在。別
   人是觀看的主體，我們卻變成被觀看的客體。我們因此變
   成一個被別人注視的對象，感到羞恥、不自在，失去了自
   由。又由於在別人的注視下，聽到人人都在議論自己，由
   此更引起存在不安的感覺。當然我們也可以說，因為有這
   種意識，一個人到頭來為了某種目的（如金錢、地位）犧
   牲己見，迎合大眾，使自己言不由衷，行不由己，終致造
   成存在的迷失。因此沙特說「他人就是我的地獄」。

　　敘事治療基本上是不同意「對他存有」，也就是「他覺存
在」，別人在觀看我們時的一種存在。敘事治療的假設之一
「自我認同是被社會建構」，點明了經常是這類「被社會建構的
自我認同」形塑了來訪者的「問題故事」，別人或社會論述成
為主體，來訪者卻變成被塑造的客體。敘事治療認同沙特說的
「在己存有」，也就是「本然存在」，尊崇來訪者個人經驗與在
地知識。敘事治療關係是建立在心理師協助來訪者成為「為己存
有」，也就是「自覺存在」，是來訪者賦予心理師擁有說話產生
作用的權力。

敘事治療關係是心理師與來訪者之間權力讓渡與轉回的美學。心理師與來訪者建立信任與合作的關係，來訪者將對話的權力交給心理師，是來訪者授予心理師發言權，心理師才能運用在手的權力，去豐厚來訪者對經驗的敘說，並與來訪者共構新的故事，最後心理師再把權力又交回來訪者手上，完成權力讓渡與轉回的過程。這種鋪排權力轉置的歷程，是尊崇來訪者在諮商關係中的自主權，這也將同時啟發來訪者在現實生活的自主權（黃素菲，2018）。

　　敘事治療服膺於社會建構論，其中「自我認同是被社會建構的」就是重要的基本假設。可以說整個敘事治療的基礎是建立在社會建構論的觀點上，來訪者所敘說的問題故事，經常是在文化脈絡中被建構的，某種角度來說就是指拉岡說的：主體是由其自身存在結構中的「他性」界定的（馬元龍，2006）。敘事治療的焦點是去尋找人們自我認同裡的特殊細節，協助來訪者做出多重描述、動態重構，在與社會價值對話的過程中，開創出貼近偏好的故事，脫離「被社會建構的自我認同」，重新建構出「敘說認同」。

傳統心理治療與敘事治療的比較

　　敘事治療重視與來訪者開創出貼近渴望的「未來故事」，而不是困在當前的問題故事之中；敘事治療致力於協助來訪者脫離被問題故事綑綁的無助感，在尋找隱藏的支線故事時，獲得「希望感」；敘事治療不像醫療模式以去除症狀為核心，而是協助來訪者獲取「主觀意義」為核心的學派。

　　敘事治療與傳統心理治療，至少可以用三種角度來看其差

異：

1. **心理疾病觀不同**。敘事治療不再把來訪者帶來的問題看作來訪者的人格組成部分，即敘事治療把「人」和「問題」分開。心理師不是幫助或者代替來訪者「去掉」問題，而是和來訪者一起探討如何重新理解人和問題之間的關係。因此敘事治療對於「問題」發展出一套觀點與做法。

2. **治療關係不同**。敘事治療主張平起平坐、和諧共生，反對心理師以「專家」自居，主張採取一種「不知道」的立場，專家知識不比在地知識重要，普通的知識是有價值的，殊相與共相一樣重要。敘事治療試圖成為助人專業領域中一種尊重的、非指責取向的工作方式。人是自己生命的專家，通過解構式聆聽、雙重聆聽，讓來訪者或者來訪者的家庭故事自然展開，形成獨特的主題，並豐富其生活意義。心理師不是來訪者「除掉」問題的工具，而是來訪者生活故事的參與者，雙方共同探討如何處理與問題之間的關係。因此敘事治療發展出展現其治療關係的「對話」觀點與做法。

3. **治療目標不同**。敘事治療的目的是使來訪者生活意義豐富和開創替代故事。通過解構性的問話、開啟空間的問話，治療過程可以幫助心理師和來訪者看到來訪者生活中的「強勢敘事」，在治療過程中來訪者和心理師從更廣大的視野中重新理解這種「強勢敘事」，從而形成「較喜歡選擇的敘事」。敘事治療的目標希望使得來訪者從負面敘說變成正面敘說，從受害者變成主導者，無能為力變成或

許可以試試看，改變情節，轉換角度。因此敘事治療承接社會建構論而發展出對於「自我認同」的觀點與做法，邀請來訪者發展出貼近渴望的「敘說認同」。

關於問題

　　傳統心理治療大多數將人和問題視為一體，將不適應行為視為症狀或問題，企圖在人身上找到問題的根源也藉此解決問題，依靠理論或專家來解決問題或矯正行為、想法。敘事治療將問題視為問題，人不是問題；將人和問題分開，創造人與問題之間的空間，以便人能討論「和問題的關係」以及「對問題的看法」，將不適應行為視為依據特定情節、經過一段時間、有順序性發生的事件，企圖以故事來瞭解不適應行為如何被敘說，重視來訪者辨識他們自己所賦予事件的意義和解釋，也看重來訪者本身對問題的在地知識，認為他們是自己問題的專家。

| 視野之窗 |

「游刃有餘」的空間

　　〈庖丁解牛〉出自莊子《南華經》中的一則寓言，庖丁（廚師）為魏惠王殺牛。文中最著名的一段是「彼節者有間，而刀刃者無厚，以無厚入有間，恢恢乎其於遊刃必有餘地矣，是以十九年而刀刃若新發於硎」。意思是說：牛筋骨有縫隙，但刀刃相當薄；用薄刀刃插入有空隙的骨頭縫隙，寬寬的，刀刃運轉一定是有還有空間的啊！因此，我用

了十九年的刀刃，還像剛從磨刀石上磨好的。我們現在常說的「游刃有餘」即出於此。

　　所謂的「高明」，不管是解牛的手法「高明」還是敘事諮商的「高明」，都在於「游刃有餘」。敘事諮商的「游刃有餘」，是指將問題視為問題，人不是問題；將人和問題分開，創造出「人與問題之間的空間」。所謂「彼節者有間，而刀刃者無厚」，從敘事諮商的角度來說是創造出「人與問題之間的空間」而能抵擋主流故事（這個盤根錯節的故事）的支配性，增加替代故事或支線故事發展（盤根錯節主流故事之間的空隙）的機會，更重要的是增加來訪者的視野，尤其是從「理所當然」的視野看自己的問題，轉變成「多元視角」（以無厚入有閒）來看自己的問題，以便人能討論「和問題的關係」以及「對問題的看法」，才能夠獲得「恢恢乎其於遊刃必有餘地矣！」的可能性。

關於治療對話

　　傳統心理治療依據心理統計或專業指標對問題進行分類，把來訪者的問題或經驗以專業術語（是一種標籤）來描述，這種治療對話的核心特徵都是以「與某些診斷共存」的方式進行。敘事治療擁抱差異與不同，挑戰規範式的分類，讓有歧視性的權力結構與其運作方式被看見，因此治療對話的核心特徵是以「詢問來訪者對問題的觀點、對於改變的想法，與來訪者共寫與問題的關係」的方式進行。

| 視野之窗 |

「視為止，行為遲」的諮商對話

〈庖丁解牛〉後面還接了一段，一般人可能忽略了，我認為更加精采。「雖然，每至於族，吾見其難為，怵然為戒，視為止，行為遲；動刀甚微，謋然已解，如土委地。」意思是：雖是這樣，每見到筋骨盤結的地方，我認為那裏很難動刀，就小心仔細地警惕，視力集中，動作變慢，動刀很輕，嘩啦一聲，牛一下被肢解了，就像泥土掉在地上一樣。

我特別注意「怵然為戒，視為止，行為遲」、「動刀甚微，謋然已解」這兩句，這兩句絕對是敘事諮商講求的境界。心理師看見來訪者心理盤根錯節的地方，應該要小心謹慎地「怵然為戒」，並且十分專注於來訪者的身形、面容、口說、語境，做到「視為止」，同時，放慢速度，一切變緩，不能急躁，做到「行為遲」。敘事諮商強調來訪者的主體性，也認為來訪者是自己問題的專家，心理師不是以權威姿態進行「治療與改變」，而是「動刀甚微，謋然已解」，是指敘事諮商的心理師必須詢問來訪者及對問題的想法、對於改變的想法，與來訪者共寫與問題的關係，心理師下手甚輕，卻水到渠成。

關於自我認同

傳統心理治療將自我概念（self-concept）或自我認同（self-identity）視為特質、因素或結構，檢視來訪者內在受到負面因素的影響，專注於降低影響或問題解決。敘事治療認為自我概念或自我認同是被社會建構的，可以做多重描述、動態重構，協助來訪者與單薄的主流故事對話，也與社會價值對話，使得助長、滋養問題的社會脈絡被看見，檢視來訪者生活的文化、規範、社會脈絡，使來訪者得以豐厚自我敘說的故事，並找到替代故事。

| 視野之窗 |

「因其固然」的自我認同

庖丁釋刀對曰：「臣之所好者，道也，進乎技矣。始臣之解牛之時，所見無非牛者；三年之後，未嘗見全牛也。方今之時，臣以神遇而不以目視，官知止而神欲行。依乎天理，批大郤，導大窾，因其固然。技經肯綮之未嘗，而況大軱乎！」這一段話意思是說：廚師放下刀子，回答說：「臣所喜好的是『道』，早就超越所謂的技術了。最初臣殺牛的時候，眼裏看到的，沒有不是『完整的牛』的；三年之後，不能再看到『完整的牛』。到了現在這時候，臣以精神接觸，而不用眼睛看牛，視覺感官停止了而精神在活動。按天然的道理，擊入牛筋骨的縫隙，順著筋骨的空洞進刀，依照牠本來的構造，牛的筋骨接合的地方，臣都未以刀刃碰到過，而何況是大骨頭呢！」

心理師剛開始從業之初，也是很容易眼中只看見一堆複雜的問題（始臣之解牛之時，所見無非牛者），積累一段經

驗之後，就能直指問題核心（三年之後，未嘗見全牛
也），再繼續下去，則更能超越有形的問題，能看見形成問
題的社會、文化等情境脈絡，到達「方今之時，臣以神遇而
不以目視，官知止而神欲行」的視野，之後就能夠按照形成
來訪者問題的脈絡紋理，切入主流問題的縫隙，順著問題的
空隙，描繪與加厚支線故事。敘事諮商的心理師跟庖丁一
樣，也是「依乎天理，批大郤，導大窾，因其固然」，依照
來訪者主體的故事，解構其僵化的自我認同，重新建構更適
合於來訪者的敘說認同。

表 3-1　傳統心理治療與敘事治療的比較

	傳統心理治療	敘事治療
關於「問題」	1. 大多數將人和問題視為一體，將不適應行為視為症狀或問題。 2. 企圖在人身上找到問題的根源也藉此解決問題。 3. 依靠理論或專家來解決問題或矯正行為、想法。	1. 將問題視為問題，人不是問題；將人和問題分開。 2. 創造人與問題之間的空間，以便人能討論「和問題的關係」以及「對問題的看法」，將不適應行為視為依據特定情節、經過一段時間、有順序性發生的事件，企圖以故事來瞭解不適應行為如何被敘說。 3. 重視來訪者辨識他們自己所賦予事件的意義和解釋，也看重來訪者本身對問題的在地知識，認為他們是自己問題的專家。

	傳統心理治療	敘事治療
關於「治療對話」	1. 依據心理統計或專業指標對問題進行分類。 2. 把來訪者的問題或經驗以專業術語（是一種標籤過程）來描述。 3. 治療對話的核心特徵都是以「與某些診斷共存」的方式進行。	1. 擁抱差異與不同，挑戰規範式的分類。 2. 讓有歧視性的權力結構與其運作方式被看見。 3. 治療對話的核心特徵是以「詢問來訪者對問題的觀點、對於改變的想法，與來訪者共寫與問題的關係」的方式進行。
關於「自我認同」	1. 將自我概念（self-concept）或（self-identity）視為特質、因素或結構。 2. 檢視來訪者內在受到負面因素的影響，專注於降低影響或問題解決。	1. 認為自我概念或自我認同是被社會建構的，可以做多重描述、動態重構，協助來訪者與單薄的主流故事對話，也與社會價值對話，使得助長、滋養問題的社會脈絡被看見。 2. 檢視來訪者生活的文化、規範、社會脈絡，使來訪者得以豐厚自我敘說的故事，並找到替代故事和敘說認同。

　　舉例來說，以一個憂鬱症個案的第一次治療，傳統的問法大致是：

- 何時開始感覺到沮喪與低落？持續多久了？

- 最近一週的睡眠品質如何？

- 以最近一次沮喪與低落的狀況為例，那天或前一天有發生什麼事情？（引發事件評估）

- 情緒沮喪與低落的當時，你是怎麼想的？或是有那些

想法？（認知思考評估）

敘事治療心理師的問話大致是：

- 你說你常常感受到沮喪與低落，那個沮喪與低落你會說這是什麼？你會怎麼稱呼它？
- ××（指來訪者在前一問題中對「它」的稱呼）通常在什麼情況下比較會干擾你？
- 如果三年後 ×× 消失不見了，你的生活會變成怎樣？或是會有什麼不同？
- 你如果做什麼或想什麼的時候，×× 會比較無法干擾你？
- 當你怎麼想或怎麼做的時候，會使 ×× 力量變弱？

敘事治療的假設

敘事治療（narrative therapy）有廣義和狹義之分。廣義的敘事治療是指以後現代敘事思想為理論基礎的心理治療理論與實踐；廣義的敘事治療可以包括轉化敘事治療、敘事評估、敘事藝術治療等，同時斯賓塞（Donald P. Spence）(1982)認為廣義敘事治療可以包括精神分析，他將佛洛伊德稱為「敘事傳統的大師」，因為他善於將來訪者「支離破碎的聯想、夢和回憶的片斷」編織成連貫完整的故事，然後用來理解「本來毫不相關的經歷」和記憶。狹義的敘事諮商特指由懷特和艾普斯頓（廖世德譯，2001/1990）提出的敘事諮商理論和模式，透過他們所提供的對話技巧，能在實務工作中幫助案主敘說並豐富生命故事，從中找到亮點、理出意義，為過去或當下的問題提供出口，發展出

其他新的可能性；佛瑞德門和康姆斯（易之新譯，2000/1996）則將敘事／故事的解構與發展作為心理治療的脈絡。本書將聚焦在狹義的敘事治療。

　　從狹義的敘事治療來看，這種敘事治療是一種與傳統差別很大的心理治療觀，及在這種治療觀指導下的治療實踐，這是整個治療典範的轉變。敘事治療認為在人們的世界，只有主觀真實沒有客觀真實，我們的自我認同是被社會建構（social constructed）的，我們敘說的心理歷史也是建構出來的。我們必須經由自我的創造與環境的互動才能建構真實的主體經驗，我們有能力把自己視為主動創造者，可以從主體經驗中超越社會環境所加諸的限制。敘事治療可說是一種治療的立場（a stance）而不是一種理論（not a theory）；敘事治療強調理解人怎樣敘說自己的知識，包括口語和非口語的表露；敘事治療重視脈絡（context）甚於內容（content）；敘事治療也是去理解人怎樣敘說自己知識的一門學問，敘事治療是心理師與來訪者共寫（co-authering）故事的再建構（reconstruction）過程。以下一一說明敘事治療的前提與假設。

假設 1：強調故事是經驗的基本單位

　　我們永遠被故事所圍繞，呂格爾說：「敘說之於人就像大海之於魚。」（王文融譯，2004/1984），魚被水圍繞，人被故事圍繞，魚離開水就無法存活，人離開故事就失去意義。來訪者可以成為他們自己生命故事的主要作者，心理師的任務是去瞭解有那些故事／主題在塑造一個人的生命。回憶（recollection）這個字，re 代表與過去有關，collection 代表現在對過去事件串接

的行動，這個行動將過去碎裂的、分散的、零落的事件串接起來。呂格爾（Ricoeur, 1987）說：「未能全盤地作為我們生命的作者，我們學著成為自身故事的敘說者。」我們在敘說生命過往的事件時，並不是隨機的提取或歸類，而是會將這些過去的事件編織成一個個故事。敘說是一連串過去發生過的事件組織、串接成具有敘說者獨特解釋意義的過程。敘說者對於故事安排與主角特性具有主導性，並會在故事串接過程中推論事件的因果關係，使得看起來混亂、隨機、無序的生活現場，顯現出秩序與意義。呂格爾把這種恢復事件秩序的核心歷程稱為「情節化」（emplotment）。故事都有開始與結束，也有過程中的起承轉合，敘說者通常已經意識到結局，而從結局出發建構整個故事。故事敘說是人對自己過往生命事件或經驗的整合性、系統性的描述，具有獨特的結構性。

博金霍恩（Polkinghorne, 1988）認為所有的敘說都是暫時性的，當新的訊息加入，敘說就會改變，隨著時間推移，敘說意義與敘說結構隨之改變，生命故事的面貌也隨之不同。社會建構論認為知識是由個人與文化建構，原則上，這樣的知識建構過程沒有止境。所以不可能有絕對的知識，所有的知識都跟情境有關而且會隨著情境改變。薩賓（Sarbin, 1986）則強調敘說不只是使人將生活現狀帶來秩序和意義，也反過來提供我們自我概念的架構，我們對自己和別人訴說自己的生命故事，同時我們也創造了敘說認同，我們在我們所說的關於自己的故事中認識自我。不同的敘說認同不只把我們和某個社會關係連結在一起，也提供出局部自我的連貫性與穩定感，經由敘說我們開始定義自我，把自己從其他人當中區隔出來，澄清生命的連續性，釐訂生命特定的秩

序和方向。

假設 2：人從來就不是問題，問題才是問題

問題是用來發現到底一個人的生活中有什麼是最有意義的，只有當人與問題綁在一起，把「有問題的人」視為「問題人物」才使人成為問題；也就是說，把有「偷竊問題」的人視為「小偷」，才使得這個人成為「問題人物」，也使得偷竊這個「問題」失去了由這個人作為「問題的專家」的機會。如果把人與問題分開，人有問題不指稱著這是一個「問題人物」，「人」就可以跳脫「問題」之外，對這個「問題」以最熟悉的「專家」角度，提供建設性的意見，來改善這個「問題」；也就是說，人有機會從「問題」的受害者，改變成為「問題」的主導者。

找出隱藏的故事線，意味著去探索來訪者所置身的社會情境的典型故事劇本之外，可能潛藏的新故事劇本，使得來訪者能夠以新的參考架構看見典型故事腳本之外的其他新的故事線。來訪者將發現自己擁有選擇權，他並不是被困在原來故事裡的受害者，而是可以重新架構故事情節的主導者，敘事治療師致力於將來訪者從受害者轉成主導者。

假設 3：人是自己問題的專家

敘說是一種人類溝通的基本形式，我們可以完全的參與，當認真重新修訂根植於生命過往的種種事件時，我們是自己生命故事主要的作者。敘事治療協助來訪者去瞭解有那些故事／主題在塑造他自己的生命，我們從經驗中建構意義，經由一個豐富的故

事發展過程，讓我們可以重說生命故事和重構自身。我們有能力藉由故事去重組經驗，而實踐一個有意義的生活，那些故事是自己說出來的，並且重新將一個又一個事物聯繫起來。敘事治療藉由故事情節衍生出來的思考，不是以理論和知識來助人，而是「去看」與「去聽」（眼界）而非「引用概念」（思維）去教導人，是人處在「經驗之中」（experiencing），借著這些生命經驗，萃取出個人獨特的實踐智慧或經驗知識。

人類經驗封存在個人和文化領域中，以非物質的意義和想法呈現，而且意義領域會隨著新經驗的增加而改變，人類經驗是在個人系統性認知基模和環境對人產生的衝擊之間的互動中，所產生的一種建構型式，所以經驗是一種經由意義領域所產生的統整建構。人類經驗並不是經由像我們組織物質世界的那種方式來形成，人類經驗的組織原則比較像是詩的意象，而不是理性邏輯系統（Polkinghorne, 1988）。

敘事治療認為普通知識或是在地知識是有價值的，個別差異、獨特少數（殊相）與以簡馭繁的理論、因素分析的共同因素（共相）一樣重要。敘事治療是去理解人怎樣敘說自己的知識，也因此敘事治療，重視脈絡（context）甚於內容（content），也就是不只是重視說了「什麼故事？」（內容），更重視是「故事何以這樣說出？」（脈絡）。敘事治療重視經驗所蘊藏的知識，關心來訪者的經驗甚於情緒；也就是說敘事治療的心理師把處裡的焦點放在來訪者有什麼經驗、經驗產生的背景脈絡，和經驗如何重新再脈絡化。敘事治療不把治療的焦點放在處理來訪者的情緒，但是，在這樣的過程中，來訪者的情緒也會隨之改變。

假設 4：強調反思性理解

說故事是對生命歷程的回顧，當人回顧生命經驗時就進入對於過去經驗重新組建的狀態，也就進入對生活事件和經驗的反思的行動，就是進入了布魯諾（Bruner, 1986）指稱的「意識藍圖」（landscape of consciousness），懷特稱為「自我認同藍圖」。不管是意識藍圖或是自我認同藍圖，都是指在說故事的同時，說故事的人進入意義範疇，產生故事意識。如同懷特所說的，這個意識藍圖的特徵，是故事主角的意識，意識的重要性在於組合了他們對於事件的行動的反思——他們對這些事件的意義歸因，他們對塑造這些事件的意圖和目標的推論，他們對在這些事件中的其他主角的特質和身份的結論。

布魯諾（Bruner, 1986, p.78）不談形變（change）而看質變（transformation），也就是來訪者尚未出現行動或行為的改變之前，更重要的是要先進入「故事意識」和「意識範疇」，而這種「意識狀態」協助來訪者產生對於事件所採取的自身行動的反思狀態。來訪者據此發展出對這些事件「意義歸因」的角度，了解自身對於這些事件的「意圖和目標」之推論，以及跟這些事件有關的自己和他人的「特質、身分」的結論。

我們不只是反思「行動過程」，而且反思「行動本身」，換句話說：我們不只是投入反思行動裡，而且跳出來反思整體行動（We not only reflect in action, but on action.），使得別人對我們的觀點一目了然。人的生命經驗總是在離開原來發生某種情態的處境之後，那個處境才顯現出來，敘事治療強調敘說性的理解（narrative knowing），人生故事不具有優先性或正確性，故事如何被說將因來訪者的塑成而定，透過這種心理歷史距離過程得

來的生活事件的知識，是來自回首的瞭解，也是反思性理解。

假設 5：重視意義

　　故事是一種檢視「人內在發生的事情」的途徑，就現象學的角度而言，人無法在日常生活的行動中瞭解自己，在行為和人自身之間有一道裂痕，敘說是解決這種行動的悖反性格之橋樑。敘說轉向敘說者的內在秩序和意義，藉由敘說行動本身，人走出了和所有人相似的日常生活，成為獨立的個體。我們敘說自己的故事，每一個字詞，在自身存在的編碼裡都有獨特的意義；敘說捕捉生命經驗，並為這些生命經驗命名。來訪者在敘說自己的生命故事所使用的語言，有如燙斗一般，將來訪者漂浮著的經驗燙貼在生命的平臺上。語言也有如經驗的凝固劑，將難以捉摸的、游離的經驗狀態，經由語言而塑型。

　　敘事治療強調人是自己生活意義的詮釋者，人的世界總是多元事實（multiple reality），故事意識的重要性在於組合了他們在事件的行動中的反思，來訪者在決定對話的方向上，扮演重要的角色，因為說故事的人是生活意義的詮釋者。來訪者有許多技巧、能力、信念、價值觀、承諾和力量，有助於改變他們和問題在生活中的關係。聽故事的人，因為故事具有意義而相信故事是真的，而不是因為故事是真的所以才有意義（The story hearers believed that it was true because it was meaningful, rather than it was meaningful because it was true.）。

　　無論是說故事（意義塑成）或聽故事（意義理解），整個過程最重要的往往不是真或假的問題，而是意義的開顯與理解的問題。敘事治療重視意義的改變而不是行為的改變，治療過程中看

似沒確定的目標，卻有正向的創造。

假設 6：自我認同是社會建構的結果

　　敘事治療認為問題是在文化脈絡中建構的，這些脈絡包括種族、階級、性偏好、性別，和邊陲的權力關係。現代主義說「你是誰？」敘事治療強調「什麼使你成為你是誰？」也就是說，敘事治療問的是：不是你是誰，而是什麼使你成為你是誰？（It's not who you are, but what hold who you are.）「是什麼時候？什麼事情？什麼人？使你用……形容你自己？」「自我」不僅是個人意識的顯露，「自我」也揭露了它所存活的社會環境。如果自我認同是社會建構出來，敘事治療的焦點不是建構出來的「自我認同內容」，而是尋找人們自我認同裡的特殊細節（殊相的事實），去問「如何成為這種自我認同內容」。

　　生涯願望可以說是人生目標與方向，我的願望是我的願望嗎？我的願望是誰的願望？是如「其」所是的願望？還是如「期」所是的願望？「如其所是」是按照自己原來的樣子，「如期所是」則是滿足別人的期望。鄧明宇（2005）在其自我敘說的碩士論文中引用拉岡「我們的願望是他者的願望」（杜聲鋒，1988:34），他的文本中說：

　　　　我的「他者」是我的家庭（社會的主流價值），我
　　　理解到：我硬頸的活著，但不是我，是我的家庭（社會
　　　的主流價值）活在我身上。

找出自我認同在主要敘事中的位置，這個過程經常是離開控制和壓迫的開始步驟，自我認同經常在我們的社會文化脈絡中，經由各種意見和與別人交流而交織出來。

最好的心理對話是讓人「展現」他／她的世界，而非「傾訴」經驗而已。「傾訴」只是諮商與心理治療最初的起點，光停留在「傾訴」只是宣洩算不上是療癒，「傾訴」之後，如果只有治療者「診斷」式的解釋，只是診療也還算不上療癒。除非透過克連第尼和寇內立（Clandinin & Connelly, 1998, 2000）的方法，使自我經由「傾訴」達到「敘說」，得以「展現」出其原本的面貌，才算是完整的療癒。也就是將外在的焦點放在個人經驗的社會與文化層面上，察看內在受困頓的自我如何遭遇、反映與抗拒文化的詮釋，將焦點經由時空上的前、後、內、外，移動而擦拭個人與文化之間的界限，使得線條模糊掉，甚至無法分辨，故而自我得以「展現」其生命的原初樣態。

　　當我們把眼光轉移到「故事何以這樣說出」的脈絡，必然會注意到支撐故事的所有情境背景。海德格說：「語言是存在的家，人說話，就給出了他所活的世界。」也就是敘事心理師必須檢視集體敘事如何汙染或滲透來訪者的生命故事敘說。

假設 7：從主流故事中開創出貼近渴望的替代故事

　　主流故事具有高度的支配性，在支配性故事線中的事件都具有高度選擇性，旁邊留下的許多事件，就永遠沒有機會串在一起成為凝聚的故事線。主流論述（dominate discourse）是孕育來訪者主流故事的土壤，通常來訪者會對自己的生活和關係下單薄的結論，這些結論經常助長人自認在某些方面有所不足，使人難以利用他們的知識、技巧和能力。人們經常捲入強勢的負面故事的掌控中，通常自己跟別人都感受不到他們好的一面，這時候他們沒有表現出他們喜好的故事，也不知道他們想要如何感受自

己，或他們想要別人如何感受他們。人們將自己置身在這些強勢的、壓迫的故事中，並信以為真認為無法改變。

敘事治療心理師回應人們所述說的故事時，必須考慮說故事的人的背景故事（back-story）所產生的作用。背景故事往往跟主流敘事有關。故事都不一樣，故事架構描繪出置身其中的社會脈絡，敘事治療的心理師必須從主流故事中抽身出來，例如，跟一個致力於發展出家人之間更強烈親密感的家庭工作，是不同於跟一個移民家庭工作的社會脈絡，後者處於種族主義和被主流文化邊緣化的衝擊中。

一個人的生命是許多看不見的故事線組合起來的，敘事療法是尋找看不見的故事線和增強這些故事線，試著找出替代故事，豐厚故事的多元視角。布魯諾（Bruner, 1986）認為隨著時間推移、不斷重複，這些故事變得越來越僵化和堅硬，很諷刺地，是說故事的人將自己侷限在自己創造的故事裡。這些壓迫的故事強烈的影響到人們的自我感，削弱他們的主控權和看見其他可能性的選擇能力。敘事治療致力於尋找支線故事，在來訪者的獨特意義經驗中，開啟隱藏的故事線並發展出貼近渴望的故事。

章末語

我的諮商生涯起步，對象是張老師中心的虞犯青少年，這些青少年教會我兩件事：第一是，如果來訪者沒有準備好要改變，或是他們不相信治療或治療師能幫助他們，治療不會開始，改變也就無從發生。第二是，來訪者看似離經叛道的問題行為，不應與他的生活處境切割，無法單獨放到晤談或治療情境

中分析或回應。這兩個學習或體悟發生在 30 年前，如今想來，似乎當時就已經埋下敘事治療的種籽。就如章首的短詩所說：「所謂的心理治療師，並沒有辦法治療任何人。所謂的被治療者，那是因為他們準備好要改變自己。」敘事治療的提問則提供治療師邀請來訪者**準備好要改變自己**的方法。

敘事治療對於「問題」觀點、「治療對話」定位和「自我認同」歷程所抱持的理念，使得來訪者能經由敘事治療師尊崇其在地知識而開啟其能動性。這回應了我早年的第一個學習：**強調來訪者本身對問題的觀點，看重來訪者自己對生活的詮釋**。而將問題和人分開，以及社會建構論的視角，則回應了我早年的第二個學習：**協助來訪者脫離被社會建構的自我認同，從問題重重的行為中開創出屬於他自己的未來生活**。這兩個學習豐富了我的專業實踐的旅程。

重點回顧

1. 從病理觀、治療觀、權力觀、時間觀、空間觀、自我觀、關係觀等入手，論述敘事治療心理師的世界觀。
2. 從關於「問題」的觀點、「治療對話」的定位和「自我認同」形成歷程，來討論傳統心理治療與敘事治療的差異。敘事治療與傳統心理治療：
   (1) 在心理疾病觀不同，敘事治療對於「問題」發展出一套觀點與做法。
   (2) 在治療關係不同，敘事治療發展出展現其治療關係的「對話」觀點與做法。
   (3) 在治療目標不同，敘事治療發展出對於「自我認同」的觀點與做法，邀請來訪者發展出貼近渴望的「敘說認同」。

3. 敘事治療的假設是：

(1) 強調故事是經驗的基本單位

(2) 人從來就不是問題，問題才是問題

(3) 人是自己問題的專家

(4) 強調反思性理解

(5) 重視意義

(6) 自我認同是社會建構的結果

(7) 從主流故事中開創出貼近渴望的替代故事

第二篇

敘事治療的研究與實務

【第4章】
敘事治療歷程

　　所給出的答案在於意義性,而不是給出符合事實可信度的真實性。

　　聽故事的人,是因為故事具有意義而相信故事是真的,而不是因為故事是真的所以才有意義。

　　　　——艾倫·帕里(Alan Parry)和羅伯特·杜安(Robert E.
　　　　　　Doan),《故事再視:後現代的敘事治療》[1]。

1　*Story Re-Visions: Narrative Therapy in the Postmodern World*, 1994.

本章內容與我 2018 年關於〈敘事諮商歷程與敘事結構特徵中生活目標改變之詮釋分析〉研究有關，我增加了許多文獻和臨床實務的案例說明，使內容盡量拓展到一般人日常的生活經驗，以提升閱讀上的可理解性，望讓更多人從中獲益。

　　敘事治療歷程中，敘事治療心理師與來訪者一起經歷：

1. 探索使來訪者身陷「問題故事」的那個世界的特徵；

2. 經由鬆動主流故事，看到隱藏的故事線，「離」開被建構的問題故事，「建」立貼近自己渴望或偏好的替代故事。敘事治療的目的是認出生活世界的集體故事之後，藉由社會建構論的接壤，進入來訪者問題故事的鬆動與解構的過程，含「離」開和「建」立的過程；

3. 穿梭在共寫與重構故事的歷程——這時通常在尋找貼近來訪者渴望所偏好的替代故事。

　　敘事（narrative）是人類思考和組織知識的基本方法，我們常以敘事方式進行思考、表達、溝通並理解人類與事件。我們生活在故事裡，故事像文化事件，它表達或再現文化本身。我們在敘說生命過往的事件時，並不是隨機的提取或歸納，而是會將這些過去的事件編織成一個個故事。佛瑞德門和康姆斯（易之新譯，2000/1996）認為敘說者對於故事安排與主角特性具有主導性，並會在故事序說過程中安排事件的前後關係，使得看起來混亂、隨機、無序的生活現場，顯現出秩序與意義。

　　長期記憶有三種系統：（1）程序性記憶（procedural memory）是關於如何做一件事情的記憶，是跟動作有關的知識系統。（2）語義記憶（semantic memory）意指一般性知識。

語言知識和其他概念儲存的地方，是跟語言、概念有關的知識系統。（3）情節記憶（episodic memory）意指個體的自傳式記憶，是個體在一生中親自去體驗和記憶的事件記憶（episodic memory），是跟生命經驗有關的知識系統。後兩者屬於陳述性記憶（declarative memory）。其中事件記憶是瞭解自我知識的基礎，事件記憶的基本單位是事件或情節，每一個事件都是特殊時間、空間下的產物（金樹人，2011）。事件記憶是由人的生活實踐所累積，也透過跨時空的經驗來驗證。敘說是一連串過去發生過的事件組織、串接成敘說者解釋生命經驗的自我知識。

故事敘說是藉由幫助人們說自己的生命故事，主動去建構其生命歷程。德國社會學及社會心理學教授海因茲（Walter R. Heinz）（2002）認為敘事治療的工作是幫助來訪者完成自傳故事的形塑與推理，經由來訪者現在的敘說，將過去事件與當前議題，建構成有意義的連結，以主體目標（subjective goal）引導自我方向與個人責任。就此，來訪者是故事敘說者，專家變成故事的編輯，意義成為藥方。美國歷史學家明克（Louis O. Mink）（1972）認為來訪者描述自己的經驗及治療師回應的對話過程，是所有諮商理論藉以蘊生理論意義之所在，諮商的有效性循環地驗證了諮商理論的正確性。

懷特（黃孟嬌譯，2008/2007）的後期著作《敘事治療的工作地圖》以結構圖示法呈現治療歷程，讓敘事治療的過程更加具體化。敘事治療的對話使得來訪者從原先視為理所當然的理解，移動到新的觀點，然而這兩者之間仍存在一個缺口。敘事治療心理師的責任在於提供一個能協助來訪者跨越缺口的「鷹架對話」。懷特（White, 2007）引用維高斯基的概念，稱為「潛在發

展區域」。這類型的社會合作替來訪者開啟了一個空間，使他們能退後一步，反思那些過去生命中被忽視的事件，邀請來訪者與偏好的故事建立連接，探索和評估問題的影響，以及替代方案的可能性。加拿大布魯克大學的教授拉米（Heather L. Ramey）（2008）針對懷特（2006, 2007，丁凡譯，2012/2011）提出的鷹架對話，採用量化研究分析治療師與學童的對話，與學童的自我概念形成，研究結果支持懷特的鷹架對話模式是可以讓治療師在治療歷程中有效幫助學童建立自我概念。

美國兩位家族治療師雷（Wendel A. Ray）和基因尼（Bradford Keeney）（1993），引用過關儀式的隱喻發展出故事性治療三幕劇，三幕劇的每一個階段有各自獨立的目的，當故事向前移動到下一個階段之前需要由過渡歷程釐清，以便於發展替代故事。度法與蓓蕊思（黃素菲譯，2016/2011）引用三幕劇的概念，提出敘事治療概念地圖的三個部份：第一部分是開始思考對話的型態；第二部分從問題故事移動到替代故事情節，幫助來訪者們朝向他們所偏好的自我邁進；第三部分重視背景脈絡與論述對意義與自我認同發展造成的影響，以確保敘事治療心理師與來訪者之間的對話中不受到政治與社會脈絡的影響。

這些對話鷹架、定位地圖、工作地圖、概念地圖、故事三幕劇等，都是一種敘事架構，目的是要替來訪者開啟一個空間，使他們能退後一步，反思那些過去生命中被忽視的事件，建立偏好的故事；或是提供來訪者往前推進的路徑，地圖能協助塑造故事並更完整的發展故事。敘事治療結構是一種對話的骨架，支撐出空間，指出方向，協助來訪者在故事中能有所依循地往前推進與移動。本章主要撰述敘事治療歷程中，敘事治療心理師與來

訪者一起經歷的敘事過程與改變，包括（1）探索使來訪者身陷
「問題故事」的那個世界的特徵；（2）「離」開被建構的問題
故事，「建」立貼近自己渴望或偏好的替代故事；（3）穿梭在
共寫與重構故事的歷程（黃素菲，2018）。

來訪者身陷「問題故事」的生活世界

　　使來訪者身陷「問題故事」（problem-saturated stories）
（White, 2006）的那個世界，指的是我們的生活世界。有一種典
型的生活，就有一種典型的生活世界。在每一種典型的生活世界
中，都有其特有的文化規則、角色期待等等，形成一種主流的文
化論述。曾任舊金山州立大學校長、美國國會參議員的心理學家
薩穆爾・早川（Samuel Hayakawa）曾說：「假如你在某場境的
見識，與眾人的一般見識無異，你就已經成為你所屬文化的代
表，也因此淪為你所屬文化的受害者。」意思是說，一個人越是
認同所屬的文化，也就會越加融入該文化，必然會成為該文化的
典型代表，但是也就可能接受了更多主流論述而形成這個人的主
流故事，使得此人降低其他支線故事發展的機會，所以「淪為所
屬文化的受害者」。他提醒我們要經常針對文化對我們的影響進
行批判性的反省（黃素菲，2017）。

典型的生活世界

　　在臺灣，典型的生活世界、社會情境、組織文化……不勝枚
舉。楊國樞是華人地區本土心理學研究的揭竿者，目的是要建立
真能貼合華人之心理與行為的心理學知識體系，以適當瞭解、詮
釋、預測及改變華人的心理與行為，進而有效增進華人的生活適

應，並解決華人的社會問題。他強調（2008）：

　　　本土心理學是一種以科學方法研究某一特定國
　家、族群、社會、或文化中之人民的心理與行為，所
　發展出來的心理學知識體系；在建構此種知識體系的
　歷程中，所採用的理論、概念、方法、及工具，必須
　與所探討的本土心理或行為現象及其生態的、經濟
　的、社會的、文化的、及歷史的脈絡高度契合、符合
　或貼合。亦即必須具有足夠的本土契合性（indigenous
　compatibility）。

　　因此可以說，本土心理學是非西方國家中經由本土化
研究所逐漸發展出來的準內生性心理學（quasi-endogenous
psychology），所探討的本土心理或行為現象及其生態的、經濟
的、社會的、文化的及歷史的脈絡高度契合、符合或貼合，勢必
使得若干典型的生活世界得以浮現。

　　根據楊國樞（2008）整理過去三十多年來，兩岸三地的華
人本土心理學者，已在心理學的下列五類研究領域中，締造了
54 小類的重要研究成果。表 4-1 中，人際衝突、人際困境、人
際受苦、社會比較（成敗輸贏）、婚姻關係、婆媳關係、親子關
係、權威議題等等，這些典型的「生活世界」，都經常出現在尋
求諮商與心理治療來訪者的問題故事中。

表 4-1　兩岸三地的華人本土心理學者締造的重要研究成果

類別	研究主題
社會與人格心理學	(1) 面子心理 (2) 緣的心理 (3) 忍的心理 (4) 報的心理 (5) 義的心理 (6) 人情心理 (7) 中庸心理 (8) 辯證思維 (9) 社會角色與規範 (10) 關係取向 (11) 基本人際歷程 (12) 人際和諧與衝突 (13) 社會比較歷程 (14) 宗教信仰與信仰改變 (15) 族群關係與衝突 (16) 自我與自我呈現 (17) 七大基本人格向度 (18) 陰陽五行觀之五大性格向 (19) 人格與行為之關係的內隱理論 (20) 古代人格理論 (21) 社會取向成就動機 (22) 性的感情與情緒 (23) 嫉妒情緒與行為 (24) 策略行為 (25) 身體吸引力 (26) 心理幸福觀 (27) 價值與價值變遷 (28) 心理傳統性與現代性 (29) 歷史心理學研究 (30) 雙文化自我與自我實現
組織與管理心理學	(31) 華人領導模式 (32) 父權式領導 (33) 差序式領導 (34) 領導行為與部屬績效 (35) 上司下屬的信任關係 (36) 主管忠誠與組織忠誠 (37) 組織中的報 (38) 後儒家假說 (39) 世俗化形式主義 (40) 家族主義與組織行為
發展與家庭心理學	(41) 恥感發展 (42) 家族主義與泛家族主義 (43) 孝道心理 (44) 親子關係與適應 (45) 婚姻關係與適應 (46) 婆媳關係與適應 (47) 家庭教化或社會化 (48) 道德與道德發展
臨床與諮商心理學	(49) 民俗療癒法 (50) 本土化治療理論與方法 (51) 死亡心理 (52) 人際困境與受苦
異常與犯罪心理學	(53) 青少年異常行為 (54) 性犯罪者心理

　　以下依據我（2018）的研究中，針對「婆媳關係」、「成績掛帥」與「好人」等典型故事為例加以說明。

一、婆媳關係的典型故事

婆媳不睦一直都是國人此起彼落又根深柢固的集體敘事劇本，所謂「故事背後的故事」是指「集體敘事」經常是「個人故事」的「背後故事」。來訪者描述跟婆婆的敘事，經常映照了這劇本。例如，為了孩子的早餐而跟婆婆起爭執，表面上看起來是婆婆不同意媳婦為孫子準備的高蛋白飲品，其實是婆婆向媳婦說：「妳不要以為妳有學問，就什麼都是妳對。」的權力鬥爭。「子孫同堂」底下有一串家庭價值，包括：兒子婚後跟父母同住，表示父母「很有福氣」，獨生子更具有「孝順反哺」的應盡責任。而婆婆的「權力與支配」也對應出來，媳婦應該「乖巧、孝順、聽話」的角色劇本。許多來訪者都是在這種「家庭價值」之下，進入「婆媳關係」的集體敘事。這是使我們受苦的「生活世界」，來訪者帶著各式各樣的「問題故事」，包括很煩、受打擾、被干涉、受拘束、不能開冷氣、不能放鬆、不能買自己要買的東西、會被叨念、處處都會被管等。

來訪者敘說的「婆婆」是具有社會語意的名詞，「婆婆」是在「婆媳」社會結構中被賦予特定屬性的角色。是這個「婆媳」的社會結構給了婆婆去依附在兒子、媳婦身上的正當性。是在「婆媳」的社會結構已經事先賦予的權力上，進行著婆婆與媳婦的互動。來訪者所敘說的婆婆，例如「我婆婆不該來干涉我」中的「婆婆」，可以遞換成使她活成如此的那個世界的「它」。是「它」所指稱的社會關係脈絡中的「婆媳關係」，所賦予的「規範與價值觀」給了「婆婆」一個可以那樣說話的位置。而她對抗的是經由「婆婆」發聲的那個隱而不見的、被遮蔽著的世界，那個被遮蔽的世界，經由她的「很煩、被打擾、被

干涉、想脫離」的說出，而照見了那個使她之所以成為「不合模的媳婦」的世界。那世界一直在那裡，是她回首反思的「說話」，帶著我們看見她所處身的社會脈絡。

二、成績掛帥的典型故事

另一個典型的「生活世界」是「聯考制度」的社會體制，包含了升學主義、成績掛帥等子脈絡。總是有學生到學校的諮商中心，因為成績不好而受苦，例如：

> 爸媽覺得我很沒有用；我一直覺得我自己很笨；我擔心將來考不到國立大學；我只是會一些雕蟲小技而已，沒有前途；我數學不好，所以進不了理工組；我在學校只會跟同學鬧，看起來人緣很好，那是沒有用的；雖然我這次第 1 名，那是因為剛好比我厲害的那 3 個人，這次剛好失常，所以才輪到我「蜀中無大將，廖化作先鋒」；昨天我阿嬤問我，這次成績考差了，會不會有壓力，一定是我媽啦！是我媽叫阿嬤來問我的，意思是我考那麼差應該要有壓力，就是她在給我壓力啊！……

1968 年實施的九年國民教育沒有減少升學壓力，2014 年實施 12 年國民教育，是否解放大學聯考壓力，可能仍然有待觀察。通常生活在以升學為導向、成績掛帥的聯考體制價值文化中，升學主義的主流價值使得考高分的人藉此提升自信，考低分的人因此而成自我否定，分數與自我認同緊緊相扣。成績掛帥的社會指標，使成績不夠好的人「覺得我很笨」、「我覺得自

卑」，奇怪的是成績好的學生，也有人覺得「其實同學並不喜歡我，只是因為我成績一直很好，所以他們不敢對我怎樣」。當然，也有少數一直成績很好的人到了大學畢業，開始工作才發現「原來過去 18 年來，我除了讀書考試之外，什麼事都不會」。

1970-90 年代，教育是許多家境貧窮的孩子，攀升地位、轉換社會階層的階梯（駱明慶，2002）。在農村總是會聽到「你不用功讀書，以後就繼續種田」，或是「你去考師專，以後就可以當老師，就不必打赤腳了」，而考不上師專、大學的，就會說「你成績這麼差，乾脆去學黑手，學個一技之長」。那個年代家境較差的家庭中的大姊，經常必須犧牲學業，即早進入職場賺錢補貼家用或提早親職化[2]，她們大多數國中畢業就進入職場賺錢協助父母分攤弟妹的學費，能讀高職已經很不錯。這一波人口潮，目前大多陸續進入退休潮，他們的求助議題，也突顯出世代轉換所造成的價值衝突，例如：

> 我是欠栽培，要不然我絕對不只是這樣的成就，
> 我們是想要讀書不給讀，你們是命太好了，有書給你
> 讀，還不好好讀，我當初就卡在學歷，我就只有高
> 職，年資 20 年，還是輸一個大學畢業生，他 8 年就升
> 上去了，科長哪裡輪得到我，學歷還是很重要啦！

三、「好」人的典型故事

還有一種隱而不顯卻又存在著的典型生活世界：「好」人

2　編註：指孩子因經濟及社會環境因素，承擔了家庭中父母的親職責任。

的社會脈絡。所謂「好」人是：寬宏大量、宅心仁厚、體諒別人、不拘小節，並且要能善盡職責、認真盡力等。小時候最好是「好孩子」、「好學生」，在同儕之間成為「好夥伴」、「好麻吉」，工作職場則期待成為「好部屬」、「好主管」，甚而籠統的被期待成為「好厝邊」、「好逗陣」。「好」與「不好」對大多數華人而言，是既熟悉又矛盾的現象，來訪者的敘說提供敘事治療心理師理解使來訪者自覺「不好」所來自的社會脈絡源頭，也同時理解到一直沒有在生活世界現身的「好」，可能就正好對應出來訪者自認的「不好」。許多時候來訪者的情緒浮沉，其實是在體制規範中的「好」與「不好」相生相長的浮沉。

我們覺得自己「不好」，那是對著一個已經存在的「好」而說的，我們說自己不好正指出「好」的存在。也有些來訪者一直在生活世界中，活成一個「好人」，這裡說的「好人」，包括「好學生」、「好媳婦」、「好女兒」、「好兒子」、「好太太」、「好丈夫」、「好爸爸」、「好媽媽」、「好老師」、「好同事」等合模的角色行為內涵。這種符合別人眼中期待的「好人」，通常會抑制自己的需要，也就是「為別人而活」，所以會活成「沒有自己」的樣子。無怪乎岸見一郎的書《被討厭的勇氣》[3] 甫一上市就大大熱銷，書中強調：「如果你無法不在意他人的評價、無法不害怕被人討厭，也不想付出可能得不到認同的代價，就無法貫徹自己的生活方式。」這本書鼓勵讀者不要因自身經驗所產生的衝擊、心理創傷而痛苦，而要由經驗中找出能夠

3　嫌われる勇気：自己啓発の源流「アドラー」の教え，葉小燕譯，2014，究竟出版。

達成目的的東西，不要由經驗來決定自我，而是由我們賦予經驗的意義來決定。因為在那個「為別人而活」的世界，總是在乎著自己跟誰誰誰的摩擦、爭執，總認為自己如果夠「好」、夠「修養」就不會起爭執，也認為如果夠「好」就足以贏得父母對自己的注意、關心與認可。這些渴望得到的注意、關心與認可，卻又一直缺乏，也爭取不到，使很多人認為自己稱不上是「好」人。

　　直到自身經驗發生斷裂，理解到自己與「好人」之間的關係位置，促使敘事治療心理師邀請來訪者「看到」自己，並重新看待「好人」的內涵，從而與社會脈絡的合模規範產生對話與鬆動。這種社會關係脈絡下的合模規範，沒有清晰可辨的生活法條，卻是在諮商歷程的對話中可觀、可感、可羅織出來的規約。經由敘說凸顯出「社會脈絡的主流價值」對主體的建構，以及「主體現身與渴望故事浮現」的重構。

　　以上述幾個典型的生活世界為例，可以在圖 4-1 中，看到在故事敘說中被揭示的社會脈絡指出來訪者所活的世界。從圖左框是「在社會關係下的來訪者的樣貌」，也指稱著來訪者所帶來的問題故事；圖中央大箭頭裡是許多典型故事（例如「婆媳關係」、「成績掛帥」與「好人」等），以及其下方的子脈絡（向上的小箭頭），指稱著來訪者所活的世界；圖右框是來訪者理解到一直沒有在生活世界現身的「好」，可能就正好對應出來訪者自認的「不好」，也指稱著來訪者主體的現身，浮出貼近渴望的替代故事。

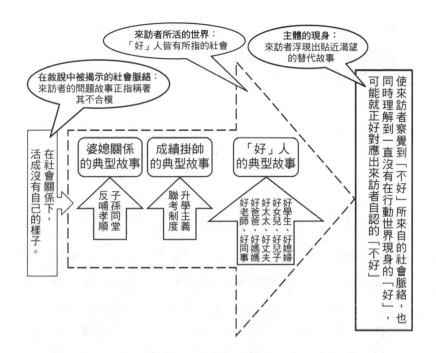

圖 4-1　在敘說中被揭示的社會脈絡指出來訪者所活的世界

從「社會建構的生命故事」轉變到「敘說建構的生命故事」

我們踹踹不安的感受，日以繼夜的呼應出我們所活的世界，也就是建構個人生活故事的世界。柏格和樂格曼（Berger & Luckmann, 1967）主張現實是由社會建構的，他指出個人和群體在社會系統中互動，行動者會將這些概念展現在彼此關係脈絡中，而成為慣性的角色模組。當這些角色滲透到其他成員並且表現出來，相互交流就開始制度化，在這個過程中人類對現實的知識和對現實的概念和信念就深植於、鑲嵌於社會體制結構中。

英國曼徹斯特大學社會學系老師克羅斯利（Nick Crossley）

（2004）指出敘事治療服膺社會建構取向，強調「自我」與「社會建構」之間的關係，尤其是「自我」與「語言」之間的關聯。敘事治療認為現實是基於互動與語言所建構（Guterman & Rudes, 2005）。這些慣性的角色模組、互為主觀的互動，構成了社會的集體敘說（collective narrative），成為具有支配性論述的主流故事，使得個人的自我認同經常是被社會建構的。

莊子〈齊物論〉提到「物無非彼，物無非是。自彼則不見，自喻則知之。故曰彼出於是，是亦因彼，彼是方生之說也」。根據蔡璧名（2015）的解說，意思是：

> 世間萬物沒有一個不是「他方」，也沒有一個不是「己方」。他們可以是「這個」，也可以是「那個」。以看「他方」的角度看事物，往往感到無法理解，或看不到他的優點。但若以看「自己」的角度，就很容易感同身受，或明白其長處。所以說：「他們」是因為有「我們」才產生的，「我們」的概念也是因為有「他們」才得以成立。所謂他方與我方的分別，其實是一起產生、同時存在的。

完全呼應社會建構論者（Gergen & Gergen, 2017）強調這些社會事件不能以單一觀點存在，而是最好用多種觀點來描述。不是我看到「沒有價值」，而是我同時看到「有不同的價值」，不會認為我的看到是唯一的真理。

老子《道德經》第二章〈天下皆知美之為美〉，也說道：「故有無相生，難易相成，長短相較，高下相傾，音聲相和，前後相隨。」意思是說：

> 所以，無中生有，有最後又歸於無；處理難事先

由易處著手，最後難事成了易事；長短是相比較而知的，長的遇到更長的後變短的；高的會向下傾倒，傾倒後低的又變成高的；主唱與合音相唱和，某一天主唱缺席，合音就成了主唱；前面的人走著後面的人追隨，追過了前者，原來的前者變成了後者。其實以上的有無、難易、長短、高下、音聲、前後的差異都只是比較出來的相對稱呼，並不是真正的本質。一般人卻以假亂真，造成人生中不必要的困擾。

也就是華人文化強調的：無就是有，有就是無，有無相生，陰陽互補。這也呼應了社會建構論認為知識與真理是文化建構出來的，社會建構論質疑的不是真理，而是質疑研究的成果如何產生、如何評價、以及如何被使用，這是權力結構的問題。

我們的自我概念和信念鑲嵌於社會體制結構中，有些人因為服膺主流價值而產生「好人」的自我認同，而我們的「不安」指出在社會系統中的「不合模」。其實是莊子說：「物無非彼，物無非是。」世間萬物沒有一個不是「他方」，也沒有一個不是「己方」，可以是「這個」，也可以是「那個」；也就是老子說的：「故有無相生，難易相成，長短相較，高下相傾，音聲相和，前後相隨。」也就是說是非、對錯、好壞、高下等，都只是比較出來的相對稱呼，並不是真正的本質，都是社會建構的結果。是因為我們活在體制脈絡中想要得到「好人」的認可，卻處處失利、處處受挫，所以才會憤怒、內疚、自貶、不安。

薩賓（Sarbin, 1986）認為敘說不只是使人將生活現狀帶來秩序和意義，也反過來提供我們自我概念的架構，我們對自己和別人訴說自己的生命故事，同時經由敘說而建構出「敘說認

同」。換句話說，我們都是在我們所說的關於自己的故事中認識自己。來訪者敘說自己的不安，同時也看見這些不安來自長期責全自己符合社會建構的自我認同——成為大家認為的「好人」，卻不見得是符合自身的自我認同。從「社會建構的自我認同」轉變到「敘說建構的敘說認同」，指出敘事治療治療本身就是將生命經驗意義化的過程。

鬆動主流故事，以「離」開被建構的問題故事

敘事治療歷程在心理師與來訪者的對話中展開，經由探索生活事件如何建構出來訪者的問題故事，並據以理解來訪者身陷「問題」的生活世界的特徵。接著，進入來訪者問題故事的鬆動與解構的過程，包含「離」開的過程，和「建」立的過程。懷特和艾普斯頓（廖世德譯，2001/1990, p.7）認為分離階段「也許來自某個狀態、認同觀點、或角色，已經不再是與個人有關的可行作為」，懷特（White, 2007）進一步延伸梵蓋納普（van Gennep, 1960/1908）和透納（Turner, 1982）的過關儀式隱喻的概念，提出「認同地圖的遷移」（migration of identity map）。在這個地圖中他繼續強調啟程分離、閾限轉化和再融入等三個階段。也就是說人既然很難自外於他所處的社會脈絡，又必須活出他自己的，也就是必須有「離」社會脈絡的過程，是因為「離」的發生，才重新聚合自己，建構出貼近自己渴望或偏好的替代故事。

鬆動主流故事對問題故事的建構

使我們活成帶著「問題故事」的那個世界，也總是使我們看不見自己想要的未來，那個世界所認為的「對」、「好」，總是

高懸在我們的生活中，在生活中處處向我們招手。這是幫助我們「適應」社會、進入角色的必經歷程，所謂社會化過程，但是同時，這也可能是一種削足適履、折損翅膀的受苦過程。

我們在小時候是經由父母親、老師、同儕的態度，學習到應該要以「名列前矛」、「用功讀書」、「積極進取」等等主流價值作為好的、對的態度；工作之後很自然又學到要「認真負責」、「力爭上游」、「不斷進修」等等主流價值作為好的、對的信念；進入婚姻之後，很可能從與配偶、公婆的摩擦、衝突中學會，要以「隱忍為懷」、「相互照顧」、「尊重體諒」，或是「做個識大體的人」、「以退為進」、「事緩則圓」等等主流價值作為好的、對的應對。

即使這些主流故事的腳本，所標榜的好的、對的主流價值，有時並非明目張膽的演出，大多數時候是藏身在隱晦的生活言談和瑣碎的小事之中，卻絲毫不妨礙我們去接受這些主流故事的腳本，也就是海因茲（Heinz, 2002）所揭示的文化在生活中理所當然又習焉不察的滲透在日常互動裡。

歐文・亞隆（Irvin D. Yalom）在他的《當尼采哭泣》[4]中說：

> 目標？目標是在文化裡，在空氣裡，妳呼吸到它們，跟我一起長大的每一個年輕男孩，都呼吸到了同樣的目標，我們全部都想要爬出猶太人的貧民區，在世界上如旭日般升起，去實現成功、財富與名望，那就是每一個人想要的！我們沒有一個以刻意挑選目標來著

4　*When Nietzsche Wept*，侯維之譯，2000/1986，p.282，心靈工坊出版。

手——它們就在那裡，我的時代、我的族人、我的家庭

　　自然而然的後果。

使我們忽視自己的正是從小到大都在呼吸著的世界，一旦我們開始回首，敘說過往的生命歷史，我們就開始和從小到大一直呼吸著的世界產生決裂。決裂是存在的裂縫，是分手也是離開，離開舊世界，同時開展新世界的視域。我們所活的世界建構我們的生活方式，和我們說自己生命故事的方式。因為一說再說，敘說中許多隱藏的故事線逐漸浮現，開始顯現出「離」的可能性，以便接軌貼近自己渴望目標的過程。

　　華人傳統是女人嫁到夫家，對一個進入婚姻的女人而言，家可以指涉三種概念，分別是 house（住屋）、family（家庭）、home（家）（畢恆達，2000），住屋指的是物理空間，家庭指的是成員或結構。經常聽到的是，雖然是兩人結婚，但是嫁給一大家子。一般來說，家庭中有不同的單位連結，夫妻兩人是最小單位的家庭成員連結；夫妻加上子女是核心家庭的單位連結；再放大一點是把公婆也放進來的折衷家庭單位；再更大一點，夫家的親戚都放進來，過年過節婚喪喜慶的照面，那就是大家庭的單位了。

　　在 home 這個家的概念上，是指一個避風港，不用偽裝自己，完全放鬆的地方，家也是一個有安全感的地方。有人說家就是自己的窩，可以隨自己心意去擺佈，隨自己喜歡不受干擾的伸展自己，或躺、或臥、可歌、可泣，可以休息、充電，或躲避、療傷。所以有很多嫁入夫家的妻子想搬出去，找個房子（house），建一個自己的家（home），因為她嫁過來的家（family），讓她沒有回家（home）的感受。而丈夫始終沒有

離家，有時是無法體會這種感覺的。好不容易，終於在經濟允許下，想要購置一個 20 坪的兩房一廳小居所，可能會發生妻子說：「婆婆會說買這麼小的，就是故意不讓他們跟小姑來住。」可是一直住在一起，就是覺得處處制肘、互相牽制，雖然在家，卻有一種無家之感（homeless）。

這三個「家」概念的關係，是彼此重疊交錯的，女人嫁過去別人「家」，她自然而然成為那個家（family）的一份子，丈夫的家人也就成為她的家人，丈夫的家也自然成為她的家，但是對大多數的女人而言，那個家不是她的「家」，她沒有「回家」的感覺。家應該是可以休息、放鬆，可以隨意愛怎樣就怎樣，回家就有安全、隱私感和放鬆感。

作為丈夫——大多數婦女主要傾吐心聲的伴侶——跨在兩個家庭單位之間，既是公公婆婆那個家庭的兒子，又是新婚夫妻和幼子女所組成的家庭的男主人。這雙重困難——離開原住所和重組家庭成員——使得大多數婦女更困難理清對家（home）的實質概念。我們都是在經歷了很多「不對」和「不要」的生活經驗中，才知道那不是我們要的「家」。有時是經過多年小心翼翼的約束、警覺，或忍耐、煎熬，總覺得待得難過拘束、又走投無路，慢慢才理解到原來這不是我的家。

作為一個新嫁娘，通常一開始不敢伸張自己的渴望，都是在日積月累的「受制感」，可能包括代間管教摩擦、生活習慣差異、金錢價值觀違和等等，長久下來，解決無方，家不能搬、婚不能離，又不能帶著孩子一走了之。幾乎是無路可走之下，才慢慢浮現出「離」的概念。在我們對家概念的突顯與完成中，才緊扣出我們對「家」的具體行動——「搬家」。這「搬家」的離開

行動，是從「不要」那個「夫家」到重新建立一個「想要」的「家」。

「離」開被主流故事所建構的問題故事

在諮商過程中，透過來訪者被社會建構的問題故事的顯現，使得敘說認同中的貼近渴望的「偏好故事」（preferred story），在概念的另一端也現身出來。邀請來訪者開始轉向「偏好的故事」或替代故事（alternative story），來訪者的「未來故事」也就被揭示出來。這種轉向貼近渴望的「偏好故事」所發展的未來故事，符合蓋提格（Urs E. Gattiker）和拉吾德（Laurie Larwood）（1986）提出的主體性生涯（subjective career），不重視客觀的成功生涯標準，不依循大多數人的生涯模式，而追尋獨特的生涯主題與意義。

許多來訪者在諮商中說的「不要」，可能都是一種「離」開被主流故事所建構的問題故事的表徵。有時是「不要父母管我」，有時是「不要再住在一起了」，有時是「不要繼續忍受這種窩囊氣了」，也有時是「不要再忍受這種焦慮的情緒了」、「不要繼續困在這種自我否定的困境裡了」等等。每一個來訪者的問題故事中，不僅揭示了建構出問題故事的生活世界，也揭示出來訪者隱而未顯的渴望故事。

若是從前面提過的典型的生活世界來看，來訪者「離」的脈絡可能包括多元面貌，例如從「家庭體制」中離開，有些來訪者的主訴是以離婚為開場，可能是用「離婚」來離開傳統上給女人在結婚之後的家庭體制。有些成年子女的來訪者用「離家」這個支線故事來離開原生家庭，以獲得分離個體化的行動。有人想

脫離傳統「養兒防老」觀念，想要開創更加有機的退休生活。或是從「婆媳關係」中離開，以「情緒自主」離開順從所產生的心理干擾，重構支線故事。從「好人」的刻版印象中離開，找到相對舒服的人際關係；或是離開「人性本惡」、「勾心鬥角」的人際紛爭，而開創出「關心體諒」這個替代故事。或是離開「應該」回到自己的「想要」。這個離的過程在敘說中是來來回回穿梭出現，並非一刀兩斷似的截然劃分。它是在來訪者敘說自己時，看見所活的世界，才在回首反思的斷裂中經由敘說與再敘說，「離」才在心理上發生作用，而「離」的作用也接軌了後期的敘事視框的轉變，進而發展出貼近自己渴望或偏好的替代故事。

穿梭在共寫與重構故事的歷程

對來訪者而言，諮商之外的日常生活是生活世界，諮商的現場是敘說世界，是對生活世界的回首反思。對心理師而言，諮商現場是生活世界，對諮商過程的紀錄與評估，則是心理師的敘說世界，是對生活世界的回首反思。對研究者而言，對諮商逐字稿文本進行分類、摘要、串聯與詮釋是生活世界，將敘說文本創作成與學術社群對話的論文，則是其敘說世界，也是對生活世界的回首反思。心理知識草擬的現場是在日常生活的生活世界，以及在對生活世界的回首反思過程中生成。

心理師作為「監控自我」的外在客體

來訪者將心理師當作一個外射出來的客體，這客體足以作「監控自我」（self-monitory）的角色，而諮商情境提供了來訪

者回首反思自己過往生活經驗的場域。就諮商對話本身，可以說是心理師與來訪者的關係動力共寫（co-author）故事。

　　諮商得以有效，是因為來訪者願意讓心理師說的話對他產生作用。來訪者願意賦予心理師發言的權力，心理師才能獲得與他／她一起共寫故事的機會。通常心理師致力與來訪者建立信賴的諮商關係，建立出對心理師的情感依附，來訪者得以獲得宣洩、支持；這也包括心理師與來訪者的對話，產生了視框轉移的共寫歷程。這個信賴關係是情感的，也是認知的。

　　就敘事治療的機轉而言，是來訪者賦予心理師有了說話產生作用的權力，最後心理師再把權力又交回來訪者手上，完成權力讓渡與轉回的過程。從圖 4-2 可以看到敘事治療的心理師與來訪者建立信任與合作的關係，藉由這個關係動力的基礎，治療得以向前推進。這個權力轉置的特性是：

1. 建立信任與合作的關係：來訪者將權力交給心理師，這時來訪者十分依賴諮商關係。

2. 來訪者授予心理師發言權：心理師運用在手的權力，去豐厚來訪者對經驗的敘說，賦能給來訪者。

3. 共構新的故事：拓展多元觀點、多重故事敘說、描繪隱藏故事、尋找隱藏的故事線。

4. 鋪排權力轉置歷程：處理諮商關係的焦慮，也就平行處理了來訪者的人際焦慮；來訪者在諮商關係中的自主，將同時啟發他／她現實生活中的自主。（黃素菲，2018）

經由敘事的問話「重構新的故事」

　　敘事治療的心理師在信任與合作的關係中，藉由來訪者賦予

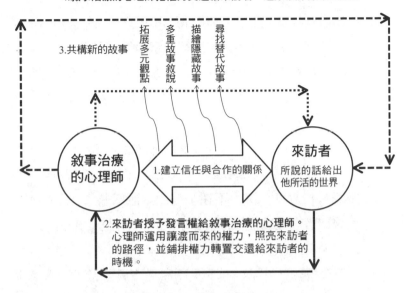

4.敘事治療的心理師把權力交還給來訪者，還原來訪者的主體性

3.共構新的故事

拓展多元觀點　多重故事敘說　描繪隱藏故事　尋找替代故事

敘事治療
的心理師

1.建立信任與合作的關係

來訪者
所說的話給出
他所活的世界

2.來訪者授予發言權給敘事治療的心理師。
心理師運用讓渡而來的權力，照亮來訪者
的路徑，並鋪排權力轉置交還給來訪者的
時機。

圖 4-2　心理師與來訪者的關係動力而產生共寫與重構新故事

心理師說話而產生作用的權力，敘事治療心理師才得以透過敘事
的問話與來訪者共構新的故事（參看圖 4-2）：

1. **拓展多元觀點**，經由提問點明來訪者說話所在的社會體制
   脈絡視框，例如：

   敘事治療心理師：妳婆婆期待妳是一個怎樣的媳婦？她是
   　　　　　　　　怎麼「學會」要這樣來期待妳？

   　　　　　　　　妳說說看怎樣是一個好老師？

2. **多重故事敘說**，鬆動來訪者所置身的角色狀態，婆媳關係
   的角色模組：

   敘事治療心理師：妳會說妳是一個怎樣的媳婦？

   　　　　　　　　如果有一種妳滿意的婆媳關係，那會是

怎樣的關係？

3. **描繪隱藏故事**，開啟心理空間，拓展來訪者知覺場域的廣度和深度，使自身或對方之行為意圖得以現身：

敘事治療心理師：妳說妳就側過身不讓她干涉妳，那個側身的妳跟以前直接對嗆的妳，有何不同？

妳猜這樣跟妳說話的婆婆，她是怎麼想像自己的？什麼是她無法想像的妳？

4. **尋找替代故事**，使「不在」經由對話成為「在」，本來是來訪者在婆媳體制脈絡和角色中，來訪者的自己「不在」場，在對話中成為「在」場：

敘事治療心理師：妳不希望她這樣看妳，妳希望她怎樣看，才是妳希望被看到的妳？

如果不是從媳婦的角色來行動，這個情況「妳」會說什麼或做什麼？

肯尼斯和瑪莉・格根（Mary Gergen）夫婦（Gergen & Gergen, 1984）認為敘說結構是從日常的社會互動中發展出來的社會建構，是人們共享的理解世界的方式。他們（2017）在工作坊現場，以角色示範的方式來說明關係中的自我。如果我說：「我對你很生氣。」你問我：「為什麼生氣？」如果我說：「我不知道。」那很奇怪，因為我們之間不協調。協調是一種文化的默契規則，我生氣「定義」了你的傷害，你的傷害「製造」了我的道歉，你的責怪又「開啟」了我的內疚，否認、道歉、說明、以暴制暴等，都是常見而符合文化規則。

人的狀態很難單獨地抽離互動關係的脈絡，社會建構論強調所謂的「我的人格」取決於下一步對方如何回應，而對方的回應取決於我們過去互動的歷史，人與人之間的互動經常遵循、符合過去兩人交往的歷史否則就會怪異，而正因為要符合，所以創造了規則，形成結構。這種規則、結構會進入人類生活的各種領域，例如教學領域，成為師徒、師生、考試、評量等等；司法領域，形成法官、律師、囚犯、審判等等。形成一套運作規則、形成權力結構，社會建構論重視這些人際互動的歷史，幫助當下人與人關係的是這些協作的歷史，使我們可以存在著的，不是只有你，也不是只有我，而是我們共同協作，是一個連續的流，共創造再創造，有如練習的舞步，從過去的歷史提取經驗，慢慢變成機制化。

同時，社會建構論也挑戰這些人際互動歷史所創造的結構和規則，經常會侷限個人的行動和自由。社會建構論認為我們無法反駁別人的生命故事，我們只能反駁觀點、概念、立場、價值等等抽象認知。社會建構論也嘗試用概念發展的歷史軸線來整理這些概念，可能都是一個概念刺激著另一個概念，相互激盪而生成，有時彼此間共享了某些概念，有時彼此的不同是奠基於彼此的相同。尤其是一旦進到別人的故事，我們就進入經驗世界，我們融進去、感受到對方，理解自然會發生。來訪者的敘說帶來他／她的日常生活經驗，他／她與心理師的對話，穿梭在日常生活經驗跟體制之間，讓對話把具象的日常生活經驗跟隱遁的社會規則結構交織，成為一條帶領來訪者開展視野的新路線。

「敘事視框轉變」浮現出替代故事

　　藉由討論薛伯（K. E. Scheibe）（1986）敘說者的三個空間中的第二個空間，即是誰在說話（by someone），可以整理出來訪者敘事視框轉變，而梳理出生命故事的質變。來訪者在諮商歷程的前期、中期、後期，即便在敘說同樣的故事，不同的時候會用著不同的視框敘說，表示那個在說話的「他／她」，已經是不同的「他／她」。來訪者的敘說處於不同敘事狀態，也一樣代表著「他／她」已經有所轉變，是不一樣的「他／她」在說話。

　　關於貼近來訪者渴望的未來故事的建構過程，源自於來訪者的敘說本身就流露出其敘事視框的轉變，心理師只是去發現出來而已。例如，當一個來訪者敘說他理解到他的弟弟活得不像他自己，一直活在爸爸的期望之下，這時心理師可以問：

　　心理師：這個對弟弟的理解，也增加對自己的理解嗎？

　　來訪者：我也理解到，其實，我自己也活得不像自己。

這使得他在他說他弟弟的故事的同時更清楚，自己也再度脈絡化。心理師要敏覺於諮商對話中來訪者的視框轉變，才能抓住機會轉回到來訪者身上，加厚加深未來故事線。

　　我們都以為我們使用的語言是來自我們自己，是我們控制著自己的心智，使用語言來表述自己，透過語言向外溝通，肯尼斯和瑪莉・格根夫婦（Gergen & Gergen, 2017）以社會建構論的觀點強調，其實是歷史、文化共同分享的語彙給出其意義，語言的背後有一個思考者使用了這個語彙，我們接收了這個語彙，但是我們仍然不知道這個思考者的狀態，我們只能透過語言作為中介；思考者所「說的話」，無法完完全全的等同於「說話的人」。薛伯（Scheibe, 1986）在思考治療機制時，超越社

會建構論的觀點，提出 move（移動）的概念，當個人處在探險（adventure）時，他在意義面上發生冒險（risk），所以故事才能成形。當我們開始回首要重定、篩檢與重組已成過去的生活細節時，就開始形成故事，而整個故事的框架是一種意義的證成。框架是個人故事的起點，同時也已經是結語，薛伯是直接把「敘說是什麼」，當作認識「人為什麼敘說」的起點。

但是美國哲學家奎因（Willard Van Orman Quine）（1960）的說法是，把起點放在「生活世界」的「看見」（principle of seeing），也就是起點是建立在「看事情的視框」。用現象學的用語是「加了括弧」，「生活世界」與「敘說」之間的差別是，前者沒有括弧，後者加了括弧。例如（黃素菲，2018），在生活世界裡來訪者說她婆婆站在她旁邊看她切水果，她把身子側一邊，故意背對婆婆，不讓看見。那是來訪者存有主體的「有感」，當來訪者說：「我婆婆站在我旁邊看我切水果，我覺得很煩。」她用語言指出她的「有感」，這是她的敘說。來訪者的主體在生活世界裡是當下的感受，語言的敘說是在不同的敘述範疇，在「指出之前」到「敘說」乃至「對別人說自己的事」之後，分屬三個構作的層面：「指出之前」（pre-figured world）是存有主體當下所感，是來訪者在進入治療之前或治療當下對待問題故事的「視框」；「共指的世界」（con-figured world），是呂格爾（Ricœur, 1981）的「敘說」行動，是在治療過程中來訪者所給出的自我、故事與世界；「轉指的世界」（trans-figured world）是來訪者在治療歷程之中或之後「對自己的敘說產生反思性理解」，是另一種意義的構成。

在諮商中來訪者和心理師的焦點是她「敘說」中「共指的世

界」和「對自己的敘說產生反思性理解」的「轉指的世界」。弔詭的是諮商是一連續的心理運作與變化的過程，來訪者對心理師的敘說，是螺旋狀的詮釋循環過程，每次的起點都是帶著新的或是不同的「看事情的視框」，才進入當次的「敘說」。也就是每一次「轉指的世界」發生的事情，向前的去重構了「指出之前」存有主體的「有感」。經由每一次「敘說」的差別，也可以清楚看到來訪者發生視框轉換，猶如薩賓（Sarbin, 1986）說我們不只是把一連串的事件加以歸類，我們會把這些事件編織成一個故事，故事擁有本體論的地位。來訪者帶著新的故事觀點走出治療室，在生活世界裡繼續相同或不同的生活經驗，下次再走進治療室，可能又帶著新的故事進入治療場域，繼續被故事所圍繞，敘說之於人就像大海之於魚。

格根（宋文里譯，2016/2009）的著述將社會建構論的焦點翻轉成為關係心理學，將個人放入人類文化社會中的共同歷史，去看個人如何被他「所處的文化社會脈絡歷史」所影響。治療師也被放在社會建構論位置，治療師的提問會朝向來訪者的文化脈絡而問，兩者將創造出新的治療文化，從個人有什麼問題？個人發生什麼？轉變成這個文化社會如何定義我？如何使我這樣被看？如何使我這樣回應？文化中的關係樣貌怎麼影響我？我喜歡嗎？我還有其他選擇嗎？敘事治療成為「聽見聲音的治療」，離開診斷手冊（DSM），尊崇來訪者個人主觀現實，協助來訪者發展出與幻聽相處的方式而不是消滅幻聽。不要把來訪者的語彙當成是其內在歷程的報告，而是治療師與來訪者兩人共同互動的過程而延續文化生命，在某個範疇中共同互相交流傳遞，語言不再是個人內在的表達，而是語言使人與人連結。

下面就舉例說明來訪者因視框轉變浮現出貼近渴望的替代故事的過程。

範例一：來訪者人際關係的視框轉變

　　來訪者：我覺得我很在乎別人的眼光。

　　心理師：你在乎哪一種眼光？這個在乎會怎樣影響你？

　　心理師藉此問話協助來訪者經驗到自己是一個在乎別人眼光的人。當發現自己不喜歡受到這種「在乎別人眼光」的干擾，可能會發展出「不要在乎」別人的支線故事，並嘗試在生活中實踐這個支線故事。

　　在實踐支線故事的過程，來訪者累積出更多「聽自己的聲音，以自己為指引」、忽視別人期待的經驗，這將使來訪者發展出新的情緒迴路，感覺到自尊提高、更有自信。

　　有時來訪者仍然會不自覺又陷入「在乎別人眼光」的焦慮中，但是慢慢的，來訪者體驗到改變是一個迂迴的過程，逐漸接受要找到心「安」的方式是個起起伏伏的歷程，但整體是要往「在乎自己」多過「在乎別人」的方向。對來訪者而言，這有如找到一把人際關係的金鑰匙，最後浮現出「自在做主」這個貼近渴望的未來故事。

範例二：「婆媳關係」的典型集體敘事（黃素菲，2018）

　　來訪者：我覺得很煩、我被婆婆打擾、壓力很大。

心理師：（提問1）婆婆做什麼事會打擾妳？

　　　　（提問2）這個打擾，怎麼影響妳？

　　　　（提問3）如果不被打擾，你的生活會出現怎樣的
　　　　　　　　　情況？

　　心理師透過提問使敘述豐厚。當更多的線索讓隱藏的支線
故事增加，看見婆媳關係的主流故事使她淪陷在對婆婆的偏見
中，甚至看見婆婆也在主流故事中焦慮失去長輩的地位，比自己
更受傳統綑綁，並因為教育有限而理解到「她有困難，她沒有辦
法」，於是來訪者決定調整自己：

來訪者：畢竟我比較年輕，也比較有資源，我能忍耐、我可
　　　　以控制我自己。

接著來訪者因為更多的敘說而浮現出更多的支線故事，能體驗到
婆婆的侷限：

來訪者：她不是故意的，她沒有能力。

　　　　她沒有能力要求也沒用。

　　　　她不再影響我了，我自己有時候會悶……

最後浮現出「我有觀照的能力，能了解、評估、選擇自己的行為
反應」的未來故事。

　　類似這樣的視框的轉換，也就是來訪者形成自己「自我知
識」的過程。在諮商中來訪者的問題故事，都可以經由一說再
說，看見建構問題故事的生活世界中的主流價值，豐厚各種支線
故事，而出現視框移轉。這些視框轉變提供來訪者進入新的敘說
認同，扣著來訪者的渴望而浮現出未來故事。出一種被問題故
事困住的「受制的」狀態，或被社會體制否認的「我不好」的

狀態，或「在乎別人」的眼光的狀態，走到「自我主控感」、「做出想要的合宜反應」等，較貼近來訪者的渴望故事。

當來訪者的視框轉移時，就置身在不同於他／她之前的世界，也就離開了原來的生活世界。這種回首敘說產生的視框轉移，正是來訪者邁向渴望的未來故事的歷程。來訪者的敘說不是孤立的語言產品，而是歷經詮釋循環的脈絡過程（余德慧，1992，p.456）。諮商中的敘說是將前敘述的生活世界，把日常生活中的經驗投向「敘說」的語言活動，諮商時來訪者是在論述空間中完成敘說。而來訪者在論述空間的視框轉變，是在生活世界「對自己的敘說產生反思性理解」的照見，這時來訪者的「要」才得以被看見。生活世界並不因為來訪者正在進行諮商而終止，生活世界繼續對來訪者開展，使得來訪者必然帶著新的視框回到諮商中，重新敘說其生活世界，這必然使來訪者的「敘說」也隨之質變，這是一個詮釋循環的過程。也就是從「指出之前的世界」的開放，凝聚到「共指的世界」，而又隨著「指出之前的世界」的變化，使「轉指世界」凝聚、解開又凝聚。其過程都是在「前置經驗」與「接續選項」組成螺旋狀的敘說循環過程中，逐漸一步一步生成的。

章末語

神經科學家們（Liu, Placais, Yamagata, Pfeiffer, Aso, Friedrich, SiwanowiczI, Rubin, Preat &Tanimoto, 2012）已經成功地將記憶植入果蠅大腦，他們證明「記憶能經由篡改神經元而被創造」，認知神經科學家也已經可以操縱神經元讓果蠅產生被電

擊的幻象，而創造出人工記憶。重點是這個研究說明了：可以經由竄改神經元而創造記憶的證據。所有的心理治療，也都企圖改變人對自己問題、困頓的「記憶」，試圖從充滿困頓的描述轉為相對滿意的描述。這種心理治療上在認知、情緒、觀點的改變，恰好呼應神經系統的改變。

故事與記憶有關，故事可以說是對自己生命經驗的記憶。可是記憶如同夢境，我們的回憶經常是實際經驗被扭曲後的結果（Loftus & Palmer, 1974）。記憶並非像錄影機那樣運作，而是比較像維基百科網頁，你可以進去裡面編輯。「編輯」過後的回憶，可能離真實情況越來越遠，但卻感覺很「真實」。敘事治療的問話是探入來訪者的生命故事，包括對自己的認同、對問題故事的觀點等等，並開創出替代故事。治療師與來訪者共寫故事（co-author）的過程，就是在做生命經驗的重新「編輯」工作。「編輯」過後的故事，可能離原初的真實情況越來越遠，但卻成為另一種貼近渴望的「真實」。

回想改變了記憶──提取記憶的同時，也重塑了回憶。長期記憶被重新提取的時候，蛋白質在海馬迴溶解通過神經細胞經由電位和生化物質狀態而傳遞，在額葉再將記憶固化，這個過程長期記憶就會經歷一次重新弱化，就給了一個窗口可以改變記憶（Boyer & Wertsch, 2009）。敘事治療提取的正是長期記憶系統中的事件記憶（episodic memory）。本章嘗試透過提出生理證據說明記憶改變的神經傳導機制，解釋敘事治療的改變機轉，用以回答：為什麼說故事可以產生療效？第五章會繼續深化探討敘事治療的機轉。當心理師傾聽來訪者的故事，一方面要聽到「問題故事」之外的隱藏故事，另一方面要聽到使來訪者身陷「問題

故事」的生活世界的面貌。本章從幾個生活世界常見的典型故事：「婆媳關係」、「成績掛帥」與「好人」為例，說明「集體敘事」經常是「個人故事」的「背後故事」。敘事治療並非以指控生活世界中的集體故事為目的，只是要提醒心理師敏覺於敘說中被揭示的社會脈絡所指出的來訪者所活的世界，才能與來訪者一起從「社會建構的生命故事」轉變到「敘說建構的生命故事」。同時，期待更多跨領域研究的碰撞，對於心理治療改變機制提供更多開闊的思考。

重點回顧

1. 探索使來訪者身陷「問題故事」的那個世界的特徵，以理解來訪者主流故事背後的故事。
2. 經由鬆動主流故事，看到隱藏的故事線，以「離」開被建構的問題故事，穿梭在共寫與重構故事的歷程，「建」立貼近自己渴望或偏好的替代故事。
3. 說明「敘事視框轉變」是敘事治療過程中的改變原理，藉此來訪者得以浮現出貼近渴望的故事。敘事治療過程中的改變過程都是在來訪者的「前置經驗」與「接續選項」組成螺旋狀的敘說循環過程中，逐漸一步一步生成的。
4. 諮商歷程中，來訪者和心理師的焦點是來訪者「敘說前」、「敘說」、「敘說後」的生命時間流轉，而同時映照著來訪者「指出之前的世界」、「共指的世界」和「轉指的世界」的心理空間流轉。

【第 5 章】

敘事三重山

敘事治療心理師一方面「非常相信」來訪者，

另一方面又「非常不相信」來訪者；

「非常相信」來訪者是指要聆聽他們的故事、貼近他們的經驗，

「非常不相信」來訪者是指不相信來訪者只能停留在問題故事，

不相信來訪者會全然被問題故事困住。

——素菲的敘事筆記，2016。

前一章我以敘事視框轉變來說明敘事諮商歷程，敘事諮商是經由敘說的詮釋循環過程而生成自我知識的脈絡，這一章我特別聚焦在敘事歷程的特徵，這些概念主要來自我過往的研究[1]。為了讓敘事的介入技術能夠更好的根植於後現代知識論的土壤，並服膺敘事治療的假設，我認為有必要提出敘事歷程的特徵與敘事視框轉變的心智循環過程與空間，以使敘事治療的技術與精神在實際應用時更加契合。

敘事歷程的特徵包含三個敘事元素：

1. 被建構的敘事：受制狀態的敘事特徵。
2. 解構的敘事：鬆動狀態的敘事特徵。
3. 再建構的敘事：重寫狀態的敘事特徵。

這三個敘事元素雖然在敘事時間上具有先後次序，但在諮商歷程中並非截然劃分、互不相干，而是互相暈染、前後交錯，有如山景水墨畫，雖有前後，卻相綿延。每個敘事元素，有如一座甕鬱的青山，內涵無限的生機。來訪者豐富的生命經驗，聚集成若干主題、各是豐厚的意義群。本章就要進入敘事的這三重山。

被建構的、解構的與再建構的敘事

第一重山：被建構的敘事

第一個敘事元素是被建構（be-constructed）的敘事，來訪者

---

1   黃素菲，2018，〈敘事諮商歷程與敘事結構特徵中生活目標改變之詮釋分析〉，《中華心理學報》，52（2）。

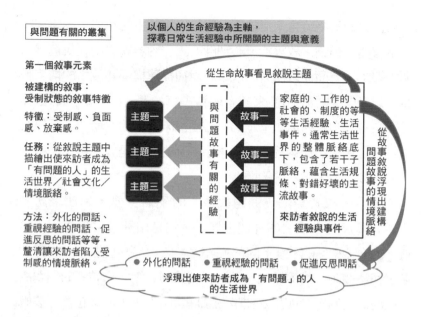

圖 5-1　被建構的敘事：受制狀態的敘事特徵——與問題故事有
　　　　　關的叢集

大多呈現出受制狀態的敘事特徵，主要是「與問題故事有關」的
叢集，請見圖 5-1。

　　從圖左側可以看到，第一個敘事元素——被建構的敘事特
徵是「受制感」、「負面感」、「放棄感」；敘事治療師的任
務是：從敘說主題中描繪出使來訪者成為「有問題的人」的生活
世界／社會文化／情境脈絡，再透過外化的問話、重視經驗的問
話、促進反思的問話等等，釐清讓來訪者陷入受制感的情境脈
絡。

　　右邊方框是來訪者在敘說的生活經驗與事件，包括家庭
的、工作的、社會的、制度的等等生活經驗、生活事件等；通常

生活世界的脈絡蘊含生活規條、對錯好壞的主流故事等等與問題故事有關的經驗。敘事治療心理師的工作內容就集中在灰色長箭頭兩端：一方面從來訪者的故事敘說捕捉建構問題故事的情境脈絡，以及其中浮現出使來訪者成為「有問題」的人的生活世界（圖右方，向下的箭頭）；另一方面從來訪者的生命故事看見其敘說主題。在治療過程中，敘事治療師的責任是整理出來訪者的主題（圖上方，向左的箭頭）。

圖中來訪者身陷「問題故事」的生活世界，是使來訪者「活成『沒有自己』的那個世界」，它是由社會文化體制所構成，可能包含了各種不同的脈絡，例如：家庭體制、教育體制、司法體制、醫療體制、社會福利體制等等。來訪者的問題故事敘說的受制感，如果主要是在家庭體制中，可能又包含了婆媳關係、夫妻關係、親子關係、妯娌關係等子脈絡；教育體制可能又包含了升學主義、學校排名、分數至上等子脈絡。層層疊疊有如俄羅斯娃娃。

每一個來訪者所呈現的故事內容有所不同，聚焦的主題、意義也會各自有異。但是，在這個「被建構的敘事元素」中，主要都會出現來訪者受制狀態的敘事特徵，亦即「負面情緒的經驗」，大多數是與問題有關的叢集。

受制狀態的敘事特徵是：（1）受制感，來訪者缺乏能動性；（2）負面感，來訪者的情緒或經驗偏於負面敘說；（3）放棄感，不抱希望，想逃離或放棄，來訪者看不到渴望的替代故事。受制狀態的敘事特徵，就是來訪者問題故事的特徵。舉例來說，從來訪者敘說的問題故事中，如果被卡在「婆媳關係」、「婚姻關係」、「同事關係」等子脈絡，「卡住」的過程又浮現

出故事的主題，例如：

> 來訪者覺得自己跟婆婆的關係是「被干涉、被打擾、受牽制」的，曾經想要討好婆婆，但得不到善意的回應而放棄，她覺得婆婆打擾她的生活作息、干涉她的自主權，使她沒有回家的感覺。

> 此外，任職學校的同事們，喜歡以學生的表現來互相較勁，也讓她覺得處處制肘。來訪者覺得「別人強勢，我弱勢」，婆婆有權當家作主，有時明顯干涉、有時暗地阻撓。自己的爸爸總是不看重她，使她覺得自己很笨。她覺得自己不會讀書，不夠格當一個稱職的好老師，也無法教升學班來提高升學成效。來訪者認為會讀書的人很了不起，而她自己是不學無術，只能做人師不能做經師，她甚至懷疑連人師都做不好。

> 來訪者也覺得「很厭煩、想逃離」，她想脫離婆婆，不想進入媳婦角色。她希望丈夫能給她一個家，可是這丈夫總是悶悶的，什麼話也不說，也不跟她商量家計，所以來訪者曾經想要藉由離婚或交男朋友獲得支持感及脫離婚姻體制。

敘事治療心理師可以進行外化的問話，來激發來訪者的能動性，例如：

- 妳剛剛說一直覺得婆婆打擾到妳的生活作息、干涉妳的自主權，使妳沒有回家的感覺，這整個狀況，妳會說妳正在經歷什麼？或這是一個什麼樣的問題？

或是，敘事治療心理師可以進行重視經驗的問話，汲取來訪者的

在地知識，例如：

- 在妳跟婆婆相處的過程中，妳是否有過一種經驗，妳
  以一種讓自己引以為傲的方式解決它了？那時候妳做
  了什麼，能讓自己感到驕傲？

亦或是，敘事治療心理師可以運用促進反思問話來鬆動支配來訪
者的主流故事，例如：

- 如果有一個人用幾個月或幾年的時間去認識妳，妳最
  希望這個人認識到什麼是別人不知道，卻是妳很珍貴
  的特質？
- 我很好奇，是什麼因素使得妳能夠順利成為家庭的一
  份子？妳有沒有看見是妳身上的什麼特質或事情，讓
  這個連結良好的關係可以被建立起來？

總之，敘事治療心理師一方面「非常相信」來訪者，另一
方面又「非常不相信」來訪者；「非常相信」來訪者是指要聆
聽他們的故事、貼近他們的經驗，「非常不相信」來訪者是指不
相信來訪者只能停留在問題故事，不相信來訪者會全然被問題故
事困住。因此，所有敘事治療的問話，都指向隱藏故事、支線故
事、替代故事或是偏好的故事，這些指向都是尊重來訪者在地知
識的具體表現，並相信來訪者是他們自己問題的專家。

第二重山：解構的敘事

第二敘事元素是解構的敘事（de-construction），來訪者開
始呈現鬆動狀態的敘事特徵，主要是「搖擺與矛盾有關」的叢
集，請見圖 5-2。

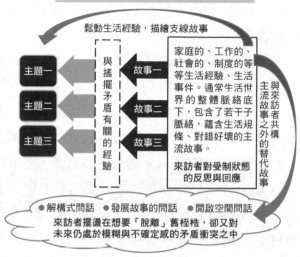

依循敘事的精神，鬆動被社會規約的自我認同

鬆動生活經驗，描繪支線故事

第二個敘事元素

解構的敘事：
反制狀態的敘事特徵

特徵：搖擺不安感、矛盾衝突感、小事嘗鮮感。

任務：在來訪者「搖擺與矛盾衝突」有關的叢集，從中打開空間，浮現出與主流故事不合模，卻隱然顯現的支線故事。

方法：解構式的問話、發展故事的問話、開啟空間的問話等，描繪出可能的替代故事。

主題一 ← 故事一

主題二 ← 故事二

主題三 ← 故事三

與搖擺矛盾有關的經驗

家庭的、工作的、社會的、制度的等等生活經驗、生活事件。通常生活世界的整體脈絡底下，包含了若干子脈絡，蘊含生活規條、對錯好壞的主流故事。

來訪者對受制狀態的反思與回應

與來訪者共構主流故事之外的替代故事

● 解構式問話　● 發展故事的問話　● 開啟空間問話

來訪者擺盪在想要「脫離」舊桎梏，卻又對未來仍處於模糊與不確定感的矛盾衝突之中

圖 5-2　解構的敘事：鬆動狀態的敘事特徵——與搖擺矛盾有關的叢集

從圖 5-2 左側可以看到，第二個敘事元素——解構的敘事特徵是「搖擺不安感」、「矛盾衝突感」、「小事嘗鮮感」；敘事治療師的任務是面對來訪者的「搖擺與矛盾衝突」，並從中打開空間，拉出「與主流故事不合模，卻隱然顯現的支線故事」的線頭；透過解構式的問話、發展故事的問話、開啟空間的問話等，描繪出可能的替代故事。

右邊方框是來訪者對受制狀態的反思與回應，雖然來訪者擺盪在想要「脫離」舊桎梏，又對未來仍處於模糊與不確定感的矛盾衝突之中，但敘事治療心理師的工作就如兩個灰色長箭頭所示：一方面與來訪者共構主流故事之外的替代故事（圖右方，向下的箭頭），另一方面從來訪者搖擺矛盾的經驗中，嘗試去鬆動

來訪者的生活經驗，並描繪、豐厚支線故事，以及繼續整理出來訪者的主題，鬆動來訪者被社會規約的自我認同（圖上方，向左的箭頭）。

圖中敘事治療師打開故事空間，所拉出的隱藏故事線頭，大多是與主流價值不合模、隱而未顯的支線故事。這些隱藏故事的線頭，經常有機會發展出多元的生命故事面貌，且削弱主流故事原先的支配力量。布魯諾（Bruner, 1986）強調心理事實是經由人們與世界溝通時，以心理歷程為基礎，運用獨特的語言或知識系統而展現出來。由於來訪者此時仍然處於不確定的模糊狀態，會出現對改變的「懷疑、防衛」，或對心理師的「依賴、懷疑」等衝突的情緒經驗；有時來訪者感覺到「我比以前好多了」的正面經驗，有時又不相信情況會改變。

敘事治療師在解構的敘事中，需要抓住來訪者一閃即逝的隱藏故事線頭，這些線頭是來訪者的獨特意義經驗，也是隱藏的故事線，例如，這位來訪者因病手術住院休假半年，雖然病情已經獲得控制，在休假中卻為失眠所苦：

來訪者：我朋友都好羨慕我可以休假半年……唉！真是莫名
　　　　其妙，以前忙得要命就想要休假，現在好不容易休
　　　　假了，我卻覺得生命卡住了。這種停頓讓人陷入慌
　　　　亂、恐懼、擔心、焦慮……

敘事治療師除了回應來訪者的失眠、焦慮、混亂與不安的經驗，同時會抓住「我朋友都好羨慕我可以休假半年」這個稍縱即逝的線頭：

敘事治療心理師：你的朋友會羨慕你什麼？（獨特意義經驗
　　　　　　　　的問話）

來訪者：（頓了一下）羨慕我可以睡到自然醒，可以去喝下午茶。

敘事治療心理師：你的朋友還應該羨慕你什麼？

來訪者：（認真想了一下）羨慕我可以去上瑜珈課，可以去聽想聽的演講。

敘事治療心理師：還有嗎？你的朋友還應該羨慕你什麼？（抓住這個隱藏故事的線頭，以便開啟貼近偏好的故事）

來訪者：還有嗎？沒有了吧！……喔，還有，可以停下來思考，停下來想一下人生怎麼過才可以既把想做的事情做完，又保持健康，他們要羨慕我可以停下來照顧自己，而不要像個拚命三郎的折騰自己的身體。

敘事治療師抓住這個「停下來思考」、「照顧自己」或是「不要像個拚命三郎的折騰自己的身體」這些隱藏故事的線頭，以便將偏好的故事更加具體化：

敘事治療心理師：這半年你可以做好多事啊！剛才你說的哪個最重要？

來訪者：停下來思考一下，照顧自己，不能像以前那樣拚命三郎，折騰自己的身體。

敘事治療心理師：這半年，使你能夠停下來思考如何能夠「做想做的又照顧自己」的平衡生活，是這樣嗎？

來訪者：對對對！平衡的生活，時時投入，刻刻覺

醒，生病真是個禮物。

若詳細一點說，解構的反制狀態的敘事特徵是：

1. 搖擺不安感：來訪者能從新的視框看見不同的角度，有反思的能力。
2. 矛盾衝突感：來訪者有時相信自己，有時懷疑，既依賴又懷疑心理師。
3. 小事嘗鮮感：有過一些新的體驗，看見問題故事之外的支線故事。

延續之前媳婦的案例，我們可以看見：

來訪者：我是一個異類老師，注重生活教育甚於課業成績，但是，我擔心人家說我是在混水摸魚。

來訪者：（終於跟婆婆開口說要搬出去住時）我要搬出去，唉！我還是會有內疚、不安，我不習慣為自己爭取權益，這樣謀自己的福利，會不會顯得我很過分、很自私？

來訪者會出現「防衛、依賴」等衝突的情緒經驗，想要依賴丈夫而不可得時，也會回到前一階段的不滿、抱怨狀態：

來訪者：我覺得我丈夫畏畏縮縮沒有擔當，剪不斷臍帶，軟弱無能又慵懶。

但與此同時，來訪者也會時而有「我比以前好多了」的正面經驗：

對於婆婆厲聲厲色的罵她，她能夠不予回應，後來是婆婆自己很不好意思，使得來訪者經驗到新的婆媳氛圍；或是對於生活

中丈夫一再重複的依賴特質，像是沒熱水時不願意自己去換熱水器電池卻依賴她、煩擾她，她也很快就脫離困境，可以像安慰一個小孩一般地回應耍賴的丈夫，而不讓自己陷入問題故事之中。儘管來訪者時而不相信自己會持久「好」下去，但學習著與「不安」共存，卻不被「不安」吞噬。

　　總之，來訪者在這個階段，會持續擺盪在想要「脫離」舊桎梏的衝突與矛盾情緒，仍然為問題故事所支配，卻又在未來模糊感與不確定性中，偶而也能擁抱貼近渴望的故事。敘事治療心理師可以嘗試以具有啟發性與開創性的解構式問話來引導，例如：

- 這些「煩惱」對你做了些什麼呢？
- 「煩惱」以前有沒有阻礙過你做一些事情？例如哪些事情呢？
- 這些「煩惱」有給你帶來一些麻煩嗎？如果有，是哪些麻煩呢？假如說這個「煩惱」看起來像是一種動物、生物或圖像或是……，你覺得它看起來像是什麼樣子？
- 這個「煩惱」有多大？什麼顏色？什麼形狀……？
- 你覺得那個「煩惱」，它打算讓你的生活變成什麼樣子呢？這是不是和你希望的生活不一樣？

或是以貼近渴望、偏好的問話，來創造出來訪者過去生命歷史中未曾發生的經驗：

- 對你而言，這是好事？還是不好的事？
- 那這些妳記著「與不安共存」的話語，怎麼能夠變成在妳的那個……學校的時候，面對那些人的時候更加有效呢？

- 妳對於他的依賴，怎樣是妳滿意的回應？
- 如果妳幫忙了，照顧到妳老公了，可是又不累，妳會怎麼做？

　　這些問話可以帶領來訪者去到她沒去過的空間，一個是「自我照顧的世界」，讓她把焦點從「別人的期待」轉回「自己」去照顧自己的需要；另一個是「改變反應方式的世界」，當來訪者以不同於過往的方式去回應他／她所熟知的生活情境時，來訪者的的身心會經歷到愉悅、自在、快樂、滿足等興奮感，這種新身心經驗對來訪者而言有點陌生。這兩種狀態，都開啟過去生命歷史中未曾發生的經驗，讓她的世界產生質變。

第三重山：再建構的敘事

　　第三個敘事元素是再建構的敘事（re-construction），來訪者陸續出現重寫狀態的敘事特徵，主要是「和解與自在有關」的叢集，請見圖 5-3。

　　左側可以看到，第三個敘事元素——再建構的敘事特徵是「視野擴大」、「轉回自身」、「生活實踐」；敘事治療心理師的任務是在來訪者重新再脈絡化自身的經驗過程中，愈來愈離開「不要」的問題故事愈來愈靠近「要」的渴望故事；透過較喜歡選擇問話、未來故事問話、意義性問話等，為來訪者開創未來故事。

　　右邊方框是來訪者發展出貼近渴望的替代故事，敘事治療的心理師　方面加深加厚來訪者的支線故事，以發展出貼近渴望的替代故事（圖右方，向下的箭頭）；另一方面敘事治療心理師在

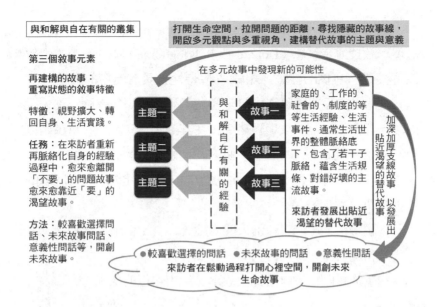

圖 5-3　再建構的敘事：重寫狀態敘事特徵——與和解自在有關
　　　　的叢集

來訪者與和解自在有關的經驗中，打開生命空間，開啟多元觀點
與多重視角，建構替代故事的主題與意義，嘗試在多元故事中發
現新的可能性（圖上方，向左的箭頭）。

　　在我上述研究的例子中，來訪者作為一個學校教師，不再受
限於同事之間的比較，而能安於做一個異類老師，她重新建構自
己的教師角色和教師身份的自我認同。或者例如，來訪者在後期
的諮商中開始出現婆媳關係的重寫，其中，仍然會穿插與丈夫之
間的離齬。但有意思的是，當來訪者有機會進入與婆婆關係的
重寫之後，這個新的位置，會使得她在人際應對中實踐她的新體
驗，對其他同事、對手足關係，來訪者都嘗試在跟他們的對話過
程中，重新再脈絡化自身的經驗。

美國南加州大學（University of Southern California）的諮詢心理學教授博金霍恩（Donald E. Polkinghorne）（1988）主張敘說意義是將我們的經驗，組織成暫時性且具有意義的段落的歷程。在來訪者重新再脈絡化自身經驗的過程中，每次她跟別人說的話，都在把自己的故事脈絡夾敘在其中，一次又一次重說她自己的故事，這個重說的過程，使來訪者愈來愈離開「不要」的問題故事，愈來愈靠近「要」的渴望故事。而再建構的重寫狀態的敘事特徵是：

1. 視野擴大，能寬諒別人的處境。
2. 轉回自身，說出自己的「想要」。
3. 生活實踐，發展出替代故事，活出自己的樣子。

　　例如，有一位來訪者一直希望能脫離母親的「依賴」、釐出關係的界線，減少因為母親在自己家裡不定時的出沒，干擾她與丈夫和兩個孩子的家庭生活。當來訪者跟母親說明心意時：

母　　親：（怒斥）那就脫離母女關係好了，妳就當沒我這個媽媽，妳就輕鬆了。

來訪者：我不是要脫離母女關係，只要把我家的鑰匙還給我就好了，每週六日我們還是邀請您來我們家吃飯。（視野擴大，能寬諒別人的處境而心平氣和）

　　她說自己並不想要成為一個冷漠絕情的人，這不符合自我期待，她也能說出自己的「想要」擁抱自己的需要，並在生活中實踐出來。

來訪者在被建構的敘事與解構的敘事階段時，是來來回回的說，來訪者的重寫階段與解構階段，也是是交互重疊出現而非截然劃分的。甚至在有些問題故事即使進入重寫階段，還會出現新的被建構的受制狀態之敘說。敘事治療心理師要貼近來訪者前進或後退的狀態，同時又在同理、支持的氛圍下，搭起鷹架鼓勵來訪者朝向偏好的渴望故事邁進。

敘事的治療機轉

自我知識構作的螺旋循環過程

　　高達美的《真理與方法》（陳榮華，2011）承繼了海德格關於理解的「前結構」概念，認為我們之所以能夠理解一篇作品（或事物、境遇）並非是以一種「空虛意識」面對當下；相反，我們早已具有一種面對境遇的意向、一個既定的視見方式和某些觀念上的前概念。惟有透過當下的意識，我們才可能觀察、理解歷史。

　　啟蒙運動後，西方理性主義者多認為「成見」（prejudice）是一種和理性對立的力量。高達美一反眾議，以正面方式，說明成見是人的歷史存在狀態，它與歷史相互交織，成為理解的基本「視域」（horizon）。「視域」一詞的字義是「地平線」，其涵意為：個人必須在其歷史的存在中，展開理解活動。由歷史所形成的「地平線」，決定了一個人的理解視野。他認為理解不是某種活動，而是一種發生，是一種遭遇，一個事件；理解比方法更為基本，使用方法必然在理解之後。他同時認為「成見」就是理解真理的先決條件，故而源自個人的歷史「成見」，不可能完

全消除。在他看來，「成見」就是個體過去的歷史之始，它是瞭解新事物必須的前理解，可以說是每一個人的「前置經驗」。

我們在日常生活中每一步「前置經驗」都將成為下一步「接續選項」的踏腳石，例如某一個來訪者「就讀職業學校」會成為「考二專」的「前置經驗」，而來訪者去「考二專」就成為「就讀職業學校」的「接續選項」；同樣的，「插班大學」是「就讀二專」的「接續選項」，而「就讀二專」是插班大學的「前置經驗」。

在上述三個敘事元素的敘事特徵中，也同樣可以看見類似接續而成的「故事敘說」和「故事移轉」模式，敘事元素中的「被建構的敘事」（圖 5-1）的問題故事，其中「受制感」、「負面感」會是「逃離感」的「前置經驗」，而「逃離感」就是「受制感」、「負面感」的「接續選項」，也就是說「逃離感」是來訪者在當時所能想到的「解決問題故事的替代故事」。所以我們經常會看到來訪者以具有破壞性的方式來回應問題故事所帶來的「受制感」、「負面感」，例如以離婚、報復、攻擊，甚至自傷等等，來回應這些來訪者主要的「前置經驗」，而這些「離婚、報復、攻擊，甚至自傷」等等敘事主題，是當時來訪者意識場中的「接續選項」。

接著，來訪者的敘事將逐步進入第二個敘事狀態，即「解構的敘事」（圖 5-2）。「被建構的敘事」是「解構的敘事」的「前置經驗」，而「解構的敘事」就是「被建構的敘事」的「接續選項」。如果來訪者沒有浸泡在其自身所存活的世界中感覺到受制感，我們就看不到來訪者回首反思時的「被建構的敘事」，而沒有來訪者的「被建構的敘事」作為其敘說的「前置經

驗」，就不可能出現「解構的敘事」。同理，來訪者若沒有經歷敘說歷程中的「解構的敘事」，以作為來訪者當下的「前置經驗」，來訪者就看不到、也說不出下一步跨足前進的方向，也就無法抵達第三重山——再建構的敘事。

「解構的敘事」中的主題意義的敘說本身，形成了豐厚但又不同於「被建構的敘事」中的心理脈絡與情境脈絡，這新的「前置經驗」將帶領著來訪者走入下一步的「接續選項」，亦即敘說元素中的「再建構的敘事」（圖5-3）。來訪者的第二個敘說元素「解構的敘事」，是協助來訪者能夠走到「視野擴大」、「轉回自身」、「生活實踐」等故事的「前置經驗」，如此「再建構的敘事」才能成為敘說元素中「解構的敘事」的「接續選項」。這些都是沿著來訪者想要脫離受制感，而在生活中實踐自身的想要，並開創出渴望故事的具體實踐。

這個過程服膺了高達美的詮釋學（陳榮華，2011），他發展出一種提問的立場，超越「主／客」對立的圖式。在這種提問中開顯出的東西，並不是主體性的一種投射，而是在呈現自身的同時，也影響並牽動著我們的理解。高達美認為，無論是在科學、人文學科，甚至在日常生活中，理解總是一種歷史性、辯證性和語言性的事件。理解的要件不是操縱和控制，而是參與和開放；理解並非知識，而是經驗；理解並非方法論，而是辯證法。我們是處在自身歷史性「前置經驗」的社會脈絡中，來訪者在與敘事治療師開放共寫的過程中，共同參與了來訪者下一步的「接續選項」，而這下一步的「接續選項」成了我們當下可視見、可選定的替代故事。因此，所謂的貼近渴望的未來故事，是要放置在來訪者的生活歷史過程中來理解與實踐的。

敘事特徵與視框轉變的心智空間

　　故事與「說」故事，是兩件事。你／妳去「說」故事，就賦予這個故事在你／妳說話的時候個人的「看法」、「觀點」和「意義」，這些「看法」、「觀點」和「意義」就隨著你／妳的話語而傳送出來。所以同樣一件事，不同的人去說就有不同的面貌，很難有絕對統一的版本。因為每一個人在說一件事情的時候，屬於他個人的「意義」都一併被烘托出來了，所以海德格說：「語言是存在的家」。不同時候講同樣發生過的事情，會用不同的角度去說它，這就是「重寫」（rewriting），把發生過的事情，講一遍、再講一遍、又講一遍，每一遍都不一樣，都有新的觀點產生，也就進入了「解構」與「再建構」（deconstruction & reconstruction）的循環過程。

　　維吉尼亞‧吳爾芙（Virginia Worlf）（史蘭亭譯，2000/1925）說過：「任何事情尚未被描述之前，它並不算真的發生過……藉著描述與記錄，苦惱被洗鍊而去，歡愉得以加倍。」講那件事，那件事情才因為你講它而產生意義，或者產生觀點，而且是你自己的意義和觀點。同樣一件事情，說給不同的人聽的時候，會用不同的方式講。同樣一件事情，說給不同的人聽、在不同的時間說，解讀都很不一樣。自我反省，是講給自己聽，跟講給別人聽，也不一樣。

　　舉例來說，小健說：「我曾經在國中一年級時，有一次月考，數學考卷得 20 分。」你／妳猜小健可能會怎樣說這件事情？他將有 N 種方式去說它，每一種方式都顯露出小健「看」這件事情的角度．

　　小健 1：我曾經在國中一年級時，有一次月考，數學考卷得

20 分。啊！我們那次考試，最高分那個人也才考
62 分，我們老師故意整我們的。

——他在說，不是我數學太爛，是老師太刁難。

小健 2：我曾經在國中一年級時，有一次月考，數學考卷得
20 分。前一天我根本沒有睡覺，從拿到數學考卷
到收考卷，我腦袋幾乎一片空白，我大概從頭到尾
都在睡覺，最後一分鐘隨便猜題，20 分根本是矇來
的。

——他在說，那 20 分根本不能代表我的數學能力。

小健 3：我曾經在國中一年級時，有一次月考，數學考卷得
20 分。那真是很糗，是我生平奇恥大辱，從此我絕
對不讓自己敗在數學。

——他在說，我的確考過 20 分，但是那是失誤，
正常的我，數學實力不是那樣。

小健 4：我曾經在國中一年級時，有一次月考，數學考卷得
20 分。我爸把我海扁一頓，根本就恨我之深的，
好像我的價值都必須建立在成績上，以前他就很逼
我的成績，那次是最嚴重的，從此，我跟他就有距
離。

——他在說，爸爸只重視成績，用成績決定他的價
值，這是很委屈與難過的事。

小健 5：我曾經在國中一年級時，有一次月考，數學考卷得
20 分。……

敘事是一種尋求生命意義的取向。什麼是「發生什麼事

情」？什麼是「我認為發生什麼事情」？「發生什麼事情」和「我認為發生什麼事情」有所不同；前者偏重客觀事實，後者偏重主觀的重要性與意義性。而「我認為發生什麼事情」會引導出「我如何敘說我發生的事情」。我們生活在一個暫時性的世界裡，因此必須創造敘說，透過敘說我們才得以在持續變化的流變中找到秩序和意義。但我們不只創造關於這個世界的敘說，敘說在我們構思自我與認同時也扮演了關鍵的角色，透過敘說，我們不但建構出行動與行動之間的特殊連結，也把我們和他人區分開來。

　　諮商對話就是一種心理反身性的詮釋與理解過程。敘事治療心理師在諮商過程中不是以自己主觀的專業理論和知識來幫助來訪者，而是「去聽」、「去看」來訪者的經驗世界，與來訪者共處在「經驗之中」。透過理解來訪者怎樣在說話？為什麼這樣說？說給誰聽？敘事治療心理師保持懷特和艾普斯頓（廖世德譯，2001/1990）主張的「不知道」（not knowing）的好奇立場；亦即進入來訪者「問題故事」的心理世界，以及這個「問題故事」狀態所指出的世界，而不是落在分析來訪者「問題故事」的因果關係或該如何因應。敘事治療心理師關注來訪者所活的世界如何使他／她成為一個「有問題」的人，關心那是一個怎樣的世界？這世界如何建構了來訪者的故事？進而在諮商對話過程鬆動問題故事、共寫與再建構替代故事。

　　懷特（廖世德譯，2001/1990；丁凡譯，2012/2011）主張敘事諮商的重要假設之一是認為，來訪者是自己問題的專家，來訪者願意賦予心理師發言的權力，最後心理師再把權力交還給來訪者，開啟來訪者的能動性，也拉開心理師與來訪者的空間。

綜合上述，我們可以從表 5-1 看到這整個歷程：

表 5-1　敘事視框轉變與敘事特徵的心智循環空間整體模型

來訪者敘事視框轉變	敘事治療師與來訪者關係	敘事特徵
指出之前（pre-figured world）是存有主體當下所感，是來訪者在進入治療之前或治療當下對待問題故事的「視框」。	建立信任與合作的關係。來訪者對心理師的情感依附，得以獲得宣洩、支持。	**被建構的敘事：受制狀態的敘事特徵** 受制狀態的敘事結構特徵，主要是「與問題故事有關」的叢集。從生活經驗事件中看見敘說主題，並從敘說主題中描繪出使來訪者成為「有問題的人」的生活世界／社會文化／情境脈絡。
共指的世界（con-figured world）是呂格爾（Ricoeur, 1981）的「敘說」行動，是在治療過程中來訪者所給出的自我、故事與世界。	來訪者授予發言權給心理師，共構新的故事。心理師運用所讓渡的權力，照亮來訪者的路徑，並鋪排權力轉置交回的時機。	**解構的敘事：鬆動狀態的敘事特徵** 鬆動狀態的敘事結構特徵，主要是「搖擺與矛盾有關」的叢集。來訪者擺盪在想要「脫離」舊桎梏的衝突與矛盾情緒，卻又在未來模糊感與不確定性中，偶而也能擁抱貼近渴望的故事。從中打開空間，浮現出與主流故事不合模，卻隱然顯現的支線故事。

來訪者敘事視框轉變	敘事治療師與來訪者關係	敘事特徵
轉指的世界（trans-figured world）是來訪者在治療歷程之中或之後，「對自己的敘說產生反思性理解」，是另一種意義的構成。	還原來訪者的主體性，心理師把權力交還給來訪者。在多元故事中發現新的可能性，加深加厚替代故事，以展現多元視角。	**再建構的敘事：重寫狀態敘事特徵** 重寫狀態的敘事結構特徵，主要是「和解與自在有關」的叢集。在來訪者重新再脈絡化自身經驗的過程中，愈來愈離開「不要」的問題故事愈來愈靠近「要」的渴望故事。
	「前置經驗」與「接續選項」組成螺旋狀的敘說循環過程	

　　來訪者敘事視框轉變從「指出之前」到「共指的世界」再到「轉指的世界」，經歷了一再重複的螺旋狀視框轉移現象，我們才得以從中整理出三個敘事的元素：被建構的敘事、解構的敘事、再建構的敘事。諮商過程中，這三個敘事狀態都經歷了一再重複「前置經驗」與「接續選項」組成的螺旋狀轉移現象，歷經詮釋循環的脈絡過程。

　　我們在敘說故事時，不單只是事件的呈現，也並非只是經由語言去「再現」（representation）事件發生的情況，我們回首重述自己的過往時，是一種夾敘夾議的的語言行為，這種語言的「構作」（mimesis）不但會產生事情，也可以指出事情，也就是敘說使得生命經驗不斷的被再脈絡化（recontextualization）與再情節化（re-emplotment）。

　　諮商現場的來訪者也是夾敘夾議的構作，是以敘說認同產生

自我知識的草擬現場。來訪者從覺察到自己被「社會建構的自我認同」重新建構出「敘說建構的敘說認同」，也能夠將這個經驗轉到身邊的人身上。例如來訪者的敘說提到，弟弟也是在與社會（爸爸）認為對的價值觀對抗，但來訪者已經理解到「人不該被強迫活成他／她不想成為的樣子」。此時來訪者同時面對站在家庭體制中，給了父親「那個位置的現實」而發聲：「我覺得我爸爸不能那樣教孩子。」其中的「我爸爸」可以換成抽象的「社會」，來訪者意指「社會不能這樣教孩子」。到此，來訪者說這話也是對自己而說：「我爸爸不能那樣教『我』。」也就是在說「社會不能這樣教我」。

我們能夠根據自己的經驗來理解他者的處境，當我們把自己的經驗與他者的經驗交織，並經由重新構作而對自己產生新的理解，我們就進入了「人—在—世界」的狀態。我們談自己、談別人、被別人談，再回來談自己，這個過程我們已進入自我知識的建構歷程。所謂的「貼近渴望的未來故事」並不是一個固定在未來的標的物，而是自我知識形成的心智生態區，給敘說者回到生活世界作為走進人生之路的扶手。可以確定的是，敘說者的未來故事，不能經由別人指定或由外在指標來決定，而是必須經由人貼近自己渴望的探索歷程，才能找到安身立命之道。

敘事治療的假設、特徵與介入技術

我們生活在一個暫時性的世界裡，因此必須創造敘說，透過敘說我們才得以在持續變化的流變中找到秩序和意義，我們不只創造關於這個世界的敘說，敘說在

我們構思自我與認同時也扮演了關鍵的角色，透過敘說，我們不但建構出行動與行動之間的特殊連結，也把我們和他人區分開來。

——呂格爾《時間與敘事》，1984。

故事都具有主觀的自我建構性，我們在講自己的生命故事時，並不是依照事情發生時的客觀事實、毫無遺漏的依序呈現出當時的情況，反而通常都是夾敘夾議的組織成一個故事樣貌。這個「夾敘夾議」其實是我們主觀組織「建構」事件的過程，而且在不同的時候，我們會用不同的方式來敘說同一個故事。每一次特定的敘說，必定與敘說者當時的情境脈絡息息相關，也就是，說故事的人不只是給出了故事本身，也給出了故事何以會這樣說的背景脈絡。相互事件（eventful）是指無法複製、無法更動的狀態，其意義和份量都是無法分割地，與形成事件的時刻緊密連結在一起。每個人選擇說什麼及如何說都是「息息相關」（momentous）又「當下即是」（presentness），也就產生了「我此刻的所作所為是真的為我所欲」的自我建構特性。

這個「不同的時候」符合了巴赫金（Bakhtin, 1994）的核心概念：事件性是指在本質上，這是個人在難以更動的、特定且無法複製的時刻中，所發生的行為。每一個事件都包含著它自己獨特的個人行動，在一個特定的時間脈絡下，這並不只是單純地依照過往事件規格化複製的產生過程。這個事件性與這些存在於事件之中難以更動又無法複製的特定，就是使得每一個個人故事與眾不同的原因，也使它跟其他人的故事大不相同而值得去述說。因為有這個事件性，所以就有覺察多元性。（Morson,

1994）

重視情緒還是經驗？

當來訪者帶著問題來，心理師要怎樣切入故事？當來訪者有情緒問題，心理師是要處裡來訪者的情緒問題，還是可以有別的重心？如果再聽下去，發現是來訪者要轉讀自己喜歡的科系，產生焦慮、恐懼、擔憂等等這些情緒，心理師是要處裡轉系還是對轉系產生的情緒？敘事治療的重點不是情緒，而是蘊生出情緒的生活經驗，以及正在經驗這些情緒的「人」是怎樣在經驗這些情緒？重點是這些焦慮、恐懼、擔憂等等情緒，對來訪者而言，是什麼樣的經驗？回到使來訪者產生這些情緒的情境脈絡中，了解來訪者的經驗與意義。

來訪者總是被「問題」綁架，而心理師容易被「治療效果」綁架。容忍不確定性，也就開啟了空間，好奇地去追問，而不是用某種概念想當然耳的去套用在來訪者身上。透過敘事治療師的提問所開啟的空間，將促使來訪者看到更多的可能性。治療目標並不是事先設定的，不管是長期的治療計畫或是一次的治療對話，都需要好奇、都需要提供更大的空間，願意相信治療目標是共構的（co-construction），因為敘事治療心理師與來訪者是共在的（co-existence）。

問題故事是指故事僵化了，透過語言的鬆動使得故事可以流轉，問題可以經由語言而建構，也可以經由語言而解脫出來，找到自由，人的能動性就可以顯現出來。敘事治療心理師願意聽，就會帶出願意講的來訪者，心理師不必急於找到正向力量，更不必急於解決問題，好好聽的心理師會帶出好好講、重新

講的來訪者，當故事一說再說，就會看見隱而未現的支線故事。

提問指向不同的生活

在治療過程中，雖然發展出來的故事，是來訪者自己的故事。但是敘事治療心理師在引導來訪者說故事時，所選擇的事件、提出的問題，會強而有力的決定故事發展的方向。敘事治療心理師的治療關鍵是問問題，敘事治療的問話，決定了治療的方向，也創造出治療的文化。心理師問：「你現在遭遇什麼困難？你最苦的是什麼？」跟問：「如果問題都消失了，你會變成一個怎樣的人？我很好奇問題不困擾你的時候，你是一個怎樣的人？」這兩種問法會創造出完全不一樣的治療文化，也創造出新的生活。懷特（White, 1988）認為心理師提出的問話扮演著明顯而重要的角色，將決定哪些經驗會成為故事、哪些故事要被鬆動、哪些故事要被強化等等。當然，敘事治療最終目的是要發展出貼近來訪者渴望的替代故事、未來故事。

心理師的信念、價值觀、經驗都會影響心理師如何問話，也影響心理師如何在來訪者眾多故事中，選擇最好的入口。從獨特意義經驗中去開展故事，是發展貼近來訪者渴望的替代故事與未來故事的最佳入口。治療師無法絕對客觀中立，因此，敘事治療的心理師必須表明自己的信念、價值觀、經驗等等。敘事治療心理師把自己的世界觀當作以治療為基礎的出發基地，而不是宣揚給來訪者的價值或真理。敘事治療的心理師必須在治療過程中邀請來訪者針對問話和意象，提出討論、表達意見，做為繼續進行諮商治療的對話依據。

寒山大師的敘事智慧

寒山大師認得真、說得透、看得破、放得下，可以和敘事治療做個照映：

1. **認得真，是指「面對」**。開始說自己的故事。
2. **說得透，是指「講夠」**。產生解構、鬆動，看清故事是怎麼產生的。
3. **看得破，是指「轉念」**。產生新觀點和多元觀點，發展支線故事。
4. **放得下，是指「心定」**。改變發生，開創出貼近渴望的故事。

要能放下得到心定，必須先能轉念，轉念才能看破，看破才能放下。要能夠轉念而看破必須先說得透，說到淋漓盡致、水落石出，但不是說三道四、也不是指桑罵槐，更不是千錯萬錯都是別人的錯；這個說是指向自己、回到本心。要能這樣說透，歸根究柢，必須先要願意認真面對。

　　敘事治療的問話很難列出前後順序，因為這容易讓心理師誤以為要按照順序才是正確的做法。事實上，敘事治療的心理師必須陪伴在來訪者的故事脈絡裡，以他／她的速度為速度，以他／她的需要為需要，視時機提出合適的問話。有些來訪者會邀請敘事治療心理師使用到比較多的「解構式問話」，有些來訪者

可能很少有機會讓敘事治療心理師運用到「相對影響的問話」或「意義的問話」，在同一個來訪者的不同晤談階段，也需要視時機運用不同的問話。治療過程總是存在著不容忽視的個別差異。但是，對於學習敘事治療的新手心理師們，確實需要一些遵循的步驟。

下表 5-2 中，我增添了「敘事治療的方法與介入技術」，即是各種問話技術的使用時機建議。我嘗試將敘事治療的假設，結合被建構、解構、再建構的特徵，再輔以相關的敘事介入方法，目的是希望敘事治療師在運用敘事治療技術時不要背離敘事治療的假設，因為敘事治療的假設是敘事治療的知識論基礎，也形塑出敘事治療師的世界觀。只有根源於敘事治療的知識論土壤和敘事治療世界觀，在使用介入方法時，才不會流於表面的口語技術，失去敘事治療的精神。

表 5-2　敘事治療假設、敘事特徵、與介入技術

敘事治療師與來訪者關係	敘事治療的基本假設	敘事特徵	敘事治療的方法與介入技術
建立信任與合作的關係。來訪者對心理師的情感依附，得以獲得宣洩、支持。	1.強調故事是經驗的基本單位。 2.人從來就不是問題，問題才是問題 3.人是自己問題的專家。	**被建構的敘事：被建構狀態的敘事特徵** 從生活經驗事件中看見敘說主題，並從敘說主題中描繪出使來訪者成為「有問題的人」的生活世界／社會文化／情境脈絡。	**生命故事使文化體制的現身：** 1.重視經驗知識的問話，注重來訪者本身的經驗而不是專家的知識。 2.促進反思性理解的問話，協助來訪者取得生命主權。

敘事治療師與 來訪者關係	敘事治療的 基本假設	敘事特徵	敘事治療的方法與 介入技術
來訪者授予發言權給心理師，共構新的故事。心理師運用所讓渡的權力，照亮來訪者的路徑，並鋪排權力轉置交回的時機。	4. 強調反思性理解。 5. 重視意義。	**解構的敘事：鬆動狀態的敘事特徵** 來訪者擺蕩在想要「脫離」舊桎梏的衝突與矛盾情緒，卻又在未來模糊感與不確定性中，偶而也能擁抱貼近渴望的故事。從中打開空間，浮現出與主流故事不合模，卻隱然顯現的支線故事。	**鬆動具有支配性的主流故事：** 1. 外化的問話，將來訪者視為他自己問題的專家。 2. 開啟空間的問話，探索問題的影響，產生新觀點，豐厚故事線。 3. 解構式問話，以「不知道」的立場開創多重敘說。 4. 獨特意義經驗的問話，找出隱藏故事。 5. 發展故事的問話，開啟新故事開端。
還原來訪者的主體性，心理師把權力交還給來訪者。在多元故事中發現新的可能性，加深加厚替代故事，以展現多元視角。	6. 自我認同是社會建構的結果。 7. 從主流故事中開創出替代故事。	**再建構的敘事：重寫狀態敘事特徵** 在來訪者重新再脈絡化自身的經驗過程中，愈來愈離開「不要」的問題故事愈來愈靠近「要」的渴望故事。	**重新建構未來故事：** 1. 意義性的問話，重視個人認同藍圖與行動藍圖，開創多元觀點。 2. 較喜歡選擇的問話，以雙重聆聽開創貼近渴望的未來故事。

章末語

　　當初忙於分析文本寫就〈敘事諮商歷程與敘事結構特徵中生活目標改變之詮釋分析〉研究時，也同時在翻譯《敘事治療三幕劇：結合實務、訓練與研究》，這過程真是符合了榮格（Jung, 1985）說的共時性的「有意義的巧合」和「非因果性的聯繫原則」，是一種介於內心世界與外部世界的活動之間、無形與有形之間、精神世界與物質世界之間的聯繫，而非只是巧合。度法和蓓蕊思的這本著作，基本上平行的呼應我說的「敘事治療三重山」，雖然實質內涵不盡相同，但是想要協助敘事治療師搭建治療鷹架的意圖，確實一樣。

　　既然寫到敘事治療三重山，不免想到國學大師王國維在《人間詞話》裡說的三個境界：

> 古今之成大事業、大學問者，必經過三種境界：「昨夜西風凋碧樹。獨上高樓，望盡天涯路。」此第一境界也。「衣帶漸寬終不悔，為伊消得人憔悴。」此第二境界也。「眾裡尋他千百度，驀然回首，那人卻在，燈火闌珊處。」此第三境界也。此等語皆非大詞人不能道。然遽以此意解釋諸詞，恐為晏、歐諸公所不許也。

雖然王國維說不要隨便妄加臆測以免得罪原詩作者，但既然國學大師王國維都說是這三個境界了，我就大膽接收並加以詮釋：來訪者經歷敘事治療的故事敘說，必經過三種境界：「昨夜西風凋碧樹，獨上高樓，望盡天涯路。」此第一境界也，無盡孤絕與蒼茫，了無生趣。「衣帶漸寬終不悔，為伊消得人憔悴。」此第二

境界也，不信抬頭看，蒼天饒過誰，盡力而為。「眾裡尋他千百度，驀然回首，那人卻在，燈火闌珊處。」此第三境界也，回首前塵，豁然開朗。

自然地，也想到青原惟信禪師「上堂法語」有云：「老僧三十年前未參禪時：見山是山，見水是水。及至後來，觀見知識，有個入處：見山不是山，見水不是水。而今得個休歇處：依舊見山祇是山，見水祇是水。」最有意思的是中間階段的「觀見知識，有個入處」，第二重山的解構階段最難為，敘事治療師功力盡在於此。

重點回顧

> 1. 第一重山～被建構的敘事：受制狀態的敘事特徵。主要是來訪者「與問題故事有關」的叢集，每一個來訪者所呈現的故事內容有所不同，每一個來訪者所聚焦的主題、意義也會各自有異。在「被建構的敘事元素」中，主要都會出現來訪者受制狀態的敘事特徵。被建構的受制狀態的敘事特徵，就是來訪者的問題故事的特徵。
> 2. 第二重山～解構的敘事，鬆動狀態的敘事特徵。來訪者呈現的故事主要是「搖擺與矛盾有關」的叢集，從中浮現出隱藏的故事線，大多是與主流價值不合模的隱而未顯的支線故事。此時，來訪者已經進入到與「主流故事或問題故事」對話的經驗中，出現不同於原本的問題故事的視框，但是又還沒有鞏固的未來故事。敘事治療心理師需要抓住來訪者一閃即逝的隱藏故事的線頭，這些線頭是來訪者的獨特意義經驗，也是隱藏的故事線。

3. 第三重山～再建構的敘事，重寫狀態的敘事特徵。來訪者呈現的故事主要是「和解與自在有關」的叢集，來訪者在生活中去實踐新的觀點所帶出的行為，據以不斷循環、再脈絡化來訪者自身的經驗。在來訪者每次跟別人說的話時，都再次把自己的故事夾敘在其中，一次又一次重說她自己的故事，這個重說的過程，使來訪者愈來愈離開「不要」的問題故事，愈來愈靠近「要」的渴望故事。

4. 「貼近渴望的未來故事」並不是一個固定在未來的標的物，而是自我知識形成的心智生態區，給敘說者回到生活世界作為走進人生之路的扶手。敘說者的未來故事，不能經由別人指定或由外在指標來決定，而是必須經由人貼近自己渴望的探索歷程，才能找到安身立命之道。

第6章

敘事治療的方法與介入技術

最好的心理治療

是讓來訪者坐在心理師面前

有信心

開始進入生命經驗的故事敘說

進入一個人的說話

彷彿喃喃自語的獨白

生產出自我知識

療癒受苦的靈魂

素菲的敘事筆記・2016。

「故事」是敘事治療工作的核心。對小孩子來說，「故事」可能指的是繽紛的童話或繪本；對於小說家來說，「故事」可能是值得發展成作品的情節或軼事；對於一個情場失意的人來說，「故事」可能是一段傷心的回憶；對於一個白髮蒼蒼的老人而言，「故事」可能是過去諸多塵封的往事；對於一般人而言，故事像一條線，將生活事件編織起來、串接起來，藉此經歷我們的人生；對於一個敘事治療心理師來說，「故事」則是來訪者敘說他生活經驗的方式，敘事治療心理師好奇來訪者如何透過故事來詮釋自己的生活，並試圖創造出意義。

　　敘事治療是提「問話」，而不是給「答案」的學派；敘事治療是一種追求完整，而非追求完美的學派；敘事治療追求一步一步變得更好，而非化腐朽為神奇的神仙棒；敘事治療尋求本質性的強身，而非藥到病除的解藥。如果來訪者還是像心理師質問「解答」，這涉及到心理師對於「問話」的信心。敘事治療的心理師需要再次釐清「問話」的力量，有自信藉此足以打開來訪者的心理空間，讓治療是朝向更好的自己的歷程，敘事會讓事情變得更好（better），但並非立竿見影的速效。

　　敘事治療心理師的「專家技術」是提問，敘事治療心理師的「好奇」引發問話以啟動來訪者的多元視角和重構故事。敘事治療的問話包括：反思性的問話、開啟空間的問話、解構式的問話、意義性的問話、較喜歡的選擇的問話、發展故事的問話。為了避免斷章取義，敘事治療並沒有問話準則，因為何時使用何種問話，取決於活生生的對話脈絡。**敘事治療的問話不是根據來訪者既定的意義來回憶特定的經驗**，而是篤信敘事治療心理師的問話，能與對方**成為生命經驗的共同作者**（co-author）。

敘事治療的問話是根據對話中每一霎那的變動，而不是問話類型的「範例和架構」，問話中的情緒狀態也很重要，治療師要從聲調、表情、姿勢等等表達出尊重、好奇、開放的立場以提出問話。因為心理治療師不只是把學者經過控制的實驗所發現的真理和原則拿來運用，**每一次心理治療都是獨特的交會，需要治療師和病人雙方鮮活有創意的努力，才能發現可以得到療效的原則和方法**。以下這些提問技術雖然在故事脈絡中各有作用，但是使用時必須回到治療脈絡，治療師要根據來訪者當下情狀，靈活運用各種問話技術。

反思性的問話（reflection questions）

一、促進反思性理解的問話

協助來訪者取得生命主權

敘事治療的心理師協助來訪者取得生命主權，致力於將來訪者從受害者轉成主導者。論述（discourse）在敘事治療是一個重要的觀念，女性主義心理學家海爾-瑪斯汀（Rachel Hare-Mustin）（1994, p.19）對論述的定義是：「共享相同價值觀的敘述、應用和制度化的結構系統。」她認為論述是基於某些特別的世界觀，她指出：「大多數人秉持、談論共同享有的觀點，並化為行動。」這些行為現象維持流行的論述。馬帝根（S. Madigan）和洛（I. Law）（1992, p. 33）進一步補述：「可以把論述視為反映社會和權力關係的流行結構。」

論述會影響來訪者如何訴說自己的生命故事，也會影響心理

師如何聆聽故事。關於 DSM 的診斷準則是一種病理論述，是合乎統計常模標準的專業論述，強調注重疾病的徵候和症狀。這些論述是經由專家體系的教育制度和專業社會化歷程來傳遞。尤其是新手心理師，更希望自己的實務工作能有正確的指導，就會在來訪者面前努力搜尋符合專業論述的證據，以便做出合理的病理診斷與處遇計畫。

　　然而，一個敘事治療的心理師傾向於將這些專家知識放下，而是去聆聽、了解眼前這個說故事的人有什麼挫折、困境和渴望。精神病學博士懷格特（Kaethe Weingarten）（1991）注意到，當個別的人與人之間的對話，也足以影響到社會上的敘事時，就能夠改變舊有的論述，並發展出新的論述。也就是說，局部層次或微小區域的對話知識，能夠逐漸地影響到較大範圍的論述，例如現在網路上的某種反對聲浪的 PO 文，逐漸有更多網友的呼應，也能產生極大的作用，甚至全盤翻轉主流的論述。在治療的場域，只要心理師能夠單純的傾聽來訪者訴說的生命故事，並拆解其中來自主流論述所定義的問題故事，就可以產生革命性的敘說視角。

以提問來促進反思性理解

　　邀請來訪者為自己的問題命名，而不是由專家給予診斷，這種去病理化的作法，是尊重來訪者的在地知識的具體表徵。本來由理論、體制具有的決定權，成為來訪者敘說擁有的決定權，是一種改變的隱喻。來訪者一個微小的改變，會牽動其他部分的改變，故事有如花瓣　般，也如書頁　般，　頁，　頁的展開，當故事不斷開展（story unfold），就是治療本身的進展。每個對話

都是平等的，才能屏蔽權力造成的偏見。

敘事是一門「問話的治療」而非「解答的治療」，因為敘事治療重視經驗，而經驗是以故事的形式表述，敘事治療的心理師唯有透過「問話的治療」，才能體現出對來訪者經驗世界的重視，並促進反思性理解。以下是佛瑞德門（Freedman, 2017）提到問話的作用，我稍加補述與說明：

1. **提問有助於衍生經驗**（Asking question that help to generate experience.）

   敘事治療心理師的問話不僅僅是為了收集資料，若僅僅是收集資料這是一種為了診斷的「驗證」功能。艾普斯頓說（Epston, 1995, pp.74），每當我們提出一個問話，就可能產生一種生活。敘事治療的問話不是收集資料，而是帶出經驗；不是利用經驗，而是製造經驗。敘事治療心理師的提問是要進入來訪者的經驗世界，「進入經驗」是一種「生產」功能。來訪者因為心理師的提問也一起投身進入浩瀚廣袤的經驗世界之中，敘事治療心理師也得以借路進入來訪者的經驗世界和置身處境。

2. **提問而非假設**（Asking question instead of assuming.）

   敘事治療的心理師沒有預先對問題的假設，敘事治療心理師的假設來自其治療理論的真實，或說是把敘事治療心理師的假設，帶著好奇都轉化成提問，讓來訪者的回答，來確認其經驗世界的真實。治療師很難沒有詮釋，很難沒有立場，所以治療師必須經常間歇性提出詢問：這是不是你想討論的？這樣對你有幫助嗎？有什麼幫助？透過這些詢問來核對，以避免治療師偏離來訪者。雖然治療師抱持著

「不知道」（not knowing）的態度，但不可否認地，任何提問仍然存在著某種治療師的意向：邀請來訪者參與解構「問題故事」、邀請來訪者形構意義、邀請來訪者認清較喜歡的方向、發展支持可望故事的經驗等等。

3. **提問可以創造出重要而相應的範疇**（Asking question that propose a useful and relevant domain.）

敘事治療的心理師負有提出特定問題的責任，以促進反思性理解的問話、開啟空間的問話、解構式問話、意義性的問話等，來協助來訪者產生新觀點、豐厚故事線、找出隱藏故事、開創多重敘說、重視個人認同與行動藍圖。治療師與案主同在，並具備即時回應的能力，讓敘事的心理治療情境以「去中心化」的治療師和「中心化」的來訪者共同造就有效的對話，但是卻又設定出一個範疇，讓來訪者成為這個範疇的中心，尊崇來訪者的經驗知識、在地知識。

4. **提問將問題放在更大的社會文化論述中**（Asking questions to locate problems in larger sociocultural discourse.）

每一個人出生以來環繞在四周的社會，構成我們理所當然的現實，而這些「理所當然的現實」其實是藉由成員對世界的解釋而建構出來的。敘事治療的心理師對於這些「理所當然的現實」，如：種族、性別、階級、權力等社會現象，具備敏覺度，因此，不會將來訪者的問題視為是其個人問題而已，而會將問題放回來訪者所置身的社會文化脈絡中去理解「問題故事」如何生成。治療師與來訪者一起解構理所當然的自我認同，從社會文化中熟悉的理解

轉成學習新的可能性，再與來訪者共同建構其個人的生命
意義。

5. **提問是一種意義生產的過程**（Asking question is a meaning
making process.）

　　敘事治療的心理師關心來訪者重視什麼？什麼是重要
的？也會問：「你說的放棄，指的是什麼？」問話會引發
主題、立場或觀點，問話尋找答案，當人們在豐厚、多元
的經驗中，問話就產生療效。當來訪者使用某些語詞去表
徵他／她的經驗時，敘事治療心理師會仔細去理解來訪者
主觀的意涵，而不是狹隘的只用語詞的表面意思。

6. **提問可以找出替代故事和偏好故事**（Asking question to
find alternative stories and prefer stories.）

　　敘事治療的心理師擁抱建構未來故事的問話，如發展故事
的問話、較喜歡選擇的問話，以獨特意義經驗開啟新故事
開端，並開創貼近渴望的未來故事。這些有助於和來訪者
一起縮小問題，找出替代故事和偏好故事。治療從問題故
事移動到替代故事，整個過程是問題瓦解（dissolving）
而不是問題解決。

7. **提問用以尊崇來訪者的主權**（Asking question to celebrate
personal agency.）

　　敘事治療的心理師透過問話來彰顯來訪者的主權，重視來
訪者個人的決定、行動的念頭，及如何採取行動，來塑造
其未來。藉此啟動「認同全景」或「意識全景」，因為這
關乎來訪者的希望、夢想與盼望。

8. **提問邀請來訪者進入「未知」或「新知」領域**（Invite the

person into the not-key-know, or to make new distinctions.）

敘事治療的心理師邀請來訪者進入「未知」領域，或針對來訪者過去可能視為理所當然的想法，進行新的分辨。治療師邀請來訪者對於各個面向表現出興趣與好奇，治療師特殊形態的提問與隱喻語言的使用，能引起意義轉向的現象。通常來訪者在某些「關鍵」歷程中，獲得了有意義的轉變，使來訪者能夠換個角度看待他們自己、他人或他們的處境，全新的可能選項便於此展開。

9. **提問邀請遊玩心和想像力**（Invited playfulness & imagination.）

敘事治療的心理師邀請來訪者帶著遊戲、好玩的心情，與想像力進入自己的生命經驗世界。邀請人從不同觀點來看自己的故事，注意自己是如何被建構的（或是注意到自己被建構的事實），注意自己的限制，並探索其他可能的敘事，這個過程又稱為「打開包裝」（unpacking）。「打開包裝」的冒險過程總是充滿驚奇、刺激與新鮮感，最好是帶著劉姥姥逛大觀園的心態，才能處處驚豔。

二、分辨權力在故事中的影響力

生命故事是有權力意涵的，所以敘事治療的心理師在聆聽故事時要能仔細分辨權力在故事中的影響力，邀請來訪者敘說出符合自身經驗的在地故事（local story），以便理解在地知識（local knowledge）。也就是說，心理師要能檢視文化和政治對問題的影響力、很仔細的檢視權力關係，因為文化政治（culture political）都隱藏在生活的細節中。這裡的權力（power）、政

治（political）都是小寫，意思是說此處並不是指涉政治結構中的權力支配，而是生活中的權力議題，例如：女老師 VS. 男學員、主流 VS. 邊緣、成功 VS. 失敗等等。社會與歷史脈絡形塑了我們能夠知覺到的範疇，人很難單獨地抽離互動關係的脈絡，而是我們共同協作，共同參與了社會文化論述，我們也理所當然的接收各種文化假設、未經檢驗的慣性思維等等，要注意的是某些規條顯而易見，某些事實隱而未顯。

敘事治療的心理師和來訪者都浸潤在同樣的社會文化脈絡中，我們的立場、觀點都受到這些文化論述中的規約、期待等等所影響。傳統使用權力的方式傾向於明顯的暴力，例如專制國王、富有貧窮等等；當代權力運作較為隱微，例如廣告中的美女、帥哥、豪宅別墅、高級跑車，LED 看板寫著 best buy 蘋果電腦、本月最佳服務員等等，都流露出觀點、立場；隱微的權力運作支配著我們日常生活的行為。敘事嘗試想要讓隱藏（invisible）的顯現（visible）、讓控制的鬆綁、讓文化中具有支配力的規條現身，使得來訪者能夠離開主流的對錯好壞或隱藏權力支配，去重塑自己偏好的故事線。

心理治療空間可以是、必須是支持人們去抗拒權力的處所，所有「有問題的人」都生活在關係中。因此，敘事治療心理師必須關心來訪者如何做觀眾、如何擔任見證者、如何以支線故事來改寫主流故事，也要關心來訪者如何使用語言編織故事。知識是在互動中建構出來的，敘事治療的過程就是使故事豐厚的過程，運用外化、解構（使隱而未現的故事顯現）、重寫（意識藍圖、意義藍圖）、搭鷹架，開創出貼近渴望的偏好故事。

三、應用敘事治療文件來持續反思

　　這是大多數實務工作者不熟悉，也幾乎不曾用到的技巧，但是似乎對艾普斯頓和佛瑞德門都是習以為常的治療方法。包括證書、獎狀、契約文件、邀請信和回信等等，各種有助於來訪者鞏固、實踐偏好故事的文件。佛瑞德門建議直接以信件作為紀錄，也就是在晤談結束之後，治療師以回信的方式完成紀錄，並確實寄給來訪者。下面就列舉一封佛瑞德門寫給 11 歲孩子的信（經由我稍加改寫，以隱匿來訪者背景資訊）：

　　親愛的艾迪：

　　　　我很高興能見到你，我也很抱歉一直到你離開，我才體會到在學校一直被取笑有多麼難受。可能是因為你很勇敢，我說勇敢是因為你都一直繼續上學，沒有因此而受到阻礙。你會說是勇氣幫助你，維持連續五天坐在教室裡，即使交到朋友是這麼困難，你沒有讓這個問題阻止你去畫畫，也沒有阻止你去打籃球。有些跟你遭遇相同問題的人，失去享受打球、畫畫這些生活的行動力。我很好奇，你是怎樣沒有受到「交朋友問題」的影響？你可以看見你可以控制自己的生活，而不是讓「交朋友問題」控制你。如果你有 3 個朋友，你會想聽到 3 個好朋友的聲音，還是 3 個嘲笑你的聲音？

　　　　　　　　　　　　　反對你被取笑綁架的 Jill 上

　　這種信真的很有力量，佛瑞德門說她就把這種寫信體例的做法，直接用做「個案紀錄」。這是很有創意的方式，對來訪者也很有價值，比制式的紀錄更能說明敘事治療心理師與來訪者

的關係與關切的主題。制式的個案紀錄經常服務的是機構、專業社群，或者敘事治療心理師本人，而這種直接以「給來訪者的回信」當作「諮商會談紀錄」，服務的是來訪者和治療關係。這種非病理化的紀錄，可以包括摘要會談過程、延展或豐厚來訪者故事、回應治療情境重要片段的反思，也可以涵括不在晤談現場的重要他者。在寫這種敘事治療的紀錄，有下列原則：

1. 回想治療過程中的隱喻，那些對話或故事片段，是你想要再次重述（retell）？
2. 是否有吸引你注意力？或改變你的部分？
3. 是否有出現關於轉捩點的描述，或立場表述？
4. 是否有不容錯失的閃亮時刻？
5. 是否隱含了來談者隱而未顯的承諾、希望、意圖、價值等？
6. 有沒有那些片段值得更生動、更清晰的呈現，而導致更好的幫助？
7. 來訪者或是治療師能夠記住不忘、又很有助益的部分會是什麼？

以「寫信作紀錄」邀請敘事治療心理師關注的焦點，從治療專業社群、治療專業概念，轉移到來訪者身上。這種非病理化的紀錄形式，展現出人與人坦誠連結的位置，而不是有權力宰制的專業關係，並讓治療一直綿延不斷，不會在會談結束就結束。敘事治療心理師也會繼續蘊生跟治療有關的靈感，可以繼續展示、發展、衍生出證書（如結業證書、特殊成就）、清單（成就清單、知識清單、重要他人或關係）、聲明（如立場聲明、不放

棄聲明）等等有價值的文件；除了文件，也可以藉由繪畫、詩歌、音樂、舞蹈等等媒材來做為「給來訪者的回信」的多元形式。

我也把自己正在會談的來訪者，用這種方式做下了紀錄（以下資料都更換過姓名、背景和一些情節）。

來訪者，男性，29 歲，是一個高中數理資優生，保送到極好的國立大學熱門科系就讀，又應屆直升研究所。畢業後進入大家都夢寐以求的大型國際大公司就職，兩年多下來，公司分給他的股票，足夠讓他付買房的頭期款。

更幸運的是他在公司認識了小他一屆的同校學妹，主修金融專業，也是研究所畢業的女生。兩人交往一年多，穩定發展，雙方家長也都見過面，開始討論訂婚的細節，而他也在積極籌劃著 11 月公司要派他擔任一個創新計劃的重大挑戰。沒想到女生卻在 6 月下旬的時候提出分手。分手事件使他 7、8 這兩個多月，幾乎都是在麻木不仁、失去動力、行屍走肉的狀態下度過。我第一次見到他，是分手後近 3 個月的九月中旬。我跟他見了 2 次面。如果按照傳統的諮商紀錄方式，包含主述、評估與未來計畫，我可能是這樣寫的：

主述

1. 來訪者不是睡的很好，吃東西胃口還算正常，整個 9 月都沒有在準備 11 月要做的事，覺得自己又把 9 月都浪費掉了。

2. 來訪者擔心 11 月那個新的任務，自己會失常，沒有辦法表現出應有的能力。也擔心自己的英文不夠好，無法勝任接待國外客戶的任務。

3. 來訪者覺得很挫敗，因為慢慢地才發現分手的原因並不是表面上的溝通討論的問題，而是女朋友其實覺得他在討論的，對女朋友來說都不是重要的事。

評估

1. 來訪者逐漸離開創傷震盪期，逐漸緩解，重新進入啟動階段。
2. 要繼續關心分手創傷是否還有情緒上的負向干擾。
3. 來訪者的家庭和同儕支持系統是正向的資源，有利於來訪者走出分手的創傷。
4. 來訪者的臺語很好，也有一種自然流露的本土的親切感。

未來計畫

1. 整理分手對他的創傷以及生活，將這次分手的收穫，整理成日後的借鏡。
2. 協助來訪者準備好面對 11 月份的工作挑戰。

　　這是我第二次見面會談之後，寫給他的信：

親愛的祐生：

　　我特別記得第一眼看到你，對你的條理分明又穩健踏實印象深刻，我對你覺得有一種親切感，你的臺語這麼好，會不會語言其實也給出了你這個人的質地？畢竟語言是自我跟世界的一個中介，會不會是台語的親切性和本土性，也薰陶你的這些美好特質？你一一述說，對於 11 月要做的事，條理分明，細膩周全，你有看見你像是在起跑線上的選手嗎？已經就位準備向前奔跑了

嗎？

　　你經歷這麼難的分手事件，能夠在短短兩、三個月，就讓自己有這樣的改變，真是不容易，我很好奇，可以告訴我這兩、三個月，你都做了什麼所以有了這樣的改變？

　　你說你體會到：沒有什麼事是不變的，也覺察到不要「吃碗內，看碗外」（實在太傳神了）。從這次分手你也體驗到突然發生的意料之外，其實是生命之常情，卻還是讓你太震驚了。我也非常好奇，這些發現，會把你帶到那裡去？讓我忍不住想像，農曆年前，當你一切就緒的時候，那個時候的你，會是什麼樣子？

希望你看見自己的臺語多麼好，

而不是看見自己英文不夠好的 素菲老師

　　這是我第一次嘗試以「寫信做為紀錄」，還有很多可以改進的空間，但是我已經體會到真誠關懷來訪者的感動流露在筆尖，我也領悟到自己該說沒說或說了想修正的片段，我也藉此反思諮商歷程中關鍵性的轉變等等。我發現我在寫傳統紀錄，跟我在寫信作紀錄時，是兩種完全不一樣的狀態。在寫傳統紀錄時我腦袋像電腦一樣，不停地在搜尋各種理論觀點來做評估，我的關注點在專業知識、治療專業社群、治療專業概念等等，完全沒有將來訪者作為主軸。可是在以寫信方式作紀錄時，我彷彿再一次跟來訪者交談著，好像諮商會談仍然繼續延續，而且還會有綿延不絕的新的靈感不斷湧現。最重要的是我喜歡這種繼續跟來訪者

保持人與人接觸的感動，我相信來訪者也會喜歡收到這種來信。

開啟空間的問話（opening space questions）

把人和問題分開，才能開啟空間進行反思。佛瑞德門和康姆斯（易之新譯，2000/1996）強調人不等於問題，問題就只是問題，問題會運作、衝擊或滲透人的生活，而外化（externalization）就是「人不等於問題」這個信念的實踐。羅特和艾普斯頓（Roth & Epston, 1996）強調外化的態度比技巧更加重要，只是以技巧或語言來表達外化是個膚淺又無效的做法。

將問題外化以打開空間（externalizing of problems for open spaces），以便於尋找替代故事（alternative story），敘事治療心理師會引導說故事的人尋找問題故事中的例外：

- 如果……那會怎樣？（假設經驗的問話）
- 你現在的情況，你爸爸（祖母、老師……）會怎麼說？（重要觀眾的觀點）
- 你的情緒（失落、孤單、沮喪……）只影響你的工作，還是影響了全部的生活？（探索問題的作用範圍）
- 有沒有哪一個時間你比較不覺得沮喪？（探索不同的時間架構）

外化的問話，提供來訪者移動觀點、創造出心理空間，幫助來者訪者脫離束手無策的問題故事，成為自己生命故事的主角。敘事治療心理師帶著外化的態度聆聽，將產生強而有力的解構效應，與來訪者互動時，將開啟多元空間，將人從問題中解放

出來，也創造出新的背景脈絡，賦予故事新的樣貌。

　　敘事治療心理師以外化的態度來聆聽，把人和問題分開也把自我認同與問題分開；從單薄的描述到豐厚的描述以開啟空間；也以聆聽「雙重故事」來同時評估「問題對人的影響」和「人對問題的影響」，來建構特殊意義經驗，找出新故事的開端。

一、外化的問話

　　敘事治療的核心假設之一是人不等於問題。敘事治療以外化的問話來打開空間，並不只是一種治療技術，而是一種對於治療信念堅定的表達，因為敘事治療認為人是自己問題的專家。外化經常使用隱喻如：對抗問題、與問題戰鬥、驅逐問題、向問題罷工、拒絕問題的要求、從問題中奪回主控權、火葬問題、讓問題去服刑等等。此外為問題「下結論」也是很重要的外化方法，在一段外化的對話過程之後，邀請來訪者對故事做一個暫時性的總結，有些來訪者本來是沮喪而缺乏生命力，可能給出的結論是「在冷灶裡加入火紅的煤炭」，或是一個懷有社交恐懼者，可能給出的結論是「經營一個自在喝茶的花園」。懷特和艾普斯頓（廖世德譯，2001/1990，p.45）列出將問題外化的優點：

　　1. 減少無益的人際衝突，包括爭吵誰該為問題負責。

　　2. 降低失敗感，很多人在努力解決問題仍然失敗以後，對問題的持續存在常常會有失敗感。

　　3. 為合作鋪路，讓人互相合作，共同努力面對問題，避開問題對生活與家庭關係的影響。

　　4. 打開新的可能性，使人能夠採取行動，從問題和問題的影響當中恢復生活與家庭的關係。

5. 使人對於「嚴重的要命」的問題採取比較輕鬆、有效、沒有壓力的方法。

6. 提供對話的可能，使人免於對問題只能獨自處理的困擾

把人跟問題分開

　　將人與問題分開，最開始的起點是邀請來訪者為問題命名，當來訪者開始思考「問題」的名字，就啟動了人與問題分離的開端。以外化式聆聽「問題」的思考，表達出關心來訪者所敘說的問題，這些思考幫助敘事治療心理師將問題與來訪者分開。這些思考包括：

- 你會說這個問題是？或是，你怎麼稱呼這個問題？
- 是什麼造成問題？支持問題？
- 問題是如何表現？如何思考？如何行動？
- 問題如何影響你？問題給你帶來什麼經驗？
- 你如何影響問題？你做了什麼、或不做什麼，會使問題變大、或是變小？

　　敘事治療的心理師持著外化式聆聽的態度，會把來訪者的「問題」看成是一種外化的實體，但不去強化問題的負面作用、不去引導來訪者繼續描述充滿問題的故事，而是轉而詢問來訪者：

- 在「問題」面前繼續有所作為的你，具備了什麼？
- 我好奇的是即使「問題」橫阻在你面前，你好像有方法能夠減輕它掌控你的力道？

敘事治療心理師並不企圖教導來訪者什麼，只是想要弄清楚來訪

者對於減少「問題」掌控力，還知道些什麼？敘事治療心理師可以繼續使用外化的語言，引導來訪者訴說更多關於「問題」怎樣會變弱？或在什麼情況下會變強？也可以邀請來訪者試著從不同的角度來審視「問題」，試著移動觀點來查看「問題」，如果出現貼近渴望的故事，可以多一些對於「渴望故事」的問話，像是：為什麼「渴望故事」很重要？如果「渴望故事」發生了，會給他的生活帶來怎樣的不同？

把自我認同與問題分開

將來訪者的自我認同和所求助的問題分開來是重要的，因為問題經常與自我認同有關，而自我認同很多時候是被社會建構的。因此要把人跟問題分開，必須把人跟其自我認同先做釐清，看清楚問題與自我認同盤根錯節的關係，才有可能把人跟問題分開。

例如，來訪者認為：我過去一直認為自己是個急躁的人。「我是急躁的人」可以說是我的自我認同的一部分。有一天我被自己列下來的一堆事情弄到焦慮不堪，我決定和自己聊聊我是怎麼把「急躁的」內化成為我自己的一部分，我可以練習把「急躁的」外化。我發現如果我把「急躁的」當成是在工作場合中的一種追求效率的行動，而不是我這個人，情況變得有點不同。

這有點像是一種「思考實驗」，來訪者嘗試這樣問自己，並認真回答所有的問題：

1. 你是怎麼變成「急躁的」？
2. 你對什麼事情景是「急躁的」？
3. 在什麼情況下，最容易導致你變成「急躁的」？

4. 當你「急躁的」時候，你會做出哪些在你不是「急躁的」時不會做的事？

5. 當你變得「急躁的」時候，會怎樣影響你的生活？影響了什麼？

6. 你目前的困難或問題，有哪些是因為「急躁的」造成的？

7. 當你「急躁的」的時候，你的自我形象會受到影響嗎？

8. 如果發生奇蹟，有天早上醒來之後就再也不會有「急躁的」了，那你的生活會有什麼具體的不同？

　　做為讀者的你，也可以找一個你不太認同的性格特質、性情或是情緒狀態，最好是一個形容詞，例如：易怒的、好辯的、衝動的、固執的、悲傷的等等。在上述問題的「　」填入你不太認同的性格特質、性情或是情緒狀態，然後，認真回答所有的問題。回答這些問題對你的整體影響如何？有那些改變？有哪些新的觀點？未來會有些不同嗎？

　　佛瑞德門和康姆斯（Freedman & Combs, 1996）建議進一步多做一種練習，他們認為形容詞與動詞將有不同的效應。忘掉剛才做的練習，把上述形容性格特質、性情或是情緒狀態的形容詞改成名詞，也就是將「易怒的、好辯的、衝動的、固執的、悲傷的」等等，改成「易怒、好辯、衝動、固執、悲傷」等等。把名詞填入「　」，回下列問話：

1. 是什麼讓你容易有「急躁」，以至於「急躁」能支配你的生活？

2. 在什麼情境中，最容易由「急躁」獲得主導地位？

3. 發生哪類事情時,特別會使「急躁」出現?

4. 「急躁」使你做出什麼事,會干擾你的最佳判斷?

5. 「急躁」對你的生活、工作、關係有何影響?

6. 「急躁」如何導致了你現在所經歷的困難?

7. 「急躁」會不會使你否定自己?或是,你能經由「急躁」而肯定自己嗎?

8. 你是否有過克服「急躁」的經驗,也就是說,當「急躁」獲得主導地位時,你卻能不受「急躁」影響的經驗?

　　回答這些問題對你的整體影響如何?有那些改變?有哪些新的觀點?未來會有些不同嗎?用「形容詞」的經驗,和用「名詞」的經驗有不一樣嗎?轉成「名詞」比較容易視之為「物體」嗎?在回答「名詞」的問話時,是否比回答「形容詞」問話,更容易外化那個物體呢?

　　首創身體經驗創傷療法的彼得・列汶博士(Peter A. Levine)(古雅塔譯,2013/1997)提到通常受到虐待的人傾向於內化創傷經驗,內心對話認為自己是問題來源,而這種內心對話所產生的「自我認同」,又會繼續影響後續的詮釋,再成為問題故事。當來訪者把問題內化,自我將被問題所侵佔,也被問題所侷限和壓迫,這種「自我認同」限制了來訪者去認識自己其他潛在的選擇。根據傅柯(劉北成譯,2001/1963)的觀點,現代社會具有支配力的醫學論述,會使人與人彼此分開,並誘導我們將自己與身體當成是有問題的物體。懷特和艾普斯頓(廖世德譯,2001/1990)引用這個觀點並稱這種主流論述過程為「內

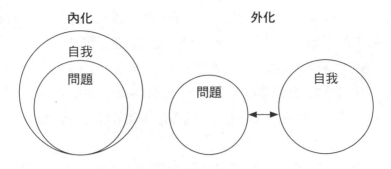

內化　　　　　　　　　外化

自我

問題　　　　　問題　　　　自我

圖 6-1　問題內化與外化的不同

化的論述」（internalization discourses）。藉著物化來分開已經
被內化的問題，外化的精神能抵抗內化的論述所造成「物化」的
影響。也就是說，藉著外化，而把問題「物化」，而不是以內
化，將人「物化」（見圖 6-1）。

　　什麼可以被外化？只有所謂的「問題」而已嗎？其實，敘
事治療的心理師可以關照更廣的脈絡，舉凡情緒困頓、人際問
題、文化與社會行為等等，都可以嘗試進行外化的問話。這有助
於敘事治療心理師跟來訪者一起探究「問題」，也可將問題擬人
化，目的就是要去改寫「自我認同」跟問題的關係。外化對話
不但讓來訪者重新定義問題與自身的關係，重新體驗他們的生
活，並追求自己所珍視的一切。外化對話開啟了許多可能性，在
發展自我認同感時，重新決定如何接收「他人的聲音」，讓來訪
者可以重新定義他們的自我認同。

二、從單薄的描述到豐厚的描述

　　每一個點都是生命中的片段，每天都有成千上萬的事情在發
生，人似乎會重複記得某一些事情，一再回想某些事情，而忘記

或不提其他事情。來訪者也都是帶著少數片段的記憶前來，看起來好像就是他的全部，而且最可怕的是來訪者習慣帶來的都只是（全是）一些問題故事，但是問題故事並非來訪者的全貌。故事的組成是依據情節，跨越時間線，透過有順序性連結的事件形成主流故事，其他在主流故事之外的事件，就顯得隱晦或比較不重要。

來訪者所帶來關於問題故事以及問題被賦予的意義，經常是由「單薄的描述」（thin description）所組成的。敘事治療心理師透過問話將來訪者單薄的描述加深、加寬、加厚，成為豐厚的描述，有助於開啟空間。通常進入治療中的來訪者可能都是在生活中正在經歷某個困難。例如志堅，八年級，有中輟的問題，老師的描述是：

> 志堅從開學至今一個月來，只有三天準時來上學，剩下的上課日，不是曠課就是遲到，有時整天沒來學校，有時十點多、有時下午才來學校。

父母的說法是：

> 我有叫他要起床，他都這麼大了，我們也要上班，他不去學校，我們實在也拿他沒辦法。

志堅自己的說法呢？敘事治療心理師如何在見到志堅時，幫助彼此離開這些單薄的描述？

如果圖 6-2 中，黑色虛線那條線是志堅的中輟的問題故事，敘事治療心理師可以運用豐厚的描述來開啟空間：

> 心理師：你這週哪一天有來學校？
>
> 志　堅：週二。
>
> 心理師：那天在出門前，你做了什麼？

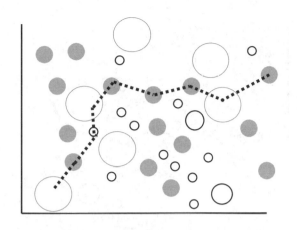

圖 6-2　黑色虛線的中輟問題故事

志　堅：那天我有設鬧鐘。

心理師：吐！你週一有設鬧鐘，讓自己起床耶！所以你週二
　　　　有來學校？

志　堅：對。

心理師：你其他時間不設鬧鐘？（心理師思考要問這個，還
　　　　是要直接問是什麼讓志堅週二會設鬧鐘，最後還是
　　　　決定先問前者）

志　堅：有時候週五也會設鬧鐘，但是週五會設在下午一
　　　　點。

心理師：所以，鬧鐘週五是設在下午一點，週二早上設鬧
　　　　鐘？你會設幾點？

志　堅：八點。

心理師：所以，鬧鐘是設在週二早上八點，週五下午一
　　　　點？其他時間你不會設鬧鐘？

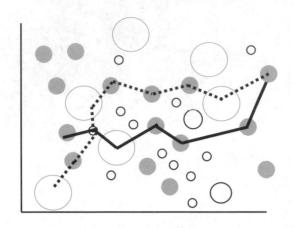

圖 6-3　黑色實線是跟戶外爬樹有關的故事線

志　　堅：對。

心理師：週二早上八點，週五下午一點，學校有什麼是吸引
　　　　你，所以你來學校？

志　　堅：週二早上有戶外爬樹的課，我喜歡陳老師，他比較
　　　　有趣，有時候週五下午他也會在學校，如果週五陳
　　　　老師沒來，我就跟同學聊天。

　　到此，好像多出現了一條故事線（見圖 6-3），是跟有趣的
陳老師戶外爬樹有關的故事線。如果敘事治療心理師可以多開展
出其他的故事線，例如敘事治療心理師可以問他：

- 在學校跟同學聊天聊些什麼？
- 同學怎麼吸引他？誰最吸引他？他最想跟誰聊天？
- 如果在家，不說鬧鐘，他都幾點起床？
- 起床後都做些什麼？

可能也可以開展出新的故事線。這時候有機會描繪出圖 6-3。最重要的是志堅喜歡陳老師戶外爬樹的課程，這條故事線還有很多發展的空間。例如：

心理師：戶外爬樹怎樣吸引你？

志　堅：因為陳老師很幽默。

心理師：是戶外？還是爬樹？還是陳老師最吸引你？

志　堅：陳老師。

心理師：如果是陳老師的課，你就願意來學校

志　堅：是。

心理師：陳老師的幽默怎樣吸引你？

志　堅：他不會罵人，……

心理師：還有呢？

志　堅：他跟別的老師不一樣。

心理師：別的老師都怎樣？

志　堅：別的老師……上課、考試。

心理師：上課、考試的老師，和幽默不會罵人的老師，最大的不同是什麼？

志　堅：幽默不會罵人的老師會讓我想事情。

心理師：你比較喜歡會讓你想事情的老師？不喜歡上課、考試的老師？

志　堅：對。

心理師：想事情，是怎讓你覺得喜歡？

　　到此，可以看到更多的故事線（圖 6-4）。志堅黑色虛線的中輟問題故事線，還是在那裡，可是看起來不是唯一的故事

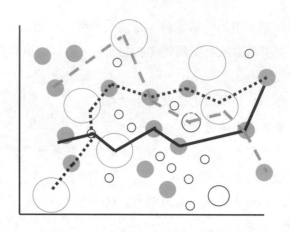

圖 6-4　灰色虛線是班上人際故事線

了。志堅不再只是被單薄的問題故事所描述了，而增加了其他故事線，志堅擁有了「豐富的描述」（rich description）。邀請來訪者說其他故事，是創造機會邀請其說出其他記憶，可能串出替代故事，如果可以一說再說，說出各種不同的故事線，故事一直發展，原來的問題故事線還在，但是現在看起來已經完全不一樣了（圖6-5）。

三、探索問題的影響

有時候會遇到陳年老問題，拖延、自卑或是人際疏離等等，這時候敘事治療心理師可以試試看去追訴「問題的歷史」。問題是有生命的，探索「問題的歷史」就是去探索「問題故事的來龍去脈」。例如：

- 這個問題幾歲了？
- 這個問題平常看起來像什麼樣子？

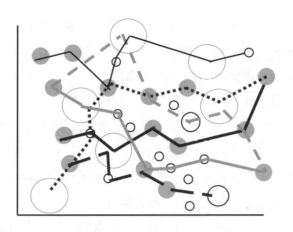

圖 6-5　黑色虛線的問題故事線，看起來不一樣了

- 這個問題是暴露公開的，大家都看得見嗎？還是只有少數幾個看得見？
- 有誰知道這個問題？有誰不知道這個問題？
- 如果不是暴露公開的，那是有被鎖起來嗎？鎖在哪裡？誰有鑰匙？
- 如果有人要看看這個問題，你會提醒這個人要注意什麼？
- 如果有人看到這個問題，你希望這個人可以說什麼？不可以說什麼？

既然以敘事治療的世界觀，來看待人與問題的關係，認為「人不是問題，問題才是問題」（The person is not the problem, problem is the problem.）。也就是說敘事治療穿透問題看到整個人，相信人的資源（希望），因此敘事治療心理師必須同時以相對影響問話去聽到來訪者的「雙面故事」。人被問題影響，人也一直影

響著問題。外化的問話，緊扣著「人不是問題」的假設，也將人和問題分開，同時開啟空間，讓來訪者的描述，給出問題的歷史和情境脈絡，使得「問題」的生命清晰可見。接著就可以評估問題的影響。評估問題的影響可以從兩方面進行，一方面評估「問題對人的影響」，也就是探索「問題」對來訪者他們的生活、關係、運作能力等等的影響；另一方面評估「人對問題的影響」，也就是探索來訪者他們能夠從限制他們的問題中，得以改變、影響或逃脫出來的資源、機會等等。

解構式的問話（deconstruction questions）

敘事治療的心理師認為來訪者的自我認同是社會建構的結果，強調來訪者與主流對話的重要性，也強調來訪者對生命經驗的反思性理解，以鬆動強勢的主流故事，並開創多重敘說。基本上解構就是將問題置入生活脈絡中，以便進一步理解來訪者與問題的關係，進一步把問題分開。通常可以運用外化的對話來達到解構的效果，外化是敘事治療問話最核心、最重要的意圖。

解構式問話的核心就是要鬆動主流論述（dominate story）並開創多重敘說（multiple narrative）。敘事治療心理師會提問來訪者：

- 這個事件使你對自己的……（失落、孤單、沮喪……）做出怎樣的結論？
- 在你所說的處境下，你對你的……（失落、孤單、沮喪……）曾經採取什麼行動？
- 你所說的這些事，有沒有促成你生活中的什麼特殊感受？

• 是什麼阻擾你變快樂？

接下來就解構式問話很重要的三種立場做說明。

敘事治療心理師持著「不知道」的立場，把「信念、作法、感受或態度」與人分開，不預設來訪者所帶來的問題之答案與其個人意義，以解構式的聆聽、解構式問話來鬆動被支配的問題故事，並以見證和定位來達到解構的效果。

一、不知道

賀林・安德森（Harlene Anderson）和哈洛・谷力顯（Harold Goolishian）（1992）曾經提出極具說服力的觀點，倡議敘事治療心理師「不知道」（not knowing）立場的重要性，他們認為治療是「一直走向未知之事的歷程」（Anderson, 1990）。這種態度意味著敘事治療心理師不從「專業角度了解」的立場問話，也不會對來訪者提出想要得到特定答案的問題（Goolishian, 1990）。

敘事治療心理師持著「不知道」的立場，是指不預設來訪者所帶來的問題答案與其個人意義，但是，治療並非「什麼都不懂」，敘事治療心理師擁有「人的知識」，也擁有「治療歷程的知識」，尤其是擁有協助來訪者發展偏好故事「提問的知識」。敘事治療是協助來訪者在自己所處的現實中，體驗「觀點移動而產生的選擇歷程」，而不是去尋找「確定的事實」（Bruner, 1986）。治療的目的是心理師聆聽來訪者的生命故事，並參與不斷鬆綁與開啟空間的對話。

懷特（White, 1988）認為「不知道」可以培養好奇的態度，這種好奇可以開發來訪者的觀點，找到解決問題的答案，當敘事

治療心理師好奇的提問使得對話走向意外的方向，而這個意外的新方向帶來更多元的視野，就可能蘊藏著渴望的替代故事。這種好奇立場的傾聽與發問本身產生的推動性、進展性，就能夠帶出非常好的療效。

敘事治療心理師專注地聆聽變得十分重要，治療的對話是以來訪者的故事為主軸，敘事治療心理師的提問是要鬆動來訪者的問題故事，以便浮現出多元視角。因此，敘事治療心理師要質疑自己的假設，經常要自問：「我是以自己的經驗，在填補來訪者故事的空隙嗎？」或是「我還需要多知道什麼才能更加感同身受？」或是「有什麼是來訪者沒有明說，卻又隱而未現的渴望？」這樣的察覺，會使敘事治療心理師邀請來訪者訴說更多他的真實。後現代重視「隱而未現」或「沒有明說」，這是在彼此對話過程中萌生出現的，相互共構而組成意義，而不是發現早已存在的真理。因此，後現代不同意「隱而未現」或「沒有明說」是某種已經存在或躲藏在意識深處，等待被詮釋的心理機轉概念，或是結構家庭理論說的已經在家庭中存在的溝通模式、規則，等待被描述出來的互動模式。

「不知道」有時候會讓新手心理師覺得自己好像是個江湖騙子，心理師帶著「不知道」去對話，要冒著透明度（transparency）的風險，在來訪者面前表明自己並沒有預設的答案。來訪者可能並不相信一個帶著「不知道」信念的心理師，心理師應該是那種「具備足夠的專業能力去解決各種心理問題」的人嗎？大多數人很自然地認為，心理師當然是心理的專家，但是敘事治療的心理師卻移開位置，認為來訪者才是他／她自己問題的專家，每一個來訪者都對自己的遭遇、生活或故

事，擁有專家知識，只是這些知識在充滿「專家理論知識」的社會中，長久深處於靜默無聲中。敘事治療的心理師鼓勵來訪者根據自己的願望，抗拒文化中主流聲音的掌控，選擇保留或丟棄某些故事。敘事治療的心理師致力於在來訪者的生命故事裡，帶著好奇去尋找不同觀點，描繪多重故事線來豐厚故事線，創造出新的可能性。這時候敘事治療心理師和來訪者都可以同時浸潤在「看見」或「發現」新故事的喜悅中。

二、解構式的聆聽

敘事治療把這種帶著「不知道」的專注傾聽，稱為解構式聆聽。這種解構式聆聽需要接納並理解來訪者的故事，而且不去強化故事中無力、痛苦與病態的觀點，這種奠基於社會建構論的解構式聆聽，有助於將未成形的故事加深、加厚，誘導來訪者離開被動接受事實的方式來看自己的生命故事，而是以主動建構故事的方式來組建自己的生命故事，這種解構能夠鬆動理所當然又習焉不察的自我刻板印象。

德希達（楊大春，1995）是解構主義大師，他認為任何符號、文字或主題的意義，都無法擺脫其與背景脈絡的緊密關聯，想要尋找任何主題唯一「真正」或「真實」的意義，都是徒勞而無功的。解構主義學者，把焦點放在這些模糊的空間，特別關心來訪者獨特結果的經驗或隱而未顯的故事，探討意義的不明確本質，強調顯示特定主題的官方說法或是普遍意義，都只是許多可能意義中的一種而已。

以解構式的態度去聆聽來訪者的故事時，敘事治療心理師也是帶著這些故事可能存在著多重意義的信念去聆聽。敘事治

療心理師作為聆聽者，所解讀的意義很可能跟來訪者想要表達的意義有所不同，解構式聆聽可以減少雙方的鴻溝，敘事治療心理師可以邀請來訪者詳細補述，或說明其中模糊、概括與不明確之處，讓來訪者有機會**表達出與其意義相符合的故事**。

治療情境中，就心理師在場這個事實，其實就已經使得來訪者的世界進入一種全新不同的現實，再加上敘事治療的心理師非常樂於貼近來訪者的位置，來訪者必然會以嶄新的方式檢視自己的故事，而聽到**不同於問題故事的觀點**。憑藉著治療歷程的進展，增加新的故事細節，故事的形貌逐漸改變，並產生新的意義。

三、解構式問話

敘事治療意圖了解並傾聽來訪者的故事，並不是要以任何外來的方法改變這些故事。通常敘事治療心理師和來訪者雙方建立了某種信賴的關係且互相理解的時候，敘事治療心理師會從「解構式聆聽」轉移到「解構式問話」。解構與「顛覆理所當然的現實和做法」有關，以便暴露主流論述的壓制角色，解構式問話會邀請來訪者從不同的觀點來看自己的故事，注意自己敘說的生命故事是如何被建構的，並試著鬆動綑綁自己的文化論述，也可以說這是一種「打開封裝」（unpacking）。外化經常就是解構式問話，有助於協助來訪者體驗到自己選擇的責任、能負起如何與問題互動的責任，當來訪者逐漸意識到自己看自己的方式是一種被建構的事實，就會理解到並不需要繼續緊抱著這樣的觀點看待自己。既然過去的自我敘說並非必然，也非唯一真理，來訪者會欣然發現，可以用另一種方式來建構自己的故事。這種解構

的目的並不是要質疑自己的敘說，而是提供機會，試著從不同的視角來考慮更多、更好、更滿意的敘說可能性。

　　所謂敘事治療心理師的解構式問話策略，是指敘事治療心理師的心理治療立場。心理師不可能沒有立場，但是心理師又不能以自己的立場強加到來訪者身上。根據懷特和艾普斯頓（廖世德譯，2001/1990）的觀點，我們相信主流故事會「壓抑人的生活」，關於性別、種族、階級、年齡、性取向、宗教等等充斥著各式各樣使我們臣服的主流故事。而解構可以幫助我們去除這些「把偏見和成見隱藏起來的」所謂的真理。因此，心理師的立場不是去教導來訪者接受心理師的信念，這樣只是讓心理師成為另類主流故事的幫兇，重蹈主流故事壓迫人的覆轍。敘事治療的心理師所採取的立場，是以解構式問話盡量維持一種超越主觀信念的態度，與來訪者一起去認識這些社會中現存的、潛在的、具壓迫性的主流故事，例如，邀請來訪者命名：你會用什麼字眼來描述這個「問題」？或運用「相對影響的問話」，先描述問題對人的生活和人際關係所造成的影響，然後再描述他們本人對問題的影響。盡量共同檢視具有壓迫性的故事，以便發展出多元觀點，開啟隱藏的支線故事。

　　舉例來說，華人文化中「家庭和樂」常常成為幸福的指標，成人世界處處充斥著這個「標籤」，家庭和樂是一種理所當然的論述。過年時所有人都可以理所當然地詢問成年子女「有沒有對象了？」或是「什麼時候打算要結婚了？」尤有甚者，如果一個成年女性年近 30 歲還在攻讀博士學位，也會理所當然的被攻擊：「你念完博士，沒有人敢娶妳啦！」、「女孩子，讀這麼多書，幹什麼？還不是要進廚房？」當然「家庭和樂」這個標籤

也不會鼓勵單身、離婚、喪偶，更別說同性戀伴侶。

解構式問話的立場，可以協助心理師跟來訪者（假設名為淑滿）一起思考：

淑　滿：我已經 31 歲了，可是我覺得我一無是處。

心理師：妳說的「我一無是處」是在說什麼？

淑　滿：就是我還在讀博士，又讀得哩哩喇喇，不知道什麼時候才會畢業。

心理師：如果怎樣就不會是妳說的「哩哩喇喇」、又「一無是處」？

淑　滿：我都 31 歲了，學業未完成，工作還沒著落，婚姻更是遙不可知……。

心理師：是誰這樣告訴妳的？

淑　滿：大家都這樣說啊！

心理師：你說得「大家」是誰？

淑　滿：親戚朋友、街坊鄰居啊！甚至電視也這樣演。

心理師：好像整個社會都這樣說，都是那個「大家」，那妳同意嗎？

淑　滿：我，我不同意啊！

心理師：妳不同意什麼？那些跟妳的經驗不一樣？

淑　滿：男生就不會這樣，男生也會有壓力，可是沒有女生壓力這麼大啊！至少不會被說妳念完博士，沒有人敢娶妳啦！

心理師：是什麼使得「大家」可以「這樣說」？或認為「這樣說有道理」？

淑　滿：性別刻板印象吧！大家就覺得女生就是要結婚、嫁

人、進廚房。

在這種解構式問話的進行過程中，也是在進行問題的外化，必要時也可以為情節命名：

> 心理師：作為一個成年女性，妳覺得身上正在經驗的故事，妳會怎麼命名？
>
> 淑　滿：不公平的旅程。
>
> 心理師：（繼續細緻化對話，詢問相對影響的問話）如果身為男性，會有怎樣的不同？

當淑滿真的做到「學業完成，工作穩定，也進入婚姻」，我問她：

> 心理師：妳想像那樣的生活，是妳要的公平的旅程嗎？
>
> 淑　滿：（緩慢的搖頭）怎麼覺得好像會更累？

於是，心理師與淑滿的對話，會逐步暴露主流論述壓制的事實。如前所述，敘事治療非常強調要將人和問題分開，這會讓心理師和來訪者有機會拆解組建問題故事的主流故事，或揭露塑造這些問題故事的社會、文化脈絡等背景故事（background story），這也是「解構」的重要基礎。

四、以見證和定位來達到解構的效果

見證和定位（positioning）是指敘事治療心理師運用現場家庭成員，調動不同「定位」來創造多重故事、不同觀點的故事，和不同立場的故事，以**見證和定位可以有效地達到解構效果**。也就是以「位置」與移動「位置」來達到觀點移動的治療效果。我們都生活在脈絡中，並發展出在脈絡中與人互動的能

力，見證的「位置」使我們離開熟悉既定的脈絡，去到一個不一樣的「位置」去理解人。透過這種催化見證過程的形式，不只是邀請不同人對同一個事件的「不同觀點」做見證而已，還得以催化出「解構意義」的見證。

治療師在轉換到不同人的時候要特別留心，在不同見證者位置所要提問的問題，最好緊扣住貼近渴望的故事。敘事治療心理師邀請見證者發表「位置」的觀點時，是以提問邀請見證人激盪出他們的回應，即便只有小小的亮光，也值得去試試看。所以治療師最好不要只是含糊地問見證者：「在聽○○分享時，你在想什麼？」而必須具體以正向瞭望點來提問見證者：「聽到○○說你們的差異不是問題，他更珍惜你們共同創造的美好回憶，這對你的意義是什麼？」在吉兒‧佛瑞德門（Freedman, 2017）工作坊現場[1]，她行雲流水的講授流程，信手捻來都是深厚的實務與教學功力，以下是根據她精彩又有價值的練習稍作改寫。

★練習：見證和定位

運用調動不同「定位」來創造多重故事、不同觀點的故事，和不同立場的故事，是佛瑞德門很強調敘事治療心理師必備的能力，也是她用來針對來訪者的「隱而未顯」的技術之一。下面就是她以局外見證人的方式進行練習的方法，我稍加整理成三回合的練習。讀者可以借以體驗可能故事都一樣，但是聆聽的人換個位置，將會聽到很不一樣的面向。其中第一段是平常聽別人

1　「敘事治療——在伴侶與家庭中的應用」，2017 年 6 月 16-18 日，台北，福華國際文教會館。

說心事的位置，第二段是平常聽別人說別人的事情的位置，第三段是見證者的位置，同時要聽在場隱而未顯的故事。

第一回合

- 三人一組，分別扮演主角、X、Y。
- 進行方式：主角想像一段關係裡小小的難題，它很難去說，也沒人可說，但現在有機會說給坐在對面的客觀第三者Y聽。Y只要聽就好。

  例：我（主角）擔心女兒X覺得我認為她「不是好孩子」。

- **問題**：請Y回想一下剛剛聽的過程，有那些是主角的難題？你的位置在那裡？

第二回合

- 三人 組，分別扮演主角、X、Y。
- 進行方式：主角重新定位一下，X的事情，跟你一點關係都沒有，X是朋友的孩子，你關心這個朋友。再說一次給Y聽。

  例：我（主角）朋友擔心她跟女兒的關係，她擔心自己的女兒X被認為「不是好孩子」。

- **問題**：Y感覺在兩段中，所聽到的X是否有所不同？是你的位置（position）改變，而產生不同嗎？

第三回合

- 三人一組，分別扮演主角、X、Y。

- 進行方式：主角想像一段關係裡小小的難題。但是這一次 X 坐在你旁邊，主角說話給對面的 Y 聽，Y 是客觀的第三者。Y 只要聽就好，但是把主角對於與 X 關係中重視的部分放在心上。

  例：我（主角）擔心女兒 X 覺得我認為她「不是好孩子」。女兒 X 就坐在我旁邊，我說話給對面客觀的 Y 聽。（Y 聽就好，但是把主角擔心女兒 X 被認為「不是好孩子」，對關係重視的部分放在心上。）

- **問題**：請 Y 回想一下剛剛的過程，有那些是 X 不在場時，你聽不到的，無法了解的？這是你的位置（position）在 X 與 Y 之間，而產生不同嗎？

意義性的問話（meaning questions）

　　意義性的問話是尊重來談者主體經驗的具體展現，敘事治療堅信來訪者是自己問題的專家。意義塑成（meaning making）最常見的做法是讓來訪者自己命名，而不是由專家給予診斷，這是去病理化的作法。從整個社會系統到個人生命敘說，是一種改變的隱喻，個人一部分的改變會牽動其他的改變，故事不斷開展，敘事治療心理師與來訪者一起開啟未來，故事的每一頁、每一部分都是平等的，都值得去一一展開，以屏蔽權力造成的偏見。

　　敘事治療的心理師可以運用意義性問話來協助來訪者取得生命主權（own the subjectivity），以來訪者的立場來詮釋故事的意義。透過為經驗的意義命名，建構出新經驗的意義，鼓勵人思索並體驗獨特結果、較佳方向和新故事經驗的意涵。例如：

- 這個新觀點讓你對自己有什麼認識？（意義與涵意）
- 身為處在這件事的當事人，這代表什麼意思？（特徵和性質）
- 你認為是什麼動機使當時的你採取那一步？（動機、期待和目標）
- 為什麼這種新的想法比舊的更適合你（價值觀和信念）？

敘事治療心理師以「邀請多元觀點」的問話協助來訪者帶進新觀點，改變問題故事的樣貌，重新調整生命重心。以「認同藍圖」的問話聚焦於意義，表達出來訪者的主觀價值、動機、期望、目標或認為重要的事情。以下將針對跟意義性問話有關的「邀請多元觀點」的問話、「行動藍圖」的問話、「認同藍圖」的問話，加以說明。

一、邀請多元觀點的問話

在家族治療的現場，一對夫妻講同一件事，卻可能帶著不同的觀點和意義。例如，當醫生宣告丈夫罹患皮膚癌，會面臨 30% 的死亡率。丈夫認為自己死期不遠，妻子卻很想知道怎樣可以成為那 70%？敘事治療心理師有必要進一步去探索來訪者主觀的想法，也就是去探索來訪者的意義認同：

敘事治療心理師：是什麼讓妳非常渴望去知道如何成為那70%？

妻子：（瞪大眼睛說）我希望他跟我白首偕老，這對我意義重大！

敘事治療心理師：（問丈夫聽到妻子的說法，有何回應？）

> 丈夫：她這樣說讓我知道我不能放棄，我理解到
> 　　　我的生命不只是我自己的而已，我同時是
> 　　　父親和丈夫，我必須放手一搏、努力求
> 　　　生。

敘事治療心理師聽到醫師說 30% 的死亡率，一樣的說法丈夫與妻子卻往兩個相反的方向思考，這就值得去釐清差異觀點，讓不同的視角顯現，以便聽到彼此的聲音。

　　有時這類矛盾、衝突或不一致，也會發生在同一個當事人身上，例如，一個單親媽媽帶著沮喪而自責的表情和口氣，口中描述的卻是對 28 歲女兒的憤怒與不滿：

> 　　她每天下班就躲在房裡上網，把我當空氣，我就說妳乾脆不要回家算了，後來她就在外面混到快 2 點多才回家，根本把家裡當旅館，我實在是很生氣，有一天晚上我們兩個大吵一架，我就叫她滾出去，我不想看到她，她實在是太過份了，都快 30 歲的人，一事無成、不求上進，大學畢業到現在就只是在百貨公司站專櫃，都六、七年了，難道要站一輩子櫃台？

來訪者充滿抱怨、生氣、不滿與失望的情緒，心理師除了同理來訪者的感受之後，更重要的是敘事治療心理師可以運用邀請多元觀點的問話來浮現隱藏故事：

- 如果她不躲在房裡上網，妳希望妳們可以一起做什麼？
- 在那天晚上大吵一架時，有什麼是妳想說，卻是她沒有機會知道的心理話？
- 妳說她都快 30 歲了，妳希望她可以變成怎樣，是妳

希望她過的那種生活？

- 妳可不可以多說一點，是什麼讓妳這麼著急希望她可以過妳說的那樣的生活？
- 如果妳女兒有機會聽到我們現在的談話，妳猜她會看到一個怎樣的母親？

敘事治療心理師運用這類邀請多元觀點的問話，幫助來訪者離開問題故事所產生的情緒障礙，協助來訪者接觸到親子互動經驗中想要傳達的多元觀點。

生命重心因為故事的多元性而被調整、改變或融合。帶進來的新觀點，改變了問題故事的樣貌。例如佛瑞德門（Freedman, 2017）在工作坊中曾經舉例某社福機構被告虐待兒童，法律訴訟長達十年，院長有沉重的罪惡感，整個人被訴訟所綑綁。十年後這個院長來尋求幫助，訴及自己曾經有過一段愛情關係，心理師問院長：「你那麼喜歡小孩，你為什麼沒有生養自己的小孩？什麼阻止了你？」有 10 秒鐘，院長完全不在訴訟的問題故事中，他進入了一個深具個人意義的替代故事中：他已經要照顧這麼多小孩了啊！這個支線故事使得院長從長達十年的訴訟問題故事中暫時脫身而出，看見意義認同藍圖：原來自己一直以來是這麼喜歡這些機構裡的小孩，甚至無暇顧及自己要不要生養小孩了。這使得來訪者重新理解到這個訴訟其實無法否定他對孩子的初心。

來訪者經常被困在問題重重的困境裡，以社會建構論的觀點來看，知識和問題都是社會建構使然，可以協助來訪者移動觀點以鬆動被建構的問題故事，以便離開問題故事。當來訪者敘述其問題故事到某一段落，敘事治療心理師可以進行下列問話，以邀請來訪者開啟問題故事的多元觀點，包括：

- 你可不可以告訴我，你的夥伴會看見什麼？這對他來說意味著什麼？
- 如果小時候（10 年後）的你，看到目前發生的這一切，會注意到什麼？
- 如果你是牆上的掛鐘，目睹這整個過程，它會說什麼？
- 如果你們不是……，你希望你們是……？
- 在那天晚上……，有什麼是你想說，卻是他／她沒有機會知道的？
- 妳希望她可以變成怎樣，是妳希望……？
- 是什麼讓你這麼著急……？
- 如果她有機會聽到這些，你猜她會看到一個怎樣的妳？
- 如果你不是像他們說的那樣，你的那些部分是值得被他們認識的？
- 當你不做他們要你做的，什麼是你自己真正想做的？
- 你為什麼沒有……？什麼阻止了你？

二、行動藍圖的問話

行動藍圖（Landscape of action）就是關於獨特結果的細節，是由事件的經驗所組成，是我們在故事中的行動或作為。這些事件依時間順序和特定情節連結在一起，是故事的素材，由構成情節與故事主題的系列事件組成，包括來訪者敘說故事中的事件、環境、順序、時間、情節等，提供我們初步的故事結構。如

果我們遺漏其中任何一個面向——事件的經驗、順序、時間、或情節——那就得不到故事。這些事件，共同形成了行動藍圖。（White, 1995, p.31）

當我們談論某些事件，我們會指出這些事件反映出我們社會網絡中種種人的個性、動機和渴求等等。我們也會反思這些事件對特定關係的品質所透露出來的訊息。之後將提到的認同藍圖則和意義的詮釋有關，也是對顯露在行動藍圖中，對於那些事件的反思。（White, 1995, p.31）

通常提出行動藍圖問話，是在諮商過程中來訪者出現了問題故事之外的「獨特意義經驗」。敘事治療心理師可以藉由來訪者生命經驗中不受問題故事所影響的時刻，提出行動藍圖的問話，包括探索「獨特意義經驗」發生前後的相關細節、相關的人，以及來訪者的作為等等。例如，摩根（陳阿月譯，2008/2000，p.84）列出行動前的問話的可能清單：

- 這件事發生的時候你人在哪裡？
- 當時你是一個人還是和別人在一起？
- 這件事是什麼時候發生的？
- 這件事維持了多久？
- 在這之前和之後發生了什麼事情？
- 你是怎麼準備的？
- 當你告訴你的朋友，他是怎麼說的？
- 這是你自己還是和別人一起做的決定？
- 以前你做過這件事嗎？或是這是第一次發生？
- 導致你做這件事的最重要理由是什麼？
- 做這件事的步驟是什麼？

行動藍圖問話能協助來訪者創造一個新故事，也就是貼近來訪者渴望的替代故事。敘事治療心理師的任務是辨識出獨特意義的經驗，找出故事的開端，運用認同藍圖和行動藍圖的問話，導引出來訪者的承諾、目標和力量。行動藍圖的問話是讓來訪者的描述技巧和能力更豐富的方法，有時候可以透過「其他人」、「其他角度」來增加來訪者的能動性。例如：

- 如果你的祖母看到你，他會怎麼描述你？
- 牆壁上的鐘目睹了今晚餐桌上的事情，你猜牆壁上的鐘會怎麼描述它所看到的這一切？
- 對於你這樣想，最支持你的會是誰？最不贊同的會是誰？

很重要的，敘事治療心理師也可以邀請來訪者「為替代故事命名」。並不是只有在被建構的第一階段邀請來訪者為「問題故事」命名，敘事治療心理師也可以在敘事治療的重構階段，邀請來訪者「為替代故事命名」，這有助於尊重來訪者的主觀意義，及鞏固替代故事。例如：

- 你會把這個「反抗〇〇」的計畫叫做什麼？
- 你談到要「過自己的生活」，我們可以用怎樣的字眼或詞彙來表示你的核心意涵嗎？
- 你認為什麼詞彙或名字最能表達你想要抵抗憂鬱、沮喪對你生活的掌控？
- 也就是運用各式各樣的方式來定位、敘述、圖像化等等，來鞏固來訪者的替代故事。

三、認同藍圖的問話

在敘事治療中認同被視為一種行動方案，在諮商對話、互動過程中，心理師與來訪者影響了彼此的認同，也就是彼此在關係中互證彼此的存有（宋文里，2016/2011）。「我是誰」一直都是困難回答的問題，來訪者很難一下子就對自己、對自己的問題、對自己的未來有清晰的圖像，這是敘事治療的起點，敘事治療心理師一點一點地搭鷹架，逐步釐清來訪者的認同藍圖（Landscape of identity）。例如在家族治療中心裡心理師可以透過這樣的開始使得整個會談氣氛變輕鬆：

心理師：（問孩子）你知道為什麼要來這裡？（要孩子猜猜看，並轉而問父母）

父　　母：我們有跟他說明。

孩　　子：可能是成績吧！

父　　親：（點頭）

心理師：再猜猜看！

孩　　子：不知道！可能是逃學的事吧！

父母親：（點頭）

心理師：哇！你猜得真是神準啊！好像你什麼都知道，我想要讓你多說一點我們不知道的事。

認同藍圖意指來訪者以主導者身分，對行動或做為所歸納出來的意義或結論。是由包含在行動中的所知、所感、所思，或是無知、無意、無感所組成。認同藍圖包括來訪者帶著意圖的理解，同時理解那些是來訪者一致性的價值，並從意圖性的理解中達到領悟、學習、建構知識。意義認同（meaning identify），

是指人們選取某些故事的觀點來敘說，它表達出我們的主觀價值，或是認為重要的事情，例如上例中的單親母親的意義認同是「我希望我們母女倆晚上可以一起談心聊天」、「我不是要趕她出去，我希望跟她更加靠近」、「我希望她不要每天在百貨公司下班回到家都快 11 點，太累了，我希望她可以升遷，或是換個朝九晚五的工作」、「我著急是怕她累壞身體，她都搞到兩、三點才睡覺，我希望她作息正常才能身體健康」、「我女兒如果聽到，她應該會看到一個關心她的母親，而不是情緒失控將她罵到掃地出門的母親」。

認同藍圖是我們的「心智檔案櫃」，呈現出故事主角的意識。主要是由他們對於行動藍圖中的事件所產生的想法組成，也就是他們對這些事件所歸納出來的意義，還有對於形成這些事件的意圖與目的所做的推論，以及對其他相關角色特性、身分所做成的結論。意義認同的表現有時是整個治療的核心，或是治療過程中的重要轉折。值得注意的是，意義認同大多數是會受到文化論述所影響，例如成家立業、事業有成、父母期待、文化規約。所謂的青少年問題，其實可以說是青少年不符合文化規約的標籤結果。但更重要的是，其他沒有說的、隱藏的、問題故事之外的經驗、記憶、故事。敘事治療的心理師幫助來訪者離開主流故事的支配，例如上述的母親由於隱藏的期待而導致關係決裂，或是一個所謂的叛逆青少年，能夠排除主流價值的標籤，而選擇支持自己的意義認同，這樣的選擇對個人十分重要。

在這些案例的對話中，由受訪者來決定怎麼開啟話題，是開啟認同的第一步。認同藍圖的問話有助於開啟關於意義的問話，認同的層面包括：

- 個人特性：你會說你這麼做，表達出怎樣的自己？
- 個人價值觀與信念：你覺得媽媽不信任你，當背對著媽媽，甩門出去，你希望媽媽相信你什麼？
- 關係品質：在你們劍拔弩張的時候，你覺得它壞了什麼，是你覺得很遺憾的？
- 個人知識、技巧和能力：是什麼讓你即使承受壓力，還是咬著牙撐過來了？
- 渴求、願望、偏好：如果這不是……那什麼是……？如果不要……，那要……？
- 意圖、動機、計畫、目的：你說你懶得說了，你希望他明白什麼？

意義塑成（mean making）的問話很少憑空而降，也不容易單獨存在，意義性問話都是緊跟在開啟空間的問話、解構式問話、發展故事的問話之後，在來訪者說出答案或做出回應時，敘事治療心理師再與意義性做出關聯，而追問來訪者故事中的意義：「這對你的意義是什麼？」或是「這個事件說明了你所重視的價值，或是基本立場是什麼？」或是「這件事的重要性是什麼？為什麼這對你是這麼重要？」意義性問話與其他問話是交織相關的。

認同藍圖問話可能涉及故事中相關的人的**個人特徵、價值觀、信念**等等，例如：

- 你的同事做這件事，對你有什麼意義？
- 如果要把你現在體會到的人際智慧，應用到你的工作場域，會造成什麼不同？

- 這個新觀點讓你對自己有什麼新的認識？
- 如果你的家人知道你的想法，對你身為一個長子，有什麼意義？
- 身為主導這件事的人，這顯示了你的什麼重要特徵、信念？
- 如果你跟死對頭可以合作，你的老闆會在你身上看到什麼特質？
- 當你聽到兒子氣呼呼的說這麼一大段話，你在他身上發現到他重視、在乎的是什麼？

認同藍圖問話可能與**知識、技巧和能力**等等有關，敘事治療心理師可以追問：

- 受了這麼多苦，你學到什麼？
- 如果要以一個過來人的身分，你會給才要踏進來的人怎樣的忠告？
- 如果可以有一兩句話來總結這一段過程，你會怎麼說？
- 回想起來，你最深的了解和體悟是什麼？
- 在你付出這麼多之後，而得到目前的成功，你會說自己是一個怎樣的人？
- 關於你一直說的內疚，對你造成莫大的影響，你現在學到什麼？
- 為了處理這個狀況，你需要什麼知識、經驗？
- 能夠去看見並欣賞自己擁有這些知識、經驗，是怎樣的感覺？

- 能夠依賴這些知識、經驗，這會對這件事情的未來發展帶來怎樣不同的影響？
- 你會怎麼說？或怎麼命名自己正在擺脫這一團糟的過程裡，所展現的技巧、能力？
- 這些技巧、能力是怎麼來的？這是你最近發展出來的能力？還是你自有記憶以來就有這些能力？
- 還有沒有其他情況，這些能力也扮演了重要的角色？

　　認同藍圖問話可能涉及**渴求、願望、動機、期望、目標**，這與來訪者未來的生活計畫或生涯發展有關，敘事治療心理師可以追問：

- 你認為是什麼動機使她做了那件事情？
- 你們兩人的溝通內容和方式，是不是反映出你們兩人各自的期望？
- 我們探索到的新發現，會怎樣影響你對未來的決定？
- 你認為你的目標是什麼？
- 在你失去這段人際關係之後，你看到你最在乎什麼嗎？
- 你看到過去這些年來的付出與收穫，對你來說你完成了什麼？

發展故事的問話（story development questions）

　　敘事治療一般是從來訪者的問題故事出發，治療過程中敘

事治療心理師致力於協助來訪者找出隱藏的故事，形構未來圖像，鬆動主流故事，浮現支線故事，發展出個人替代故事。這些過程敘事治療心理師需要具備發展故事的問話，以便與來訪者一起重新建構生命故事。

發展故事的問話，包括四個部分：

1. 開啟新故事的問話：傾聽故事的開啟、尋找新故事的開端、以貼近渴望故事的方向去發展新故事發展。
2. 獨特意義經驗的問話。
3. 探索細節（過程 時間 背景 人物）的問話。
4. 發展替代故事的問話。

透過這些問話，心理師協助來訪者發現隱藏的故事線。此外發展故事的問話通常也是一種假設未來的對話（dialogue to future），可以包括過程、細節、時間、背景、人物等等來提問，例如：

- 回顧這件事，你認為轉折點是什麼？（過程）
- 你一聽到消息，身體有什麼感受嗎？（細節）
- 1 年後你希望自己有何不同？（時間）
- 有沒有什麼文化或情境因素，使你覺得這個目標是重要的？（背景）
- 誰會為先注意到你已經克服恐懼？他會怎麼說？（人物）
- 如果事情沒有發生，你會有什麼不同？（假設事件的問話）

以下將針對上述 4 種發展故事的主要問話進行說明，最後再

以「Q 的故事」為例說明如何發展替代故事。

一、開啟新故事的問話

傾聽故事的開啟

開啟新故事幾乎是與解構同時進行的。最常見用來邀請來訪者創造新故事起點的方式，是藉由獨特意義經驗（unique outcome）。充滿問題的故事是無法開啟新故事，也不會出現獨特意義經驗，必須經由敘事治療心理師的問話和討論，才有機會讓獨特意義經驗成為發展新故事的開端。通常在邀請來訪者為自己的問題命名之後（假設為○○），敘事治療心理師就可以藉由這類的問話，來引導出特殊意義經驗：

- 你有沒有保持不被○○影響的經驗？
- 當○○不干擾你的時候，你的生活會是什麼樣子？
- 你做什麼的時候，○○會比較沒有機會影響你？

即使治療師提出這類問題，也不一定能夠獲得來訪者的獨特意義經驗。此時可以把注意力放在仔細聆聽來訪者故事中的「偶爾」，例如：「我偶爾會想到她的優點，可是她真的是一個……」、「我幾乎不可能準時完成，功課實在太多了，只有偶爾一、兩次，我非常專心……」、「在他面前，我幾乎沒辦法控制我的情緒，只有一次我深呼吸跟自己說，我這次絕對不要被他激怒」等等。或是多去注意治療室中來訪者本身流露的行為或狀態與其「問題」的不一致之處，例如一直在抱怨有溝通困難的人，在治療室中卻能流暢的表述自己；或是一直陷在遲到問題的

上班族，每次都準時到達會談室；或是面對丈夫外遇的傷心妻子，卻打扮精緻的坐在會談室中等等。敘事治療心理師要對這些一語帶過、一閃即逝，看似無足輕重、平凡無奇、理所當然的經驗感到好奇，從這裡找到發展新故事的開端。例如：

- 你說偶爾想到她的優點，可以請你多說一下嗎？
- 你說你只有偶爾一、兩次準時完成，你可以多說一下你的專心怎麼幫助了你？
- 有一次你深呼吸控制住自己，沒有被他激怒，那一次你展現出什麼能力？

尋找新故事的開端

解構式聆聽很自然的會帶出新故事的開端，也可以直接以「例外」來詢問來訪者：

- 當問題困擾著你，你曾不曾有過抗拒被問題影響的經驗？
- 你有沒有過幾分鐘，是你沒有被這個問題所影響？
- 這個問題有一直緊隨著你嗎？還是時近時遠？
- 我了解你說的問題，我好奇的是有沒有某個認識你的人，他們會看到沒有問題的你，他們會怎麼說你？

或是提出假設性的問話：

- 如果你沒有○○這個經驗，你會覺得自己有何不同？
- 假如這件事沒有發生，你會多出什麼？或是少掉什麼？

詢問這類問話，能夠引導來訪者發現避開問題的實際經驗，每一

個經驗中的細節都是開啟新的故事的機會。

　　從開端發展成新故事，敘事治療心理師可以像一個劇作家，從讀者的多重觀點來思考，或是從既是演員又是觀眾的雙重全景角度來思考，也可以針對假設或推測的經驗進行演譯，最重要的是去發展最近的「歷史」，探索出各種細節，以便能夠拓展故事到未來。

以貼近渴望故事的方向去發展新故事

　　在會談過程中，敘事治療心理師遇見來訪者出現問題故事無法預測的獨特意義經驗，並且是來訪者的置身經驗有可能發展成為新故事的機會，可以試試看這樣提問：

- 你比較喜歡……還是你比較喜歡……？
- 這個發展，讓你覺得更好嗎？
- 你認為這樣好，還是不好？
- 你希望生活裡多出現這種時刻嗎？
- 這個改變是你要的嗎？

這類問話會引導來訪者思考，也可以協助敘事治療心理師檢視，這個新的開端是否可以更加貼近來訪者渴望的故事，而離開原來的問題故事。

　　有些時候來訪者會有一些異於往昔的舉止，也是值得留意的非口語線索，例如：講到某些事情時聲音特別提高而興奮，或是眉開眼笑地講述一個新的經驗，或是用了一個特別令人難忘的隱喻來凸顯其意義等等，這種自發性的反應可能也蘊藏著發展新故事的開端。敘事治療心理師可以仔細的回應，並邀請來訪者描繪更多的細節。在聆聽來訪者每次會談當下的敘說，**聚焦在聆聽**

他們的價值、意義、渴望與期待，以及對他們而言是較佳的發展。而發展新故事的速度，最好是配合來訪者的速度，對於受過創傷的來訪者，尤其要注意創傷經驗能量的流動，不能操之過急，否則治療本身又會成為一種暴力的經驗。

二、獨特意義經驗的問話

治療在不同的文化脈絡中必會有所不同，因此必須依從不同文化而進行調整。成年女性要結婚生子？如果這是一種主流論述，那麼女性做個成功的學者，是被邊緣化的。我們其實要支持並禮讚每個人活成其獨特的樣貌，我們可以將類似的人聚集在一起，讓這些人覺得並不孤單。心理師在治療後期會邀請家庭成員進治療室，心理師在家庭成員面前訪問來訪者（家庭成員成為見證人），心理師也在來訪者面前訪問其他家庭成員（來訪者成為見證人）。因為我們都生活在脈絡中，並發展出在脈絡中與人互動的能力，但是見證的「位置」使我們離開熟悉既定的脈絡，去到一個不一樣的「位置」去理解人。

聆聽是一種了解，聆聽更要注意問題之外的線索，是否隱藏著獨特意義經驗，這通常是問題故事無法預測（包含）的部分。例如：

> 一個 7 歲的孩子，經常夜裡尿褲子，父母帶著孩子來做家族治療。學校打電話給父母說，其他孩子都避之惟恐不及，所以這個孩子在學校都交不到朋友。父母親也因此不敢邀請朋友來家裡作客，覺得很尷尬。在治療過程中，孩子仍有尿褲子的「意外」，但是父母試著邀請朋友來家裡作客，這是問題故事之外的特殊事件，父

母試著從「問題」中奪回一些控制權。

這時候敘事治療心理師可以藉由這個特殊事件，提出獨特意義經驗的問話，當敘事治療心理師聽到問題故事，也聽到一些其他經驗，要去思考：問什麼才能將故事發展成為新的替代故事？敘事不強調感覺，而強調經驗。因此會將與來訪者的對話，聚焦在來訪者的經驗，及對經驗的反思，以便建構出貼近渴望的替代故事。敘事治療心理師可以好奇人、事、時、地、物等，例如：

1. 父母如何做決定邀請朋友來家裡作客？（如何？）

2. 父母不惜冒著可能「發生意外事件」而陷入尷尬的危險，邀請朋友來作客，意味著什麼？（為什麼？）

3. 邀請誰來？誰開始作邀請的動作？（那些人？）

4. 在聚會裡聊了什麼？做了什麼？發生些什麼事情？（哪些行動？）

5. 聚會前做了哪些準備？聚會之後的結果，經驗如何？（時間參照的經驗如何？）

6. 現在跟過去有何不同？（有對照性的問題）

7. 這個特殊事件跟你們產生了什麼關係？你們與「尿褲子意外」的關係有改變嗎？邀請朋友來，有改變你們與「尿褲子意外」的關係嗎？（與問題的關係？）

8. 你們的朋友對於你們的邀請有何反應？（拓展到社群）

9. 朋友來訪前，你們做了哪些準備？（站在故事發生之前，往前推）

這樣的問話有機會將問題（problem）轉變成計畫

（project），也有機會從故事的圈套（plot）中脫離出來（out of plot）。通常從獨特意義經驗來發展故事（develop stories）的問話不會只問一個問題，而是一串提問。最好是從一般性的日常問話開始，像是：

- 天氣如何？
- 吃了什麼？

敘事治療心理師要好奇故事發生的前後脈絡：

- 之前的行動？
- 當時的情況？
- 之後的經驗？

敘事治療心理師也要注意邀請來訪者的多元觀點：

- 朋友的反應如何？
- 邀請誰？沒有邀請誰？名單是如何擬定的？
- 他們知道你們冒著蒙羞的危險，還邀請朋友來家中，他們會怎麼想？

敘事治療心理師也可以好奇，在這個行動中他們具備了哪些能力、技巧、方法、知識等等，最後也可以**提出意義性的問話，以鞏固認同藍圖**：

- 不惜冒著陷入尷尬的危險，邀請朋友來作客，意味著什麼？
- 再次邀請朋友來，透露出什麼新的觀點？
- 兒子看到父母邀請朋友會怎麼想？
- 當你這樣做，透露了什麼認同？

或是**強化行動藍圖**：

- 朋友來訪前，你們做了哪些準備？

- 當天晚上現場，你們有哪些作為是能有效降低焦慮？

還有一些是敘事治療心理師可以作為把握住獨特意義經驗，而提出**發展故事的問話**：

- 你是怎麼做到不讓問題變得更糟糕？
- 問題有沒有「生病沒力」的時候？
- 問題有沒有失敗或無法得逞的時候？
- 你可不可以告訴我一個關於你對抗問題之後，因而做了你想做的事的經驗？

三、探索細節的問話

　　敘事治療心理師面對來訪者時，不管來訪者所帶來的問題是司空見慣或是陳年舊事，敘事治療心理師要提醒自己（對自己的問話）：什麼是我想要多看、多聽、多感受的，以協助自己更全然探索經驗的細節來提升來訪者（和心理師）經驗投入的程度，以便更完整的進入來訪者的這段經驗？什麼樣的問話能夠使我邀請來訪者更投入這段經驗？

　　隨著時間的進展，發展豐厚的故事線，敘事治療心理師對來訪者可以進一步提問，來增加對來訪者更多細節的了解：

- 你可不可以告訴我一段過去的經驗，跟你剛剛描述的類似經驗？
- 我們正在討論的這個經驗，其根基是什麼？

　　關於跟故事有關的相關他人，也是重要的細節，敘事治療心理師對於關於他人的問話包括：

- 在這個事件中，還有哪些人是重要的？

- 在我們討論的這個事情，背後有誰促使其發生嗎？

- 有誰會支持你，或反對你嗎？

★練習：發展故事——探索「細節」

四人一組，分飾以下角色：

1. 受訪者，你可以決定訪問者的位置，朋友、祖父、老師……。

2. 見證人，最好是伴侶或家人，也可以是朋友、老師、祖父……都可以。

3. 訪問者，不要從問題故事開始，挑出一個「好時機」（nice moment），例如去公園散步。

4. 教練，教練要視時機打斷訪問者，在他耳邊唸出其中一個問題作為提示或提醒，訪問者不必唸出來，也不必回答，而是放在心上作為引導。

教練可以依據四個問題清單提問：

1. **請他分享更多細節，過去與這有關的經驗。**

    例：通常這件事要做計劃嗎？還是隨機發生？

    　　經常出現這樣的經驗嗎？

2. **問他這經驗對他的意義和重要性。**

    例：這個經驗的重要性為何？

    　　這個經驗是什麼？

    　　你會說這是個……？或是……？

3. **邀請他說更多行動，並帶出未來行動。**

例：你以前都怎麼做的？

你會怎樣進行下一步？

這會使你想要做什麼嗎？

除了……你還會做什麼？

4. **邀請他對這段經驗的意義進行反思。**

例：你發現到什麼？這提醒了你什麼嗎？

其實，你從來沒有……，因為……？

對於你如何看待自己有貢獻嗎？

有說明你的生活目的嗎？

分享：

1. 跟教練一起討論，如何以探索細節來繼續發展故事？怎樣訪問比較能發展出隱藏故事？

2. 跟見證者一起討論，見證者觀察到什麼，可能是受訪者不知道的自己？你有聽到什麼不同？有別於你對它的認識？你會如何描述？你會怎麼說以協助他發現細節以繼續發展故事？

3. 跟受訪者討論，受訪者有何體驗？希望訪問者多問什麼？

4. 跟訪問者討論，有何體驗？怎樣訪問比較好？

5. 當作為一個團隊，你是否經常要跟不同的人一起合作，可以運用這種技巧，去溝通協調了解對方。就想像你正在跟一個理念不同的人溝通。

四、發展替代故事的問話

敘事治療的治療情境中所談的生命故事，就是來訪者所經歷的真實生活，這些生命故事包含了焦慮、擔心、害怕、憂慮等等，也包含了期待、計畫、想像、動機、渴望、夢想、意義等等。我們說的故事就是我們的生活，那麼，怎麼說自己的生命故事，就很大程度的決定了我們生活的樣貌。下面舉例，來說明發展替代故事的問話的做法。

Q 的故事

Q 是一個用功、自律而成績優異的好學生，從中學到大學都是第一志願，在臺灣這可以說是成功而閃耀的標記。可是 Q 內向，自我壓抑，討好別人。她對人和善，答應別人的事情一定做到，對於自己的本分，她都加倍要求自己做到最好。老師在課堂中提到的參考書單，她會利用時間到圖書館找到資料，仔細閱讀並做書摘，不吝於分享給別人。她說她所有的時間都在「做事」，覺得自己很不快樂。

> 我問她：如果一直都在「做事」，把所有時間都讓事情填
> 滿，是要擠掉什麼？是要阻止什麼進來？

一個祕密

Q 從來沒有告訴別人她在 10 歲那年，被帶到隔壁的 65 歲的退休男士房間裡，說是要給她吃好吃的巧克力糖。她被這位男士卸下內褲，觸摸下體、猥褻擁抱，但沒有陰莖插入，這個男人掏出自己的陰莖，並且在她面前手淫射精。事後這個男士要 Q 不要跟任何人提起這件事，並且塞給他 100 元零用錢，跟她說，只

要妳來我房間，我都會準備巧克力糖，並且給妳 100 元。她沒有再去過那個房間，那是唯一的一次。她沒有告訴爸爸媽媽，從來沒有跟任何人提起過這件事。

我問她：當時 10 歲的狀態，妳經歷了什麼？而現在第一次說這件事的妳，身上具備了什麼是跟 10 歲的時候不一樣的？

為問題故事命名

Q 說這是一個「被老男人性猥褻」的故事。她說那個時候她「應該」是不安全，混亂，無助，孤立，覺得自己很髒，否定自己。但是她說她幾乎感覺不到自己的感覺。她說，現在已經不是當時 10 歲的小孩，是 10 歲的年紀覺得不安全，混亂，無助，孤立，現在她已經 29 歲，擁有法律專業的碩士學歷，是個出色的律師，她現在已經是個能夠自主的成人。當時候發生的「被老年人性猥褻」已經過去了。

我問她：妳是如何讓「被老男人性猥褻」這個祕密過去的？妳對這個祕密做了什麼？

貼近渴望的故事

以「相對影響問話」將來訪者帶到一個陌生的新視角，重新評估問題對來訪者的影響力，以及理解到來訪者對問題的影響力，以浮現出來訪者貼近渴望的偏好故事。

Q 略顯猶豫，目光投向窗外說，她用一條很厚的黑色地毯把「被老男人性猥褻」這個祕密蓋起來，並且在這條毯子上面若無其事地吃喝拉撒睡。多年來 Q 讓自己維持正常，甚至出色的生

活，使她有能力承受這個祕密所造成的影響。

> 我問她：如果有一個重要的人，知道她承受著這祕密卻還能
> 夠維持正常，甚至出色的生活，這個人會看到她的
> 什麼特質、態度？這個人會對她說什麼？
> 如果蓋住「被老男人性猥褻」這個祕密不是那一
> 條很厚的黑色地毯，而是一塊很厚的透明強化玻
> 璃，並且仍舊在這透明強化玻璃上面若無其事地吃
> 喝拉撒，她會有不同的經驗嗎？

解構式的傾聽與問話

　　故事一旦說出來就變得更加真實，也比較能付諸行動。布
魯諾（Bruner, 1986）認為「故事只有在表現出來時才得以轉
化」。敘事治療心理師想要與來訪者共同建構貼近渴望的故
事，或是偏好的故事，或是較喜歡的未來故事，而不只是停留在
代表或描述來訪者生活經驗的感受而已。基本上轉化的故事都具
有創造的性質。敘事治療心理師找到某個點開始發展故事，有
可能開創出一個全新的格局。例如敘事治療心理師嘗試去問：
「如果蓋住『被老男人性猥褻』這個祕密的不是那一條很厚的黑
色地毯，而是一塊很厚的透明強化玻璃，並且仍舊在這透明強化
玻璃上面若無其事地吃喝拉撒，她會有不同的經驗嗎？」這讓 Q
經驗到正式「認同」自己這雙眼眸，而轉化、開展出「我沒有做
錯什麼，沒什麼要羞愧，也沒有必要遮住什麼」。來訪者不只是
述說自己的生活經驗，而且是經由敘說創造出新的自我認同。

從獨特意義經驗開啟新故事

　　來訪者是自己生命故事的作者，Q 有一天經過化妝品專櫃，被海報上清新的美女吸引住。Q 也有一雙美麗的眼睛，Q 決定嘗試適合展現她眼睛特色的眼妝，專櫃小姐很細心的為 Q 介紹產品和試妝。Q 一直都知道自己眼睛很漂亮，可是這是第一次，Q 開始想要展示她美麗的眼眸，她果然備受稱讚，得到很多正面的回饋。Q 想到「透明玻璃」，她的眼睛一直在那裡，卻要等她「開始想要展示」，她才正式「認同」這雙眼眸，在 Q 正式「認同」這雙眼眸之前，似乎也有一條很厚的黑色地毯遮住眼睛似的。Q 說那個「被老男人性猥褻」的祕密，到底是被一條很厚的黑色地毯遮住，還是在一塊很厚的透明強化玻璃下面，根本不是重點。重點在於她是不是正式「認同」，她決定要掀開這個祕密，她說她沒有做錯什麼，沒什麼要羞愧，也沒有必要遮住什麼。

　　敘事治療是在對話中進行的，治療歷程中的對話內容就在重建故事。故事無法預先籌畫，也不是先設定目標，再找方法完成目標。敘事治療的對話，每一次都是在現場根據來訪者的敘說，帶著參與感與好奇心發展一些故事，故事細節必須根據前一次的意義與形式而定，最重要的是必須貼近來訪者的渴望。敘事治療心理師與來訪者在每一個共構故事的過程，都能夠引發無數的問話，每一個不同的問話都會導向不同的方向，因此，敘事治療心理師必須非常警覺，必須針來訪者最有意義的經驗，據以提出問話。最好是以布魯諾（Bruner, 1986, P.26）說的：遊走於人類的可能性，而不是強加確定。也就是用虛擬化（fictitious）的用語，諸如：如果、或許、可能、是不是有如……。

<u>貼近渴望的描述</u>

　　維持正常生活，獲得優異的成績和學歷，並且是個出色的律師，確實給 Q 很大的力量和滿足。她目前最大問題是，無法輕鬆，隨時都要把時間塞滿，感覺不到快樂。

　　我問她：生活裡有什麼才會快樂？什麼是不快樂？

　　　　　缺少了什麼就感覺不到快樂？

　　　　　一直把所有時間填滿，是要擠掉什麼？是要阻止什麼進來？（再次提問）

敘事治療心理師的問話將來訪者從充滿問題的描述，走入貼近個人渴望的方向，以發展出符合來訪者自身滿意的替代故事做為對話的軸心。

　　隨著這些問題所建立的新的故事線，將會繼續影響問題故事朝向豐厚的故事線發展，這只是一個開始，治療過程中，還可以繼續發展多元故事。從聽到來訪者的問題故事開始，敘事治療心理師帶著敘事的世界觀，透過提問，帶著來訪者去經驗自己不知道的自己，經由開啟新故事的問話、獨特意義經驗的問話、探索細節的問話、發展替代故事的問話，協助來訪者發展貼近渴望的替代故事線。敘事治療心理師說的、問的，不一定都是對的，或是有用的，重要的是在問完之後，回到來訪者身上，確定是否對來訪者有改變的價值，沒有用就換別的問，繼續修改。

貼近渴望故事的問話（preference questions）

　　敘事治療認為生活在社會情境中的人，會自然而然的以合作的姿態，認同文化中的規範和論述，這也使得人在其中，以此來認定並敘說出充滿問題的生命故事。敘事治療從問題以外的其他

面向來認識人，在聆聽來訪者的故事時，不是去蒐集資料、事實或線索，來進行深層詮釋或做出診斷。敘事治療的聆聽，是去欣賞來訪者當下組織其生活事件所形成的故事樣貌，以及來訪者在其中所感知到的問題故事，並從其獨特意義經驗中發現隱藏的故事線，進而以較喜歡選擇的問話來開啟貼近渴望的替代故事。

懷特和艾普斯頓（廖世德譯，2001/1990）提出「相關影響力的問話」（relative influence questioning），包含兩組問話：第一組問話是鼓勵人找出問題對他們生活與關係的影響，第二組問話鼓勵人找出自己對「問題的生命」的影響。「相關影響力的問話」邀請來訪者檢視問題對他們生活與關係的影響，因此有助於幫助來訪者察覺並描述自己與問題的關係，使來訪者脫離「問題在我身上」的靜態、固定關係，而進入「問題在我身外」的動態的、經驗的關係。敘事治療心理師以雙重聆聽、隱而未現的提問、偏好故事的提問，在來訪者的多元敘說中，開啟貼近渴望的替代故事。以下將針對這三點進行說明。

一、雙重聆聽

佛瑞德門（Freedman, 2017）提出解構意味濃厚的「雙重聆聽」（double listening），她認為敘事治療心理師的聆聽都是雙重聆聽，一方面傾聽「問題」如何影響來訪者？一方面傾聽來訪者做了什麼而會影響「問題」？敘事治療心理師尤其要去關注，來訪者認定的問題故事所無法預見的行動和想法。透過問話邀請來訪者一說再說，說出經驗中的細節，使得來訪者面向豐厚的敘說，開啟出貼近偏好的或渴望的故事。敘事治療也會運用局外見證人團體、信件、文件和社群，發展出貼近渴望的故事。

雙重聆聽似乎更簡潔的說明了懷特（丁凡譯，2012/2011）的「相關影響力的問話」。但不管是懷特的「相關影響力的問話」或是佛瑞德門的「雙重聆聽」，敘事治療心理師的聆聽都是為了瞭解來訪者對問題的觀點。例如有一位來訪者有慢性疲勞的問題，敘事治療心理師聽一陣子之後，向來訪者提問：

　　心理師：你會為這個經驗命名為什麼？

　　來訪者：入侵者。

第一重聆聽

　　心理師：「入侵者」對你的生活造成什麼影響？

　　來訪者：「入侵者」使我焦慮不安，擔心自己無法承擔，讓我覺得頗有壓力。

　　心理師：「入侵者」對關係造成什麼影響？

　　來訪者：「入侵者」使我經常要休息、睡覺，無法去參與社交生活，我的生活圈變窄了。

第二重聆聽

　　心理師：你曾經對抗「入侵者」嗎？你有影響過「入侵者」嗎？

　　來訪者：我原先沒有想過我可以對抗「入侵者」，但是似乎你在提醒我可以決定做一些事情來對抗「入侵者」。我其實可以接受邀請，參加社交。出門在外確實會使我需要多休息一下，但是忽視「入侵者」者是沒有用的。

　　心理師：你想要跟「入侵者」保持怎樣的關係？你會如何跟

「入侵者」協商？

來訪者：我無法擺脫它，也無法忽視它。「入侵者」可以說
　　　　是一個不速之客，我必須讓出空間給這個客人，但
　　　　是我並不想讓「入侵者」反賓為主，我要讓它知道
　　　　我才是主人，我來當家做主。

　　命名之前，來訪者完全陷入無助，命名這個邀請，創造出敘
事治療的心理師與來訪者之間的空間，也創造出來訪者與問題之
間的空間，讓來訪者自己去思考要跟問題保持怎樣的關係？就
此，來訪者擁有選擇權和主導權。

　　如「開啟問話的空間」那一節所述，把來訪者的形容詞改為
名詞，具有重要意義。當來訪者說「我覺得很憂鬱」，這是用
「憂鬱的」（depressed）來形容自己。可以問來訪者：

敘事治療心理師：你說的憂鬱（depression），是指什麼意
　　　　　　　　思？

　　　　　　　　憂鬱是怎麼纏上你的？憂鬱如何讓你認識
　　　　　　　　它的？

　　　來訪者：憂鬱讓我慢下來。

敘事治療心理師：那是什麼感覺？

　　　來訪者：我什麼都不想做。

敘事治療心理師：你會怎麼說這種感覺？

　　　來訪者：沉重。

接下來，敘事治療心理師繼續運用雙重聆聽：

第一重聆聽

敘事治療心理師:「沉重」對你的生活造成什麼影響?

來訪者:「沉重」使我什麼事情都不想做,沒有動力,對什麼都不感興趣。

敘事治療心理師:「沉重」對關係有何影響?

來訪者:「沉重」使我遠離人群,我覺得只要我出現就會造成別人的負擔。

第二重聆聽

敘事治療心理師:你曾經對抗「沉重」嗎?你有影響過「沉重」嗎?

來訪者:曾經在一個太陽照進我房間的那早上,我發現「沉重」好像不見了,那天早上我大概有兩個小時,跟家人一起早餐、聊天,我真希望那個時間永遠不要停止。

敘事治療心理師:如果要讓那個時刻繼續延長下去,你會如何跟「沉重」協商?

來訪者:我會繼續喝茶、聊天,專注在眼前的人和話題,讓「沉重」沒有機會找到空間。

敘事治療心理師:你會用你的「專注當下」來讓「沉重」無機可趁,是嗎?

這並不是角色扮演的概念,角色扮演可能會使來訪者凍結在角色中。雙重聆聽所造成的將問題外化的力量,更強調來訪者置身其中(embody),體現當下無法取代的獨特意義經驗,並據

以產生能動性。

二、隱而未現的問話

佛瑞德門（Freedman, 2017）甚至將「雙重聆聽」延伸為「雙重提問」（double questioning），一方面針對來訪者「認定的問題」進行解構式問話，另一方面對來訪者提出「相對於問題」的渴望。敘事治療心理師以好奇來訪者的隱而未現的支線故事會如何影響來訪者的「未來故事」，協助來訪者拿回其主控權。貝特森（Bateson, 2002）和德希達（Derrida, 1978）先提出「隱而未現」（absent but implicit）的觀點，經由懷特（White, 2006）關注：

> 經驗總是來自另一段或是另一組經驗的對照，沒有任何單一經驗的意義是獨立於其他經驗而存在的。在創造意義的過程中，我們總是說（或想或感知）：「這跟……不一樣」。

這意味著任何單一經驗都是「雙重描述」（double description）中顯現的一面。問題故事總是對照於另一個比較貼近渴望或珍愛的故事，「隱而未現」可以說是問題的對比，問題的經驗對照於什麼經驗，參照的經驗使他們發現自己有問題，這也是發展渴望故事的入口。如果我們能夠運用「雙重提問」，仔細傾聽來訪者的故事，我們將能夠聽見隱隱存在、用以與當下經驗進行差異對照的過去經驗。這些隱現的經驗，蘊藏著豐富的支線故事，運用「雙重聆聽」和「雙重提問」，使敘事治療心理師能夠聽見來訪者所尊崇、渴望、珍惜卻未被言說的故事，懷特將這種探索命名為「隱而未現」地聆聽與提問。

佛瑞德門（Freedman, 2017）列出探索「隱而未現」的七種問話：

1. 這說明了你珍惜什麼？

2. 如果這個問題是對某種事物的抗議，你認為那是什麼？

3. 是不是有一些重要的東西被違背了？你可以試著描述一下嗎？

4. 我們可這樣說嗎？你把這個視為「問題」，是說你不願它繼續下去？「不願它繼續」，這代表了你的什麼樣的堅持？

5. 當我在聽著你說時，我覺得這當中好像少了什麼，有什麼重要的東西不見了，是嗎？你可以說說，那是什麼嗎？

6. 當你對著這個說「不是」，那你會對著什麼說「是」？

7. 為什麼在家人（老闆、伴侶……）面前說出這個觀點，對你而言很重要？

懷特（White, 2003）舉例說明來訪者的分享，所包含的「隱而未現」的不同的意涵（可搭配表 6-1 閱讀）：

來訪者：我真是覺得很挫折。（存在著特定的目的、價值和信念）

敘事治療心理師：說的挫折，背後似乎有什麼是被辜負或否定掉？

來訪者：我這次是徹底的絕望了。（存在著特定的

表 6-1　顯現的、隱而未現的列表

顯現的	隱而未現的（可能源自於，或指向）
挫折	特定的目的、價值和信念
絕望	特定的希望、夢想及未來願景
不公不義	對於公義世界的特定理念
負擔	對於生命的特殊使命與承諾
傷害	關於療癒的特定理念
遺棄、孤立	來自於傳統、靈性，或是受到高度肯定的文化智慧等等生命知識
以此類推……	

希望、夢想及未來願景）

敘事治療心理師：這次的事件摧毀了你的什麼？如果沒有遭
遇這些事，你的未來會是怎樣的圖像？

來訪者：這是我遭遇過最不公不義的事情了。
（存在著對於公義世界的特定理念）

敘事治療心理師：如果還存在著公義，應該怎麼發展才比較
合理？你覺得一個有公義的社會應該是怎
樣？

來訪者：我實在無法負擔了，我承擔不下去了。
（存在著對於生命的特殊使命與承諾）

敘事治療心理師：那過去承擔許久的你，都在承擔什麼？是
什麼讓你一直堅忍著、承擔著？

來訪者：這個傷害實在太深了。（存在著關於療癒
的特定理念）

敘事治療心理師：如果這個傷痊癒了，你會成為一個怎樣的

人？這個傷要怎樣才能痊癒？

來訪者：我真的感覺到孤立無援。（存在著來自於傳統、靈性，或是受到高度肯定的文化智慧等等生命知識）

敘事治療心理師：怎樣會讓你感覺到支持？當你成為孑然一身的時候，你最需要什麼？……

三、偏好故事的問話

尋找貼近來訪者渴望的偏好故事（preference stories）成為未來的替代故事，是敘事治療心理師協助來訪者取得生命主權的具體實踐。敘事治療心理師可以向來訪者提問：

- 這個觀念適合你嗎？為什麼？
- 你覺得這是有用的做法嗎？怎麼做？為什麼？
- 你覺得讓憤怒管理你的生活，還是讓你自己管理你的生活？
- 對你而言這是好事還是壞事？

有時候問來訪者「你喜歡憂鬱？還是你不喜歡憂鬱？」似乎是個愚蠢的問題。但是這樣的問話確實很重要，因為敘事治療心理師不會假定來訪者偏好的未來故事，即使整個社會似乎都鼓勵大家「遠離憂鬱，朝向陽光」。敘事治療心理師必須在諮商過程中常常謹記在心，問自己，也問來訪者：

- 有沒有什麼地方，是我們可以一起去的？
- 你認為我們可以去這裡，還是去那裏？

我們要聆聽來訪者未說明的相反字詞：

• 如果不是這個，那你說的是哪個？

• 如果這個讓你覺得不對，哪個會讓你覺得比較對？

• 那些你覺得會讓你更加沉重的問題，你說是黑霧，黑霧總是剝奪你的動力嗎？那些你覺得會貼近你的渴望，你稱之為晨曦，晨曦能為你帶來動力嗎？

• 遠離黑霧，邁向晨曦，是我們對於治療對話的共識和承諾？

• 遠離黑霧也是消除「心理痠痛」的工作？

此外，敘事治療心理師還要聆聽隨著時間的推移，來訪者隨之改變了的希望和夢想，並好奇它們原來的樣貌，例如：

• 當你堅毅不拔的努力著，你是為了什麼而如此堅毅不拔的努力著？

• 當你說你仍然在乎，你在乎的是什麼？

• 當你說這次你一定會堅持到底，你最想堅持的是什麼？

本章述及六大類敘事治療重要的問話，與第五章敘事三重山的敘事特徵做呼應，可以整理如下表 6-2：

表 6-2　敘事問話的方法與技術一覽表

敘事特徵	敘事治療問話	問話方法與技術
被建構的敘事（be-constructed）：被建構狀態的敘事特徵 從生活經驗事件中看見敘說主題，並從敘說主題中描繪出使來訪者成為「有問題的人」的生活世界／社會文化／情境脈絡。	促進反思性理解的問話	1. 促進反思性理解的問話：協助來訪者取得生命主權、重視來訪者本身的經驗而不是專家的知識。 2. 生命故事使文化體制現身
解構的敘事（de-construction）：鬆動狀態的敘事特徵 來訪者擺盪在想要「脫離」舊框梏的衝突與矛盾情緒，卻又對未來目標有模糊感與不確定性。從中打開空間，浮現出與主流故事不合模，卻隱然顯現的支線故事。	開啟空間的問話	1. 外化的問話：把人跟問題分開、把自我認同與問題分開。 2. 從單薄的描述到豐厚的描述 3. 探索問題的影響
	解構式的問話	1. 不知道 2. 解構式的聆聽 3. 解構式問話
	意義性的問話	1. 邀請多元觀點的問話 2. 認同藍圖的問話 3. 行動藍圖的問話
再建構的敘事（re-construction）：重寫狀態敘事特徵 在來訪者重新再脈絡化自身的經驗過程中，愈來愈離開「不要」的問題故事，愈來愈靠近「要」的渴望故事。	發展故事的問話	1. 開啟新故事的問話：傾聽故事的開啟、尋找新故事的開端、貼近渴望發展新故事。 2. 獨特意義經驗問話 3. 探索細節的問話 4. 發展替代故事的問話

敘事特徵	敘事治療問話	問話方法與技術
	較喜歡選擇的問話	1. 雙重聆聽 2. 隱而未現的問話 3. 偏好的故事的問話

章末語

以前總是杞人憂天的擔心敘事治療若是直接從學習技術入手，會流於只懂技巧、不諳原理的表淺狀態。總覺應該要先把理論基礎、知識論源頭弄得一清二楚才可以使用技術，結果把自己弄得有點綁手綁腳。後來發現，理論與技術之間，其實是一個相輔相成的過程，如果不去實踐，永遠不知道哪裡出錯。只有開始在臨床實務中運用敘事治療的技術，而且不停回頭來跟敘事治療的假設進行核對，在每一次敘事治療的經驗中，檢驗知識論立場是否和合而無所乖離，持續不斷的檢驗與修正，才是使用敘事治療諮商介入最好的學習方法。

我雖然努力的將敘事的治療技術整理成表 6-2，以為會在面對當事人時，比較容易「有系統」的運用各種技巧，其實，在面對個案的當下時刻，仍然不免黔驢技窮。最好的方式是，每一次諮商完畢，再去細細回想過程中是否有漏失運用敘事技術的機會？是否有以外化問話來解構問題故事？是否確實進入雙重聆聽而尊重其在地知識？是否進入其認同藍圖而導引出渴求、願望、目標？是否以多元觀點問話而浮現出個人意義？就在這種自我反思的歷程中，敘事治療的心理師才能夠建構出屬於自己敘事治療的「在地知識」。

「消除症狀」與「重構故事」是兩個不同的概念，敘事治療的目標不只是為了去除症狀，而是離開問題故事去發展貼近渴望的故事；「專家診斷」與「在地知識」是兩個不同的概念，敘事治療的方法不是治療師主導，而是治療師以「不知道」來尊崇來訪者的在地知識，讓他做為自己問題的專家；「無望感」（hopeless）跟「無助感」（helpless）也是兩個不同的概念，敘事治療的提問不只是為了消除無助感，而是要創造出希望感的治療文化。

重點回顧

1. 反思性理解的問話，有助於協助來訪者取得生命主權，敘事治療心理師以提問來促進來訪者對自己故事的反思性理解，並且分辨權力在故事中的影響力。
2. 開啟空間的問話，是指敘事治療心理師以外化的態度來聆聽，把人和問題分開也把自我認同與問題分開；從單薄的描述到豐厚的描述以開啟空間；也以聆聽「雙重故事」來同時評估「問題對人的影響」和「人對問題的影響」。
3. 解構式的問話，是指敘事治療心理師持著「不知道」的立場，不預設來訪者所帶來的問題之答案與其個人意義，並以解構式的聆聽、解構式問話來鬆動被支配的問題故事。
4. 意義性的問話，是指敘事治療心理師以「邀請多元觀點」的問話協助來訪者帶進新觀點，改變問題故事的樣貌，重新調整生命重心；以「認同藍圖」的問話聚焦於意義，表達出來訪者的主觀價值或認為重要的事情；而「行動藍圖」的問話浮現出獨特意義經驗的細節，協助來訪者創造新故事，開啟可能性。

5. 發展故事的問話，是敘事治療心理師以開啟新故事的問話、獨特意義經驗的問話、探索細節的問話、發展替代故事的問話，協助來訪者發現隱藏的故事線。
6. 貼近渴望故事的問話，是敘事治療心理師以雙重聆聽、隱而未現的提問、偏好故事的提問，在來訪者的多元敘說中，開啟貼近渴望的替代故事。

第三篇

敘事治療的應用

第7章

敘事理論與生涯實務

　　我唯一想要做的一件事，就是按照我的迫切需要而做決定，去創作舞蹈。

　　當我沒有在創作的時候，我覺得自己好像一個遊手好閒的人；只有在工作中，我的創作能量得到了最大的發揮。

　　我並不是半調子的工作者，認真的態度對我而言是很重要的。

　　　　　　　　　　　　　——引自瑪克辛、羅特和莫里茨
　　　　　　　　　　（Maxine, Rothe, & Moritz, 1971, p. 126）。

　　美國著名舞蹈家艾略特‧費爾德以他自身經驗說明了工作在生涯的重要性。

約翰‧霍蘭德（John L. Holland）（1970, 1997; Gottfredson, 1999）提出生涯興趣的六角形模型（Holland's Hexagon model）。霍蘭德的類型論認為大多數人在六種性格類型中，都會在其中一、兩型比較明顯。六種職業環境對應六種性格類型，每一個職業環境是由其所屬的工作性格類型與特定物理環境構成，基於個人的性格特性和環境特性，都可以用霍蘭德人格類型與環境模式來預測。生涯興趣類型理論結構完整、清晰、便於操作，量表應用廣泛有很大的實用價值，它重視個人特質與工作世界的配合，提供進一步探索的明確方向，利於引導來訪者主動積極探索生涯，也激發了眾多的理論研究，是所有理論中被研究最多的；在過去超過 30 年間，對於生涯教育貢獻非凡。但是生涯興趣類型理論，將職業興趣作為個人穩定的人格特質來看，忽略了個人成長和學習經驗的重要，也忽視了 21 世紀職業分工急遽細緻化，和跨領域人才的重要性，類型論的假設顯得捉襟見肘，而我的「生涯興趣小六碼」也指出適配論與一致性僵化的假設，已然不適合當代社會。

　　21 世紀社會的生涯是應變之學，類型論的生涯觀已經無法回應現代社會的需要，因為多元生涯類型已取代過去集體敘事的生涯路徑，再加上風險社會（risk society）[1] 等不確定性，引發新興成人群（emerging adult）[2] 的春季危機，這意味著我們更要具備

1　現代社會為了尋求安全，企圖以「制度化」來降低風險，於是人類成為風險的主要生產者，風險的結構和特徵發生了根本性的變化，出現了現代意義上的「風險社會」。

2　新興成人群指年齡分布在 19-29 歲或甚至到 35 歲的族群，比較不被傳統規範也較不願意承諾，其中部分是所謂的尼特族（NEET, Not in Employment, Education or Training）。

面對未來新社會不確定性的能力。幸福生涯注重獲致主觀的滿意感，而非追求成功。後現代敘事的生涯取向是以生涯設計、生涯建構、生涯意義為焦點，可以彌補生涯興趣類型理論的不足。

職業輔導（vocational guidance）始於美國波士頓大學教授弗蘭克・帕森斯（Frank Parsons）在 1908 年 1 月 13 日成立了波士頓職業局，開啟職業輔導之始（金樹人，2011）。職業輔導注重客觀性，將來訪者視為行動者，功能定位在了解特質，工作焦點是自我媒合，以進行類型化差異分析為方法，當時職業輔導最重視的目標，是以概念架構進行生涯組裝，達到有效的生涯評估。

生涯教育（career education）源自 1960 年代末期至 1970 年代，美國高中的中輟生日增，聯邦教育署署長馬蘭（Sidney P. Marland Jr.）於 1971 年 1 月 23 日在德州休士頓全美中學校長聯席會議上，發表生涯教育的演講，是為美國生涯教育的濫觴。其實從 1950 年代開始，陸續有學者提出不同視角的生涯理論（Super, Holland, Gelatt, Krumboltz, Bordin），再加上電腦化生涯資訊系統的開發和生涯諮商師的專業認證制度，生涯教育至今在校園中已成為不可或缺的重要環節（金樹人，2011）。它注重主觀性，將來訪者視為主導者，功能定位在完成各個階段的任務，工作焦點是自我實現，以配合生涯發展特徵為方法，重點在預測生涯、增進生涯準備度，以達到生涯成熟為目標。

生涯諮商（career counseling）在 2000 年的美國生涯發展協會（NCDA）年會成為主題，甚至有人提出生涯治療的概念。前國際應用心理學會諮詢心理學分會的主席馬可・薩維科斯（Mark Savickas）在 2013 年的美國生涯發展協會年會主題演講中，整理了生涯理論的發展，並呼籲生涯專業應該從生涯教育轉

換成生涯諮商。他（Savickas, 2015）以客製化的後現代生涯諮商觀點提出「生涯建構的生活設計諮商」（life-design counseling for career construction）。

　　從表 7-1 可以看到生涯在輔導、教育、諮商有著巨大的差異，職業輔導的核心概念是依循客觀架構，去了解不同類型特質為目標，以完成人一境組裝的適配論為協助重點，使來訪者達到自我媒合的功能，方法上側重生涯評估，來訪者處於行動者角色。生涯教育定位在獲取來訪者的主觀資訊，強調生涯的可預測性，以完成生涯發展任務為目標，來訪者的準備度是生涯教育的協助重點，功能是為了協助來訪者達到自我實現，方法上強調促進生涯成熟，受訪者處於主導者角色。生涯諮商定位在協助來訪者完成客製化的生活設計，生涯諮商以確認來訪者的生命主題為目標，生涯諮商的協助重點是促進來訪者能反思性的理解自己的生命經驗，生涯諮商的功能是為了協助來訪者達到自我完滿，方法上強調提升生涯適應力，受訪者處於是自己生涯作者的角色。

　　薩維科斯 2015 年於美國心理學會（APA）的《生涯處遇手冊》（*APA handbook of career intervention*）第八章中，將生涯典範（paradigm）重新說成「輔導（guiding）、發展（developing）、設計（designing）」這三種典範。因為生涯教育、生涯諮商可以指涉兩種工作管道，在「發展典範」下，生涯工作者可以採取生涯教育或生涯諮商兩種工作方法；在「設計典範」下，生涯工作者一樣可以採用生涯教育或生涯諮商這兩種工作方法。因此表 7-1 上方依生涯方法發展的時間前後順序，依序為「生涯輔導典範」、「生涯發展典範」、「生涯設計典範」。「生涯發展典範」將箭頭向右延伸到「生涯教育」、

表 7-1 生涯輔導、生涯發展與生涯設計三種生涯典範的工作管道的比較表

三種典範	分數（scores）→ 生涯輔導（Career Guiding）	轉到階段（stages）→ 生涯發展（Career Developing）	再轉到故事（stories）→ 生涯設計（Career Designing）
三種工作方法	職業輔導（Vocational Guidance）	生涯教育（Career Education）	生涯諮商（Career Counseling）
定位	客體（object）	主觀（subject）	客製化（project）
核心概念	架構（structure）	可預測性（predicable）	生活設計（life design）
目標	了解不同類型的特質（traits with formats difference）	完成發展任務（developmental tasks）	確認生命主題（life themes）
協助重點	組裝化（resemblance）	準備度（readiness）	反思性（reflexivity）
功能	自我媒合（self-matching）	自我實現（self-implementing）	自我完滿（self-making）
方法	生涯評估（career measurement）	生涯成熟（career maturity）	生涯適應（career adaptability）
受訪者角色	行動者（actor）	主導者（agent）	作者（author）

（改編自 Savickas, 2012.b; Hartung, Savickas, & Walsh. (eds). 2015）

「生涯諮商」兩種工作方法,「生涯設計典範」則將箭頭向左延伸到「生涯教育」、「生涯諮商」兩種工作方法。這三種生涯典範也是從依賴測驗分數(scores)的「職業輔導」,轉換成重視發展階段(stages)的「生涯發展」,再轉換到強調生命故事(stories)的「生涯設計」的變革。

金樹人(2014)認為生涯諮商是協助來訪者「根據自己原來的樣子『審時、度勢、隨機、應變』,選擇一種可以安身立命的生活方式」。其中包含四個要件:

1. **審時**:注重生涯主體的發展階段與特徵。
2. **度勢**:注重外在環境資源與條件。
3. **隨機**:注重變遷社會中的機緣巧合。
4. **應變**:強調多元、彈性的適應力。

這其中,作為生涯諮商的心理師還必須注意協助來訪者擁有為自己營生的自由(Own the freedom for your own life.),才能協助來訪者活成自己滿意的樣子(Live as the way you want to live.)。

生涯諮商(career counseling)必須一對一坐下來談話,而非採全班一起進行的生涯教育方式。它是專業心理師用以協助來訪者做出生涯選擇或轉換的過程(Savicka, 2011),簡單的說就是協助人把日子過好的過程。綜上,敘事取向的生涯諮商抱持生涯客製化的態度以滿足來訪者的個別差異,並強調個人經驗脈絡,將來訪者視為自己生涯的作者,透過「審時、度勢、隨機、應變」這種量身打造的生活設計概念,心理師根據來訪者自己原來的樣子,將重點放在來訪者對自己生命的反思性理解,協助來訪者確定生命主題以期獲致自我充滿,以在不確定的變局中擁有安身立命的生活方式。

敘事與生涯

生命是延續不斷的，一個人從出生到年老，期間所經歷的一切可以譜成一個完整的生命歷程。佛洛伊德認為「愛」與「工作」是人生最重要的兩件事。前麻省理工學院斯隆（Sloan）管理學院教授沙因（Edgar Henry Schein）（1978）也認為，生命的歷程主要是由三種旋律交互影響：工作與職業；情感、婚姻與家庭；個人身心發展與自我成長。著名的商管書籍《你要如何衡量你的人生？》[3] 用企業理論討論三個問題：如何才能樂在工作？如何才能擁有圓滿的人生？做選擇時，如何秉持誠正的原則？工作在生涯中，何以如此重要？如果工作並不只是一份謀生的差事，而是指讓你專心投入的事情，這件事有時有報酬有時無酬勞，因為真正的重點是，這事情讓你展現自己或獲得生命的意義。

隨著工作世界不斷變化，傳統的生涯輔導或生涯指導（career guidance），如帕森斯和霍蘭德，已無法因應變化多端的現代社會。實在論（realism）認為知識可以通過合理的調查、研究與實驗操弄，在理性邏輯的程序下得出結果與觀點。這種思想最典型的生涯理論是類型論，例如霍蘭德和邁爾斯-布里格斯（Myers-Briggs）[4]，都認為透過某些類型指標（type indicator）

---

3 *How Will You Measure Your Life?*，Christensen, M. C., Allworth, J., Dillon, K.，廖月娟譯，2017/2012，天下文化出版。

4 編註：邁爾斯-布里格斯性格分類指標（Myers-Briggs Type Indicator, MBTI），是根據瑞士心理學家卡爾‧榮格（Carl‧Jung）的「心理類型」概念而生的性格分類理論模型。最早是由美國心理學家凱薩琳‧布里格斯（Katharine Cook Briggs）及其女兒伊莎貝爾‧邁爾斯（Isabel Briggs Myers）開始研究。

或興趣類型與環境的適配性，可以找到生涯方向。這項專業的任務類似於研究科學家，要找到人境適配的結果。相較之下，後現代觀點則認為現實無法用一個字母或幾個類型來分類描述，現實是主觀的（reality is subjective）、是被知覺到的（reality is perceived），不是經由測驗結果產生，而是個人自己所見所聞建構出來的。

敘事治療重視生命經驗與故事，以來訪者自身敘說作為基底，是透過向內的、向過去的、向個人自身的方向，去找到未來的指引，以便在敘說中錨固主題與模式（themes and patterns），開闢未來的生涯篇章。換句話說，不再是去測量能力、興趣，而是強調形構過去、反映過去，來建構出未來的生涯樣式。敘事取向的生涯諮商師，他的工作是幫助來訪者橫跨生命的過去、現在、未來，經由敘說嘗試去鬆動與豐厚「過去故事」，並從中釐清生命主題與意義，以探詢「現在故事」中的吸引子法則，在看似混亂、忙碌、複雜的日常生活軌跡中，找出暗藏的圖式、規則或吸引子，同時，激發來訪者的想像力以便接壤「未來故事」。總而言之，是經由來訪者現在的敘說，將生命故事與未來生涯，建構成有意義的連結。

共享的意義

結構符號互動論的一個基本前提是認為社會互動會普遍地控制人類的行為，強調人們發展自我認同和參與社會互動時所處的社會環境結構，以此來解釋社會和制度結構如何促進或抑制「決定個體角色認同的社會角色和位置」。它注重社會對個人的影響，並且認為個體的行為經常由社會互動所產生的共享意義

（shared meanings）所塑成（Chiu, 2010）。舉例來說，大學考試制度，使得考上國立大學熱門科系的學生，很大程度地被賦予「共享正向自我認同的意義」，包括成功的、出色的、有前途的、光宗耀祖的等等；反之則被賦予「共享負向自我認同的意義」，包括失敗的、平庸的、失意的、祖上無光的等等。

　　社會上存在著各式各樣共享的意義，分布在既存的各個體制階級中，藉由社群互動，不斷繁衍、互動、強化、集中而產生某些生涯意義，成為眾所皆知的成文或不成文的規則，例如：上層─下層；富有─貧窮；高位─低階；高薪─低收入；高教育─低教育；名品─市場貨；好─壞；成─敗；高─下；高尚─卑劣等等。這些共享的意義，經由家庭、教育、網路等等媒介，以及人與人的互動過程，不斷被複製與傳播。在強調成功的社會中，會去強調成功者的生涯故事與成功者的角色人格，並且支配著其他人的生涯發展與生涯選擇方向。

角色人格 VS. 個人化生涯

　　角色人格（role personality）是指：擁有特定社會或職業角色的人，被社會大眾所期待表現出的人格特質。香港中文大學心理學系的趙志裕教授（Chiu, 2010）以精巧的實驗設計研究得出：角色人格通常由社會上成功角色持有者的人格特質中提煉出來，愈是重視角色人格的文化，愈容易強化與傳播受肯定的人格特質。重視角色人格使得組織更傾向於將成功人士作為優秀的典型，成為員工訓練、選拔或評鑑的指標。在強調角色人格的社會文化中，以追求客觀的成功典範，或標榜符合角色人格的生涯類型為主，在這種情況下，個人受到主流故事所支配，造成個人生

涯特色容易被忽視，而失去機會發展貼近自己渴望的生涯故事或生涯願景。

薩維科斯（Savickas, 2013.a）的生涯建構理論（constructivist theory）是運用了敘事生涯治療的精神。生涯建構理論有三個核心觀點：

1. 差異觀點（differential perspective）：指在同一個工作中不同的人個別喜歡做什麼？
2. 發展觀點（developmental perspective）：強調達成生涯發展與轉換的任務，每個人各有不同。
3. 動力觀點（dynamic perspective）：當人們的工作契合其生命時，將在各種生涯行為中，運用生命主題達成其生命意義。

後現代社會的生涯最重要的特徵是個人化（individualization），這意味著人類的生活模式將從制度化、機構化轉移到個人傳記，變成不規則、不穩定、不可預測。制度化社會中的個人特徵是微小的、扁平的、重組的、學習的、網絡的，也標示著雇用契約（fixed-term contracts）逐漸消失中，工作成為暫時的、附隨的、契約的、臨時的、個體戶、接案的、派遣的、外包的等（黃素菲，2016）。薩維科斯（Savickas, 2011）認為個人化就是要從自己的生活經驗下手，講述個人的家庭故事，講述個人的重要事件，講述這些經驗中的想法與感受。個人化包括：自我建構（self-construction）、自我生產（self-production）、自我社會化（self-socialization）、自我組裝（self-assembly）、自我制度化（self-organization）等等。

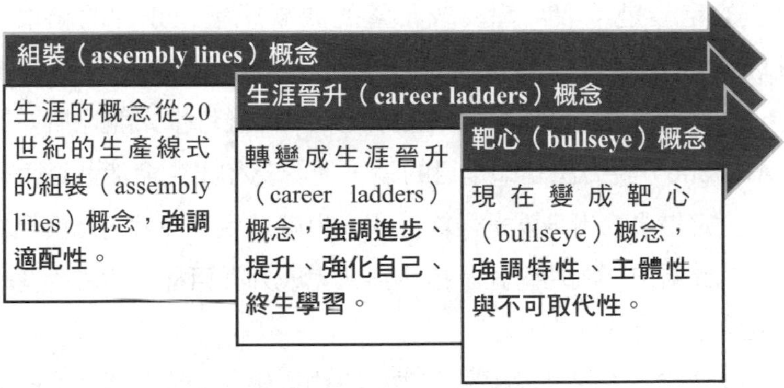

圖 7-1　生涯概念的遞變（改寫自 **Savickas, 2012.b**）

　　生涯的觀念歷經將近一百年，已經從生涯適配、生涯晉升到生涯靶心。薩維科斯（Savickas, 2012.b）指出 20 世紀 30 到 70 年代強調適配論的生涯觀，如帕森斯和霍蘭德等，是生產線式的人—職業組裝（assembly lines）概念。20 世紀末最後 30 年轉變成生涯晉升（career ladders）的概念，強調進步、提升、強化自己，包括注重決策歷程論（如 Lofquist & Dawis），強調社會學習論（如 Krumboltz），或是 1971 年開始於美國佛羅里達州立大學（Florida State University），由詹姆斯‧桑普森（James Sampson）、蓋瑞‧彼得森（Gary Peterson）、羅伯特‧里爾登（Robert Reardon）和蘭茲（J.G. Lenz）創立的認知訊息處理論（cognitive Information Processing, CIP）等。2000 年之後則進入靶心（bullseye）概念，強調獨特性、主體性與不可取代性。

成功生涯？還是幸福生涯？

　　《劍橋辭典》（*Cambridge Dictionary*）對成功（success）

生涯的定義是：取得想要或希望的成果或獲致正向的結果，可以說成功就是達到預期的目標。《劍橋辭典》對於幸福（happiness）的定義是：感覺到快樂。希臘哲學家亞理斯多德（Aristotle）說方法論即是目的論，他認為如果生命活著是值得的，肯定是事物本身就是最終目的，也就是說幸福就是為自己本身。如此看來，成功生涯是指達到或完成外在目標，幸福生涯是獲致自己本身的快樂。

　　成功的人生就是幸福人生嗎？紐約哥倫比亞大學（Columbia University）哲學系的霍華德・迪金森（Howard Dickinson）（2014）在他 1988 年的博士論文中認為：這個世界上有兩種人最幸福，一種是淡泊寧靜的平凡人，一種是功成名就的傑出者。20 年後他追蹤當初論文中 121 位自認幸福的人，其中 50 位成功人士的幸福感主要源於事業的成功，而另外的 71 人，則是普通百姓。當年那 71 名平凡者，除了兩人去世以外，共收回 69 份調查表，他們仍然覺得自己「非常幸福」。其中 50 名成功者的選項卻發生了巨大的變化，僅有 9 人仍然選擇「非常幸福」，23 人選擇了「一般」，有 16 人選擇了「痛苦」，另有 2 人選擇了「非常痛苦」。他推翻了先前的結論，重新說道：所有靠物質支撐的幸福感都不能持久，都會隨著物質的離去而離去，只有心靈的淡定寧靜，繼而產生的身心愉悅，才是幸福的真正源泉。換句話說成功無法帶來幸福，除非成功是來自身心愉悅的追求。

　　幸福是個人主觀感受，跟幸福感有關的概念包括：快樂（happiness）、幸福（well being）、主觀幸福（subjective well-being）、心理幸福（psychological well-being）、生活滿意（life satisfaction）（林子雯，1996）。主觀幸福感把快樂定義為幸福，具體來說就是擁有較多的積極正向情緒，較少的消極情緒和更高的生活滿意（Diener & Larsen, 1993），所以主觀幸福感包括快樂、幸福與生活滿意。心理幸福感研究者認為，幸福不能等同於快樂，應該從人的發展、自我實現與人生意義的角度進行理解，幸福感是人們與真實的自我諧調一致（Waterman, 2008），所以心理幸福感除了積極正向情緒之外，更強調自我實現與人生意義。心理幸福感理論結構由威斯康辛大學麥迪遜分校（University of Wisconsin-Madison）心理學系的卡羅爾（Carol D. Ryff）和科里凱斯（Corey Keyes）兩位教授（1995）所提出，包含六個向度：自主（autonomy）、情境主控感（environmental mastery）、個人成長（personal growth）、正向人際關係（positive relations）、有生活目的（purpose in life）、自我接納（self-acceptance）。

希望中心取向的生涯諮商特別強調無望感（hopeless）跟無助感（helpless）是兩個不同的概念，心理師的專業訓練著重在處理無助感，經常忽視無望感（Spencer, Niles, Norman, Amundson, & Neault, 2011）。如果生涯諮商是為了幫助來訪者追求成功，諮商焦點將會落在去除症狀、解決當前問題，焦點是處理無助感，致力於協助來訪者找到獲致成功的方法。但是，如果生涯諮商是為了幫助來訪者追求幸福感，諮商焦點勢必也要處理無望感，尋找意義和未來藍圖，以建立來訪者的希望感為首要目標。生涯最終要達到天心月圓、華枝春滿，這種狀態通常跟幸不幸福比較有關，跟成不成功比較無關。

綜合上述，成功生涯是指達到或完成外在目標，幸福生涯是

圖 7-2　希望中心的生涯諮商重視未來故事、希望感與意義感

獲致自己本身的快樂；成功無法帶來幸福，除非成功是來自身心愉悅的追求；主觀幸福感包括快樂、幸福與生活滿意；心理幸福感除了積極正向情緒之外，更強調自我實現與人生意義；生涯諮商是為了幫助來訪者追求幸福感，諮商焦點勢必以建立來訪者的希望感為首要目標。

故事與自我認同

　　追求成功生涯是許多社會尊崇的價值，在共享意義的社群或機構中，個人也很容易去符合角色人格，而忽視我們有責任去開創適合自己的個人化生涯。下文從「小華」和「小明」虛擬的案例來看社會價值對人的影響。何以「小華」和「小明」在他的生活世界中會說出一個「好學生」和「壞學生」的故事？「小華」的「好學生」的故事，和「小明」的「壞學生」的故事，說明了我們可以經由人的說話（saying），來理解他所存在的社會體制與脈絡，如何形塑了「小華」和「小明」的自我認同。

小華是一個「好學生」的主流故事

　　小華可以創造出一個「好學生」的主流故事。這意思是說小華可以把從小到大跟學校學習有關的一些事件串聯起來，以一些特別的順序，挑出具有代表性的事件放在一起，並且全是小華是

一個「好學生」的故事。為了說明小華的「好學生」故事，小華可能會選擇一些像這樣的事件：A. 在班上保持前五名、B. 認真做完作業才玩耍、C. 被老師選為數學和英文小老師、D. 上課專心聽講、E. 回家複習當天功課等等（圖 7-3）。小華為了敘說一個「好學生」的故事，他會選擇和這個故事情節相符合的生活經驗為重要事件，這些被挑選出來描述「好學生」故事的重要事件，比整體求學過程中其他的校園生活經驗更為優先被敘說，而其他與「好學生」故事比較無關的校園生活經驗就會被忽視。

我們可以說「好學生」的故事，成為小華的主流故事（dominate discourse），主流故事會繼續吸收更多事件記憶（episodic memory）中的相關事件，來支持這個主流故事，於是關於小華在學習過程中「好學生」的事件，就更加容易浮現出來加入故事之中，使得「好學生」的故事，在小華生命中佔有更重要的地位。

小華所選擇和所記得的符合「好學生」故事的事件，比其他不符合這個「好學生」故事情節的事件，更具有重要的意義。相較之下，小華曾經上課講話、晚上偷空看了一場電影，或是傍晚溜去漫畫店看漫畫等等事件，就不會優先被選擇與記憶。由主流的「好學生」故事看來，這些事件就顯得微不足道、或是容易被忽略、甚至被認為是偶發事件。小華在重說他從小到大跟學校學習有關的「好學生」主流故事，總是挑選某些符合故事線的事件，忽視某些不足掛齒的其他事件，所以小華揀擇時，是依據生命經驗中這些事件是否符合「好學生」的主流故事來決定。

我們可以用圖形來說明故事的組成是依據「好學生」的主流故事發展來的，跨越時間線依序將相關事件連結起來，圖中

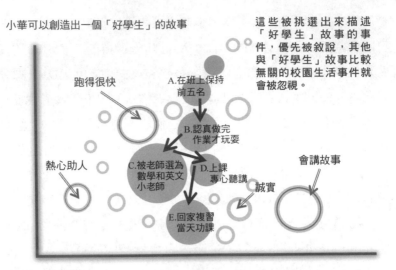

小華可以創造出一個「好學生」的故事

這些被挑選出來描述「好學生」故事的事件，優先被敘說，其他與「好學生」故事比較無關的校園生活事件就會被忽視。

跑得很快

A.在班上保持前五名

B.認真做完作業才玩耍

熱心助人

C.被老師選為數學和英文小老師

D.上課專心聽講

會講故事

誠實

E.回家複習當天功課

小華是依據生命經驗中的這些事件是否符合「好學生」的主流故事來決定；主流故事之外的其他事件，顯得晦澀黯淡且無關緊要。

圖 7-3　小華是一個「好學生」的故事線

所有大大小小的圓圈代表小華在學期間所發生過的所有事件，所有符合「好學生」的事件，和不符合「好學生」的事件交錯在一起。小華為了創造出「好學生」的故事，只有 A.B.C.D.E. 等與「好學生」的故事符合的事件被優先選出，然後跨越時間線依序將相關事件以情節互相連結，箭頭所指的方向形成了「好學生」的主流故事；主流故事之外的其他事件，顯得晦澀黯淡且無關緊要（圖 7-3）。

小明是一個「壞學生」的主流故事

如果按照小華的「好學生」的故事，我們也可以虛擬一個小明是一個「壞學生」的主流故事。小明可以把從小到大跟學

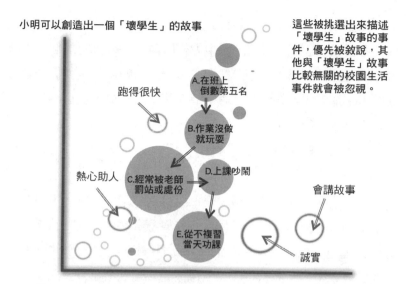

小明可以創造出一個「壞學生」的故事

跑得很快

熱心助人

A.在班上
倒數第五名

B.作業沒做
就玩耍

C.經常被老師
罰站或處份

D.上課吵鬧

E.從不複習
當天功課

誠實

會講故事

這些被挑選出來描述
「壞學生」故事的事
件，優先被敘說，其
他與「壞學生」故事
比較無關的校園生活
事件就會被忽視。

小明是依據生命經驗中的這些事件是否符合「壞學生」的主流故事來決定；
主流故事之外的其他事件，顯得晦澀黯淡且無關緊要。

圖 7-4　小明是一個「壞學生」的故事線

校學習有關的一些事件串聯起來，以一些特別的順序，挑出一些
有代表性的事件放在一起，讓它們全是小明是一個「壞學生」的
故事。為了說明小明的「壞學生」故事，小明可能會選擇一些像
這樣的事件：A. 在班上倒數第五名、B. 作業沒做就先去玩耍、
C. 經常被老師罰站或處罰、D. 上課吵鬧不專心聽講、E. 從不複
習當天功課等等（圖 7-4）。小明跟小華一樣，為了敘說一個符
合他們身分的故事，會選擇和這個故事情節相符合的生活經驗為
重要事件，這些被挑選出來描述「好學生」或「壞學生」的事
件，比整體求學過程中其他的校園生活經驗更為優先被敘說，其
他比較無關的校園生活經驗就會被忽視。

同樣的，小明的「壞學生」的故事，成為小明的主流故事，會繼續吸收更多事件記憶中的相關事件，來支持這個主流故事，於是關於小明在學習過程中「壞學生」的事件，就更加容易浮現出來加入故事之中，使得「壞學生」的故事，在小明生命中佔有更重要的地位。

　　小明所選擇和所記得的符合「壞學生」故事的事件，比其他不符合這個「壞學生」故事情節的事件，更具有重要的意義。相較之下，小明曾經考試及格、晚上認真寫作業兩小時，或是有一次小組報告他認真準備自己負責的資料等等事件，就不會優先被選擇與記憶。由「壞學生」的主流故事看來，這些事件就顯得微不足道或是容易被忽略，甚至會被認為是偶發事件。跟小華一樣，小明在敘說他從小到大跟學校學習有關的「壞學生」主流故事，總是挑選某些符合故事線的事件，忽視某些不足掛齒的其他事件，所以小明選擇是依據生命經驗中這些事件是否符合「壞學生」的主流故事來決定。

　　我們可以用這個圖形來說明故事的組成是依據「壞學生」的主流故事來發展的，跨越時間線依序將相關事件連結起來，圖中所有的大大小小的圓圈代表小明在學期間所發生過所有事件，包括所有符合「壞學生」的事件，和不符合「壞學生」的事件。小明為了創造出「壞學生」的故事，只有 A.B.C.D.E. 等與「壞學生」的故事符合的事件被優先選出，然後跨越時間線依序將事件以情節互相連結，箭頭所指的方向形成了「壞學生」的主流故事，主流故事之外的其他事件，顯得晦澀黯淡且無關緊要。

　　自我認同經常在我們的社會文化脈絡中，經由各種意見和與別人交流的過程交織而出。我們的個我感（personhood）與認同

（identity）都深深根植於我們日常生活中鼻息仰賴、習焉不察的文化之中。我們容易說出符合社會文化環境主流價值的個人故事，忽視那些自己獨特的個人故事。每一個人都透過敘說自己的生活故事，而詮釋自己的人生意義，敘說可以提供我們自我概念的架構，我們敘說自己的生命故事時，也創造了敘說認同，我們在我們所說的、關於自己的故事中認識自我，並經由敘說開始定義自我，澄清生命的連續性，藉此釐訂生命的特定秩序和方向。

小華之所以只注意到正面的事件，而建構出「好學生」的主流故事，或許源於老師的鼓勵、父母的讚賞、同學的羨慕、社會價值的肯定等等因素，個人的故事絕對不是孤立於社會文化情境之外，小華「好學生」的主流故事也不是孤立於校園、家庭與社會文化之外。可能小華「好學生」的主流故事，恰恰好也反映出這個社會文化環境的主流價值，那麼小華說出「好學生」的主流故事，形成了小華對於自己學生身分的自我認同，也反映出這個故事敘說的身分認同，跟社會文化環境的主流價值間有著密不可分的關係。同理可證，小明所建構的「壞學生」的故事也是如出一轍。

如果對比小明和小華兩個都沒有說出的隱藏故事：「經常熱心助人」、「很誠實」、「很會講故事」、「在運動場上跑得很快」（見圖7-3，7-4），那麼小明跟小華的故事幾乎相同。在社會架構下，我們經常太過重視差異，而忽視彼此之間的相似與相同。如果小華和小明的生命故事，離開主流的「好學生」或「壞學生」，有機會更自由的去發展自己滿意的故事呢？

生涯與主流故事

在 1980 年代之後的臺灣大學畢業生，之後幾乎都進入公、私立或國、內外的機構工作，極少數回家種田或自己開創事業，這形成了都市聚落的生活型態，也就是說幾乎都進入標準化的生活模式（standardize life model）。我們都生活在其中，朝九晚五的規律生活，從基層幹部升到低階主管，再晉升成為中高階主管，買車、換房、度假，加薪、分紅、挖角等等，幾乎都步上標準化生活模式的軌道中。每個人在這生活模式的不同階段中，扮演各種不同的角色：父親、母親、主管、部屬、醫師、工程師、志工、鄰居……，角色讓我們認識彼此，也讓我們完成自我認同，而這些自我認同很大比例是由社會所建構。但是，生涯不是只有標準化的生活模式，現在強調自我建構的生涯設計。

敘事取向的生涯諮商師會對來訪者提問「你要創造怎樣的人生？」而不是去提問「你要選擇什麼生涯？」生涯不是在既定選項中的決策過程，而是在無限可能中去開創、建構與塑成。

社會建構論在生涯發展具有關鍵重要性

一個人人稱羨的好職業，說不定是另一個人的災難，因為沒有最好的生涯，只有最合適的生涯。從社會建構論的角度來看，人生不必一定要從事某些社會主流價值所推崇的「高知識性、高技術性，或特殊才能」等所謂「白領階層的專業工作」。如果一個家庭中的父母，剛好喜歡閱讀，剛好喜歡寫學術文章，剛好能讀、能寫、能說。一切都剛好，所以自然而然成為知識分子或大學教師。但是這並不意味著他們的子女都要有高學歷、高專業，成為知識分子。生涯不必傳家，現代生涯觀也不宜

子承父業。子女完全可以依照自己的興趣與能力發展出適合的生涯藍圖。

　　每個人最好都找到他的剛剛好。剛剛好喜歡、剛剛好能做、剛剛好足以安身立命，而且利他、利社會。剛剛好適合的生涯，才是最好的生涯，剛剛好的生涯像一粒飽滿的種子一樣，種子的責任就在遇見良好的土地、溫度與濕度時，淋漓盡致的成長與綻放，知道自己是誰，也知道要去哪裡，所以，一朵玫瑰花，活成一朵如其所是的玫瑰花，才是真正的玫瑰花（a rose is rose is a rose）。自身俱足者的生涯與功成名就的生涯一樣重要，自身盈滿的生涯跟大富大貴的生涯各有適合的人。

探索生命主題

　　生命主題（life themes）是指一個或一組問題的情感和認知表徵，經常來自於意識或潛意識的感知或經驗，基本來源是由個人在兒童時期的精神壓力所組成，因此個人為了能夠解決上述所有問題，觸發了適應的努力，進而試圖對已察覺的問題認同，並轉而成為對現實詮釋的基礎，以及和現實打交道的方法。（Csikszentmihalyi & Beattie, 1979）。

　　社會文化會形成主流故事，使個人以符合主流期待為生涯目標，這會干擾個人的生涯發展；敘事取向的生涯觀點認為生涯並非一條展開的道路，而是在社會生活現實場域中，個人做決定時逐漸展現出來的。敘事取向的生涯諮商強調協助來訪者釐清生命主題，每一個人的獨特意義經驗會形成一或兩個生命主題，這些主題可能代表需要解決的問題，也可能是需要滿足的需求（Amundson, 1989）。

當生命主題形成了問題故事,成為在生活中重複出現的壓力,使人無所遁逃、無法改正或無法忽視,人們會經由各種方式定義此壓力,並尋求合理的解釋(經由家庭、教堂、同儕等等)為之命名,一旦命名成立(例如:孤立),此人便會開始確認壓力的來源;例如「孤立」可能是由貧窮、階層、弱勢族群、語言、生理差異、無知等因素造成。確定主要壓力來源,可使個人採取一致的態度去解釋現實。如果個人相信孤立是由於生理差異所造成,可能會試著改善外貌;如果他/她認為孤立是由於弱勢族群所致,可能便會試著仿效主流文化,使得生涯發展受到局限。

當生命主題成為需要滿足的需求,有時並沒有立即的解決方法,但仍可象徵性地嘗試解決或部分補救。至於當下問題的一般性解決方法,則經常與生涯方向相呼應;例如移民導致語言困難的孤立原因,這類來訪者可能會成為一個以英語為第二語言的教師,藉此來克服自己的孤立問題,同時以幫助和他相同境遇的人脫困,作為生涯的一生職志。(黃素菲,2006/1997)

敘事取向的生涯諮商師必須分辨哪些生命主題問題故事有必要鬆動,並重新建構適合於來訪者的生涯未來故事。如果是需要滿足的心理需求,心理師則可以透過敘事的問話來開啟空間、創造多元生涯觀點,將隱而未現的支線故事發展成為貼近偏好的生涯未來故事。

帶著你的故事

生涯(career)以前的意思是駕馭一匹馬車(career a horse),現在的意思是帶著你自己的故事(carry your story)。

紀登斯（Anthony Giddens）（文軍、趙勇譯，2003/1991）強調在 20 世紀的時候，人可以依著可預測的人生歷程，在不同的生涯發展階段完成自我，但現在的人生歷程是「去儀式化」（de-ritualize）的，自我完成必須緊扣著個人和社會變遷的反思性歷程，通過持續探索和建構才能達成。在敘事治療的理論架構下幫助人們的生涯發展，敘事取向的生涯諮商師促發來訪者述說生命故事，指認（identify）生命主題並且邀請來訪者確認（recognize）這些生命主題。

故事敘說（storytelling）是藉由幫助人們說自己的生命故事去建構其生命歷程，應用生涯諮商正好有助於回顧過去並描繪未來。寇克倫（黃素菲譯，1997/2004）以敘事取向進行生涯諮商，著重個人的生命主題與主觀意義，透過未來藍圖和未來故事描繪生涯願景。懷特和艾普斯頓（廖世德譯，1990/2001）認為來訪者是自己問題的專家，以外化來將問題與人分開，使人有能力發展出多元視角，看到自己想要的理想未來。佛萊德門和康姆斯（易之新譯，1996/2000）認為敘事諮商能幫助來訪者鬆動外在文化的強勢故事、尋找隱藏故事或支線故事，重新建構個人滿意的生命故事。整體而言，敘事諮商重視生命主題與主觀意義，以外化鬆動強勢故事，並以未來故事錨固生涯願景。

生涯故事敘說都帶著自傳性（biographicity），來訪者以自己獨特的故事做為生涯轉換的媒介，敘事治療的敘說性（narratability）使來訪者透過敘說更加真實、穩定、確定，心理師與來訪者一起撰寫人生自傳書（doing biography），經由故事敘說協助來訪者找到生活意義感，以主體生涯（subjective career）為內在指引，引導自我方向（self-direction）與個人責任

（personal responsibility），作為生涯決策時的穩定核心。敘事治療心理師的工作是幫助來訪者完成他／她的自傳故事與推理（doing autobiography reasoning）（Heinz, 2002），經由來訪者現在的敘說，將過去事件與未來生涯建構成有意義的連結。就此，來訪者是故事敘說者，專家變成故事的編輯，意義成為藥方。

合模（fit in）VS. 適應（Adaptability）

每個社會都提供了極為重要的後設敘說（meta-narrative）、集體敘說（collective narrative）或是生命歷程腳本（life-course scripts）來協助個體適應、授予社會意義，這些可以視為「故事背後的故事」（the story behind the story）。每一個社會都具有極為不同的文化，而文化發展本身形成的規則、角色等等，都是為了協助個人合模（fit in）。文化具有極為重要的合模功能，每一個文化都會說怎樣怎樣是成功的、好的、對的，怎樣怎樣是不成功的、不好的、不對的。每一個文化都有各種故事，例如：吃得苦中苦方為人上人，千里之行始於足下、一枝草一點露等等。

人們將自己置身在這些強勢的、壓迫的故事中，他們信以為真並認為無法改變。隨著時間推移、不斷重複，這些故事變得越來越僵化和堅硬，而且很諷刺地，其實是說故事的人將自己侷限在自己創造的故事裡。這些壓迫的故事強烈的影響到人們的自我感、削弱他們的主控權和看見其他可能性的能力。薩維科斯（Savickas, 1997）提出以生涯適應取代生涯成熟，他認為適應力是一種複雜的後設能力（meta competences），是一種因應改變、具備面對各種生涯變動之要求的能力。提升生涯適應力

（career adaptability）有助於個人在生涯的工作環境或是工作轉換時，運用態度、行為和能力去因應現況。

生涯建構論者所談的適應力與合模完全是相反的概念。文化的合模功能是要規訓個人符合社會的期待，比較像是「入芝蘭之室久不聞其香，如入鮑魚之肆久而不聞其臭」（西漢劉向《後漢書》，馬彪／導讀譯註，2014），是一種削足適履的過程。但適應力卻是要以個人為核心，發展出主動、彈性、多元的能力去回應多變的社會情境，是一種「生於憂患，死於安樂」、善於應變、防微杜漸的能力，能夠因勢利導而漸進自然。

我在〈後現代的幸福生涯觀：變與不變的生涯理論與生涯諮商之整合模型〉提到談適應就必須談認同，認同是指知道自己的故事與主題，而且知道在改變中如何審時度勢的適應。敘說建構的自我認同更加容易擁有可雇用性，可以更主動進行終身學習、更快速獲得情緒調節能力，並能妥善運用資訊來調整自己的思想和行為。建構取向的生涯諮商介入模式完全服膺後現代諮商理路，突顯生涯中自我認同的重要性，強調個人化故事、個人特色、獨特性、主體性、不可取代性與生涯適應力。生涯適應力的範疇很大、很廣，有諸多複雜的內涵，包括準備度（preparedness）與應變力（responsiveness）兩大範疇。準備度，是指具備面對生涯要求（career demanding）的能力，如可雇用性、終生學習、情緒勞動、情緒智商、心理契約、生命過程的策略等。應變力是指具備因應改變的能力，如生涯資產、靈活保障、工作調塑、文化競爭力等。

君子不器

孔子說:「君子不器。」意思是,作為君子,不能囿於一技之長,不能只求學到一兩門或多門手藝,不能只求職業發財致富,而當「志於道」,從萬象紛呈的世界裡邊,去悟到那個眾人以下所不能把握的冥冥天道,從而以不變應萬變。

在孔子看來,只有悟道,特別是修到天道與本心為一,才有信仰,才有駕馭各種複雜事件的能力,才能擔當修身、齊家、治國、平天下的重任。即便講應用,也是強調以不變應萬變!一旦明道,即陽明先生講的致良知,則可以持經達變,抱一應萬,待人接物事事可為!君子不器,並不是說可以脫離實際,忽略現實,因為陰陽一體,道器不離,悟道總是在器中,悟道後還是在器中運用!

過去故事、現在故事與未來故事

過去、現在、未來經驗的連結是一種「時序整合」。生涯故事說明了昨天的自己如何變成今天的自己,也將如何型塑未來的自己(Savickas, 2005)。生涯諮商與敘事治療的交集是:生涯從出生到老死的生命週期中,站在「現在」的當下,回顧「過去」故事同時又展望「未來」故事。也就是說經由「當下生活模式」的吸引子(attracters),回顧「過去生命故事」的主題(themes),來定錨「未來生涯藍圖」的願景(vision)。來訪

者尋求生涯諮商經常是遭遇生涯困頓，敘事取向的生涯諮商將生涯困頓視為機會、轉捩點或是中間場景，稱為「顯出現在景」（Pryor & Bright，2011）。我們可以用一張紙，將「回憶過去景」、「顯出現在景」、「預示未來景」等三個景由左至右橫列，分別是：

1. **「回憶過去景」**（以前）：情況一直是……
   「回憶」（remembering）——蒐集過去經驗，重新排序找出轉捩點，列出那些有助於開展向下一個生涯場景。

2. **「顯出現在景」**（中間）：情況可能會變成……
   「顯出」（showing）——選擇出重要的元素，如人物、事件、地點、對話、思考和情緒。可以透過問話、訪問，尋找生涯吸引子，將之歸類到下一個彼時彼刻的生涯場景中。

3. **「預示未來景」**（以後）：情況將會有怎樣的不同……
   「預示」（futuring）——是關於未來的藍圖和行動，可以運用拼貼、圖式等描繪來訪者可以依據藍圖而採取的行動，尤其是在哪裡、誰會在那兒、可以做什麼行動。

　　「把握／理解」和「達到／行動」是兩組學習動詞的概念，隨著反思性的實踐「把握／理解」和「達到／行動」會成為進行生涯諮商工作的重要且不可少的要件。學習是不斷進步的，有時候也會出現一直努力卻徒勞無功的狀況，要到後來我們才學到什麼是關鍵。在進行過去故事、現在故事、未來故事時，心理師可以運用文字、圖案來表達工作相關經驗中重要事件的故事，藉以連結真實生命經驗與反思性對話，在串接網織思考

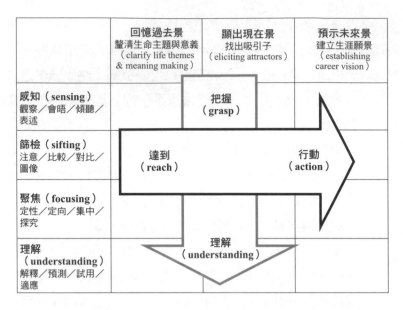

	回憶過去景 釐清生命主題與意義 （clarify life themes & meaning making）	顯出現在景 找出吸引子 （eliciting attractors）	預示未來景 建立生涯願景 （establishing career vision）
感知（sensing） 觀察／會晤／傾聽／ 表述		把握 （grasp）	
篩檢（sifting） 注意／比較／對比／ 圖像	達到 （reach）		行動 （action）
聚焦（focusing） 定性／定向／集中／ 探究			
理解 （understanding） 解釋／預測／試用／ 適應		理解 （understanding）	

圖 7-5 「釐清主題、找吸引子、建立願景」與「達到／行動」、「保握／理解」的關係

與情感時顧及個人和情境脈絡因素，讓來訪者可以直接就地取用，提升其對自己主體性生涯的理解。

當敘事取向的生涯諮商師以敘事治療的方法對來訪者進行提問，是企圖引發來訪者對自己生涯的「把握／理解」，以進入感知（sensing），進行篩檢（sifting）、聚焦（focusing）並理解（understanding）的過程，來訪者也將因此了解事情的前因後果，可以引出、探究、找出是什麼值得他們「達到／行動」。以下三節將分別說明「過去故事」、「現在故事」與「未來故事」在敘事取向生涯諮商中的意涵與做法。

過去故事──鬆動原則

> 「回憶過去景」（以前）：情況一直是……
> 「回憶」（remembering）──蒐集過去經驗，重新排序找
> 出轉捩點，列出那些有助於開展向下一個生涯場景。

　　故事敘說是一種藉由形構過去而錨固未來的過程，有助於完
成個人化（individualization）的生命經驗。它可以視為以自己獨
特的故事撰寫人生自傳書的過程，藉由敘說整理生活經驗中的主
題與意義，以主體知識（subjective knowledge）作為生涯決定時
的內在指引，引導自我方向與個人責任，做為生涯決策時的穩定
核心。當生命故事一說再說、從粗到細、從表淺到深層、從主流
故事到隱藏的替代故事，就打開問題的空間，提供了改變的可能
性。

一、生命線魚骨圖

　　過去傳統生涯教育習慣以魚骨圖（見圖 7-6）來做生命歷程
回顧，按照時間序寫出 5-8 件重要事件，可以包括正向經驗，也
可以包括負面經驗。我們需要正向的高峰經驗利用「人們是其過
去經驗的產物」和「強調成就可幫助他們察覺自我價值」的原
則，分析過去的成功經驗，可發掘天分才能、提升自信；我們也
珍惜負面的谷底經驗，因為看似幽黯的負面經歷卻留下強韌的生
命力，谷底經驗挖深生命的河床，足以容納更充沛的水流，接受
更大、更多的生命挑戰。

　　通常在進行魚骨圖時，可以強調關鍵事件對個人生涯發展造

生命線與魚骨圖

生命歷程回顧— life line retrospective

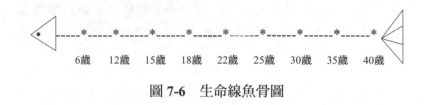

圖 7-6　生命線魚骨圖

成的影響，例如：（1）影響了什麼層面？（2）影響的結果為何？（3）個人投入了哪些努力而造成影響？（見表7-2）

　　其中個人投入造成的影響是最重要的面向，可以再深入探問：（1）請你用兩三行文字簡述成功經驗；（2）這件事你以主角的身分做了什麼？（3）那個經驗使你覺得非常樂在其中，它在你生活中的哪一個領域出現？工作、學習、休閒或其他？

　　對於重大挫折所造成的負向影響，也就是生命轉彎的時候，也跟成功經驗的步驟相類似，（1）寫下你的轉捩點，（2）感覺一下你的生涯因此有何改變？

二、S1 生命線

　　傳統「生命線魚骨圖」的生命歷程回顧可以幫助來訪者深化生命經驗，擦拭蒙塵許久的過往故事，串聯出故事間的核心意義。只是魚骨圖的生命歷程回顧留在現代主義的自我概念的思維，是一種結構主義的定位。以下敘事取向的實作練習稱為「S1 生命線」（見圖7-7），操作方式其實跟生命線魚骨圖大致相同，做完之後也可以邀請來訪者列出人生章節名稱（主

表 7-2　生命線魚骨圖的整理單

一、影響了什麼面向？	1. 學習面相 2. 人際交往面向 3. 感情親密面向 4. 人生價值面向 5. 生命潛能面向 6. 其他面向
二、影響的結果為何？	1. 和重要人士產生連結 2. 活化生涯興趣 3. 改變自我概念 4. 增加自我信心 5. 提升挫折忍受力 6. 其他影響
三、個人投入了哪些努力而造成影響？	1. 堅持不放棄的態度 2. 積極尋找解決問題的方法 3. 專注投入的精神 4. 不抱怨別人只檢討自已的信念 5. 遇到貴人 6. 其他因素

生命自傳S1生命線

1. 畫出一個大大的S
2. 最底下是出生，最上面是現在，中間可以列出5-8件重要的事情
3. 列出你的人生章節

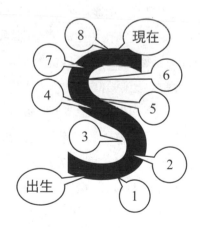

圖 7-7　S1 生命線的生命歷程回顧

題），用 200-300 字精要寫出「這就是我的生命故事」，讓讀到的人快速理解來訪者的特色與精華。只是敘事取向做法的特點是增加了「括弧」：來訪者在 S1 生命線各個時間點以簡潔詞語寫下 5-8 件生命事件後，可以多加一或兩個括弧，寫下此刻對當時那件事的看法。也就是先寫過去事件，再以括弧表徵現在「看」過去的觀點，以「現在─過去」的對話來創造空間、產生觀點移動，讓隱藏故事、支線故事浮現，開顯出主題與意義。

在進行 S1 生命線歷程回顧時，很多人都經驗到，當初極為負面的事件，現在回頭去看顯得微不足道或雲淡風輕，甚至會感謝的說「跌倒要趁早」，足以拾穗負向生命經驗所贈與的豐厚禮物。也有人發現當初風光的成功經驗，現在看來真是小時了了或是付出太大代價，而有不過爾爾之慨。這顯露出重要的不是發生了什麼事情，而是故事主角對所發生事情的看法，及主角如何給出事件的意義。

三、S2 生命線

敘事取向在做生命歷程回顧時，不僅僅是留在 5-8 件生命事件的意義本身，更希望能豐厚過去經驗的故事線。為了要創造出多元觀點與視角的移動，體驗鬆動與解構過去故事的效果，會邀請來訪者再做一次「S2 生命線」，一樣是請來訪者列出 5-8 件過去的生命經驗，但是不可以跟 S1 的事件重複，必須是另外其他的 5-8 件事（見圖 7-8）。有些人的 S1 寫生涯發展階段的大事，有些人的 S1 會寫成功事件，也有人的 S1 是眾所周知的外顯事件……可能每個人有所不同，但真正有意思的是，經歷過 S1 再進入 S2 時，人們會出現哪些不同於 S1 的生命故事呢？

生命自傳 S2 生命線

1. 如果第一個S，是S1，再畫一個S2，一樣列出5-8件重要的事情
2. S1跟S2有何差異？
3. 這些差異顯現了什麼？
4. 如果能夠從S1,S2,S3……Sn，會為來訪者帶出甚麼？

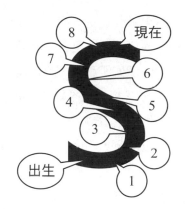

圖 7-8　S2 生命線的生命歷程回顧

　　S1 與 S2 有何差異？這些差異顯現了什麼？是什麼使得那 5-8 件是優先出現於 S1？如果沒有繼續寫 S2，會不會像前一節小華的「好學生」的主流故事或小明的「壞學生」的主流故事一樣，許多其他的生命經驗故事都沒有被放進來呢？如果我們只寫 S1 會不會只停留在單薄的故事？一旦有機會寫 S2 就是給來訪者機會一說再說，從粗到細、從表淺到深層，才能從主流故事到隱藏的替代故事，打開生涯的空間，提供改變的可能。如果能夠多寫幾個 S，從 S1, S2, S3……Sn，會為來訪者帶出怎樣不同的生命經驗與視野呢？

　　形構過去（patterning the past）的「形構」這個詞語具有主動塑型、打造，或是重新組裝、編織等等意思，形構過去是指對已經成為往事的過去，賦予不同面貌。它的關鍵在於：不是說了什麼故事，而是故事何以被這樣敘說？也就是：我何以如此這般的說自己的故事？或是，我何以優先如此這般的說自己的故事？這是我滿意的故事嗎？藉由 S1, S2, S3……Sn，比較有機會

辨識出被社會主流價值所建構的自我認同，這在進行生涯諮商時極有價值。因為重新認識發生過的生命事件，並尋找生命事件留下來的價值與意義，有如經歷砂石磨練後萃取到經驗的珍珠，更寶貴的是 S1, S2, S3……Sn 能打開心理空間、鬆動單一主流故事敘說的固定習慣，創造多元故事與豐富自我觀看的角度。

總之，「回憶過去景」關心的是來訪者以前的生命經驗，經由「回憶」去蒐集過去經驗，重新排序找出轉捩點，列出哪些有助於開展下一個生涯場景。用 S1 生命線、S2 生命線取代傳統的「生命線魚骨圖」，彰顯出遵循鬆動的原則以解構主流故事的支配，將開啟從 S1 生命線到 S2 生命線，甚至是 S3, S4……Sn 的多元故事線，這最重要的啟發是讓來訪者離開單一故事，因為單一故事經常是主流故事，而主流故事經常侷限來訪者的心理空間。如果來訪者能寫到第三個 S3 生命線會更多更好，他／她對自己生命經驗的理解也將更加豐厚。

敘事取向的生涯諮商師邀請來訪者針對每一個 S 命名，也就是對 S1、S2、S3 分別命名，並個別寫 50-100 字的特色摘記，重點是描述這個 S 的價值、意義、收穫或啟發。然後再另外拿一張紙（如表 7-3），列出哪些有助於開展下一個場景，回答哪些特色助長並成就了現在的生涯？那些寶貴的經驗被遺忘或尚未啟用？

表 7-3　從過去故事邁向現在或未來的整理單

	S1 生命線	S2 生命線	S3 生命線	S4 生命線	S5 生命線	……	Sn 生命線
命名							
50-100 字特色摘 記							
那些特色 助長成就 了現在的 生涯？							
那些寶貴 的經驗， 被遺忘或 尚未啟 用？							

現在故事——吸引子原則

「**顯出現在景**」（中間）：情況可能會變成……
「**顯出**」（showing）——選擇出重要的元素，如人物、事件、地點、對話、思考和情緒。可以透過問話、訪問，尋找生涯吸引子，將之歸類到下一個彼時彼刻的生涯場景中。

　　現在故事主要是由個人在日常生活中看似沒有章法或隨機行事的行為中，找出暗藏的圖式、規則、磁場或吸引子，也就是以來訪者的生命經驗為主軸，探尋日常生活經驗中開顯的主題與意義。碎形模式（fractal patterns）（Bright & Pryor, 2010; Bright

& Pryor, 2005; Bloch, 2005; Savickas et al, 2009）有一種自我相似
形的原則，強調亂中有序，在看似無關的小圖案中看出重複出
現、堆疊、累積的圖案。也就是說，看似很複雜的圖案可能源自
一個很基本的原型不斷自我複製的結果。

禪繞畫（Zentangle）就是運用這個原理的例證，運用幾個基
本圖式原型，不斷重複、堆疊、累積一幅幅複雜、美麗、細緻
又繁華的圖畫。我們的日常生活也是看似混亂、忙碌、諸事齊
發、忙得像陀螺打轉⋯⋯可是其中或許暗藏一些基本圖式，在緊
湊的一天 24 小時中，什麼優先去做？什麼被擱置？哪些事情會
佔據我們的空閒時光？其中可能隱藏著一些吸引力法則，在影響
著我們的日常生活與行動。

薩維科斯（savickas, 2015）特別說明他運用「生涯建構的生
活設計諮商」（life-design counseling for career construction）來
協助來訪者進行生涯轉換。「生涯建構的生活設計諮商」也可
以簡稱為「生活設計諮商」（life- design counseling）或「生活
設計」（life designing）。有些人應用到生涯建構諮商（career
construction counseling）中，但是生活設計的範圍更加寬廣。
「生涯設計」這個詞語表明了它有別於「職業輔導」、「生涯
發展」，是第三種生涯介入的典範，是從分數（scores）換到
階段（stages）再轉到故事（stories）的變革。它不是一種模式
或理論，而是一種論述（discourse），用來提高專業人員的理
解。這種論述套件是以系統化實務基礎為知識，而非科學化的
測量、實驗或預測來做指導。也就是戴維斯（B. Davies）和哈瑞
（R. Harré）（1990）說的：是諮商產生了論述，而非諮商是論
述的產物。實務經驗才能引導出理論，尤其在生涯軌跡遞嬗的時

代，理論無法趕上來訪者眼前的問題。

生活設計諮商將來訪者和心理師都視為主體，可說是一種雙重詮釋（Rennie, 2012）的實踐論述。生活設計以故事取代分數，來顯示出來訪者的獨特性，生活設計以馬帝根（S. Madigan）（2011）提出的建構性分類（constructionist categories）為本，如意圖、目的和召喚。生活設計跟隨來訪者和心理師對話和所建構的意義，鼓勵來訪者發展自己的生涯認同，並展開生涯行動。

生活設計諮商的三個核心元素是：關係（relationship）、反思（reflection）和意義建構（sense-making）；心理師必須是建立關係、提升反思和鼓勵意義建構的專家。生涯設計諮商是兩個專家一起對話的過程，**深入領會的關係**包含美國心理學家斯特恩（Daniel N. Stern）（2004）說的內隱無意識（implicit unconscious）的相知，或是英國精神分析學家博拉斯（Christopher Bollas）（1987）說的未思考的已知（unthought known）的理解。**它重視反思**是因為所有的自我回顧，雖然都是聚焦於現在，但是過去都必須經由現在來顯現。因此，來訪者此刻如何說、因何而說、對誰說，這些反思性的覺察，就顯出來訪者的意圖與建構故事的方式，也得以解構、重構或共構故事，達到新的理解與自我更新。

生活設計諮商重視意義的建構，敘說故事使來訪者有串接經驗的過程，並從中建構獨特的意義，因為說故事是經由來訪者重新建構過去的事實而獲得新觀點。透過鼓勵來訪者闡述生活經驗中的吸引力、形成意向並自我承諾以獲得生活意義感。意義感與意向性相互依存，也導出人生方向，這就是為什麼生活設計諮商

強調意義建構，因為這些影響著我們行動的自我相似性、吸引子法則能掌控人的知覺和照亮潛在可能性。總之，生涯吸引子引導意圖性，也才引領出在工作世界的行動。接著來看一些切入的方法。

一、生涯建構訪談

生涯建構訪談（Career Construction Interview, CCI）是一種結構式晤談，薩維科斯（Savickas, 2015）的生活設計諮商手冊中，建議敘事取向的生涯諮商師進行五個主題的訪問：

問題 1：角色楷模
目的：

確認來訪者對自我概念的建構所使用的形容詞。角色楷模是來訪者投射出來的理想自我，通常是曾經做過的第一個職業選擇。如果一個生涯諮商師只能問一個問題，那就問這題。這個問題的答案提供特徵和屬性，包括角色楷模的特質、信念、能力、世界觀、人生觀等等，可以視為自我建構的藍圖。在青春期後期，個人會綜合這些屬性或認同的片段，成為初始的職業認同。

訪問：

成長過程中，誰是你佩服的人？誰是你心目中的英雄／女英雄？在你 3-6 歲時，除了父母之外，如果有三個你最欣賞的人，會是誰？他們可以是你認識或不認識的真實人物、知名人士，也可以是虛構的超級英雄、卡通人物，或是書本、漫畫、電影、網

路、電玩……中的人物。

提醒：

　　探索這個角色楷模對受訪者的重要性或主觀意義：他們有何重要事蹟、他們身上具備什麼、他們做了什麼，以至於對來訪者是重要的？這些人物，對受訪者的重要性或主觀意義為何？

　　有時候對話會為了擴大故事的範圍而岔出去一下，但是要記得回來問「重要性或主觀意義」：（以下的○○可以是英雄、老師、小說人物、傳記人物、偶像……）

　　○○是怎樣吸引你？

　　○○何以對你來說是這麼重要？

　　○○對你來說代表你身上的什麼特質或價值？

　　○○這在你身上，說明了什麼？

　　○○的這種重要性或價值，會讓你想到什麼？跟你的生涯發展有什麼關聯？

問題2：雜誌、網站、電視節目
目的：

　　了解來訪者對那些情境或活動類型感興趣，以檢視來訪者的生涯興趣與生活風格。興趣是當一個人對某個特定事物特別的關注、關心或有好奇心所感受到的經驗。興趣評估主要有三種方式：

　　1. 評估，例如使用興趣測驗。

　　2. 陳述，例如在自我導向探索中的白日夢活動。

　　3. 表現，例如在活動或情境中的表現。

而生活設計關心來訪者在日常生活中的表現，心理師經由來訪者在實際情境中直接投入或有所共鳴的活動，來確定其興趣特徵，因為興趣涉及到人與環境之間的社會心理連結。

訪問：

　　先從雜誌開始問：你有特定喜歡或固定閱讀的雜誌嗎？請列舉三個雜誌。請描述一下雜誌裡的內容，再以「語言激勵」讓來訪者回答：是什麼吸引你……？你怎麼找到……有趣？什麼吸引你的……你為什麼喜歡它，而不是……？你喜歡怎麼樣的雜誌？也可以問電視節目：你是否有任何經常看的電視節目？你會預錄什麼電視節目嗎？請列舉三個節目，也是以「語言激勵」讓來訪者回答問題。或是問網站，做法跟雜誌一樣。

提醒：

　　探索來訪者的生活餘暇時光，會被什麼吸引？佔據？或是會不會有一個磁場，在來訪者稍有空檔的時候，牽引著來訪者朝它而去？為什麼會被牽引或佔據？這些主題，對來訪者的重要性或主觀意義為何？

　　有時候對話會為了擴大故事的範圍而岔出去一下，但是要記得回來問「重要性或主觀意義」：（以下的○○可以是電視頻道、雜誌、網頁網站、廣播節目類型……）

　　○○是怎樣吸引你？○○何以對你來說是這麼重要？

　　○○對你來說代表你身上的什麼特質或價值？

　　○○這在你身上，說明了什麼？

　　○○的這種重要性或價值，會讓你想到什麼？跟你的生涯發

展有什麼關聯？

問題 3：最喜歡的故事

目的：

　　有助於去理解故事或文化腳本，注重來訪者對這些故事中的關鍵人物、故事情節、特定場景等等的主題，這些可能都是來訪者過渡性結局的想像素材，隱藏著來訪者的生涯腳本。來訪者最喜歡的故事能夠攤開生活，澄清他們下一步可能做什麼。在來訪者最喜歡的故事裡，心理師通常會看到來訪者的模糊輪廓，他的潛在夢想或甚至是尚未成形的早期計劃。不同人生發展階段可能喜歡的故事不一樣，都值得從中確定意義，由於自我建構理論將文本故事視為發展適應力和彈性的來源，問目前最喜歡的故事有助於發現當下的主題。

訪問：

　　最近看的書本或電影中，有你最喜歡的故事嗎？告訴我是什麼故事？你喜歡其中的什麼？喜歡故事中的哪個人物？或是哪個故事情節、橋段、場景？

　　可能有些來訪者會跟你說搞笑片、漫畫、卡通或童話，仍然可以一試。至少要說四到五句，否則可能會錯失文本中的重要元素。

提醒：

　　探索吸引來訪者的那些故事類型、故事情節，是因為作者還是其中的人物性格、畫面？怎樣好看？有什麼吸引力？如果要介

紹給別人，來訪者會強調什麼？這些元素，對受訪者的重要性或主觀意義為何？

　　一樣的，有時候對話會為了擴大故事的範圍而岔出去一下，但是要記得回來問「重要性或主觀意義」：（○○可以是電影、小說、漫畫、童話、繪本……）

　　○○是怎樣吸引你？

　　○○何以對你來說是這麼重要？

　　○○對你來說代表了你身上的什麼特質或價值？

　　○○這在你身上，說明了什麼？

　　○○的這種重要性或價值，會讓你想到什麼？跟你的生涯發展有什麼關聯？

問題 4：座右銘

目的：

　　可以從中理解來訪者曾經給予自己的忠告、格言，這些可能都隱藏著來訪者的個人資源、生命韌性、解決策略、行動方針等等。生活設計諮商的目的是讓來訪者聽取和尊重自己的智慧，唐諾・溫尼考特（Donald Winnicott）（1969）也說：「從病人，只有病人有答案。」座右銘表明了來訪者提出了給自己的最好建議，有點像是自我治療，來訪者和心理師都能夠同時感受到座右銘中的忠告就橫跨在所敘說的問題之上，心理師可以尊重並善加應用其中的效益。

訪問：

　　你最喜歡的座右銘是什麼？你有生活格言嗎？你有案頭語

嗎？曾經陪伴你度過低潮的勵志名言是什麼？在書店裡看到什麼話語的卡片會吸引你？日常中在 Line 裡收到的格言圖片，哪一類你會儲存起來？

提醒：

探索曾經鼓勵過來訪者的格言，有時這會涉及宗教或信仰。有哪本宗教經典的話語是重要的嗎？曾經給過你怎樣的力量，化解了心裡困頓？可以邀請來訪者想一個曾經發生過的難關，那時候有沒有一、兩句話發生化解的作用，安頓了煩擾的心緒？這些格言，對受訪者的重要性或主觀意義為何？

有時候對話會為了擴大故事的範圍而岔出去一下，但是要記得回來問「重要性或主觀意義」：（○○可以是格言、座右銘、金句、古人的智慧……）

○○是怎樣吸引你？

○○何以對你來說是這麼重要？

○○對你來說代表你身上的什麼特質或價值？

○○這在你身上，說明了什麼？

○○曾經怎樣幫助過你而對你有效？

○○的這種重要性或價值，會讓你想到什麼？跟你的生涯發展有什麼關聯？

問題 5：早期回憶

目的：

了解來訪者的觀點，從中可以得知他看問題的視角，包括生命故事中的主要場景、事件、畫面或圖像，從中可能會呈現

出來訪者的觀點、信念、關切、在乎或抱負等等。心理師去理解來訪者視角和當前生涯議題的關聯，是很重要的。這些觀點可能流露出意義構建的雛形，包含著當務之急或難隱之痛。早期回憶（Early recollections, ERS）幫助心理師了解來訪者的生活世界、來訪者如何跟世界打交道，聆聽早期經驗有助於心理師聽見來訪者內隱的自我成見、他人偏見，也導向生命主題。如果引用「自我表現舞台」的隱喻，ERS 可以幫助我們理解現在的「後台」情況。

訪問：

什麼是你最早的回憶？請你說一說 3-6 歲或是 7-12 歲之間發生在你身上的故事？來訪者說完一段早期故事時，心理師可以問：如果請你對那段記憶指定一個感覺，那會是什麼感覺？寫下整體感覺後，心理師再問第二個問題：如果用一張最生動的照片來代表那段記憶，照片裡會有什麼？

收集三段早期回憶之後，心理師就和來訪者合作，譜寫每個早期回憶的標題。必須像是報紙或電影海報的標題，最好標題中有一個動詞。心理師陪伴來訪者直到所有標題完成到恰到好處。為所有早期記憶定標題並非只是單純的語言文字活動，而是來訪者為自己的經驗做出主體權威意識的表現。這個過程使來訪者成為自己經驗的作者，並感覺其真實情緒。

提醒：

探索來訪者的早期經驗，早期印在腦海中，印象深刻的重要畫面是什麼？有誰對你很好？這個「好」為什麼很重要？有誰對

你很不好？這個「不好」說了什麼？或是有一些場景總是縈繞心頭，是什麼場景？這個場景有主題嗎？這些早期回憶，對受訪者的重要性或主觀意義為何？

有時候對話會為了擴大故事的範圍而岔出去一下，但是要記得回來問「重要性或主觀意義」：（○○可以是照片、一段回憶、某個人的作為、某個場景……）

○○是怎樣吸引你？

○○何以對你來說這麼重要？

○○對你來說代表你身上的什麼特質或價值？

○○這在你身上，說明了什麼？

○○的這種重要性或價值，會讓你想到什麼？跟你的生涯發展有什麼關聯？

薩維科斯（Savickas, 2013.b）建議上述五種提問，可以依循下列步驟而組成來訪者的生涯未來故事：

1. 確認來訪者生涯敘說中的問題故事。

2. 檢視來訪者的早期回憶，以理解來訪者看問題的視角和當前生涯議題的關聯。

3. 從來訪者的角色楷模確認其理想自我的建構藍圖，從中釐清來訪者的職業自我認同。

4. 將來訪者喜歡的雜誌、網站、電視節目，搭配霍蘭德理論以找出來訪者的職業性格類型。

5. 從來訪者最喜歡的故事，探索來訪者的生涯腳本，發展出適應力和彈性。

6. 從來訪者的忠告、格言，萃取出來訪者個人資源、生命韌

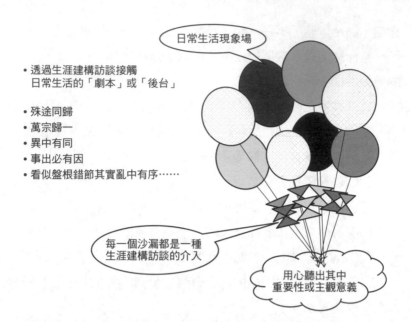

- 透過生涯建構訪談接觸
  日常生活的「劇本」或「後台」

- 殊途同歸
- 萬宗歸一
- 異中有同
- 事出必有因
- 看似盤根錯節其實亂中有序……

日常生活現象場

每一個沙漏都是一種
生涯建構訪談的介入

用心聽出其中
重要性或主觀意義

圖 7-10　以生涯建構訪談探索來訪者的「重要性或主觀意義」

　　性、解決策略、行動方針等等。

　　7.回應來訪者前來諮商的目的，建構未來生涯故事。

　　以上五種 CCI 主題訪談也可以擇一進行即可，可以由來訪者選擇，也可以由心理師依據過去談話的線索擇一進行。不管由哪一個提問作為入口，都是透過生涯建構訪談協助來訪者接觸日常生活演出的「劇本」或是「後台」，看似盤根錯節的生活經驗其實是亂中有序、異中有同、事出必有因、殊途同歸又萬宗歸一的顯現出來訪者的「重要性或主觀意義」，並且勾連到來訪者未來相關的生涯發展。我們不知道來訪者的生涯吸引子類型，但它沒有好壞之分。下面就以實例說明吸引子類型。

二、生涯吸引子

　　傳統的生涯觀點強調生涯目標，生涯目標可以描述人生的價值或方向，但是無法解釋我們在日復一日的日常生活中行動的軌跡與方向。日常生活的行動規則用吸引子觀點可以獲得合理的說明。吸引子（attractors）（Pryor & Bright, 2007; Bright & Pryor, 2005）是指一種混沌系統中無序穩態的運動形態。澳洲天主教大學（ACU）心理學教授普萊爾（Robert GL Pryor）和布萊特（Jim Bright）（2007）放棄生涯目標的概念，借用物理學理論轉換成生涯混沌理論[5]獲得啟發，他們認為生涯目標是結構主義的線性思維，而吸引子比較靠近後結構主義的非線性多元思維。

　　在生涯上強調穩定、反覆出現且吸引個體關注的力量。生涯吸引子有四種，以下分述之：

（一）點狀吸引子（point attractor）
定義

　　當系統被限制為僅朝向明確定義的點移動時，就會以點狀吸引子運行。如果來訪者的有一個明確的移動方向都指向同一種價值或立場，傾向於是「點狀吸引子」。

5　編註：Chaos Theory，是對不規則又無法預測的現象及其過程所進行的分析，指宇宙本身處於混沌狀態，其中某一部分似乎並無關聯的事件間的衝突，會給宇宙的另一部分造成不可預測的後果。可用以探討如人口移動、化學反應、氣象變化、社會行為等動態系統及作行為預測。

範例

來訪者喜歡看電視轉播足球賽節目，問到最後來訪者說：我喜歡這個足球隊是因為他們勝不驕敗不餒，很多足球隊都輸不起，這是他見過最有尊嚴的足球隊，他說活著就是要有尊嚴。「尊嚴」就成為來訪者的生涯吸引子，而且是「點狀吸引子」。

（二）鐘擺吸引子（pendulum attractor）

定義

當系統僅限於在兩個明確定義的點之間移動時，就會以鐘擺吸引子運行。如果來訪者在兩個明確的價值觀或喜好之間移動，有如鐘擺一樣運行，傾向於是「鐘擺吸引子」。

範例

來訪者的座右銘是「時時可死、步步求生」，他說這句話對他而言最重要的是活在當下，珍惜每一次遭逢的因緣聚合，不去抱怨盡力而為，隨時準備好撒手人寰都不遺憾。但是，他說雖然他隨時準備赴死，同時，他絕對不會輕生，他珍惜生命的每一刻，也投入在每一刻。「時時可死、步步求生」就成為這個來訪者的生涯吸引子，而且是「鐘擺吸引子」。

（三）環狀吸引子（torus attractors）

定義

當系統通過一系列明確界定的時間點重複時，如每週一次或每年一次等，就會以環狀吸引子運行。如果來訪者通過一系列明確界定的時間點重複，如每週一次或每年一次等，傾向於是

「環狀吸引子」。

範例

　　一個 52 歲的資深優秀的中學女教師，她已經教書 25 年並獲得退休資格，但是同時也獲得成為儲備校長候選人的資格。她在猶豫是要參加儲備校長的訓練，還是早早退休去遊山玩水，選前者害怕未來 10 年會陷入水深火熱的忙碌生活中，選後者又害怕太多空白時間會浪費人生。她在生涯建構訪談中說她閒來沒事最喜歡看天下雜誌，尤其會吸引她的是有關領導力、組織溝通的主題，這些主題總是讓她找到方法與人合作，並且一起做一些有趣的事，像是擔任課程設計召集人，後來她帶領的課程設計小組還得教育局的優等獎。她享受眾志成城、齊心協力，為共同理想一起打拼的團結感。她說她的小孩都長大了，她最享受每個週五晚上全家聚餐的時間，感覺全家人很靠近，她很喜歡策畫大學同學會每年聚會一次，輪流去不同國家；還說自己就算退休大概也閒不下來，一定還是會找到一群人享受群策群力的團體價值。

　　「帶領一群人的團體合作感」是來訪者的生涯吸引子，而且是「環狀吸引子」，可能以每週、每季、每學期或每年的周期實踐出來。最後來訪者連結到未來生涯發展的關聯，她領悟到她值得擁有一個校園來實踐自己的生涯重要價值「帶領一群人的團體合作感」。

（四）奇異吸引子（*strange attractor*）
定義

　　當系統隨著時間的推移出現不穩定性，自我相似性，以及

非線性變化時，就會以奇異吸引子運行。如果來訪者隨著時間的推移出現不穩定性、自我相似性，以及非線性變化時，就會是「奇異吸引子」。

範例

　　來訪者的早期回憶中有一個畫面是「弟弟出生」。媽媽生了六個子女，老大到老四是女兒，她是排行老二，老五和老六是兒子。老五出生時她 6 歲，她站在房門口看房內好多人，產婆說是個帶靶子的，一盞燈從天花板照下，像舞台中央鎂光燈的光圈，照著有如主角的剛出生的小男嬰，房內的人喜孜孜的。從那一刻起她知道她是多餘的，不會受到注意，不能享受到資源，也自由自在被放養長大。這個「弟弟出生」的早期經驗的畫面，使她整理出自己的生命主題是「中央與邊緣」，她有獨立自主的性格，跟世界打交道的位置是喜歡在邊緣而不是中央，邊緣的位置使她就算遭遇困難也不會開口求助，因為覺得可能要不到，邊緣也使她喜歡自由自在、安安靜靜的努力，最後呈現出讓別人眼睛一亮的成果，在邊緣久了也讓她對於長久沒沒無聞會生氣而想振翅高飛。

　　這些訪問的結果讓來訪者發現，人生「後台」有一些裝置提供「前台」演出。來訪者呈現出的「後台」吸引子是「默默努力、低調行事」來振翅高飛，以成就出前台「讓人眼睛一亮的成果」，但是前台也同時出現「都是獨來獨往、單打獨鬥」的孤單寂寞感。在這個訪問結束前，心理師問來訪者：

　　　　心理師：發現這些「後台」裝置的重要性或價值什麼？跟妳
　　　　　　　　的生涯發展有什麼關聯？

來訪者：這個人生「後台」裝置提供「前台」演出，實在付出太大的代價，我不需要費這麼大的力氣去證明自己的存在價值，我未來的生涯想要去彌補這個缺憾，想要增加人與人真正的關心與連結。

這個「增加人與人真正的關心與連結」可以視為「奇異吸引子」。

整體言之，「顯出現在景」關心的是來訪者當前的情況，選擇出生活中重要的人物、事件、地點、對話、思考和行動元素，它可以透過問話、訪問以尋找生涯吸引子，將之歸類到下一個彼時彼刻的生涯場景中。透過 CCI 的 5 個問題可以得到如下目的：

CCI 問題	目的
1.角色楷模	確認自己對自我概念的建構所用的形容詞，理想自我的藍圖、職業自我認同的建構。
2.雜誌、電視節目、網站	了解自己對那些情境或活動類型感興趣，找出來訪者的職業性格類型。
3.最喜歡的故事	故事或文化腳本可能都是來訪者生涯腳本的想像素材，從這些生涯腳本去發展出適應力和彈性。
4.座右銘	從中理解自己曾經給過自己的忠告。聽取和尊重來訪者的智慧，萃取出來訪者的解決策略或行動方針。
5.早期回憶	了解來訪者的觀點，得知看問題的視角，可能流露出的意義構建的雛形，聆聽來訪者內隱的自我成見、他人偏見，也導向生命主題。

同時，透過這些訪問探索來訪者的生涯吸引子類型，鼓勵來訪者從被動等待幸運降臨的猶豫不決（indecision）重新定位為主動探索且開放心胸的態度。對新的事物好奇，即使看起來挺嚇人的，也是開啟新大門導向未來潛在生涯的第一步，有時候目前看不到蛛絲馬跡，卻隱藏在生活經驗的細節裡，都可以恰如其所的理解。把精力放在現在或近期可做的小事情上，可以藉著累積小行動，像擔任志願者、參加俱樂部和團體，或與所好奇領域的工作人士交談，來聚集生涯吸引子。

　　生涯需要長期量觀，近距離看事情，一切似乎混亂且不可預測，但若是以大局檢視，會看到某些重複的模式。敘事取向的生涯諮商師的責任是以現在故事的吸引力法則，探索出來訪者出現在日常生活中暗藏的圖式、規則、磁場或吸引子，即時對這個模式做出反映，使來訪者的優勢獲得從未有過的偉大啟迪，有助於開展向下一個生涯場景。

未來故事——想像力原則

> 「預示未來景」（以後）：情況將會有怎樣的不同……
> 「預示」（futuring）——是關於未來的藍圖和行動，可以運用拼貼、圖式等描繪當事人可以依據藍圖而採取的行動，尤其是在哪裡、誰會在那兒、可以做什麼行動。

　　德國思想家芬克（Eugen Fink）（1981）指出：哲學同時重視「論題概念」（thematic concept）和「操作概念」（operative concept），相對於直接使用並具體呈現為固定論題的「論題概

念」，「操作概念」有如哲學的陰影；陰影是思維的另一種向度，思想本身建立在未思想的部分，在於未加思索的使用陰影的概念。操作的概念總是在陰影中，總是不作為論題而又操作著論題本身。也就是說，理論家在建構理論時，有可能是使用其「操作概念」而不自覺，缺乏「操作概念」的理論，是不可能成就出「論題概念」，每一個理論的「論題概念」背後必定存在著「操作概念」。美國心理學家喬治·凱利（George Kelly）對於人格所提出的個人建構理論，除了進行人格理論的「論題概念」，同時讓「操作概念」本身成為論題而顯現。構念的內容是他人格理論的「論題概念」，角色構念測驗的方法是他人格理論的「操作概念」。

　　應用到生涯個人建構中，我們也可以說生涯的個人建構是在「工作場域」與「個人主體」之間的一個中介，生涯個人建構發揮「如何看世界」眼光，也就是顯現出個人工作場的「操作概念」。「所看到的工作」結果與「如何看工作」世界的眼光，是兩種不同的思維向度。一般生涯測驗都直接給出「論題概念」也就是著重在「所看到的工作」結果，諸如霍蘭德的生涯興趣測驗，或是美國心理學家克倫伯茲（John D. Krumboltz）的生涯信念測驗等等。但是經由生涯個人建構，是將個人主體的生涯願景以「操作概念」的方式，投射到工作場域，使得我們可以同時把握住生涯的「論題概念」和「操作概念」。

　　生涯願景（career vision）有如人生的羅盤，最好的生涯願景就是適合自己的願景。Vision 字源意義上是一幅看見的事物或景象，所以生涯願景不是使命或任務，而是一種內心的願望，可能是一幅圖畫或是一段文字，是實踐與行動的驅動力，去追

求、達到某一個境界或狀態。生涯願景是我們對於生涯方向複雜思維的結果，我們可能在建構它時使用了具體明確的「論題概念」，例如：成為大企業家、科學家、工程師、會計師等等，但在使用時卻是運用其「論題概念」背後，必定存在著「操作概念」而不自覺。缺乏「操作概念」的生涯願景是不可能成就出「論題概念」，找出個人獨特的「操作概念」，更能把握住生涯願景本身，而不致於在經濟動盪與社會變遷的波濤中，失去生涯方向。

如何擷取生涯願景的論題概念

　　為了確定來訪者自己的生涯願景是適合他的，心理師可以根據來訪者的意願，運用以下「未來圖像法」、「神仙賜福法」或「喪禮祭文法／生命自傳書序言」等方式，請來訪者仔細閱讀最後得到的文本並劃出關鍵字，再進入下一個步驟——「生涯願景的操作概念」。

一、未來圖像法

　　未來圖像是一種看得見的景象或圖畫，亞當斯（M. Adams）（2003）、普萊爾和布萊特（Pryor & Bright, 2011）都建議用生涯拼貼（career collage）的方式來協助來訪者描繪未來圖像。也就是激發來訪者對自己未來生涯圖像的想像力，利用過期雜誌或網路圖片拼貼出生涯圖像，也可以藉由繪畫來表達。並用兩三行字，描述出圖像中的生涯願景。

訪問

　　怎樣的人生會讓你覺得幸福滿意？你的理想人生有哪些特徵？你未來與眾不同之處是什麼？你想成為一個怎樣的人？你有最景仰的人或偶像嗎？如果跟誰過著一樣的生活，你會覺得很滿足？10年後的你，會過著怎樣典型的一天？許多未來圖像會表達出來訪者對自己的生涯期待、人生中想要完成的事情，或是投射出現在沒有滿足的需求，從這些期待或需求，可以突顯出來訪者未來的生涯願景。

提醒

　　來訪者完成其「未來圖像」中有諸多細節，都值得心理師一一探詢，例如：為什麼這個圖特別大？放在中央有特別的意義嗎？放在角落的這兩個圖是對稱的，是你特別的安排嗎？這邊有留個空白，是有意的嗎？圖中的顏色有各自的意思嗎？這邊的線條延伸到……是指什麼？心理師要將「未來圖像法」跟生涯願景作連結，可以探詢來訪者：

1. 這張圖表達了你對生涯的什麼看法？其中那些是你的生涯願景？
2. 如果有個名字你會說是……？
3. 你要做那些投入或行動，才可以完成這樣的生涯願景？

　　最後，請來訪者用兩三行文字描述一下這幅圖的內涵。寫完之後請來訪者就所寫的內容，在重要而關鍵的字詞下方畫線或圈起來。

二、喪禮祭文法／生命自傳書序言

　　你希望你如何展現自己的一生？你希望別人記住你是一個怎樣的人？可以有兩種方法：

1. 撰寫自己喪禮上的祭文：這個祭文是來訪者寫給來參加喪禮的親友們的蓋棺論定式的自我生平介紹，邀請來訪者用 200-300 字寫出在喪禮上念給諸親友聽的生命故事與結局，你想要別人聽到這是一個怎樣的人？

2. 生命自傳書序言：這個序言是讀者在閱讀這本傳記的導論或整體綱要，用 200-300 字，精要的寫出「這就是我的生命故事」，讓讀到的人快速的理解這個人的特色與精華。

訪問

　　「喪禮祭文法／生命自傳書序言」這個方法是以文本書寫為形式，因此心理師是針對文本來提問，例如：整篇祭文／序言，有個主題嗎？這篇祭文／序言中，你要傳達的核心概念是什麼？你最希望誰讀到，為什麼？你希望讀的人怎樣回應，為什麼？你說這一段話（心理師可以指出文中特定的句子），是想讓大家了解到什麼？既然祭文／序言都有蓋棺論定的生平介紹，必然反應了來訪者的人生觀、價值觀，甚至哲學觀、世界觀，也可以顯現出來訪者未來的生涯願景。訪問結束時，心理師可以邀請來訪者補充一下「喪禮祭文法／生命自傳書序言」的核心概念和價值，以及自己對於被訪問內容的答案。

提醒

　　如果來訪者最近一年內有重要親友死亡的經驗，要特別注

意為了避免勾引其創傷經驗，最好事先了解並確定創傷已經撫平，否則不宜進行這個訪問。要使「喪禮祭文法／生命自傳書序言」跟生涯願景作連結，心理師可以探詢來訪者：

1. 這篇祭文／序文，表達了你對生涯的什麼看法？其中那些是你的生涯願景？
2. 如果你要這篇祭文／序文命名，你會說是……？
3. 你要做那些投入或行動，才可以完成這樣的「生涯願景」？

最後，請來訪者在這篇「喪禮祭文法／生命自傳書序言」的補述之後，就所寫內容中重要而關鍵的字詞下方畫線或圈起來。

三、神仙賜福法

如果不愁吃穿，你最想成為怎樣的人？如果仙女給你一個人生願望，你想許什麼願望？你最希望自己擁有什麼天賦？神仙賜福法一般會很受年輕人的歡迎，可以天馬行空、不受拘束、任意馳騁想像力，例如有：飛天鑽地的通天本領、可以變成隱形人、能夠用心電感應讀懂別人的心思等等。心理師不需要設限，因為未來故事遵循的是想像力原則。

訪問

成為○○（可以是任何來訪者說出來想成為的人）會為你帶來什麼？有○○的能力對你何以重要？許了這個願望，會使你跟現在有什麼不同？擁有這樣的天賦，你的未來人生會變怎樣？別人知道你有這個天賦、本領，他們會怎麼看你？

許多天馬行空的想法中，可能隱藏著來訪者重要的價值或渴望，也可能會呈現出來訪者目前的欠缺，從這些價值、欠缺或渴望中，可以突顯出來訪者未來的生涯願景。訪問結束，心理師要邀請來訪者以 100-200 字描述一下想要「成為的人或是願望、天賦」的理由和重要性，以及自己對於被訪問內容的答案。

提醒

　　來訪者完成其「神仙賜福法」的文字描述是很重要的步驟，內容最好包含：（1）理由，為什麼要有這個願望、天賦或成為這種人的原因；（2）重要性，擁有這個願望、天賦或成為這種人的價值是什麼？這時候心理師可以邀請來訪者萃取理由和重要性作為生涯願景，而不是以來訪者最初說的願望或人物作為生涯願景。要使「神仙賜福法」跟生涯願景作連結，心理師可以探詢來訪者：

1. 這個願望、天賦或人物，表達了你對生涯的什麼看法？其中那些跟你的生涯願景有關？
2. 如果要你重新為這個願望、天賦或人物，命名，你會說是……？
3. 你要做那些投入或行動，才可以完成這樣的「生涯願景」？（此處必須是從來訪者說出來的「理由和重要性」萃取出來的生涯願景，而不是以來訪者最初說的「願望、天賦或人物」作為生涯願景）

　　最後，請來訪者在寫完對這個願望、天賦或人物的理由和重要性之後，就所寫的內容中重要而關鍵的字詞下方畫線或圈起

來。

如何得出生涯願景的操作概念

生涯的個人建構理論，是將凱利的角色建構測驗轉換並應用
到職業生涯領域中。生涯個人建構理論的程序與步驟，依據金樹
人（1997）的做法，稍作調整說明如下：

一、產生工作名稱

列出 15 個（也可以增加到 21 個）職業名稱，其中三分之一
是喜歡的職業、三分之一是不喜歡的職業、另三分之一是熟悉但
是沒有強烈好惡的職業。

二、抽取與評定生涯想法（生涯構念）的步驟

（一）抽取生涯構念（career constructs）

步驟 1. 看著方格上方的 15 個工作名稱，任意選出三個來。

步驟 2. 仔細想想在這三個工作中，是不是有那兩個工作在
某一方面是相似的？而且這個特性剛好與第三個工
作不同。（若受試無法瞭解，則先做抽取生涯想法
的練習）

步驟 3. 把剛剛所想到的相似特性寫在相似點（左邊），而
不同的特性寫在相異點（右邊），而這個相似點和
相異點就是一組生涯想法。同時從 1 到 5 評分，越
高分表示越喜歡。

（二）在每一個生涯想法上，選擇你所喜歡的一端

步驟 4. 想想看，在考慮每一組生涯想法（生涯構念）時，你比較喜歡相似點還是相異點？

步驟 5. 如果你比較喜歡相似點，就在相似點的那一端寫上「＋」，若喜歡相異點，就在相異點的那一端寫上「＋」。

（三）整理生涯構念

步驟 6. 將「＋」的生涯構念性質相類似的條列在一起，並命名為「生涯核心構念」。

步驟 7. 將命名的「生涯核心構念」標題連接起來，寫成一篇 100-200 字的短文。短文可以加主詞和動詞，也可以擷取標題下的生涯構念本身作為短文內容。

步驟 8. 再為這篇短文訂一個總標題。

三、生涯願景的顯影

請來訪者回頭一一說明每一組「生涯核心構念」的意義及與總標題的關聯，並說說為什麼會訂這個總標題。

總之，以「論題概念」方法來萃取生涯願景或生涯藍圖還有很多其他方法，例如：「生涯幻遊」（典型的一天）、「寫信給 10 年後的自己」（直接投射出理想未來，給出未來藍圖）或是「10 年後的我寫信給現在的我」（從理想未來折射回來現在的我，更多的自我行動指導）等等。在上述「未來圖像法」、「喪禮祭文法／生命自傳書序言」或「神仙賜福法」中，來訪者都針對生涯願景進行畫線的動作。這些畫線出來的語詞是從生涯

願景的「論題概念」中抽取出來的「畫線語詞」,再與經由生涯願景的「操作概念」所萃取的「生涯核心構念」進行比對。可能其中會有很大比例的「畫線語詞」與「生涯核心構念」是重複出現的,也會有少數語詞是只出現在「論題概念」或「操作概念」中,可以請來訪者決定那些語詞或概念有利於建構其「生涯願景」,則可以保留下來。透過「論題概念」與「操作概念」兩種方式,輻輳出生涯願景的圖像,兼顧「內容」與「操作」雙軸概念,讓「操作概念」本身成為論題而顯現,達到描繪生涯願景的目的。

「預示未來景」遵循想像力原則,關心的是來訪者未來的生涯故事,也預示著以後的情況將會有怎樣的不同,透過「論題概念」與「操作概念」兩種方式輻輳出來訪者的「生涯願景」。沒有願景就無法帶出行動,不管用什麼方法,運用拼貼、圖式等等,都是要描繪出未來的「生涯願景」和行動,協助來訪者可以依據藍圖而採取的行動,尤其是還有誰會在那兒、可以做什麼行動。

敘事取向的生涯諮商

綜合本章所述,敘事取向的生涯諮商觀,可以整理如下:

1. 敘事取向的生涯諮商服膺所有敘事治療的假設,也採用敘事治療的問話方法。

2. 敘事取向的生涯諮商認為滿意的生涯是來自不斷學習（learning）和繼續成為（becoming）的過程。

3. 自我認同是終生發展的持續性任務,敘事取向的生涯諮商師不只是向來訪者提問「你想要成為什麼樣子?」還要進

一步提問「你如何成為你想要的樣子？」

4. 生涯不是在既定選項中的決策過程，而是在無限可能中去開創、建構與塑成。

5. 生涯抉擇不是一次或某幾次的生涯決定而已，更不是一戰定終生，而是在生活經驗中持續的動態過程。

6. 敘事取向的生涯諮商師必須偕同來訪者一起審視：來訪者在何種社會情境脈絡中？如何進行社會互動或如何與社會碰撞？產生了什麼結果？

7. 來訪者在做生涯建構訪談時，既展現其自我概念，也證明其生涯願景。生涯並非一條展開在前方明晰可見的未來道路，而是在複雜多變的生活場域中，經由每一次與現實碰撞並做出決定的過程，逐步建構而顯現出來。

8. 敘事取向的生涯諮商將生涯困頓視為機會或轉捩點。

9. 敘事取向的生涯諮商站在「現在」的當下，回顧「過去」故事同時又瞻望「未來」故事。

諮商師的問話技巧

所有在第六章出現過的敘事治療問話，包括：反思性的問話、開啟空間的問話、解構式的問話、意義性的問話、發展故事的問話、較喜歡的選擇的問話等，都適用在敘事取向的生涯諮商，敘事治療是一種提問的學派，而不是給答案的學派，這樣的原則一樣適用在生涯諮商。

表 7-4 嘗試整理出心理師與來訪者在不同階段的對話方法與技術，「過去故事」的諮商對話，可能比較常運用促進反思性理解的問話、開啟空間的問話、解構式的問話；心理師與來訪者

表 **7-4** 敘事取向的生涯諮商的問話與技術

生涯的過去現在與未來	敘事治療問話	問話方法與技術
過去故事——鬆動原則 （回憶過去景） 用 S1 生命線、S2 生命線取代傳統的「生命線魚骨圖」，解構主流故事的支配，開啟多元的故事線。	促進反思性理解的問話（reflection questions）	1. 促進反思性理解的問話：協助來訪者取得生命主權、重視來訪者本身的經驗而不是專家的知識 2. 生命故事使文化體制的現身
	開啟空間的問話（opening space questions）	1. 外化的問話：把人跟問題分開、把自我認同與問題分開 2. 單薄的描述與豐厚的描述 3. 探索問題的影響
	解構式的問話（deconstruction questions）	1. 不知道 2. 解構式的聆聽 3. 解構式問話
現在故事——吸引子原則 （顯出現在景） 運用 CCI 問題的：角色楷模，雜誌、電視節目、網站，最喜歡的故事，座右銘，早期回憶等，探索來訪者的生涯吸引子類型。	解構式的問話（deconstruction questions）	1. 不知道 2. 解構式的聆聽 3. 解構式問話
	意義性的問話（meaning questions）	1. 邀請多元觀點的問話 2. 認同藍圖（Landscape of identity）的問話 3. 行動藍圖（Landscape of action）的問話

生涯的過去現在與未來	敘事治療問話	問話方法與技術
未來故事——想像力原則（預示未來景）透過「論題概念」與「操作概念」兩種方式聚焦來訪者的「生涯願景」。	發展故事的問話（story development questions）	1. 開啟新故事：傾聽故事的開啟、尋找新故事的開端、貼近渴望發展新故事 2. 獨特意義經驗問話 3. 探索細節的問話 4. 發展替代故事的問話
	較喜歡選擇的問話（preference questions）	1. 雙重聆聽（double listening） 2. 隱而未現（absent but implicit）的問話 3. 偏好的故事（preference stories）的問話

在「現在故事」的諮商對話，可能比較常運用解構式的問話、意義性的問話；心理師與來訪者在「未來故事」的諮商對話，可能比較常運用發展故事的問話、較喜歡選擇的問話。雖然誠如第五章末所提到敘事治療的問話很難列出前後順序，這會讓心理師誤解以為按照順序才是正確的做法，這個原則也一樣適用在敘事取向的生涯諮商，敘事諮商的心理師必須陪伴在來訪者的故事脈絡裡，靈活運用敘事治療的技術，視時機提出合適的問話。

敘事有助於在生涯中創造意義，就如喬治‧霍華德（George S. Howard）（1989, p168）所提到的：

人們說他們自己的故事時，會注入他們生活中的某

些部分和意義深遠的行動，並且忽略掉某些層面。每個
人選擇用來敘說自己的故事會有所差異，而不同的故事
建構會實踐出不同但各具意義的生涯故事。

敘事取向生涯諮商的任務是去幫助人們開發資源，開展出一個以
主觀意義為判斷的標準，以便釐清來訪者的生涯敘事是否為主流
敘事所支配、敘事建構與實踐之間的關係，以及在生活中的沉思
觀想者和主動參與者之間的關係。

　　聖地亞哥州立學院（San Diego State College）社會學教授
克拉普（Orrin Edgar Klapp）（1969）提出一個敘事取向生涯諮
商師必須正視的概念，他認為社會系統就是一齣戲劇或是戲院
表演，而後他提問：假如我們的角色演出不甚完美，那要怎麼
辦？這時候社會系統就變成一個無法吸引人的戲劇，在這種情況
下：大多數演員不滿意他們的角色，或者更嚴重的是，索性就多
餘的呆立於舞台上，什麼角色也不演了。（p.14）敘事治療想要
協助這些「不入戲」的演員或角色，敘事的生涯諮商是一種建立
在「角色選定」（role casting）上的專業，這是保證社會系統會
成為一齣引人入勝戲劇的一種方法。為了達成這個目標，敘事治
療開啟了生涯諮商邁向新的理論取向和新的實務發展。

　　寇克倫（Larry Cochran）（1991）認為敘事取向的生涯諮商
是協助來訪者敘說生命經驗的過程，來訪者的生命主題是經由
對話的自我，從主觀我的位置與反身我互動溝通而生。寇克倫
（Cochran, 1997）和麥克亞當斯（Dan P. McAdams）（2006）都
建議生涯心理師要從與來訪者對話的過程慢慢建立一個具備完整
性（wholeness）、和諧性（harmony）、主導權（agency）、豐
富性（fruitfulness）的滿意的生涯故事，將他們的認同轉化成敘

生命中的關鍵性事件，醞釀了生涯決定

我 14 歲的時候，父親罹患心臟病，那個夏天我想去參加夏令營，卻不能如願，因為母親要打理雜貨店，而我必須待在家以照料父親。我非常清楚的記得父親心臟病發作的那天晚上，那是午夜時分，媽媽和我都在家，媽媽失去了控制像發了瘋一樣地尋找一個可以責怪的對象，她習慣如此，而這個對象就是我。她對我大聲吼叫：你殺了他，你要為此負責，是你的行為，總是惹麻煩，才導致他冠狀動脈心臟病發作。

我焦躁不安地畏縮在角落裡，等待班杰明·曼契斯特醫師的到來，當我聽到他的汽車輪胎在我家門口轉彎處摩擦出的聲音時，我感到如釋重負。我清楚的記得他那圓圓的、友善的臉龐，就在昨天。他具有一種奇妙安撫人心的能力，他撫弄著我的頭髮，讓我用聽診器聽父親的心跳，並向我保證說，父親的心跳像時鐘一樣有規律，他會康復的。

這也許都是我重新建構的回憶，然而，就在當時，就在那個情景之下，我做出了一個決定：我要進醫學院，要像曼契斯特醫師做的那樣去服務他人。當時有兩個原因引發了我的雄心壯志：成為一個醫生和成為一個作家。

——摘自歐文·亞隆，《媽媽和生命的意義》，
張美惠譯，2012/1999，張老師文化。

事情節結構，並帶來核心的意義與行動。

同時寇克倫（黃素菲譯，2006/1997）的書中用了大量篇幅提出具體的諮商步驟（第二、三、四章），他認為協助來訪者以自我建構方式描述出生涯敘事，有三個步驟，分別是：

1. 陳述生涯問題：在生涯諮商的過程中組成一條故事線，並以實際狀況為起始點，事情的理想狀況為目的地。

2. 建構生命故事：生命故事在生涯敘說中，能提供人們以主導者身分實踐故事情節的基礎，對此人們會強烈地認同或表達出她／他的本體感。

3. 建立未來敘事：引發未來敘事可以運用生命線、生命篇章、成功經驗、引導式幻遊等方法，描繪未來敘事可以運用書面報告並將報告寫成敘事及需要進一步闡釋相關的議題。

此外，他也在書中第五章，加強論述生涯行動階段的諮商工作重點，認為協助來訪者釐清展現／實踐敘事所需要的行動模式也有三個步驟，分別是：

1. 建構現實，探索的目的是做有意義的現實建構。透過探索，個人可以致力於調整理想敘事而建構出工作現實。

2. 改變生活結構，生活結構是指某段時期的個人生命圖樣或模式。生活結構的模式可以藉由人們在持續行動步驟中所投入的時間、精力、專注度和資源等方式來做檢查。

3. 強化角色，協助來訪者將角色付諸具體，行動當下經由探索、從事有意義且快樂的活動而實現理想。這種實踐的智慧與如何在當前環境裡明確說明美好生活的遠景有關。最後：還必須將抉擇具體化，以便連接建構故事和未來故事

之間的橋樑。

坎伯與對社會及心理復原力有所研究的加拿大學者安加（Michael Ungar）（Campbell & Ungar, 2004）主張透過與來訪者討論：知道你要什麼、知道你有什麼、知道你聽見什麼，知道什麼困住了你、描繪偏好的故事、逐漸形成你的故事、在現實中長出你的故事，來整合來訪者的生命建構。布洛特（Pamelia E. Brott）（2001）提出共構、解構、建構三步驟。也就是共構個人的生命故事、解構沒有生產性的故事及建構具生產性的新故事。共構指的是來訪者和心理師共同將來訪者過去及現在經驗顯露出來的機會，可以透過生命線（或參考本章中的「過去故事」）來幫助來訪者探索過去的記憶；解構階段則是「打開」（unpack）這些故事，透過解構來發現例外，想像不同的經驗及辨別不同的觀點，以指引未來的方向。建構階段，則是來訪者重寫未來導向的故事過程。建構新故事始於偏好問題，包含了顯明時刻（defining moments）、閃亮時刻（sparkling moments）、打開空間（opening space）、個人偏好、重要他人的故事等。

薩維科斯（Savickas, 1995）以探索生命主題為基礎，提出敘事生涯諮商的五個步驟：

1. 聽取來訪者的故事。來訪者核心生活關注、與生涯未確定有關的故事，並用心聽出其中的生命主題。

2. 將此一生命主題反映給來訪者。特別是與形塑來訪者自我認同有關的主題，例如：家庭故事、來訪者的楷模、生命中的重要事件等，讓來訪者思索此一生命主題。

3. 回到來訪者所呈現的生涯困境。探索生涯困境與此一生命

主題之間的關連。

4. 嘗試將生命主題延伸至未來。心理師與來訪者一起探索與
感興趣的職業選項相關的生命主題，並產生新敘說的建
構。

5. 發展並練習做決定所必須具備的技巧。擬定計畫，並協助
來訪者管理、實踐計畫。

綜合上述，我以截長補短、保留重複和最大公約數為
原則，梳理出一份比較表 7-5。從表中可以看到只有寇克倫
（Cochran, 1997）和坎伯與安加（Campbell & Ungar, 2004）
一開始就先關心來訪者想要的理想生涯；同時，他們都沒有著
墨在鬆動或解構的階段，他們卻都特別關心未來理想故事的具
體實踐。所有學者都強調探索過去故事和建構未來故事的重要
性。寇克倫（Cochran, 1997）雖然將「建構現實」、「改變生
命結構」、「強化角色」都放在第五章成為行動技巧，但是深
究細節可以發現，其中「建構現實」、「改變生命結構」重點
是在建構未來生涯，他用展現敘事稱之。薩維科斯（Savickas,
1995）和寇克倫（Cochran, 1997）雙雙強調行動技巧。薩維科斯
（Savickas, 1995）的第三步驟：回到生涯困境，探索與此主題
的關連，是以反思性理解為基礎，具有鬆動打開的效果，故將他
的三步驟橫跨「探索過去故事」和「鬆動打開」兩個欄位。

表 7-5　不同學者的敘事生涯諮商步驟比較

生涯階段	薩維科斯 (Savickas, 1995)	寇克倫 (Cochran, 1997)	布洛特 (Brott, 2001)	坎伯與安加 (Campbell & Ungar, 2004)	黃素菲 (2018)
滿意生涯				1. 知道你要什麼	
探索過去故事	1. 聽取來訪者的故事 2. 將此一生命主題反映給來訪者 3. 回到來訪者所呈現的生涯困境	1. 陳述生涯問題：組成以實際狀況、理想始點，理想狀況為目的地的故事線。	1. 共構：探索過去的記憶	2. 知道你有什麼 3. 知道你聽見什麼 4. 知道什麼困住了你	1. 被建構的敘事：受制狀態的敘事特徵
鬆動打開			2. 解構：「打開」故事		2. 解構的敘事：反制狀態的敘事特徵
建構未來故事	4. 嘗試將生命主題延伸至未來	2. 建構生命故事 3. 建立未來敘事 4. 建構現實 5. 改變生命結構	3. 建構：重寫未來的故事	5. 描繪偏好的故事 6. 逐漸形成你的故事	3. 再建構的敘事：重寫狀態的敘事特徵
行動技巧	5. 發展並練習做決定所必須具備的技巧	6. 強化角色			
具體實踐		7. 將抉擇具體化：連接建構故事和未來故事之間的橋樑。		7. 在現實中長出你的故事	

敘事取向生涯諮商的階段與步驟

　　從表 7-5 的整理結果，可以整理出敘事取向的生涯諮商步驟。雖然寇克倫（Cochran, 1997）和坎伯與安加（Campbell & Ungar, 2004）一開始就先關心來訪者想要的理想生涯，但是可以將之合併放入「建構未來故事」。行動技巧，則同時將薩維科斯（Savickas, 1995）的三步驟中加入「鬆動打開」，成為：

　　1. 聽取來訪者的故事。

　　2. 鬆動打開主流故事。

　　3. 將此一生命主題反映給來訪者。

　　4. 回到來訪者所呈現的生涯困境。

他保留「建構未來故事」，並將「行動技巧」和「具體實踐」合併為「行動與實踐技巧」，更發展出（Savickas, 2015）「生涯建構的生活設計諮商」，以「建構意義」取代「做決定所必須具備的技巧」，故本章刪除「做決定所必須具備的技巧」。綜上，可獲得下列生涯諮商的步驟：

　　1. 探索過去故事

　　　（1）聽取來訪者的故事，用心聽出其中生命主題；

　　　（2）將生命主題反映給來訪者，思索此一生命主題；

　　2. 鬆動打開主流故事

　　　（3）檢視生涯困境。釐清故事是否為社會主流故事所建構。

　　　（4）回到生涯困境，探索與生命主題的關連；

　　3. 建構未來故事

　　　（5）嘗試將生命主題延伸至未來，形成生涯願景；

　　　（6）描繪偏好的故事，逐漸形成替代故事。

4.行動與實踐技巧

　　（7）強化角色，在現實中長出你的故事，

　　（8）將抉擇具體化，連接建構故事和未來故事之間的橋
　　　　樑。

　　一般心理師熟悉的心理諮商接案流程，是依循諮商心理學的
諮商模式。為了使敘事取向的生涯諮商步驟更為一般心理師所接
受，再將上述統整之後的生涯諮商步驟與希爾（Clara E. Hill）
（林美珠、田秀蘭譯，2017/2014）的三階段助人模式結合，以
提升一般諮商心理師對於敘事取向的生涯諮商的熟悉感、勝任
度。

　　希爾（林美珠、田秀蘭譯，2017/2014）的三階段助人模
式，包括：

1. 探索階段（Exploration stage）：協助來訪者探索其想法、
　　感覺與行動。還包括建立支持與發展助人關係，鼓勵來訪
　　者說故事，鼓勵來訪者探索想法與感覺，催化感覺的激
　　起，從來訪者的觀點瞭解來訪者等技巧。

2. 洞察階段（Insight stage）：協助來訪者了解其想法、感
　　覺與行動。還包括與來訪者一起建構新的洞察，鼓勵來訪
　　者決定其在想法、感覺、行動上所扮演的角色，與來訪者
　　討論助人關係的課題（例如：依附、誤解等）等技巧。

3. 行動階段（Action stage）：協助來訪者在其探索和洞察
　　的努力下決定所要採取的行動，並付諸執行。

另還包括鼓勵來訪者探索可行的行為，協助來訪者決定行動，催
化行動技巧的發展，對來訪者嘗試所做的改變給予回饋，協助來

訪者評估改變，並共同修正行動計畫。黃惠惠（2005）的《助人歷程與技巧》多年來成為張老師中心義務張老師儲備訓練的教材，這本書是根據伊根（Gerard Egan）在 1975 年和 1982 年出版的《熟練的助人者》（*The Skilled Helper*）所改寫。目前伊根（Egan, 2014）已經出到第 10 版《熟練的助人者：問題管理和機會開發取向的助人方法》[6]。內容包括四階段：關係建立、自我探索、自我了解及行動計劃，多出一個關係建立階段，其他三個階段其實與希爾（林美珠、田秀蘭譯，2017/2014）的三階段助人模式探索階段（即自我探索）、洞察階段（及自我了解）、行動階段（行動計畫）概念上幾乎一致。

　　一般心理諮商歷程，在探索與頓悟之後，極為看重行動計畫與實踐，也就是具體的行為改變，這是敘事治療比較忽視的步驟，但是在生涯諮商卻極為重要，故值得保留下來。但是敘事治療看重的建構未來故事，卻是一般諮商歷程所忽視的。在這個整理、比較、統合的過程，確實可以發現一般諮商歷程、生涯諮商與敘事治療之間的異同。故本章也沿用希爾（林美珠、田秀蘭譯，2017/2014）的三階段助人模式來整合生涯諮商步驟（表 7-6），並整合一般諮商歷程、生涯諮商與敘事治療之間的長處，分述如下：

6　*The Skilled Helper: A Problem Management and Opportunity-Development Approach to Helping.*

表 7-6　希爾三階段助人模式與敘事取向的生涯諮商的階段與步驟整理表

希爾三階段助人模式 （Hill, 2014）	敘事取向的生涯諮商的階段與步驟	
1. 探索階段： 　同理並反映來訪者的生涯故事及生命主題	1. 探索過去故事	(1) 聽取來訪者的故事，用心聽出其中生命主題 (2) 將生命主題反映給來訪者，思索此一生命主題
2. 洞察階段： 　檢視生涯困境，協助來訪者鬆動問題故事，並形成替代故事與生涯願景。	2. 鬆動打開主流故事	(3) 檢視生涯困境。釐清故事是否為社會主流故事所建構。 (4) 回到生涯困境，探索與生命主題的關連
	3. 建構未來故事	(5) 嘗試將生命主題延伸至未來，形成生涯願景 (6) 描繪偏好的故事，逐漸形成替代故事
3. 行動階段： 　讓來訪者從生涯意義為決策核心，發展出具體的行動與實踐。	4. 行動與實踐技巧	(7) 強化角色，在現實中長出你的故事 (8) 將抉擇具體化，連接建構故事和未來故事之間的橋樑。

敘事取向生涯諮商的提問技術

　　以下篇幅具體說明表 7-6 和圖 7-11 的「敘事取向的生涯諮商的階段與步驟」相關的提問技術，並透過一個案例具體說明：

案例：

　　一個中年想要轉業的男性，說他的問題是「被現實綁架」。

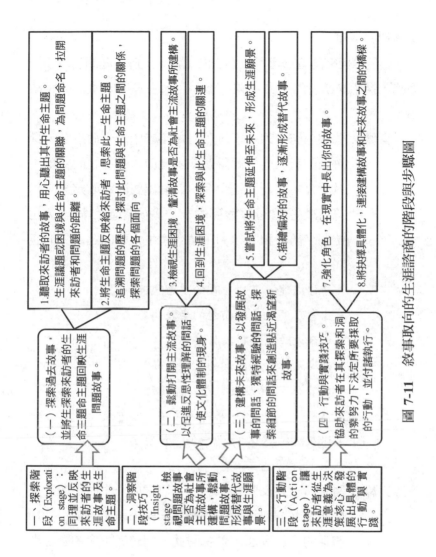

圖 7-11　敘事取向的生涯諮商的階段與步驟圖

一、探索階段（Exploration stage）：同理並反映來訪者的生涯故事及生命主題。

（一）探索過去故事，並將生命主題命名回映生涯問題故事。

1. 聽取來訪者的故事，用心聽出其中生命主題。生涯議題或困境與生命主題的關聯，為問題命名，拉開來訪者和問題的距離。
2. 將生命主題反映給來訪者，探討此問題與生命主題之間的關係，追溯問題的歷史，探索問題的各個面向。

二、洞察階段（Insight stage）：檢視問題故事是否為社會主流故事所建構，鬆動問題故事，形成替代故事與生涯願景。

（二）鬆動打開主流故事。以促進反思進而理解制約的問話使文化體制的現身。

3. 檢視生涯困境。釐清舊故事是否為社會主流故事所建構。
4. 回到生涯困境，探索與此生命主題的關連。

（三）建構未來故事。以發展故事的問話、獨特稀經驗的問話、探索細節的問話來創造貼近渴望新故事。

5. 嘗試將生命主題延伸至未來，形成生涯願景。
6. 描繪編好的故事，逐漸形成替代故事。

三、行動階段（Action stage）：讓來訪者從生涯意義為決策核心，發展出具體與實踐的實與行動。

（四）行動與實踐技巧。協助來訪者在其探索和洞察的覺察努力下決定所要採取的行動，並付諸執行。

7. 強化角色，在現實中長出你的故事。
8. 將抉擇具體化，連接建構故事和未來故事之間的橋樑。

一、探索階段（Exploration stage）

　　此階段的重點在於同理並反映來訪者的生涯故事及生命主題。

探索過去故事

心理師與來訪者一起探索過去的記憶,了解生涯問題故事的面貌,探索來訪者的生命主題,並將生命主題回映生涯問題故事。

步驟 1. 聽取來訪者的故事,用心聽出其中的生命主題。探討來訪者目前生涯議題或困境與生命主題的關聯,邀請來訪者為問題命名,討論出對問題的定義,以符合受這個問題影響的來訪者的意義和經驗,也拉開來訪者和問題的距離,產生人和問題之間的空間:

- 請你描述一下你現在的生涯狀況
- 你會怎麼說你所面對的生涯問題?
- 你今天最想要討論什麼?
- 什麼是你當前關切的生涯議題?
- 這個 ×× 議題是什麼?請描述一下。
- 這個 ×× 議題如果有個名字,它會是什麼?
- 你在這個 ×× 議題中做了什麼?

步驟 2. 將生命主題反映給來訪者,思索此一生命主題。與來訪者共同追溯問題的歷史,與來訪者討論目前所遭遇的生涯問題,並探討此一問題與生命主題之間的關係。可以探究來訪者生命經驗中的關鍵經驗,仔細探索問題的各個面向,會有助於來訪者跟問題分開,藉以改寫人跟問題的關係,讓來訪者成為自己問題的專家:

- 你什麼時候開始注意到「被現實綁架」這件事？多久以前？

- 身邊有誰跟「被現實綁架」最有關係？這個人怎麼說？

- 好像是你站在一個大家期望你的位置，遙望著自己想去的方向？

- 你會說你正在面對什麼？

- 你什麼時候開始注意到 ×× 這件事？

- 你發現什麼事跟 ×× 議題有關聯？

- 誰最會關心 ×× 這個議題？

- 這個人的關心對你會有什麼影響？

二、洞察階段（Insight stage）

　　檢視生涯困境，理解問題故事是否為社會主流故事所建構，協助來訪者鬆動問題故事，並形成替代故事與生涯願景。

鬆動打開主流故事

　　以促進反思性理解的問話，使文化體制現身，協助來訪者取得生命主權、重視來訪者本身的經驗而不是專家的知識。以開啟空間的問話，探索問題的影響，以外化的問話，把人跟問題分開、把人跟自我認同分開、把自我認同與問題分開，從單薄的描述朝向豐厚的描述。同時運用解構式聆聽和解構式問話，以保持「不知道」的態度，來「打開」故事。

　　步驟 3. 檢視生涯困境。釐清故事是否為社會主流故事所建構，來訪者的問題故事被社會脈絡中的那些主流價

值所建構？把問題放回社會脈絡，協助來訪者與自
己的主流故事對話，也與社會價值對話，以拓展空
間與多元性的談話為焦點，尋找潛在故事、特殊獨
特意義經驗，拆解（解構）形成單薄故事的社會脈
絡，使得助長、滋養問題的社會脈絡被看見，進一
步將來訪者和問題分開：

- 別人會怎麼說這個「被現實綁架」的人？他們認
  為這個「被現實綁架」的是個怎麼樣的人？
- 誰最喜歡「被現實綁架」的你？誰最不喜歡「被
  現實綁架」的你？
- 所有議題都是跟社會情境互動而形成的，××議
  題跟你的那些環境因素有關？
- 這個××議題好像跟（家庭規則、社會價值等
  等）……有關？
- 你說你很笨（或其他負面字眼，自卑、粗
  心……），你說說看這個笨的相反是什麼？
- 這個相反的××，通常從哪裡出來的？
- 你過去生命經驗中有什麼重要的關鍵經驗或成功
  經驗？
- 在這個關鍵事件中你做了什麼？
- 過去生活中有哪些時候你覺得自己很棒？或是很
  自在？
- 你看到哪些養分養大了這個××生涯困境？
- 你過去的成功經驗可以怎樣運用在××議題上？
- 你如果可以感謝這個××議題，你/妳想感謝它

什麼？

- 你曾經聽到有人批評或讚賞這個帶著「××」的人嗎？他們都說些什麼？
- 如果現在和夢想之間有一個鴻溝或高牆，阻礙前行，你覺得什麼是這些阻礙？
- 好像這個「××」的人，有一種○○使得成為「××」的人，你覺得○○是什麼？

步驟 4. 回到生涯困境，探索與此生命主題的關連。協助來訪者評估問題的影響力，探索這個問題影響來訪者哪些生活層面，如何產生影響力。問話重在將來訪者的故事及生命主題反映給對方，以拓展開啟空間、解構的問話為焦點。

- 「被現實綁架」是好還是不好？
- 什麼狀況下，「被現實綁架」比較嚴重？什麼狀況下，「被現實綁架」比較不影響你？什麼時候比較明顯？或是什麼時候感覺最強烈？
- 「被現實綁架」會怎麼影響到你？
- 這個 ×× 議題如何影響了你？
- ×× 議題是怎麼影響你過去的生活？
- ×× 議題可能會怎麼影響你未來的生活？
- 你希望這件 ×× 議題減少哪些對你的影響？
- 你希望這件 ×× 議題增加哪些對你的影響？
- 哪些時候 ×× 比較會來干擾你？這些時候你覺得離夢想比較遠嗎？

- 哪些時候 ×× 比較不會來干擾你？這些時候你覺得離夢想比較近嗎？

建構未來故事

以發展故事的問話來開啟新故事，傾聽故事的開啟，經由獨特意義經驗的問話、探索細節的問話、發展替代故事的問話，尋找新故事的開端，創造貼近渴望新故事。以雙重聆聽，和較喜歡選擇的問話，浮現隱而未現的偏好故事。

步驟 5. 嘗試將生命主題延伸至未來，形成生涯願景。協助來訪者找出替代故事，加深加厚支線故事，產生多元視角，尋找隱藏的故事線，探索替代故事，建構來訪者生涯願景，並對此願景進行生涯認同敘說。

加深加厚主流故事，產生多元視角：

- 生活中哪些時候，那個比較少「被現實綁架」的你，比較有機會出現？別人如果看到那個比較少「被現實綁架」的你，會說些什麼？
- 生活中哪些時候，那個比較少 ×× 議題的你，比較有機會出現？
- 別人如果看到那個比較少 ×× 議題的你，會說些什麼？
- 如果拿掉什麼這個 ×× 生涯議題就會枯萎？
- 過去生活中有哪些時候你覺得自己正在做很有意義的事情？
- 如果增加什麼你／妳的生涯就會往你要去的方向發展？

- 如果這個 ×× 生涯困境消失了，你的生涯會有何
  不同？
- 你剛剛說到一個跟 ×× 很不一樣的想法，這個想
  法跟 ×× 最大的不同是什麼？
- 如果你解決了 ×× 的事，你的生活會有哪些不
  同？
  會有哪些話、哪些想法會出現在你腦中？別人會
  怎麼說？

發展生涯認同敘說的技巧：

- 如果你成為這個領域的工作者，你會說你
  是……？
- 如果有一種交通工具，可以去完成你／妳的未來
  生涯藍圖，那會是怎樣的交通工具？
- 你／妳的旅行箱裡，會帶著什麼？
- 你／妳會需要哪些裝備，你／妳就可以順利到達
  目的地？
- 你／妳會需要哪些人，幫助你／妳到達目的地？

步驟 6. 描繪偏好的故事，逐漸形成替代故事。嘗試將生命
主題延伸至未來，尋找自己真正想完成的人生任
務，釐出生涯方向，檢視生涯困境，協助來訪者鬆
動問題故事，並形成替代故事與生涯願景：
- 如果你不是「被現實綁架」的人，你想要做什麼
  樣的人？

- 當你成為一個不會「被現實綁架」的人，那會是什麼樣子？會過怎樣的生活？
- 描述一下你／妳的未來生涯藍圖的內容？
- 你／妳希望他看見這個生涯藍圖，能顯現出你／妳這個人的什麼特色？
- 如果生命中有一個重要的觀眾，他會是誰？
- 他聽完你／妳的生涯藍圖將會看見一個怎樣的「你／妳的人生」？
- 這個「你／妳的人生」還有什麼要增加、減少或刪改的嗎？
- 你的「生命自傳書」的書名會怎麼命名？

三、行動階段（Action stage）

讓來訪者從生涯意義為決策核心，發展出具體的行動與實踐。

行動與實踐技巧

協助來訪者在其探索和洞察的努力下決定所要採取的行動，並付諸執行。鼓勵來訪者探索可行的行為，協助來訪者決定行動，催化行動技巧的發展，對來訪者嘗試所做的改變給予回饋，協助來訪者評估改變，並共同修正行動計畫。

步驟 7. 強化角色，在現實中長出你的故事，親臨處境的共在（being with together）態度：

- 你身邊有一些認識你的人我說他們是你生命舞台的觀眾，他們會是誰？

- 這些觀眾看到這個帶著「××」的人的前半生，他會期待看到怎樣的後半生？
- 這些觀眾當中有一個是你年老時候的自己嗎？他會怎麼說？
- 以前認識你的人，如果看到你的生涯改變，他們最驚訝的會是什麼？

步驟 8. 將抉擇具體化，連接建構故事和未來故事之間的橋樑。擅用一種帶著行動力的問話：

- 完成你的生涯願景，會就是完成你滿意的生涯嗎？
- 從現在到達生涯願景，需要哪些資源和裝備？
- 你需要做什麼，會更靠近生涯願景？
- 你需要帶著什麼，才能到達你要的未來生涯？
- 你需要具備什麼條件、能力、特質……，會有助於踏上到達生涯願景之路？
- 從現在到達生涯願景，可能會遭遇的困難？如何因應？

章末語

綜合言之，所有敘事治療的問話方法與技術，都可以應用在敘事取向生涯諮商中。本章綜述敘事取向生涯諮商的階段與步驟，與前一章的敘事治療的方法與技術都可以應用在這些階段與步驟中。

敘事與生涯兩者之間，既具有時間序列上的交融，也有諮商意義上的勾連，過去、現在、未來經驗的連結是一種「時序整合」。生涯故事說明了昨天的自己如何變成今天的自己，也將如何型塑未來的自己。生涯諮商與敘事治療的交集是：生涯在從出生到老死的生命週期中，站在「現在」的當下，回顧「過去」故事同時又瞻望「未來」故事。就是經由「當下生活模式」的吸引子，回顧「過去生命故事」的主題，來定錨「未來生涯藍圖」的願景。

　　當然敘事理論與生涯實務，最終要回到實務操作，本章先從不同學者的敘事生涯諮商步驟進行梳理與統整，再結合希爾三階段助人模式，統整出「敘事取向的生涯諮商的階段與步驟」（表 7-6，圖 7-11），希望能邀請更多對於生涯諮商覺得陌生的心理師，只要將熟悉的心理諮商接案流程稍加轉換，就能夠駕輕就熟的勝任敘事取向的生涯諮商實務。

重點回顧

1. 探索敘事與生涯的關係，過往結構符號互動論認為，共享的意義和角色人格很容易影響個人生涯發展，但後現代觀點關心主流故事或集體敘事對個人生涯認同的支配性，敘事治療藉由社會建構論釐清合模與適應的差別，開展出個人化生涯。
2. 發展「過去故事」、「現在故事」與「未來故事」來鋪排故事在生涯諮商的重要性。其中「過去故事」秉持鬆動原則，依 S1、S2……Sn 等多元故事線來萃取生命意義；「現在故事」秉持吸引子原則，以生涯建構訪談法浮現出來訪者無序但穩態的生涯吸引子；「未來故事」秉持想像力原則，以未來生命圖像的方式引領為生涯願景。

3. 提出敘事取向生涯諮商的四階段與八步驟：
 (1) 探索過去故事
    ①聽取來訪者的故事，用心聽出其中生命主題。
    ②將生命主題反映給來訪者，思索此一生命主題。
 (2) 鬆動打開主流故事
    ③檢視生涯困境，釐清故事是否為社會主流故事所建構。
    ④回到生涯困境，探索與生命主題的關連。
 (3) 建構未來故事
    ⑤嘗試將生命主題延伸至未來，形成生涯願景。
    ⑥描繪偏好的故事，逐漸形成替代故事。
 (4) 行動與實踐技巧
    ⑦強化角色，在現實中長出你的故事。
    ⑧將抉擇具體化，連接建構故事和未來故事之間的橋樑。

【第 8 章】

敘事取向的督導模式

人啊！不管有什麼看法
能做的頂多就是說一說自己的看法是怎麼得出來的
能給別人的
頂多就是給別人機會
去體察說者有什麼淺陋、偏頗、離經叛道之處
再自行琢磨自己的結論

——維吉尼亞·吳爾芙（Virginia Woolf），
《自己的房間》[1]。

1　*A Room of One's Own*，宋偉航譯，2017/1929，p.19。

本章先探討諮商督導的文獻，釐清督導者的角色與功能——諮商督導是要提升受督者的專業能力，而不只是解決來訪者的問題——並對照敘事治療理論整理出敘事取向的諮商督導信念，包括促進反思的諮商督導信念、開啟空間的諮商督導信念、解構主流價值的諮商督導信念、提問而不是給答案的諮商督導信念等。

　　如果治療關係是療癒的基礎，則督導關係是覺察與成長的基礎。藉由史東（Storm, 2012）對於平行歷程的敏覺力，提醒督導者、受督導者以及來訪者之間存在著平行歷程的關係。在平行歷程經常發現受督導者會在督導過程中表現出來訪者的困難，或者會將督導關係的反應帶入諮商關係中，這都是常見的雙向平行歷程。敘事治療強調平等、尊重來訪者是自己問題的專家、注意權力運作、注重反思性等信念，也都可以應用在諮商督導的關係中。並注意到轉化知識的類型是從具體經驗轉化概念知識，轉化知識的方法是從反思實踐歷程到反思歷程本身。

　　最後，提出「敘事取向團體諮商督導模式」，督導者的態度是尊重、賞識與接納每個心理師的差異性、多樣性和可能性，以邀請、聆聽、人性化的態度待之，督導者體認到心理師是自己專業故事發展的作者，致力於協助其建構他們自己的專業觀點和知識；督導者對於心理師自我認同的滋養與發展，採取開放且容許多元、矛盾、並存的各種自我面向；同時，督導者要願意接受自身的觀點或偏見能被開放討論和改變。「敘事取向團體諮商督導模式」使得全體參與的受督者在關係中、對話中互享啟發、彼此影響，而建構出專業知識。

敘事取向諮商督導的信念

在諮商領域中，督導研究一直十分受到重視，數量也頗為可觀，不同學者都曾經提出許多關注的重點，例如：督導者的角色與功能、受督者專業發展階段與督導焦點、督導須具備的專業知能、督導關係與督導成效等等（蔡秀玲、陳秉華，2007；Bernard & Goodyear，2004）。諮商督導是一種複雜的人際互動歷程，包含了督導焦點、督導策略與督導方式等（許韶玲，2002），督導策略為督導者在督導歷程中所運用的技巧或是特定的介入方式，個人所採取之督導理論取向會影響其所使用之督導介入策略，進而影響督導歷程（Ladany, Ellis & Friedlander, 1999, Holloway, 1995）。王文秀、徐西森、連廷嘉（2006）的研究則發現，我國大學校院與社會輔導機構諮商督導人員，在個別諮商督導與團體諮商督導上，大多採取個案報告之督導方式，以致其諮商督導的頻率相當不一致，並無固定理論取向。本章將藉由諮商督導相關研究結果，試著在敘事治療取向的脈絡中，提取出敘事督導學理與方法步驟，並發展成「敘事取向督導的經驗模式」。

施香如（1996）在建構諮商督導過程的研究中提到，「循環發展督導模式」的督導過程具有循環向上的特性，主要循環方向為：了解個案狀況與接案過程→了解並檢核心理師的假設與理念→了解處理方向與策略→促進處理方向與策略的應用→接案過程再思考，這和哈洛維（E.L. Holloway）和鮑凌（K. Poulin）（1995）所強調的提升受督者自我察覺一樣，都與敘事治療的反思性理解概念頗為一致；敘事取向的諮商督導強調以反思性理解，來提升受督者運用自身專業實踐的在地知識。

督導過程中的權力關係，對於督導品質與成效影響頗大，哈洛維（Holloway, 1995）強調督導的首要目標是建立一種持續、溫暖且有效的督導關係。蔡曉雯、郭麗安、楊明磊（2010）以受督者觀點探討督導關係中的權力意涵，結果顯示受督者所知覺的督導權力包括：權力來自於角色任務與位階差距、權力是受督者對權威的投射、權力是遊戲規則的主導權、權力是讓人挫折與受傷的能力、權力是獲得受督者認同的程度、權力是增權的能力、權力是角色與性別的交互作用、權力來自於強勢的分析與詮釋。由於敘事治療的基本假設是**人從來就不是問題，問題才是問題**，所以敘事治療取向諮商督導的信念是「受督者所提的問題，只是問題，不等於受督者」、「受督者的問題是用來了解受督者的需要」，這些可以有效地去除督導關係中不當的權力宰制。

諮商督導是督導者與受督者面對面的人際互動歷程，其中受督者對於督導者的人際知覺，很大比重的影響到督導關係與成效。翁令珍、廖鳳池（2005）探討諮商督導歷程中人際行為與受督者（supervisee）知覺，發現不同的受督者對於督導者不同類別的人際行為有不同的知覺內涵，因此建議督導者對於自己在督過程中表露的人際行為特徵要能敏銳察覺。有鑑於此，敘事取向的諮商督導可以運用敘事治療外化的問話，來降低受督者對於督導者負向人際知覺的干擾；督導者可將受督者所提的問題予以外化，來擴大受督者的心理空間。為了實踐督導者將受督者視為「是自己問題的專家」，督導者要認識到：提問比給答案更加有價值。

雖然受督者總是帶著諮商室中的個案問題或專業難題進入督

導歷程，但是，在督導者面前的是受督者而非來訪者，如果只把諮商督導焦點放在來訪者問題的解決，比較傾向於是在做「個案研討會」或「個案報告與分析」，卻把面對面活生生的受督者隱身在後。許雅惠、廖鳳池（2005）對督導策略中「引導受督者探索自己的感受」的定義是「探索受督者對於諮商歷程或督導歷程的情緒與感覺、督導者自我袒露與受督者互動時的感受」，同時研究建議：當督導議題與所使用之策略聚焦於受督者時，受督者晤談感受之「深度性」加深，故在督導歷程中除了關注來訪者狀況外，也應能關注受督者自身狀況。可見諮商督導的焦點除了關心受督者的諮商與心理治療成效之外，也應該回歸到受督者自身。諮商督導是要提升受督者的專業能力，而不只是解決來訪者的問題。

　　敘事治療的基本假設，大多適用於諮商督導過程中，督導者對受督者的立場與信念，例如：

　　人從來就不是問題，問題才是問題：可以解釋為「受督者所提的問題，只是問題，不等於受督者」、「受督者的問題是用來了解受督者的需要」，所以敘事取向的督導者可將受督者所提的問題與以外化。

　　人是自己問題的專家：應用在敘事取向的諮商督導是「受督者是自己問題的專家」，因此督導者的提問就比答案更加有價值。

　　強調反思性理解和**重視意義**：完全可以轉置到敘事取向的諮商督導過程，成為「強調以反思性理解來提升受督者運用自身專業實踐的在地知識」和「重視受督者在某一諮商實踐的主觀意義」。

自我認同是社會建構的結果：可以用於「受督者的專業身分認同是社會建構的結果」，所以敘事取向的督導者很需要偕同受督者「覺察自己的專業認同如何影響諮商與心理治療的實踐」，共同**從主流故事中開創出替代故事**也就是「從諮商困境中開創出替代方案」或是「協助受督者覺察自己的專業認同如何影響諮商與心理治療的實踐」。

總體而言，根據本書第六章敘事治療的方法與介入技術，也參酌上述諸多諮商督導相關研究之結果與建議，整理出敘事取向的諮商督導者的信念，說明如下：

1. 促進反思的諮商督導信念

論述會影響來訪者如何訴說自己的生命故事，也會影響受督者如何聆聽故事。督導提供「反思」的空間，協助受督者覺察自己的專業認同如何影響諮商與心理治療的實踐，檢視是否受困於專家知識或陷入角色面具中，而失去諮商現場的真誠性、自發性與靈活性。因此，督導者一方面探索受督者在諮商歷程中的經驗，受督者也需要學習接受和利用自己的經驗，藉此瞭解來訪者和自己。督導鼓勵受督者留意自己在諮商中的經驗，以及這些經驗的意義，另一方面也探索受督者在督導歷程中的經驗。透過探索督導過程中的經驗，有助於讓督導者與受督者權力更加平等，也可能會讓督導關係浮到檯面上來，這將有助於雙方檢核哪些關係品質有利於專業成長，哪些關係品質不利於關係成長。

2. 開啟空間的諮商督導信念

協助受督者從單薄的描述朝向豐厚的描述，鼓勵受督者

運用想像力於受督者自身、來訪者和諮商專業三者，進行多元、豐厚的描述。有時候可以將受督者所提的問題外化，或是將受督者認為的困境予以外化，以打開受督者的想像力空間，尋找受督者的內在、外在「資源」，提供更「多元的」思考方向、邀請更多的「可能」，以便於找到可行的替代方案或解決之道。

3. **解構主流價值的諮商督導信念**

   這裡的主流價值有兩層意思，第一層是指相信受督者能夠主動建構專業實踐的知識。督導者要以解構式聆聽進入督導過程，帶著「不知道」的立場去聆聽受督者，接納並理解受督者，不去強化專業實踐中的無力、失敗與無效的情節，這種好奇可以開發受督者的觀點，邀請受督者去主動建構實踐知識，共同找到專業實踐的答案。第二層是指檢查社會中具有支配性的主流價值如何影響來訪者和受督者。督導者要以解構式問話來進行與受督者的對話，解構式的問話會邀請受督者從不同的觀點來看自己的專業實踐，以及諮商與心理治療理論的專業如何影響和支配受督者看來訪者的眼光。也就是督導是讓受督者「增能」，不是使受督者「挫敗」。

4. **提問而不是給答案的諮商督導信念**

   督導歷程中的督導者與受督者是「合作」關係，而非「上下關係」。督導者的提問有助於衍生經驗、拓展視野，可以創造出重要而相應的對話範疇。進行方式可以尊崇受督者的主權或個人諮商風格，沒有任何一個標準答案適合所有受督者。讓受督者看到自己的獨特之處、發展出

自己的諮商風格，提問邀請受督者進入「未知」或「新知」領域，讓過去經驗與當下困局對話，讓受督者因為看到自己的「努力」與「能力」而欣賞自己。

敘事取向的諮商督導關係

根據臺灣諮商心理師學會的規定，要成為一個被認證的合格督導者，條件為以下任一：（以下取自臺灣諮商心理師學會網站，其他細節詳見網站資料。）

1. 從事心理諮商實務工作五年（含）以上；
2. 具有助理教授（含）以上教師資格並曾從事三年以上諮商督導或諮商實習課程之教學經驗；
3. 曾擔任諮商專業學術團體或諮商心理相關機構辦理之督導課程講師或訓練師，講授或訓練時數達 180 小時（含）以上；
4. 具有充分之諮商督導實務經驗，須同時持有諮商督導（非行政督導）證明文件；
5. 曾接受諮商專業學術團體或諮商心理相關機構辦理之督導職前訓練，且持有證明文件者。

如果根據以上條款獲得臺灣諮商心理學會認證之合格督導，必須每六年換證一次，認證有效期限逾期前未申請換證者，須依該辦法重新申請認證。這樣詳細又嚴格的規定除了確保諮商專業品質，也是為了保護受督者和來訪者的權益。

督導者的定位，影響督導關係甚巨，從實務或文獻中可以發現有至少三種督導定位：機構督導、專業督導、諮商（治療）督導。一般認知中的督導工作，具有監督與教導的功能，如布朗

（Allan Brown）和伯恩（Iain Bourne）（1996）的定義，他們認為這是機構內的督導者為了促進個別或集體成員執行任務，並確保執行水準所採取的工作方式，目的在於使受督導者確實、有效地完成工作。很明顯地督導者的職責是在維護機構的效率與權益。美國心理學會（APA, 1990）作為一個具有國際標準的心理學專業單位，在倫理守則中描述心理學家的督導職責為「心理學家僱用或督導其他專業人員或受訓中之專業人員時，有義務去催化他們進一步達到專業成長，並提供他們適當的工作條件、適時的評鑑、建設性的諮詢和實地體驗的機會。」特別強調「專業成長」和「建設性的諮詢和實地體驗的機會」，也就是不只是維護機構權益，而是擴大到維護專業社群的發展和權益。諮商（治療）督導的主要目的，在於幫助受督導者將所學的理論知識轉成實務經驗，繼而不斷統整實務與理論，逐漸成為精熟的心理師，所以督導可以說是此專業成長歷程的重要關鍵。這裡的重點包含「幫助受督導者成為精熟的心理師」、「將理論知識轉成實務經驗」、「專業成長歷程」等，也就是更加看重受督者這個人。可以說機構督導、專業督導、諮商（治療）督導的重心是從機構效率與權益，轉到維護專業社群的發展和權益，再轉到幫助受督導者將理論知識轉成實務經驗以使成為精熟的心理師。

在諮商督導的過程中，諮商督導關係（counseling supervisory relationship）佔相當重要的位置，良好的督導關係往往有助於督導者與受督導者的合作。尼爾森（Mary Lee Nelson）與弗里德蘭德（Myrna L. Friedlander）（2001）即認為最常被提及的督導重要事件，皆牽涉到督導關係。若雙方能建立正向而具建設性的督導關係，對於督導效果應有助益。鮑汀（E.

S. Bordin）（1983）對督導關係提出跨學派理論的觀點，定義督導關係中的同盟為督導目標達成一致、督導任務達成一致，以及雙方產生連結。伯納德（J. M. Bernard）與古德益（R. K. Goodyear）（2004）根據鮑汀的督導同盟關係，主張督導者對受督導者應做角色誘導，使其對督導有合適的期待，進而發展合適的督導契約以幫助雙方對督導目標達成一致看法，以依據督導目標執行各種督導任務，並經由雙方的情感連結催化督導關係。

美國的督導制度以家族治療較早開始發展也比較完整，之後才逐漸發展到社工與心理治療領域。關於督導訓練（supervision in training）的文獻不多，更少聚焦在導師歷程（mentoring process）。導師歷程思考的重點是：如何成為一個督導？督導訓練的歷程是何樣貌？局限於樣本量太稀少，很難找到這類研究或文獻資料。加上大多數資深而有經驗的督導，多是直接與其他稍微資淺的督導們共享經驗、探索督導過程而未寫成文字，所以並沒有留下太多資料。但也正因為沒有理論、模式或框架，所以可以充滿創意。例如史東（Storm, 2012）認為最重要的是創造一個護導的環境（a mentoring environment），在這個環境中，可以彼此刺激思考、提供支持、專業成長。

談導督導關係，最好從督導者的訓練師談起，也就是督導與督導的督導。「督導的督導」就是「督導訓練師」，也可稱為督導導師，簡稱「導師」（mentor）。導師要訓練的對象是將來要成為督導的「督導受訓者」（mentee），或已經在從事督導工作但是需要專業社群中的前輩給予支持或引導。導師對於受訓者，進行專業訓練工作就叫做「護導」（mentoring）。史東（Storm, 2012）提出導師歷程的重要性，大致來說有下列理由：

1. 創造一個可以讓思考活動的空間。
2. 建構出用不同視框看「督導」專業的可能性。
3. 需要一個空間與機會，看見自己的督導歷程。
4. 如果督導者能藉由導師歷程而更靠近自身，可能會平行轉移這種經驗讓督導者更靠近受督者。
5. 得到資深督導的支持與確認。

督導歷程的特徵是一種經驗學習歷程（experiential learning process），是指一群有經驗的心理師們，因為重視督導專業而主動投入、參與，所形成的專業社群。在這個社群中，大家致力於耕耘出有助於學習、支持與反思的環境。經驗學習歷程的概念具體來說，有兩個軸線，一個是知識轉化的類型，一個是知識轉化的方法。

經驗學習是奠基於將實務的具體經驗（concrete experience）轉成抽象概念（abstract conceptualization）知識的過程，這是指知識轉化的類型，從具體經驗轉化成概念知識。這個過程會要探究「經驗如何被建構」？通常有經驗的督導，會有意識地用假設性概念進行專業嘗試，在主動投入與參與專業實踐的累積過程中，會使他／她證實或修改其假設性概念，而越來越具備專業效能。同時，他／她對這些專業實踐歷程又進行反思與觀照，也使得他／她能夠反芻與內化這些專業實踐經驗，建構出知識系統。度法和蓓蕊思（黃素菲譯，2016）的書中提到知識轉化的方法，是從反思實踐歷程（reflection in process），到反思歷程本身（reflection on process）。

督導將受督者的具體實務經驗，經過反思實踐歷程，協助受

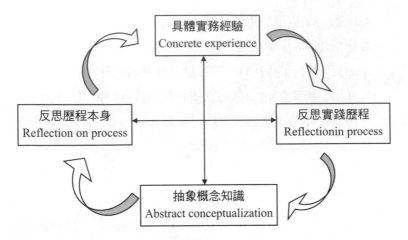

圖 8-1　以實務經驗經由反思實踐建構出抽象概念再進入反思的
　　　　循環歷程[2]

督者反思和自我觀照，以建構出抽象概念與知識，再繼續進行反
思歷程本身。這所有歷程督導本身也跟受督者一同經歷，並從中
成長學習、建構知識，形成一種相互映照、互相滋潤的學習共同
體（圖 8-1）。

　　諮商督導生態環（圖 8-2），彼此之間環環相扣。督導者 x
在與受督者 y 進行督導的時候，也就是督導者 x 在看受督者 y 如
何對來訪者 z 進行諮商；當受督者 y 提出他跟來訪者 z 的議題，
來請教督導者 x（關於不知道如何協助來訪者 z）時，督導者 x
就面對了一個困難而複雜的局面。如果督導者 x 直接跳出來說明
他將會如何諮商來訪者 z，那將會直接削弱（disempowerment）

2　修改自謝立爾・史東（Cheryl Storm）工作坊：Supervision Mentor:
　　Identity Framework, & Stories. 2012, 10.31。

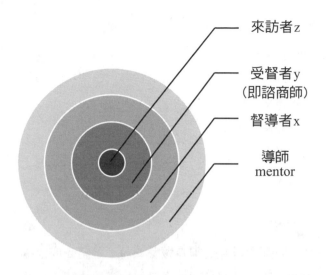

圖 8-2　諮商督導生態環

受督者 y 的自信與能力，因為如何諮商來訪者 z 是受督者 y 的責任，而督導者 x 的責任是協助受督者 y，而不是來訪者 z，也就是督導者要做諮商督導（supervision）而非諮商（counseling）。督導者的責任是發展受督者的治療專業能力，而受督者的職責是協助來訪者發展，這兩者的焦點並不相同，在這多層的關係中，督導者 x 必須非常小心聚焦在受督者 y 本身，否則就容易失焦。

　　資深督導擁有導師來進行護導到底有什麼好處？馬亞（J-A. Majcher）和達尼路克（J.C. Daniluk）（2009）提到，當臨床督導歷經各個學習階段和督導發展的每個深化階層後，有助於確保其在循環過程的理解和統整。督導導師對督導受訓者進行護導時的目標如下：

　　1. 幫助督導受訓者轉換新的認同、角色和責任。

2. 協助督導受訓者發展出自己的哲學觀。

這時導師可以邀請督導受訓者以語句完成的方式,寫下他們的督導信念,寫得時候以督導角色與功能為核心:

* 我相信……
* 我認為……
* 我想……
* 我要……
* 我是……
* 我能……

3. 督導導師對督導受訓者做護導而不是諮商或治療。

導師主要是護導,而不是直接教導治療或督導的訊息,同時仍然兼顧受督者和來訪者的權益,這種護衛權益可以經由三個焦點來達成:(1)督導受訓者有讓受督者增加專業效能嗎?(2)他有使受督者保護來訪者的權益嗎?(3)他有協助受督者去除盲點發展自己的諮商風格嗎?

4. 協助督導受訓者認清權責。

當導師做到第三點的時候,不會掉入諮商或治療中,而是聚焦在幫助督導受訓者站在督導者角色,執行評估、回饋、教育、倫理決定等督導功能。這也將平行地協助督導受訓者以同樣的方式對待他/她的受督者(圖8-3)。

新手督導在初任督導時,不免感到害怕與壓力,有時甚至感受到自己的責任重大而飽受震驚,這種狀況有如新手心理師開始接案初期的心情,總是充滿惶恐與不安,想要找到可供依循的理論或方法,讓自己不致茫茫然無所依歸。這時候導師可以針對督

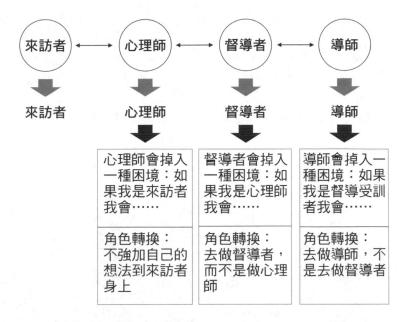

圖 8-3　導師、督導者、心理師三者的角色轉換

導受訓者的需要協助他適應督導角色,聚焦在督導的功能與目
的。導師也可以協助這個專業工作者進行轉換專業角色,重新定
位專業框架,從過去熟悉的第一線直接幫助來訪者的位置變成間
接幫助,也就是轉換到第二線的專業場域,幫助心理師成為更有
效的助人者。最後導師還要協助督導受訓者勝任督導角色,完成
建立督導關係、支持、協助、教導、評估等任務。

　　導師要完成以上的作為,仍然需要與督導受訓者建立良好的
關係,導師與督導受訓者之間最好是合作而非指導的、對溝通過
程開放而透明(transparent)的、以督導受訓者為導向的。在這
種脈絡下,導師經常是定位在引導角色(instructional role)而不
是顧問角色(advisory role),因為引導角色較多啟發,顧問角

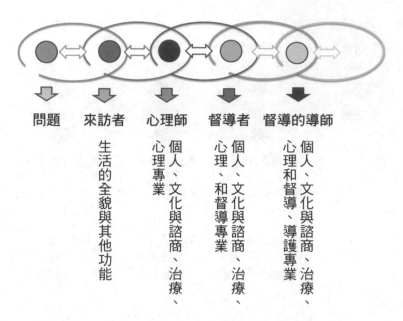

問題　　來訪者　　心理師　　督導者　　督導的導師

生活的全貌與其他功能

個人、文化與諮商、治療、心理專業

個人、文化與諮商、治療、心理、和督導專業

個人、文化與諮商、治療、心理和督導、導護專業

圖 8-4　導師、督導者、心理師具有平行歷程關係

色較多教導。

　　平行歷程（parallel process）是發生在督導者、受督導者以及來訪者之間的現象。受督導者會於督導中表現出來訪者的困難，或者將對於督導關係的反應帶入諮商關係中，這是種雙向的歷程。導師、督導者、心理師，這三者之間，也會出現平行，三者都涉及角色轉換（圖8-4）。

　　心理師的角色轉換奠基於對自己的價值、信念、經驗的敏覺性，不強加自己的想法到來訪者身上。督導者的角色轉換是：做督導而不是做心理師，不要直接教導諮商策略與方法，而是協助心理師發展出他／她的專業效能與風格。導師的角色轉換是去做護導，不是去做督導者；導師的護導尤其更要小心多停留在歷程

中，而不是一直打斷對方或轉移方向。如果心理師的任務是要協助來訪者發展自己面對生活、生命的能力，督導者的任務就是要協助心理師發展自己的助人專業能力，而導師的任務則是要協助督導受訓者發展自己諮商督導的能力。

有被心理師支持的來訪者，會更快發展自己、朝向健康。有被督導者支持的心理師，會更快發展自己、朝向專業。有被導師支持的督導受訓者，會更快發展自己、朝向自我理論。這種精神上的傳承本身具有重要性。

督導關係隨著督導次數的增加而有所不同，中後期受到多種因素的影響而有變化，包括督導次數多寡、雙方諮商理論取向相近性、受督導者專業自信程度等等。張淑芬、廖鳳池（2010）建議，督導者需持續留意這些對督導關係中後期變化有所影響的因素，他們也提醒督導者：應投入適切的情感以引發受督導者產生正向情緒感受、在展現權力時需避免過度的位階差異，並且要與受督導者溝通評量形式、評量標準與實施時間，將評量標準透明化，以避免評量對於督導關係產生不必要的傷害性。

治療關係是療癒的基礎，因為在這個專屬的關係中，來訪者與心理師到達了一種位置，或共享了某種觀點，那是其他人不曾與來訪者同在的位置，也是來訪者不曾有過的觀點，所以這個諮商關係具有獨特性，並因而具有療癒品質。督導關係是覺察與成長的基礎，因為讓受督的心理師看見自己，如同獨處時攬鏡自照，獨處時，能接納、開放、無所隱藏，所以，也就無所抗拒，那樣的處境使得人可以完全無所遮蔽的觀照自己。

綜合上述，可以理解到諮商督導的兩大面向：督導關係、督導運作。在督導關係方面，要以合作而非指導的位置注意權力運

作，去除權力不當運作對受督者的負面影響。督導歷程的溝通保持開放而透明（transparent），隨時以反思性態度查核，並以受督者或督導受訓者為導向。有被導師支持的督導受訓者，和有被督導支持的受督者，會更快發展自己、朝向自我理論。在督導運作方面，督導者本身要能夠建構出用不同視框看「督導專業」和看自己的「督導歷程」。督導者要創造一個可以讓思考活動的空間，同時最好能夠設計出一個可能性與機會，看見督導者與受督者之間、受督者與來訪者之間、來訪者與自己的問題之間，形成了三層的共時性平行歷程。注意平行歷程中平行經驗的轉移，也就是看重反思歷程，這將提升受督者的成長學習，協助受督者去除盲點、發展自己的諮商風格，以相互映照、互相滋潤的學習共同體來建構知識。

敘事取向團體諮商督導模式

敘事取向的諮商督導可以同時兼顧兩大面向：督導關係、督導運作。而操作方式是以「團體方式」來進行諮商督導，而不是去督導「團體諮商歷程」。也就是要著眼於提升提案心理師一對一的諮商與治療專業實踐能力，而不是去督導擔任團體諮商領導者的提案心理師之專業實踐能力。敘事取向團體諮商督導是以敘事治療的精神來進行諮商督導，並參考家族治療大師賀琳·安德森（Harlene Anderson）（周和君譯，2008/1997）在合作取向治療模式中，反映團隊操作方式的結構式設計，強調「對話」（dialogue）的過程，透過對話相互激發以達到眾聲齊發、多元觀點的學習效果，而不是誰指導誰。

核心精神

　　美國女權主義心理學家卡羅爾・吉利根（Carol Gilligan）
在《不同的語音》[3] 書中質疑哈佛大學心理學家柯爾堡（Lawrence
Kohlberg）對道德判斷各階段的論述，因為他的實驗只用男性樣
本，而吉利根認為不同性別的價值觀會影響道德判斷。這種性別
盲點也可以推衍到很多其他領域，因為督導者跟提案心理師的的
角色與位置，隱藏著經驗、年資、性別、權力等等差異，都可能
造成對話時的許多盲點與困難。敘事取向諮商督導的督導者依循
的立場為：促進反思的立場、開啟空間的立場、解構主流價值的
立場、提問而不是給答案的立場，來與提案心理師展開訪談、對
話，藉以開啟更多可能性。

　　安德森和谷力顯（Anderson & Goolishian, 1988）提出合作
語言系統取向，認為互為主體性的對話交疊是事情的一種開展
狀態，在這過程裡兩或多人同意（了解）他們正以同樣方式在經
驗同樣的事情，他們了解到這個共識的脆弱性需要不斷的磋商與
對話。因此，督導者與提案受督者的磋商與對話是一種意義建
構，而意義總是在形成之中（on the way），敘事取向的諮商督
導是督導者與受督心理師一起共同建構新意義的學習與成長歷
程。

　　就建構論的角度而言，生活與心理世界的連結，本來就經
由聽別人經驗與故事的相互對話，來進行串接、生產出知識。
對話是要產生經驗或是開啟經驗，而不是要收集資料、評估假

3　*In a different voice: psychological theory and women's development*，
　　王雅各譯，2002/1982，心理出版社出版。

設。生活經驗儲存在人的「內在」，藉著問話可以活化其「富於資源」的經驗，藉由對話得以不斷轉換視角，看到更多的可能性。敘事取向的諮商督導者重視提案心理師的在地經驗，敘事取向的諮商督導就是督導者協助建構提案心理師在地知識的行動與實踐。

目標

1. 學習尊重和賞識與眾不同的心理師，能夠思考並接納每個心理師的差異性、多樣性和可能性。
2. 願意對心理師的經驗都以邀請、聆聽、人性化的態度待之，在與心理師交談過程中保持著真誠、好奇、問問題，據此引發出新的問題而不是答案。
3. 體認到心理師是自己專業故事發展的作者，致力於協助其發展他們自己的觀點，建構他們自己的專業知識。
4. 對於心理師自我認同的滋養與發展，採取開放且容許多元、矛盾並存的各種自我面向。
5. 督導者願意接受自身的觀點或偏見能開放被討論和改變。

精神——互為主體（inter-subjectivity）的諮商督導

1. 基本原則：以拓展諮商督導者、心理師和來訪者的空間為焦點。
2. 重視心理師的獨特性：尊重和賞識與眾不同的每個心理師。
3. 將提案心理師、來訪者放回情境脈絡：人的「諮商議題」和「解決之道」都跟他獨特的生活情境、知識背景和

脈絡息息相關。

4. 督導者對心理師專注一致：督導者對心理師的故事都願意以邀請、聆聽、人性化的態度待之，保持專注一致性。

5. 提案心理師是核心：在交談過程中保持著真誠、好奇、問問題，據此引發出新的問題而不是答案。問問題可以協助心理師傾訴、澄清和延展自己的第一人稱專業故事之敘說。

6. 同步：與心理師（不是與督導者）同行、同頻、同調。

7. 信任和相信：督導者要試著從心理師的觀點去了解，即使從心理師的觀點看起來不可思議或不合邏輯。

8. 督導者要盡量去了解心理師：督導者保持好奇、沒有先見、假設性的態度，太快或太個人的想法先保留起來。

9. 自我認同：對於心理師自我認同的滋養與發展，採開放且容許多元、矛盾並存的各種自我面向，這一種新的自我感會引導心理師具有自我主導性。

操作方法與步驟

「敘事取向團體諮商督導」的團體人數最少 6-7 人或 8-12 人為佳，最多 15 人，團體成員分別擔任 3 種角色。以 9 人為例，組成如下：1 位提案心理師、2 位觀察員做歷程報告（process recall），其他人擔任反映團隊的成員。人數低於 7 人，則是 1 位提案心理師、1 位觀察員做歷程報告，其他人 5 人擔任反映團隊的成員，依次類推。建議觀察員最多 2 人即可，並不是人數多觀察員就要增加，還要考慮時間結構，觀察員要做歷程報告，會增加整個團體的時間。

開始之前可以先邀請擔任反映團隊的成員多駐足在「提案心理師」的角色位置，體驗提案心理師的需要、在受督過程的感受、專業觀點、視角的轉變等等；或是在「來訪者」的角色位置，去體驗來訪者的生命經驗與處境，思考何以發展出問題故事、可能的隱藏故事有哪些等等；也可以邀請進入「督導者」的角色位置，去體驗何以督導者要這樣與提案心理師進行對話、同意或不同意、督導者的提問對提案心理師的意義何在等等。有時候成員特別進入某個角色，會有助於在反映團隊討論時增加更多生動而有趣的體驗或話題。當然，反映團隊的成員也可以不設定角色位置，就以素樸的狀態參與討論即可。

　　團體督導時間若是三小時，時間分配建議如表 8-1 左半邊欄位，總共六個步驟：

步驟一，「提案心理師簡報」，10 分鐘。

　　重點在於說明這個來訪者接受督導的原因與期待，而不是說明個案資料。所有參與者可以閱讀受督提案心理師準備的提案資料，最後收回銷毀。

步驟二，「督導者與提案心理師對話」，50 分鐘。

　　相當於是一次完整的一對一個別諮商督導，督導者依循敘事取向諮商督導者的立場，與提案心理師在全體團體督導成員的觀察下進行對話。督導者可以先看過提案心理師所準備的個案資料，如來訪者基本資料、接案次數、來訪者的問題故事、心理師主要的介入等等。

　　敘事取向的諮商督導依循以下立場與提案心理師展開訪

表 8-1 「敘事取向團體諮商督導」模式的步驟與時間流程

「敘事取向團體諮商督導」時間表（3 小時）		「敘事取向團體諮商督導」時間表（2 小時）	
10'	1. 提案心理師簡報 說明提案緣由與期待。	10'	1. 提案心理師簡報 說明提案緣由與期待。
50'	2. 督導者與提案心理師對話 一對一現場督導，督導者依循敘事取向諮商督導者的立場：促進反思的立場、開啟空間的立場、解構主流價值的立場、提問而不是給答案的立場，與提案心理師展開訪談、對話。	40'	2. 督導者與提案心理師對話 一對一現場督導，督導者依循敘事取向諮商督導者的立場：促進反思的立場、開啟空間的立場、解構主流價值的立場、提問而不是給答案的立場，與提案心理師展開訪談、對話。
10'	Break	10'	Break
30'	3. 反映團隊討論 除了督導者、受督提案心理師、觀察員之外，其他參與團體督導所有成員組成反映團隊。沒有帶領者，自動發言，自發討論，隨機對話，自由交談。可以針對來訪者，提案心理師，督導者或是自己的經驗連結等。	20'	3. 反映團隊討論 除了督導者、受督提案心理師、觀察員之外，其他參與團體督導所有成員組成反映團隊。沒有帶領者，自動發言，白發討論，隨機對話，自由交談。可以針對來訪者，提案心理師，督導者或是自己的經驗連結等。
10'	4. 提案心理師回應 提案心理師在傾聽與沉澱之後，再針對「督導者與提案心理師對話」和「反映團隊討論」過程的概念刺激、專業反思、心得感想提出回應。	5'	4. 提案心理師回應 提案心理師在傾聽與沉澱之後，再針對「督導者與提案心理師對話」和「反映團隊討論」過程的概念刺激、專業反思、心得感想提出回應。

	「敘事取向團體諮商督導」 時間表（3小時）		「敘事取向團體諮商督導」 時間表（2小時）
20'	5. 觀察員歷程回顧報告（2人） 觀察員就「督導者與提案心理師對話」和「反映團隊討論」進行歷程回顧報告。讓全體參與者再體驗一次歷程回顧，再一次進入反思歷程。	10'	5. 觀察員歷程回顧報告（2人） 觀察員就「督導者與提案心理師對話」和「反映團隊討論」進行歷程回顧報告。讓全體參與者再體驗一次歷程回顧，再一次進入反思歷程。
10'	break		
40'	6. 督導者統整與綜合討論 兼顧四個面向：增加督導者透明度、增加多元觀點、增加反思性回顧、其他未及討論的話題，藉此補充、表述與說明。以反思性歷程達到歷程性反思的效果。	25'	6. 督導者統整與綜合討論 兼顧四個面向：增加督導者透明度、增加多元觀點、增加反思性回顧、其他未及討論的話題，藉此補充、表述與說明。以反思性歷程達到歷程性反思的效果。

談、對話：促進反思的立場、開啟空間的立場、解構主流價值的立場、提問而不是給答案的立場。督導者要多注意受督提案者在團體成員面前是否有壓力或顧慮，盡量放鬆，以最自然方式進行對話。休息 10 分鐘後，進行步驟三。

步驟三，「反映團隊討論」，30 分鐘。

除了督導者、受督提案心理師、觀察員之外，其他參與團體督導所有成員組成反映團隊，最好圍坐成一個圓圈或口字型，以事先想要體驗的三種角色位置或不分派角色位置，在沒有帶領者

的情況下自動發言，自發討論，隨機對話，自由交談：

1. 可以依據不同的角色位置體驗而有感而發。
2. 可以是針對剛才督導者與提案心理師過程好奇而提問或發言。
3. 可以是跟自己的接案經驗連結。
4. 可以提出疑問。
5. 可以提出異議。
6. 可以提出觀察到的有意義訊息。
7. 可以跟理論對話。
8. 可以跟經驗對話。
9. 也可以搭別人話題的便車，加以延伸。

總之，就是七嘴八舌的八卦聊天（gossip chat），有如看完一齣現場對話劇之後，坐下來分享觀賞現場劇之後的心得、感想、評論、收穫、感觸等等，或是像在菜市場相逢的左鄰右舍，針對某一個事件或話題，自由聊天各抒己見，只要跟提案心理師與督導者對話的話題有關即可。這是整個敘事取向團體諮商督導十分珍貴的步驟，將使得討論開拓出更多元的觀點。

步驟四，「提案心理師回應」，10 分鐘。

提案心理師在反映團隊討論時，可以安靜地傾聽，成為聽眾、觀眾。提案心理師不必像傳統的團體督導，被督導者和所有成員提問而處於對話焦點，忙於回答在場的提問。反映團隊中的成員，可以有各種豐富而多元的不同對話，將有助於讓提案心理師沉澱與反思。提案心理師在傾聽與沉澱之後，再針對「督導者與提案心理師對話」和「反映團隊討論」過程的概念刺激、專業

反思、心得感想提出回應，這個過程對於拓展提案心理師的專業觀點很有助益、也很重要。

步驟五，「觀察員歷程回顧報告」，20 分鐘。

請觀察員就兩部分作歷程回顧報告，第一部份就「督導者與提案心理師對話」進行歷程回顧報告，包括對話過程的主題、內容、轉折、口語、非口語、姿態、語氣、關係等等，也可以是觀察員現場的筆記。第二部分就「反映團隊討論」進行歷程回顧報告，包括誰先發言、出現哪些話題、話題主題變化，以及有沒有出現聯盟、衝突，熱鬧或冷清的團體氣氛轉變等等。讓全體參與者再體驗一次歷程回顧，再一次進入反思歷程。休息 10 分鐘後，進入步驟六。

步驟六，「督導者統整與綜合討論」，40 分鐘。

督導者統整與綜合討論，由當次督導者帶領，可以兼顧四個面向：

1. **增加督導者透明度**。督導者可以回顧自己在步驟二的對話狀態，盡量保持透明，說明在歷程中的思考、決定與反思，或回應成員的提問。
2. **增加多元觀點**。督導者可以針對步驟三中「反映團隊討論」中，強調其中有助於更加理解提案心理師或來訪著的多元觀點，必要時可以邀請成員針對反映團隊有價值的主題、觀點，繼續深化討論。
3. **增加反思性回顧**。標記出「觀察員的歷程回顧報告」中有利於反思的段落，以反思性歷程達到歷程性反思的效果。

4. **其他**。未及討論的話題，可以藉此補充、表述與說明。

團體督導時間若是兩小時，時間分配建議如表 8-1 右半邊欄位。步驟與三小時完全一樣，只是各個步驟視情況縮短時間。

| 視野之窗 |

慢就會細嗎？細就會準嗎？

在督導過程中，有時即便又慢又細，還是出錯。

有一次我運用敘事取向團體督導模式並擔任督導者，在步驟二「督導者與提案心理師對話」過程中，我一點也不急，非常細、也非常慢，卻仍抓不到提案心理師的脈絡。我鑽不進去提案心理師的世界，或許是因為提案心理師沒有給我縫隙，或許是我覺得被擋著。但是我知道提案心理師不是故意的，她如實地呈現出自己，她可能也被來訪者擋著，我卻沒有接收到，因為我沒有真正體驗到提案心理師被來訪者阻擋，我只留在自己進不去提案心理師的困難中。我一直留駐在話語中，無法進入語境與脈絡，於是也就沒有進到提案心理師的經驗場域裡，自然也感知不到來訪者（好恨啊！）。事後我理解到，自己沒有退後到一個後設的位置，去跟提案心理師一起經驗那個困難，簡單的說，我不在提案心理師的現場（好好笑，我當時以為我很在耶！），所以，一直在外面追問無聊的細節。這是活生生的平行歷程

（parallel process），平行展現在督導者、受督導者以及來訪者之間。

　　關於這次督導的核心議題「來訪者拒絕（或是來訪者的沉重）淹沒提案心理師」。我體驗到來訪者的拒絕，勾連到提案心理師，也勾連到我的無力感，也連結到在場所有成員的共同經驗。這種有如漣漪一般，力道一波接著一波的擴散過程，有一種彼此的身體、靈魂回來相守在一起的感覺。是一個既平行又具有穿透性的對話。bravo！！

　　多元觀點、多元思維，沒錯，步驟三「反映團隊討論」的分享對話歷程的主題與動力，是敘事取向團體督導模式所關照、重視的焦點。我們可以藉此**翻新、翻身、翻深觀點**，在借力使力中，讓所有人的位置都現身；也藉由這個現身，做為自我專業成長的起點。每個人的起點都不一樣，沒有好壞，不必比較，看見就好。所以，敘事取向團體督導模式的督導者，對動力、歷程與脈絡的敏覺度必須足夠，這是後現代的精隨，當下俱在（presentness）、息息相關（momentous）、互為主體（intersubjectivity）的在場。

　　　　　　　——出自「敘事取向諮商督導——反映團隊的
　　　　　　　多元觀點」，素菲的筆記，2010 年春天。

　　安德森（周和君譯，2008/1997）的合作取向治療（collaborative therapy）又稱為對話治療，十分推崇反映團隊的價值。她（Anderson, 2000）也致力於將諮商督導建構

成合作學習的社群，提出三個 C：連結（connect）、合作（collaborative）、建構（construct）。她認為社群中的成員在關係中、對話中互享啟發、彼此影響，而建構出專業知識。在團體諮商督導中設置反映團隊，能大大削減了督導者與提案心理師陷入經驗、年資、性別、權力等差異所造成的盲點。督導者與提案心理師現場一對一的對話，固然對彼此都是一種壓力，但是卻也讓他們的對話展現透明、毫無遮掩，比較有機會在反映團隊討論、觀察員歷程回顧報告，以及綜合討論時，重複接受不同角度的檢驗、反思與重構。

反思的基本精神合乎後現代心理治療的精神，可以讓專業治療者脫離助人專業知識與角色所賦予的優勢權力地位，取得與來訪者、受督心理師更為平等的關係（李淑珺譯，2005）。在團體諮商督導中設置反映團隊，有如創造出「外在對話」的效果，緩和了提案心理師和督導者的張力。我們聽別人交談時，也會跟自己談話，形成「內在對話」，如果我們能夠讓專業知識的流動以這種從「外在對話」到「內在對話」，又從「內在對話」傳出去成為「外在對話」的方式，這樣循環多次反覆下去，就會創造出繁複、多元、多層的觀點與視角，真正符合敘事治療尊重在地化知識的建構精神。

與「傳統團體督導」方式相較

助人機構內為了提升專業效能，大多會定期或不定期的舉辦「個案研討會」或「團體形式的諮商督導」。形式上大多數是會由機構內一或二名心理師提案擔任提案心理師接受督導，他們必須事先準備提案報告資料，有些機構會有指定的格式，有些是由

擔任該次督導工作的督導者指定。以常見的「團體形式的諮商督導」來說，通常是先由提案心理師報告個案資料，含個案基本資料、接案次數、個案主要問題、問題評估、諮商治療目標、諮商治療策略、成效評估、督導期待等等。有些督導者會讓提案心理師報告完，請在場成員提問再進入討論，有些督導者則會在提案心理師報告過程，視情況邀請參與成員提問，即時進入討論；通常這個過程會佔去整體時間的一半或三分之二時間，然後督導者會以理論視角的評估與介入策略提供專業建議，以回應受督者困境與期待，最後作出總結。有些機構每次 2 小時，安排一位提案心理師進行團替諮商督導，有些機構每次 3 小時，安排兩位提案心理師進行團體諮商督導（見表 8-2 左半邊）。

如前述，「敘事取向團體諮商督導」模式的特色與優點，包括以下 5 點，下表 8-2，也將做詳細的比較：

1. **以提案心理師的需要與期待為焦點**。不需要留太多時間做個案報告或說明，重點在於提案心理師的需要與期待。

2. **增加督導者的透明度**。現場一對一個別諮商督導，使得督導者觀點可以被全體成員檢視。督導者可以離開權威位置，觀察員可於歷程回顧時進行回應、反映團隊過程又可以再一次被公開討論，直到最後綜合討論仍然保持督導者的透明度。

3. **眾聲齊發、多元觀點**。反映團隊討論時，讓所有參與團體督導的人都能貢獻想法，將使討論開拓出更豐富而多元的觀點；沒有誰是誰的老師，而是彼此是彼此的老師。提案心理師和現場參與者，都將由各種管道而受惠。

4. **拓展多層次專業觀點**。提案心理師可以成為聽眾、觀

表 8-2　傳統團體督導與「敘事取向團體諮商督導」之比較

	傳統團體督導	敘事取向團體諮商督導
時間結構	1. 提案心理師報告 20-40 分鐘不等。 2. 參與成員發問 20-40 分鐘不等。 3. 督導者根據提案心理師需要進行討論、分析與建議 30-40 分鐘不等。	1.「提案心理師簡報」10 分鐘，說明提案緣由與期待 2.「督導者與提案心理師對話」40-50 分鐘，一對一現場督導。 3.「反映團隊討論」20-30 分鐘。除了督導者、受督提案心理師、觀察員之外，其他參與團體督導所有成員組成反映團隊。 4.「提案心理師回應」5-10 分鐘，提案心理師在傾聽與沉澱之後提出回應。 5.「觀察員歷程回顧報告」10-20 分鐘，觀察員就「督導者與提案心理師對話」和「反映團隊討論」進行歷程回顧報告。 6.「督導者統整與綜合討論」25-40 分鐘，兼顧四個面向以反思性歷程達到歷程性反思的效果。
參與方式	1. 一人擔任提案心理師。 2. 其他人圍坐會議桌聆聽提案人報告，尊重督導者的帶領而發言。	1. 一人擔任提案心理師。 2. 由 1-2 人擔任觀察員。 3. 其他成員擔任反映團隊。
提案數	2 小時討論一個案例。3 小時討論兩個案例，一個案例約 90 分鐘。	2 或 3 小時最好都只提一個案例。

	傳統團體督導	敘事取向團體諮商督導
資料	督導者通常會提前拿到案例資料。	有時督導者可以不必提前拿到案例資料。
焦點	焦點在個案的問題或提案心理師的困境，提案心理師壓力大。因為聚焦在「找正確答案」。	焦點在提案心理師的需要與期待，提案心理師壓力小。目的是提供一個思考空間，眾聲齊發、多元觀點，容納異質多音，拓展多層次專業觀點。
誰是專家	督導者要扮演專家，可能有成員會不發言，可能形成一言堂。	督導者保持透明度，大家都是專家，每個人都要發言，形成多元思考。

眾，安靜地傾聽並沉澱與反思，反映團隊中的成員在不同角色位置的體驗，也給出不同的故事脈絡，將豐富來訪者、提案心理師、督導者的厚度，有助於拓展提案心理師和現場參與者的多層次觀點。

5. **以反思性歷程達到歷程性反思**。觀察員的歷程回顧報告，一方面邀請全體包含督導者共同參與反思性歷程，另一方面也讓反映團隊的成員再次成為聽眾，可以反身性理解與品味反映團隊歷程、氣氛、主題等等變化所生產出來的知識，藉此提升團體督導心理師們的專業知能。

可能是一種同儕督導的模式？

2010 年時，我在國立臺北護理健康大學的癒心鄉諮商中心擔任連續三年的機構督導，大約一年會進行 8-12 次的團體督導，都是以「敘事取向團體諮商督導模式」來運作。有些是專任心理師，有些是兼任心理師，有些是實習心理師，那是一段非常滋潤而豐收的時光，至今仍然讓我回味無窮。

我記得一年多之後，大家對這個模式已經十分熟練。後來，在場的心理師有人自願出來擔任步驟二「督導者與提案心理師對話」當中的督導者，我順著大夥的期待進入反映團隊或觀察員角色。「敘事取向團體諮商督導模式」中所謂「督導者」可以由同儕中的任何一個人來擔任，不必然是專業社群認證的那種督導者。這已經進入同儕督導的領域，也確實是實踐出：沒有專家，每一個人的觀點都具有價值，每一個人都是彼此的老師。

當我有機會離開督導者角色位置，擔任反映團隊中的一員，我發現我仍然可以自在自發地由自身的角度貢獻所思、所感，這真是彌足珍貴的體驗。更不要說，我也自告奮勇的去擔任觀察員做歷程回顧報告，十足考驗全方位觀察、紀錄的能力，包含主題、動力、結構等等變化。

最重要的是，我們這一群專業同儕，互相刺激、彼此交融，創造出一個專業成長的滋潤空間，以反思性歷程達到歷程性反思。

「敘事取向團體諮商督導」模式，不只是聆聽督導者跟提案心理師的對話，以及督導者如何引導提案心理師思考諮商情境中的來訪者、問題、關係及提案心理師本身等等，其他在場的所有心理師也參與腦力激盪，提供從他／她的角度所思、所感、所悟。諮商督導的目的是要使提案心理師得到更多有用的訊息，督導過程的多元觀點、眾聲齊放，使得提案心理師處於跟眾多觀點對話、激盪（調情），但不急於定調（情歸某處）的狀態中，這樣也模糊了督導者與提案心理師的權力、階級的差異。

實例分享

一段「督導者與提案輔導教師對話」的側寫與反思

　　這是一次失敗的督導，我是這一次「敘事取向團體諮商督導」的督導者，在步驟二「督導者與提案輔導教師一對一對話」時，我幾乎是沒聽懂提案輔導教師在說什麼，根本無法跟提案輔導教師對話，基本上就是無效的對話、缺乏脈絡性理解的對話、不符合敘事精神的諮商督導對話。但是我很快地找到一家咖啡店，立即記錄當時的反思。畫線的細明體是事後諸葛的自我修正，有時錯誤也是很有價值的學習教材，就野人獻曝的呈現在此。標楷體是當時與提案輔導教師的對話，細明體是自己事後諸葛的反思。（以下來訪者和提案輔導教師的資料都做了隱匿性修改）

　　　提案輔導教師：這是一個自閉症個案，小學二年級，父親母
　　　　　　　　　　親都是高教育水準、高社經地位，奶奶是退
　　　　　　　　　　休教師，堅持不讓案主去特教資源班，希望

　　　　　　案主留在一般正常的班級。

　　督導者：接這樣的家庭背景的個案，案主本身又是自
　　　　　　閉症，讓你壓力很大嗎？

事後諸葛的反思：

　　看起來好像這樣回應並沒太大不妥，但是似乎督導者已經預
設心理師會有壓力。這違背了「不做假設只做提問」的基本原
則，更糟糕的是「預設心理師會有壓力」本質上是栽種一個問題
故事的預設。如果換成開啟空間的問話，可以問：奶奶的堅持怎
樣影響個案或個案的父母？或是，奶奶的堅持也會影響你嗎？

　　提案輔導教師：奶奶曾說要我們幫忙孩子的功課，尤其是國
　　　　　　　　　文跟數學。案主無法理解應用題的題意，
　　　　　　　　　無法念課木的句子，考試時需要陪考老師
　　　　　　　　　（我）一題一題唸、說明、解釋、引導，甚
　　　　　　　　　至暗示題目意思，案主才能順利作答。我覺
　　　　　　　　　得我有時候幾乎就是只差沒有說出答案。

　　督導者：他無法理解題意，所以無法回答試題，你認
　　　　　　為就算分數高也不是案主真的學會？

事後諸葛的反思：

　　這完全是原地踏步的鸚鵡式回應，好像沒啥作用。如果換成
促進反思的問話，可以問：你花了很多心力在幫這個個案，可是
你很懷疑自己這樣幫忙，是真的在幫忙還是只是製造假象？或
是，你不想成為沒有真正幫忙的心理師？那下一步或許是：做什
麼事會讓你比較覺得有真的幫到忙？

提案輔導教師：其實分數高，有時候 80 幾分，沒有意義
　　　　　　啊！我問他，他也不會回答，都要變成是非
　　　　　　題才可以作答，例如：是柚子還是不是柚
　　　　　　子？案主就會說「是」。案主只是習慣性的
　　　　　　說「是」，並不是真的懂得題意的作答。這
　　　　　　樣分數出來並不是案主真正的實力。
　　督導者：你知道案主認知狀況無法理解，沒有真正在
　　　　　　作答，你都在幫忙他的功課，卻又徒勞無
　　　　　　功，讓你覺得很挫敗？

事後諸葛的反思：

　　又來了，看起來好像這樣具有情緒支持性的回應並沒太大不
妥，但還是違背了敘事治療「強化提案輔導教師的問題故事，卻
沒有去發現隱藏故事或支線故事」。如果換成解構主流價值的問
話，可以問：你不喜歡扮演沒有增加案主實力的輔導教師，那你
希望成為怎樣的輔導教師？或是，你跟他的輔導工作目前主要目
標是在功課？你有其他更想跟案主進行的主題嗎？

提案輔導教師：我不能不去提示答案，因為奶奶堅持要注意
　　　　　　分數，老師也會希望我輔導國數。他們有時
　　　　　　會直接跟我說「有一大題沒寫」，意思是要
　　　　　　我注意，幫忙讓案主寫完。可是其實我已經
　　　　　　很努力一直提醒案主還有一大題沒寫，他
　　　　　　就是不想寫，我也沒辦法。還有啊！伴讀老
　　　　　　師，我那天就比較早就去，我很早就到，
　　　　　　有段考，我一直陪案主陪考到 10 點多，大

概已經寫了 70%，伴讀老師來接手繼續陪考，後來伴讀老師就跟 ×× 老師說「案主寫不到一半，我一接手一下子考卷就全部寫完了」。他怎麼可以這樣說謊，超生氣的，我很想拿照相機拍下來。

督導者：你怎麼聽到的？是 ×× 老師跟你說的嗎？是什麼使得 ×× 老師要轉述伴讀老師的話給妳聽？你想拍照下來，是要證明他說謊，你很生氣他說謊，你覺得他為什麼要說謊？他好像在跟你競爭？你可以超越這個困難，而去理解伴讀老師的狀態，讓這份理解成為幫助案主的助力？

事後諸葛的反思：

這是什麼爛招啊！天啊！根本把提案輔導教師拋到九霄雲外去了！而且暗藏著對提案輔導教師的懷疑和批評：你被這個伴讀老師激怒了，你應該超越自己的被競爭委屈情緒，去理解伴讀老師的狀態。敘事治療重點是進入生命處境去理解生命經驗和問題故事的社會情境，而不是去搜集資料。如果換成尊重提案輔導教師的做法，應該核對話題，確認什麼是提案輔導教師的關切焦點，可以提問：你覺得被要求做沒有增加案主實力的輔導教師，伴讀老師的態度也讓你很生氣，你說了很多件事情，包括被要求做課業輔導，以及伴讀老師在誇耀自己，你想拍照證明他說謊等等。你希望我們的談話怎樣進行下去，才對你是有用的？或是直接進入解構的問話，保持「不知道」的態度：伴讀老師說謊對你的影響是什麼？拍照的行為想要說明什麼？奶奶堅持要注意

分數這件事，怎樣違反了你的輔導教師身分？老師也會希望你輔
導國數，使你不能不去提示答案，你要不要多說一些這之間的衝
突？

提案輔導教師：（沉默）。

案主的班導師偷偷去填單子，想把案主轉
到特殊資源班，可是開評鑑會議那一天，
導師是沒有出席的，伴讀老師更加影響到導
師，導師壓力也好大，因為她幾乎都在教室
裡，使導師壓力很大……

督導者：你的意思是說那個伴讀老師，不只是會在
××老師前面說謊，也使得導師壓力很大？

事後諸葛的反思：

　　提案輔導教師的沉默可能是感受到被質疑和批評，所以只給
了一個訊息：個案的導師想把個案轉出去。其實，提案輔導教師
當下的沉默是如雷貫耳的在發聲，督導者無法迴避，最後還是要
讓它透明化：剛才我說你可以超越這個困難去理解伴讀老師的狀
態，是不是讓你產生了一些想法，你願不願說出你的想法？或是
直接進入解構的問話：不是只有你被伴讀老師影響，他更加影響
到導師，這個伴讀老師怎麼影響你？當你知道導師也受到伴讀老
師的影響，壓力也好大，對你的意義是什麼？

提案輔導教師：她就坐在教室伴讀，之後都會到處去說那個
導師怎樣怎樣……一直說，讓導師綁手綁
腳……。

督導者：伴讀老師像在監控導師的一舉一動，使得導
　　　　　　師無法動彈備受壓力。

事後諸葛的反思：

　　提案輔導教師也是像導師一樣被監控而處處制肘、無法動
彈。可以開啟空間或解構主流價值提問：綁手綁腳也發生在你身
上嗎？你做什麼會讓綁手綁腳比較不會影響你？如果不被綁手綁
腳，你會是一個怎樣的輔導教師？

　　或許你也可以成為另一個事後諸葛，或是你自己的事後諸
葛，給出更符合敘事精神的專業對話，那就是這個失敗案例最大
的價值了。

一個參與者的思考與回應

　　以下是在一次專任輔導教師的團體督導，也是採取「敘事取
向團體諮商督導」模式時，其中一位參與者的思考與回應：

多元觀點、多元思維的督導模式

　　在過去擔任督導的時候，我們的作法大多是針對受督者
提出的問題，給予回饋、澄清問題，讓他感覺問題得到解
決。如果是團體參與，則是在過程中針對成員提出的問題
做澄清和說明。所以整個過程都是由督導來主導回饋的方
向，且在當下會變成兩個人間的互動，其他成員則是被動的
聆聽，除非舉手提問，否則是沒有參與的機會。但是在參與

老師的督導模式之後我才想到，老師提到的轉折點代表的是團體中氛圍和內容的轉折嗎？這樣的概念是把團體假設成一個整體嗎？因為我想到如果我自己身為督導，那麼我在對特定成員示範技巧時，很容易忽略了其他成員，所以最好的方式就是先把所有人假設成另外一個個體（提案的受督者因為此時是沉默的，所以他可以趁此時再釐清和消化一些東西），這樣也可以避免自己又單獨聚焦在特定某一個人身上，在這樣的前提之下，把後續的討論當成整個整體，就不去管誰說了什麼，而是去看怎麼延續和改變的轉折。

另外一個是，我覺得這樣也可以看到一些東西，以上次為例，我覺得在轉折的過程中，剛好就是大家無力的部分，也就是如果大家對這個部分還存在著改變的能量，認為這是有機會的，大家就會繼續討論，可是當大家出現沉默，甚至有人轉換話題，其實也代表著大家對前一個主題已經難以接續，甚至有可能顯現出對現況的無力部分，這也可以看出大家的極限在哪裡，在專輔教師這個職務上更是明顯。

還是很感謝老師的督導，我想這是我在擔任這個職務上最大的收穫與成長，要不是老師的督導所帶給我的力量，我會很想明年就轉換回一般老師了。

我想這位專任輔導教師大致掌握這個督導模式「多元觀點、多元思維」的精髓了。除了督導者的透明、開放之外，這個督導模式更鼓勵每個人的多元參與，也讓受督者和所有團體成員

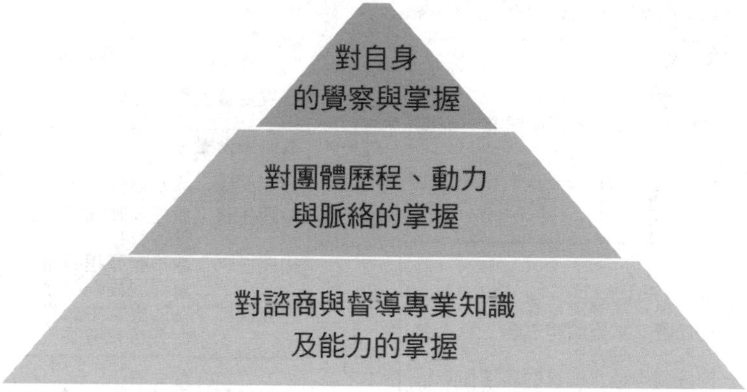

圖 8-5 「敘事取向團體諮商督導」模式——督導者的能力（張
忠勛製，2012 年）

經驗到專業成長過程和專業實踐過程的雙重開放。個案的困境是
用僵化的模式來因應問題，同樣的受督者的困境可能也是導因於
僵化的治療模式。所以敘事取向的諮商督導，可以同時兼顧督導
者與受督者之間、受督者與來訪者之間、來訪者與問題之間，三
層的共時性平行歷程，並以平行歷程達到平行經驗的轉移，也就
是將發生在「督導者—受督者」諮商督導歷程中的專業成長體
驗，轉移到「心理師—來訪者」諮商治療中的療癒關係，再轉移
到「來訪者—問題」於日常生活中的改變。

　　若以圖 8-5 來看，他理解到「敘事取向團體諮商督導」的督
導者能力，要包含一般一對一的諮商督導（圖中最下層）、必須
熟悉團體歷程和動力（第二層），以及督導者對於自身、提案輔
導教師以及反映團隊三者的反思（最上層）。同時他認為「敘事
取向團體諮商督導」模式中督導者所應具備的能力，越往上代表
越高層的能力，也越不明顯出現在諮商督導過程中」，我同意這

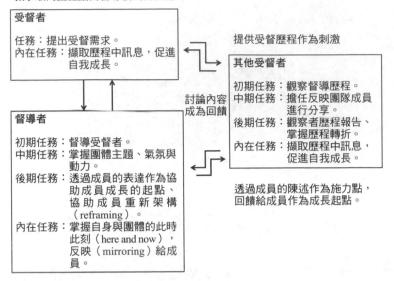

敘事取向團體諮商督導模式的任務

受督者
任務：提出受督需求。 內在任務：擷取歷程中訊息，促進 自我成長。

提供受督歷程作為刺激

其他受督者
初期任務：觀察督導歷程。 中期任務：擔任反映團隊成員 進行分享。 後期任務：觀察者歷程報告、 掌握歷程轉折。 內在任務：擷取歷程中訊息， 促進自我成長。

討論內容
成為回饋

督導者
初期任務：督導受督者。 中期任務：掌握團體主題、氣氛與 動力。 後期任務：透過成員的表達作為協 助成員成長的起點、 協助成員重新架構 （reframing）。 內在任務：掌握自身與團體的此時 此刻（here and now）， 反映（mirroring）給成 員。

透過成員的陳述作為施力點，
回饋給成員作為成長起點。

圖 8-6 「敘事取向團體諮商督導」模式——反映團隊的多元觀
點（張忠勛製，2012 年）

個觀點，因為最上層涉及更多歷程化與反思性能力。

　　反映團隊進行的時候，參加團體督導的所有成員都有機會發言並貢獻專業視角。他們是以「參與者」狀態提出自己的視角、觀點，貢獻給這個諮商督導過程。不同於傳統團體督導過程中「提問者」，傳統的團體督導的「提問者」固然也參與其中，但是卻隱身在提問的「問題」後面，讓問題指向「提案心理師」，現身的焦點是「提案心理師」，而不是每一個參與的「提問者」。敘事取向團體諮商督導模式，使得提案心理師（或輔導教師）得以當聽眾，以一個旁觀者的位置，聆聽反映團隊的討論，聽見不同的參與成員（提問者）如何思考、體驗。

敘事取向團體諮商督導中，反映團隊「分享、對話、交流、溝通、互動」過程所展現的多元觀點，就是這個督導模式極為珍貴又重要的價值。反映團隊所產生的主題與動力，有助於提案心理師聆聽、思考與觀照。正如作者筆記中所述：督導者和提案的心理師都可以藉此**翻新、翻身、翻深觀點**，同時又借力使力，讓反映團隊所有成員的位置都現身；藉由這個現身，做為自我專業成長起點。

章末語

我開始運用「敘事取向團體諮商督導」模式的起點，是淡水商工輔導室陳水見主任邀我做團體諮商督導。學校地處淡金路線，頗為偏遠，我從石牌過去，還算靠近，這一約，竟然是近十年的緣分，至今未歇。陸續還有台北市國中、小學專任、兼任輔導教師的團體諮商督導，也將近五年。以及花蓮慈濟大學輔導室約兩年、成淵高中及白齡高中輔導室約三年、馬偕醫院一年 4 次，轉眼也三、四年了。最遠甚至到上海財經大學、上海的束華大學，以及其他零星單場邀約的團體諮商督導也不少。這十年來超過 200 場的團體諮商督導，大約有三分之二是採用「敘事取向團體諮商督導」模式，大致參與的成員反應都頗為正面，我個人應該是收穫最多的人。

其中國立臺北護理健康大學的癒心鄉心理諮商中心，因為彼此投入又互相信任，創造許多深入又富創意的體驗，是將「敘事取向團體諮商督導」模式翻轉成同儕督導的園地，最是令人驚艷、難忘。也因此，在臺灣諮商心理學會的諮商督導訓練團

體，我也採用「敘事取向團體諮商督導」模式進行督導原的培訓。現在這 20 幾個心輔所研究生，每月第一個週二晚上的「洞人心菲」敘事治療讀書會，也還是用這個模式運作。

重點回顧

1. 敘事取向諮商督導的信念：
   (1) 促進反思的諮商督導信念，督導提供「反思」的空間，協助受督者覺察自己的專業認同如何影響諮商與心理治療的實踐，提升諮商現場的真誠性、自發性與靈活性。
   (2) 開啟空間的諮商督導信念，鼓勵受督者運用想像力，對於受督者自身、來訪者和諮商專業三者都進行多元、豐厚的描述。
   (3) 解構主流價值的諮商督導信念，督導者要帶著「不知道」的立場去聆聽受督者，開發受督者的觀點，邀請受督者去主動建構實踐知識，共同找到專業實踐的答案。
   (4) 提問而不是給答案的諮商督導信念，督導歷程中的督導者與受督者是「合作」關係，提問可以創造出重要而相應的對話範疇，也可以尊崇受督者的主權。
2. 敘事取向的諮商督導關係，諮商督導的兩大面向為督導關係、督導運作。督導關係方面，要以合作而非指導的位置，注意權力運作，去除權力不當運作對受督者的負面影響。督導歷程的溝通保持開放而透明，隨時以反思性態度查核，並以受督者或督導受訓者為導向。督導者與受督者、受督者與來訪者之間、來訪者與自己的問題之間，形成了三層的共時性平行歷程。心理師的任務是要協助來訪者發展自己面對生活、生命的能力，督導者的任務是要協助心理師發展自己的助人專業能力，導師的任務就是要協助督導受訓者發展自己諮商督導能力。

3. 敘事取向團體諮商督導模式，是敘事治療結合反映團隊操作方式的結構式設計，互為主體性的對話交疊是事情的一種開展狀態，需要不斷的磋商與對話。優點是焦點在提案心理師的需要與期待上，增加督導者的透明度，鼓勵眾聲齊發、多元觀點，拓展出多層次專業觀點，以反思性歷程達到歷程性反思。專業知識的流動以從「外在對話」到「內在對話」，又從「內在對話」傳出去成為「外在對話」，這樣循環多次反覆下去，就創造出繁複、多元、多層的觀點與視角，真正符合敘事治療尊重在地化知識的建構精神。

【附錄 1】
中英文參考書目

※本參考書目均依書籍作者／譯者姓氏排序，英文按字母排序，中文按姓氏筆畫排序。

英文書目

A

Adams, M. (2003). Creating a personal collage to assist with career development. In M. McMahon & W. Patton (Eds., pp.4-7). *Ideas for career practitioner: Celebrating excellence in Australian career practice*. Brisbane, Australian: Australian Academic Press.

Allan, B., & Bourne, I. (1996). *The Social Work Supervisor*. Buckingham and Philadelphia: Open University Press

Amundson, N. E. (1989). A model for individual career counseling. *Journal of Employment Counseling*, 26,132-138.

Anderson, H. & Goolishian, H. (1988). Human systems as linguistic systems: Evolving ideas about the implications for theory and practice. *Family Process* 27: 371-393.

Anderson, H. & Goolishian, H. (1991). The client is the expert: a Not-Knowing approach to therapy. In Gergen (eds). *Therapy as social construction.* (edited with S. McNamee). London: Sage.

Anderson, H. (2000). Supervision as a collaborative learning community. *American Association for Marriage and Family Therapy Supervision Bulletin*. Fall, 7-10.

Anderson, H. (1990). *Then and now: A Journey from "knowing" to "not knowing."* Contemporary Family Therapy, 12(3), 193-179.

Anderson, H., & Goolishian, H. (1992). The client is the expert: A not-knowing approach to therapy. In S. McNamee & K. J. Gergan (Eds). *Therapy as social construction*. Newbury Park, CA: Sage.

B

Baggini. J. (2004), *What's It All about? Philosophy and the meaning of life.* 朱立安‧巴吉尼（2007），《我們為什麼要活著？尋找生命意義的 11 堂哲學必修課》，麥田出版。

Baggini. J. (2015), *Freedom Regained: The Possibility of Free Will.* 黃煜文譯（2016），《你以為你以為的就是你以為的嗎？》，商周出版。

Bakhtin, M. M. (1994). *The Bakhtin Reader: Selected Writings of Bakhtin, Medvedev, and Voloshinov.* ED. By P. Morris. London: Edward Arnold.

Bateson, G. (1972). *Step on an ecology of mind.* New York: Balantine.

Bateson, G. (2002). *Mind and Nature: A Necessary Unity (Advances in Systems Theory, Complexity, and the Human Sciences).* Hampton Press.

Bera, W. (2013b). Narragrams: Visualizing Narrative Therapy (2nd edn), Minneapolis,MN: Kenwood Center Publications.

Béres, L. (1986). *Popular culture and social relations.* Milton keynes, Uk: open University Press.

Béres, L. (1999). Beauty and the beast: the romanticization of abuse in popular culture. *European Journal of Cultural Studies*, 2(2), pp. 191-207.

Béres, L. (2002). Negotiating images: Popular culture, imagination, and hope in clinical social work practice, Affilia: *Journal of Women and Social Work*, 17(4), 429-447.

Béres, L. (2009). Mindfulness and reflexivity: The noself as reflective practitioner. In S. Hick (ed.), *Mindfulness and Social Work: Reflective Practice and Interventions* (pp. 57-75), Chicago, IL: Lyceum Books.

Béres, L. (2012). A thin place: narratives of space and place, Celtic spirituality and meaning. *Journal of Religion and Spirituality in Social Work: Social Thought*, 31(4), pp. 394-413.

Béres, L. (2013). Celtic spirituality and postmodern geography: Narratives of engagement with place. *Journal for the Study of Spirituality*, 2(2), 170-85.

Béres, L. (2014). *The narrative practitioner. Basingstoke*, UK: Palgrave MacMillan.

Beres, L., & Nichols, M. (2010). Narrative therapy group interventions with men who have used abusive behaviors. Families in Society: *The journal of Contemporary Social Services*, 91(1), 60-66.

Béres, L., (2001). *Romance, suffering and hope: reflective practice with abused women*. Unpublished PhD thesis.

Berger, P. L., & Luckmann, T. (1967). *The social construction of reality: A treatise in the sociology of knowledge*. Garden City, N.Y: Doubleday.

Berger, P., & Luckmann, T. (1966). *The social construction of reality*. New York: Doubleday.

Bernard, J. M., & Goodyear, R. K. (2004). *Fundamentals of clinical supervision (3rd ed.)*. Boston, MA: Allyn and Bacon.

Bollas, C. (1987). *The shadow of the object: Psychoanalysis of the unthought known*. Manhattan, NY: Columbia University Press.

Bordin, E. S. (1983). A working alliance based model of supervision. *The Counseling Psychologist*, 11(1), 35-42

Boyer, B. & Wertsch, J. V. (2009). *Memory in Mind and Culture*. Cambridge University Press

Brott, P. E. (2001). The storied approach: A postmodern perspective for career counseling. *The Career Development Quarterly*, 49, 304-313.

Bruner, J. (1986). *Actual Mind: Possible World*. Cambridge, MA: Harvard University Press.

Bruner, J. (1991). The Narrative Construction of Reality *Critical Inquiry*, 18:1, 1-21.

Bruner, J. (1995). The Autobiographical Process. *Current Sociology*. 43.2, 161-177.

Bruner, J. (1986). *Actual mind/possible world*. Cambridge: Harvard University Press.

C

Campbell, C., & Ungar, M. (2004). Constructing a life that works: Part 2, an approach to practice. *The Career Development Quarterly*, 53, 28-40.

Chiu, C-y., Gelfand, M., Yamagishi, T., Shteynberg, G., & Wan, C. (2010). Intersubjective culture: The role of intersubjective perceptions in cross-cultural research. *Perspectives on Psychological Science*, 5, 482-493.

Clandinin, D. J. and Connelly, F. M. (2000). *Narrative inquiry: Experience and story in qualitative research*. San Francisco: Jossey-Bass.

Clandinin, D. J., & Connelly, M. (1998). *Stories to live by: Narrative understandings of school reform*. Curriculum Inquiry, 28, 149-164.

Cochran, L. (1991). *Life-shapping decision*. New York: Lang.

Cochran, L. (1997). *Career counseling: A narrative approach*. CA: Sage.

Cochran, L. (1997/2006). *Career counseling: a narrative approach.* 黃素菲譯，《敘事取向的生涯諮商》，台北：張老師文化公司。

Copple, C., Sigel, I. E., & Saunders, R. (1984). *Educating the young thinker: Classroom strategies for cognitive growth*. Hillsdale, NJ: Lawrence Erlbaum.

Crossley, N. (2004). Not being mentally ill: Social movements, system survivors and the oppositional habitus. *Anthropology and Medicine, 11*(2), 161-180. doi: 10.1080/13648470410001678668

Csikszentmihalyi, M. and Beattie, O. (1979) 'Life Themes: A Theoretical and Empirical Exploration of their Origins and Effects. *Journal of Humanistic Psychology*, 19, 45-63.

D

Davies, B., & Harré, R. (1990). Positioning: The discursive production of selves. *Journal for the Theory of Social Behaviour, 20*(1), 43-63.

Deleuze, G.& Parnet, C. (2007). Dialogues. New York: Columbia University Press

Derrida, J. (1978). *Writing and difference*. Chicago: University of Chicago Press.

Derrida, J. (1988). *Limited Inc*. Evanston, IL：University of Illinois Press. I.

Dickinson, H. (2014). Totsites – Baby www.totsites.com/tot/gefescent140/ journald/561544.html JOURNAL. Howard Kanamori apologize to happiness posted on 05/04/2014.

Diener, E., & Larsen, R. J. (1993).The subjective experience of emotional well-being. In M. Lewis & J. M. Haviland (Eds), *Handbook of emotions.* (pp.405-415). New york: Guilford Press.

Duvall, J., & Béres, L. (2011). *Innovations in Narrative Therapy: Connecting Practice, Training, and Research,* New York: W.W. Norton.

Duvall, J., Young, K., Kays-Burden, A. (2012). *No more, no less: Brief mental health services for children and youth.* Ontario Centre of Excellence for Child and Youth Mental Health

E

Egan, G. (1975). *The Skilled Helper: A model for systematic helping and interpersonal relating.* Monterey, CA: Thomson Brooks/Cole.

Egan, G. (1982).*The Skilled Helper: model, skills, and methods for effective helping.* Brooks/Cole.

Egan, G. (2014). *The Skilled Helper: A Problem-Management and Opportunity-Development Approach to Helping.* 10th. Brooks/Cole Pub Co ,.

Epston, D. &. White, M. (1992). *Experience, Contradiction, Narrative and Imagination: Selected papers of David Epston & Michael White, 1989-1991.* Adelaide, South Australia: Dulwich Centre Publications.

Epston, D. (2008). *Down under and up over: travels with narrative therapy.* Edited by Barry Bowen. Karnac Books. ISBN 978-0-9523433-1-8

Epston, D. (2016). Re-imagining narrative therapy: A history for the future. *Journal of Systemic Therapies, 35*(1), 79-87.

Epston, D., & Freeman, J., & Lobovits,D. (1997). *Playful approaches to serious problems: narrative therapy with children and their families.* W.W. Norton.

Epston, D., & Maisel, L. R., & Borden, A. (2004). *Biting the hand that starves you: inspiring resistance to anorexia/ bulimia.* W.W. Norton.

F

Fink, E. (1981), Operative Concepts in Husserl's Phenomenology. (pp. 56-70). In *Apriori and World. European Contributions to Husserlian Phenomenology.* Ed. McKenna, R. M. Harlan, L. E. Winters, Martinus Nijhoff Publhers.

Fook, J. & Gardner, F. (2007). *Practicing critical reflection: A resource handbook.* Berkshire: Open University Press.

Freeman, J. (1993). *Rewriting the self: History, Memory, Narrative.* London and new york; Routledge

Freeman, J. (2017). *Narrative therapy applying in partnership and family*「敘事治療在伴侶與家庭中的運用」。台北：福華國際文教會館 103 階梯教室。心靈工坊主辦，2017 年 6 月 16 日至 6 月 18 日。

G

Gattiker, U.E., & Larwood, L. (1986). Subjective career success: A study of managers and support personnel. *Journal of Business and Psychology, 1*(2). 78-94.

Geertz, C. (1957). Ritual and Social Change: A Javanese Example. *American Anthropologist.* 59(1):32-54.

Geertz, C. (1973a). *The Interpretation of Cultures: Selected Essays.* New York: Basic.

Geertz, C. (1973b). Thick Description: Toward an Interpretive Theory of Culture. In *The Interpretation of Cultures: Selected Essays.* pp 3-30. New York: Basic Books.

Geertz, C. (1992). Local Knowledge and Its Limits: Some Obiter Dicta. *Yale Journal of Criticism.* 5(2):129-135.

Geetz, C. (1983). *Local knowledge: Future essays in interpretive anthropology.* New York: Basic Books.

Gergan, K. J. (2001). *Social Construction in Context.* London: Sage.

Gergan, K. (1985). *The social construction of the person.* (edited with K. E. Davis). New York: Springer-Verlag press.

Gergan, K. (1985). The social constructionist in modern psychology. *American*

Psychologist, 40, 266-275.

Gergen, K., & Kaye, J. (1991). Beyond narrative in the negotiation of therapeutic meaning. In Gergen (eds). *Therapy as social construction*. (edited with S. McNamee). London: Sage.《翻轉與重建：心理治療與社會建構》，心靈工坊出版。

Gergan, K. (1999). *An invitation to social construction*. London: Sage.

Gergen, K., & Kaye, J. (1991). Beyond narrative in the negotiation of therapeutic

Gergen, K.J (1985), The social constructionist movement in modern psychology. *American Psychologist, 40*(3): 266-275, doi:10.1037/0003-066X.40.3.266

Gergen, K.J.&Gergen, M.M. (2017). 台北：馬偕紀念醫院福音樓九樓大禮堂。心靈工坊主辦，2017 年 10 月 27 日至 10 月 29 日。

Gergen, K.J.&Gergen, M.M. (1984). 'The Social Construction of Narrative accounts', in Gergen,.J.&Gergen, M.M. (eds). *Historical Social Psychology*. Hillsdale, Nj: Lawrence Erlbaum. Pp. 173-190

Goffman, E. (1961). *Asylums: Essays on the Social Situation of Mental Patients and Other Inmates*. Doubleday print.

Goolishian, H. (1990). Therapy as a linguistic system: hermeneutics, narrative and meaning. *The Family Psychologist*, 6, 44-45.

Guterman, J. T., & Rudes, J. (2008). Social constructionism and ethics: Implications for counseling. *Counseling and Values, 52*(2), 136-144.

Guterman, J. T., Rudes, J. (2005) A Narrative Approach to Strategic Ecle cticis, *Journa lof Mental Health Counseling,27*(1),1-12.

H

Hare-Mustin, R. (1994). Discourses in the mirrored room: A postmodern analysis of therapy. *Family Process*, 33, 19-35.

Hartung, P. J., Savickas, M. L. & Walsh, W. B. (eds) (2015). *APA handbook of career intervention*, Volume 1 Foundations, Washington, DC: American Psychological Association.

Heather, R. (2008). *A Sequential Analysis of Externalizing in Narrative Therapy with Children*. Canada: M.A., Brock University.

Heinz, W. R. (2002). Transition discontinuities and the biographical shaping of early work careers. *Journal of Vocational Behavior, 60*, 220-240.

Hoffman, L. (1981). *Functions family therapy*. New York: Basic Books.

Hoffman, L. (1985). Beyond power and control: Toward a "second order" Family system therapy. *Family Systems Medicine*. 3, 381-393.

Holloway, E.L. (1995). *Clinical Supervision*. Thousand Oaks, CA: Sage

Holloway, E.L.,&Poulin, K. (1995). Discourse in supervision. In J.Siegfried (Ed.) *Therapeutic and everyday discourse as behavior change: Towards a micro-analysis in psychotherapy process research.* (pp.245-273). New York: Ablex.

Howard, G. (1989). *A tale of two stories: Excursions into a narrative approach to psychology*. Notre Dame, IN: Academic Publications.

J

James, W. (1981). *The principle of psychology*. Cambridge, MA: Harvard University press. Original work published 1890.

Jameson, F. (1988). Postmodernism and Consumer Society. *In Postmodernism and Its Discontents*. Ed. E. Ann Kaplan. London: Verso Print., 13-29.

Jung, C.G. (1985). *Synchronicity: An acausal connecting principle*. London, UK: Routledge.

K

Klapp, O. E. (1969). *Collective search for identity*. New York, NY: Holt, Rinehart.

Kockelmans, J. J. (1967). Husserl's original view on phenomenological psychology. In J. J. Kockelmans (ed.), *Phenomenology*, (pp. 418-449). New York: Doubleday & Company.

Korzybski, A. (2010). *Selections from Science and Sanity, Second Edition*. Institute of General Semantics.

Kvale, S. (Eds). (1992). *Psychology and postmodernism*. London: Sage.

L

Ladany, N.,Ellis,M.V., & Friedlander, M.L. (1999). The supervisory working alliance,trainee self-efficacy,and satisfaction. *Journal of Counseling & Development*, 77, 443-475.

Lax, D. W. (1991). Postmodern thinking in a clinical practice. In Gergen, K. (eds) *Therapy as social construction*. (edited with S. McNamee). London: Sage. 《翻轉與重建：心理治療與社會建構》，宋文里譯註（2017），心靈工坊出版。

Liu C, Placais PY, Yamagata N, Pfeiffer BD, Aso Y, Friedrich AB, Siwanowicz I, Rubin GM, Preat T, Tanimoto H (2012). A subset of dopamine neurons signals reward for odour memory in Drosophila. Nature 488: 512-6

Loftus, E.F., Palmer, J.C. (1974). Reconstruction of Automobile Destruction: An Example of the Interaction Between Language and Memory. *Journal of Verbal Learning and Verbal Behavior*. 13 (5): 585-9. doi:10.1016/S0022-5371(74)80011-3.

Lomas, P. (1981). *The Case for a Personal Psychotherapy*. Oxford: Oxford University Press.

M

Madigan, S. (2011). *Narrative therapy* (2nd ed.). Washington, D C: American Psychological Association

Madigan, S., Law, I. (1992). Discourse not language: The shift from a modernist view of language to the postmodern analysis of discourse in family therapy. *Dulwich Center Newsletter*, 1, 31-36.

Majcher ,J-A., Daniluk, J.C. (2009). The process of becoming a supervisor in a doctoral supervision training course. *Train. Educ. Prof. Psychol.* 3: 63-71.

Marsten, D., & Epston, D., & Markham, L. (2016) *Narrative Therapy in Wonderland: Connecting with Children's Imaginative Know-How*. W. W. Norton & Company.

Maxine, B., Rothe, H.A., & Moritz, C. (1971) . *Current Biography Yearbook*. H.W. Wilson Company.

McAdams, D. P. (2006). The problem of narrative coherence. *Journal of Constructivist Psychology*, 19(2), 109-125

McLeod, J. (1997), *Narrative and psychotherapy*. Sage Publications.

McLeod, J. (2001), *Qualitative Research in counseling and Psychotherapy*. London Thousand Oaks. New Delh: Sage Publications.

Mink, L.O. (1972). Interpretation and narrative understanding. *The Journal of Philosophy, 69*, 735-737. doi: 10.2307/2022937

Moras, K. (1993). The use of treatment manuals to train psychotherapists: observations and recommendations. *Psychotherapy*, 30 (4): 581-586.

Morson, G. S. (1994) *Narrative and Freedom: The Shadows of Time*. New Haven, CT: Yale University Press.

Myerhoff, B. (1982). Life history among the elderly: Performance, visibility and remembering. In Ruby, J. (ed): *A Crack in the Mirror. Reflective perspectives in anthropology*. Philadelphia: University of Pennsylvania Press.

Myerhoff, B., (Author),Kaminsky, M. (Editor). (1992). *Remembered lives: the work of ritual, storytelling, and growing older*. University of Michigan Press

N

National Career Development Association (NCDA) Statement. *Career Development: A Policy*. (Adopted March 16, 1993; Revised 2011). 查詢時間：2016.1.

Nelson, M. L., & Friedlander, M. L. (2001). A close look at conflictual supervisory relationships: The trainee's perspective. *Journal of Counseling Psychology*, 48(4), 384-395

Newton, T. (2007). *Nature and Sociology*. Abingdon: Routledge.

Nolen-Hoeksema, .S., Fredrickson, L. B., Loftus, R. G., & Lutz, C. (2014). Atkinson and Hilgard's *Introduction to Psychology 16th edition*. Publisher: Cengage Learning.

O

O'Neill, P. (2002) Tectonic change: The qualitative paradigm in psychology.

Canadian Psychology, 43, 190-194.

P

Pare, D. A. (1995). Of families and other cultures: The Shifting paradigm of family therapy. *Family Process*, 34,1-19.

Parry, A. & Doan, R. (1994). *Story re-visions: narrative therapy in the post-modern world.* New York: Guilford Press

Polkinghorne, D. (1988): *Narrative knowing and the Human Science.* Albany, NY: State University of New York.

Prell, R. (1989). The Double Frame of Life History in the Work of Barbara Myerhoff. In The Personal Narratives Group (eds.). *Interpreting Women's Lives: Interpreting Women's Lives: Feminist Theory and Personal Narratives.* pp. 241-258. Bloomington, IN: Indiana University Press..

Pryor, R. & Bright, J. (2011). *The Chaos Theory of Careers.* Routledge, New York.

Pryor, R.G.L. & Bright J.E.H. (2007). Applying chaos theory to careers: Attraction and attractors. *Journal of Vocational Behavior*, 71(3), 375-400.

Q

Quine, W.V. (1960). *Word and Object.* Harvard University Press, Cambridge, MA.

R

Ray, W. A., & Keeney, B. (1993). *Resource focused therapy.* London, UK: Karnac Books.

Rennie, D. L. (1998). *Client-centred counselling: An experiential approach.* Thousand Oaks, CA: Sage.

Rennie, D. L. (2001). The client as self–aware agent in counselling and psychotherapy. *Counselling and Psychotherapy Research*, 1(2), 82-89.

Rennie, D. L. (2007). Methodical hermeneutics and humanistic psychology. *Humanistic Psychologist*, 35(1), 1-14.

Rennie, D. L. (2012). Qualitative methods as methodical hermeneutics. *Psychological Methods*, 17(3), 385-398.

Ricoeur, P. (1981). The narrative function. (J.B.Thomson Tran.) *Hermeneutics and the human sciences* (pp.274-294). Cambridge, England: Cambridge University Press.

Ricoeur, P. (1987). Life: A story in search of a narrator. (Trans. by J. N. Kraay & A.J. Scholten) In M.C.Doeser & J. N. Kraay (Eds.) *Facts and values:Philosophical reflections from Western and non-Western perspectives*. (pp.121-132) Dordrdcht: Martinus Nijhoff. doi: 10.1007/ 978-94-009-4454-1_9.

Ricoeur, P. (1984): *Time and Narrative*. Vol.I. Trans K. McLaughlin and D. Pellauer. Chicago, IL: University of Chicago Press.

Rorty, R. (1989). *Contingency, irony, and solidarity*. New York: Cambridge University Press.

Roth, S., & Epston, D. (1996). Consulting the problem about the problematic relationship: An exercise for experiencing a relationship with an externalized problem. In M. Hoyt (Ed.), *Constructive therapies: Volume 2*, (pp. 148-162). New York, NY: Guilford.

Ryff, C.D., Keyes, C.L.M., (1995). The structure of psychological well-being revisited. *Journal of Personality and Social Psychology*. Vol 69(4), 719-727.

S

Sarbin, T. (Ed.) (1986): *Narrative Psychology: The Storied nature of Human Conduct*. New York: Praeger.

Savickas, M. L. (2011). *Career counseling*. Washington, DC: American Psychological Association.

Savickas, M. L. (2012.a). Life design: A paradigm for career intervention in the 21st century. *Journal of Counseling and Development*, 90, 13-19.

Savickas, M. L. (2012.b). Constructing Careers: Actors, Agents, and Authors. *The Counseling Psychologist*. 41, 1-15.

Savickas, M. L. (2013.a). *Career counseling*. Washington, DC: American

Psychological Association Press.

Savickas, M. L. (2015). Life-Design Counseling Manual. *www.vocopher.com/ LifeDesign/LifeDesign.pdf*. ISBN (13: 978-0-578-16546-2) 查詢時間： 2016.1

Savickas, M.L. (1997) Career Adaptability: An Integrative construct for Life-Span, Life-Space Theory. *The Career Development Quarterly*, 45, 3, pp.247-259

Savickas, M.L. (2013.b). Career construction theory and practice. In Lent, R.W. & Brown, S.D. (Eds), *Career Development and Counseling: Putting Theory and Research to Work* (2nd edition. pp. 144-180). Hoboken, NJ: John Wiley & Sons.

Savickas, M.L. (2005). The Theory and Practice of Career Construction. Pp. 42-70 in *Career Development and Counseling: Putting Theory and Research to Work*, edited by S. D. Brown and R. W. Lent. Hoboken, NJ: John Wiley & Sons.

Savickas's keynote_2013 International conference of NCDA – YouTube https:// www.youtube.com/watch?v=uqz-5ny8T-s. 查詢時間：2016.1.

Scheibe, K. (1986). Self-narrative and adventure. In Sarbin, T. (Ed.), *Narrative Psychology: The storied nature of human conduct*. 129-151.New York: Praeger.

Schein, E. H. (1978). *Career dynamic. matching individual and organizational needs*. Reading, Massachusetts: Addison-Wesley.

Schmidt, G., & Trenkle, B. (1985). An integration of Ericksonian techniques with concept of family therapy. In J. Zeig(Ed.), *Ericksonian Psychotherapy, vil. II: Clinical application* (p.132-154). New York: Bruner/ Mazel.

Schön, D.A. (1983). *The Reflective Practitioner: How Professionals Think In Action*. New York: Basic Books.

Sismondo s. (2009). *An introduction to science and technology studies*. Wiley Blackwell publish.

Spence, D. P. (1982). *Narrative Truth and Historical Truth*. New York: Norton.

Spence, P. D. (1984). *Narrative Truth and Historical Truth: Meaning and Interpretation in Psychoanalysis*. W.W. Norton & Co Inc.

Spencer, G., Niles, Norman E., Amundson, & Neault, R.A. (2011). *Career Flow: A Hope-Centered Approach to Career Development*. Published by Pearson, Boston.

Spinelli, E. (2005), *The Interpreted world: An Introduction to phenomenological Psychology*. London Thousand Oaks. New Delh: Sage Publications.

Stern, D. (2004). *The present moment in psychotherapy and everyday life*. New York, NY: W.W. Norton & Company.

Storm, S. (2012). *Supervision Mentor: Identity Framework, & Stories*. 2012,10.31, 台北，華人心理治療中心與臺灣諮商心理學會聯合主辦的工作坊。

T

Turner, V. W. (1982) *From Ritual to Theatre: the Human Seriousness of Play*, New York: PAJ Publications.

Turner. W. V. (1969). *The Ritual Process: Structure and Anti-Structure*. Chicago: Aldine Publishing Company

Turner. W. V. (1986). *The Anthropology of Experience*. University of Illinois Press.

V

van Gennep, A. (1960). *The Rites of Passage*. Translated by Monika Vizedom and Gabrielle L. Caffee. University of Chicago Press, Chicago, III.,

van Gennep, Arnold (1908) *The Rites of Passage*, English trans 1960 by M. B. Vizedom and G.L.Caffee, London, Routledge & Kegan Paul.

von Glasersfeld, E. (1995). *Radical constructivism: A way of knowing and learning*. London & Washington: The Falmer Press.

Vygotsky, L. S. (1978). *Mind in society: The development of higher psychological processes*. Cambridge, MA: Harvard University Press.

W

Waterman, A. S. (2008). Reconsidering happiness: a eudaimonist's perspective. The *Journal of Positive Psychology*, 3(4), 234-252.

484 | 敘事治療的精神與實踐

Watzlawich, P. (Eds.)(1984). The Invented reality. New York: Norton.

Weingarten, K. (1991). The Discourse of intimacy: Adding a social constructionist and feminist view. *Family process*, 30, 285-305.

White, M. & Epston, D. (1990). *Narrative Means to Therapeutic Ends*. WW Norton & Company, New York

White, M. & Epston, D. (1989). *Literate Means to Therapeutic Ends*. Adelaide: Dulwich Centre Publications.

White, M. & Morgan , A. (2006). *Narrative Therapy with Children and their Families*. Adelaide, South Australia: Dulwich Centre Publications.

White, M. (1988a). *Saying hullo again: The incorporation of the lost relationship in the resolution of grief*. Dulwich Centre Newsletter, Spring.

White, M. (1995a). *Re-Authoring Lives: Interviews and Essays*. Adelaide, South Australia: Dulwich Centre Publications. ISBN 0-646-22735-1

White, M. (1988). The externalizing of the problem and the re-authoring of lives and relationship. *Dulwich Centre Newsletter*, spring, 7-11.

White, M. (1988b). The externalizing of the problem and the re-authoring of lives and relationship. *Dulwich Centre Newsletter*, spring, 7-11.

White, M. (1995b). *Narratives of Therapists' Lives*. Adelaide, South Australia: Dulwich Centre Publications.

White, M. (2000). *Reflections on Narrative Practice*. Adelaide, South Australia: Dulwich Centre Publications.

White, M. (2003). Narrative practice and community assignment. *International Journal of Narrative Therapy and Community Work*. (2) pp. 17-55.

White, M. (2004). *Narrative Practice and Exotic Lives: Resurrecting diversity in everyday life*. Adelaide, South Australia: Dulwich Centre Publications.

White, M. (2007). *Maps of Narrative Practice*. New York: WW Norton & Company

White, M. (2011). *Narrative Practice: Continuing the conversations*. WW Norton & Company, New York.

White. M. & Morgan. A. (2006). *Narrative Therapy with Children and their Families*. Adelaide, South Australia: Dulwich Centre Publications.

Worlf., V. (1925). Mrs. Dalloway. Hogarth Press. 史蘭亭譯（2000），《戴洛維夫人》，希代出版社。

中文書目

一～四劃（丁文王）

丁凡譯（2012），《敘事治療的實踐：與麥克持續對話》，張老師文化。White. M. (2011). *Narrative Practice: Continuing the conversations*. WW Norton & Company, New York.

文軍、趙勇譯（2003），《社會理論與現代社會學》，中國大陸：社會科學文獻出版社。Giddens., A. (1991). *Modernity and Self-identity: Self and Society in the Late Modern Age*. Stanford, CA: Stanford University Press.

王文秀、徐西森、連廷嘉（2006），我國大學校院與社會輔導機構諮商督導工作實施現況及其人員專業知覺之探討研究，《中華輔導學報》，19 期，1-40。

王文融譯（2004），《時間與敘事》，第二卷，北京：生活·讀書·新知三聯書店出版。Ricoeur, P.（原著出版於 1984）

王雅各譯（2002），《不同的語音：心理學理論與女性的發展》，台北，心理出版社。Gilligan, C. (1982). *In a different voice: psychological theory and women's development*.

五～八劃（古朱江余宋李杜沈周易林金）

古雅塔（2013），《喚醒老虎：啟動自我療癒本能》，台北：奧修生命之道學苑。Levine, A. P. (1997). *Waking the Tiger: Healing Trauma*. North Atlantic Books. California, USA.

朱侃如譯（1997），《千面英雄》，立緒出版社。Joseph Campbell, J. (1949). *The Hero with A Thousand Faces*.

朱則剛（1994），〈建構主義知識論的起源與近代哲學知識論的趨勢〉，《教育工學的發展與派典演化》，173-219，師大書院。

江志輝譯，M. Merlean-Ponty 著（2012），《知覺現象學》，北京，商務印書館。

余德慧（1992），《敘說資料的意義：生命視框的完成與進行》，「中央研究院民族學研究所主辦之中國人的心理與行為科際學術研討會」之論文，台北。收錄「中國人的心理與行為——理念及方法篇」，441-475。台北：桂冠圖書公司。

余德慧（2001），《詮釋現象心理學》，心靈工坊。

宋文里譯（2016），《關係的存有：超越自我‧超越社群》，台北，心靈工坊。Gergen, K. J. (2011). *Relational Being: Beyond Self and Community*. Oxford University Press.

宋偉航譯（2017），《自己的房間》，台北，漫遊者文化出版。Virginia Woolf 著 (1929), *A Room of One's Own.*

李明輝譯注（2013）《康德歷史哲學論文集（增訂版）》，聯經出版公司。李幼蒸譯（1994），Husserl, E.（1922）著，《純粹現象學通論》，桂冠圖書公司。

李偉俠（2005），《知識與權力：對科學主義的反思》台北，揚智出版社。

李淑珺譯（2005），《行動的反思團隊：家族治療中的合作式應用》，台北，張老師文化。Friedman, S., *The Reflecting Team in Action: Collaborative Practice in Family Therapy.*

李淑珺譯（2008），《說故事的魔力：兒童與敘事治療》，White, D., & Morgan, A. (2006). *Narrative Therapy with Children and their Families.*

李維倫（2004），〈做為倫理行動的心理治療〉，《本土心理學研究》，22，359-420。

李維倫（2016），〈從實證心理學到實踐心理學：現象學心理學的本土化知識之道〉，《臺灣心理諮商季刊》，8 卷 2 期，1-15 頁。

李維譯（1997），《思維與語言》，浙江教育出版社，L.S.Vygotsky 著。

杜聲鋒（1988），《拉康結構主義精神分析學》，三聯書店（香港）有限公司。

沈清松（1993），〈從現代到後現代〉，《哲學雜誌》，第四期，頁 4-25。

周和君譯（2008），《合作取向治療：對話‧語言‧可能性》，台北，張老師文化。Anderson, H. (1997). *Conversation Language and Possibilities: A Postmodern Approach to Therapy.*

易之新譯（2000），《敘事治療：解構並重寫生命的故事》，台北：張老

師文化公司。Freedman, J., & Combs, G. (1996). *Narrative Therapy: The Social Construction of Preferred Realities*. W. W. Norton & Company, New York.

林子雯（1996），〈成人學生多重角色與幸福感之相關研究〉，《正修學報》，13，269-290。

林美珠、田秀蘭譯（2017），《助人技巧：探索、洞察與行動的催化（第四版）》，學富文化出版。Clara E. Hill (2014), *Helping Skills: Facilitating Exploration, Insight, and Action*. Amer Psychological Assn.

金樹人（1997），《生涯諮商與輔導》，台北：東華書局。

金樹人（2011），《生涯諮商與輔導（重修版）》，台北，東華出版社。

金樹人（2014），《上海交通大學授課講義》，未出版文稿。

九～十二劃（侯姜施倪翁馬高連陳畢莫許黃）

侯維之譯（2007），《當尼采哭泣》，台北：張老師文化。Yalom, I. D (1991). *When Nietzsche Wept*. New York: Basic Books/Harper.

姜志輝譯（2005），《知覺現象學》，上海，商務印書館。M. Merlear-Ponty (1945). *Phenomenology of Perception*. London: Routledge & Kegan Paul.

施香如（1996），《諮商督導過程的建構：循環發展督導模式之分析研究》，國立彰化師範大學研究所博士論文（未出版）。

倪梁康著（2016），《胡塞爾現象學概念通釋（增補版）》，上海：商務印書館。

倪梁康編（1997），《現象學：不列顛大百科全書》，胡塞爾（E. Husserl）著（1913），上海：三聯書局。

倪梁康譯（2006），《邏輯研究》，上海譯文出版社。Husserl, E. (1900). *Logische Untersuchungen*. Erster Teil: Prolegomena zur reinen Logik.

翁令珍、廖鳳池（2005），〈諮商督導歷程中人際行為與受督導者知覺之分析研究〉，《教育心理學報》，37 期，99-122。

馬一波、鐘華（2006），《敘事心理學》，上海教育出版社。

馬元龍著（2006），《雅克‧拉康：語言維度中的精神分析》，北京，東方山版社。

馬彪／導讀譯註（2014），《後漢書》，台北，中華書局印行。

高宣揚（1993）《存在主義》，台北，遠流出版公司。

高宣揚（1999），《後現代論》，五南圖書出版有限公司。

高宣揚（2005），《利科的反思詮釋學》，同濟大學出版社。

高涌泉（2013），〈電子沒有世界線：你不看月亮時，它還在那裡嗎？〉，《科學雜誌》，137 期 7 月。

連廷嘉、徐西森譯（2007），《諮商與心理治療質性研究》，心理出版社。McLeod, J. (2001). *Qualitative Research in counseling and Psychotherapy*.

陳阿月譯（2008），《從故事到療癒：敘事治療入門》，台北。心靈工坊。Alice Morgan (2000). *What is narrative therapy? An easy-to-read introduction*. Dulwich Centre Publications.

陳瑞麟（1994），《說話行動論的意義和意力》，國立編譯館館刊，第二十三卷，第 295-319 頁。

陳瑞麟（2001），社會建構中的「實在」，《政治大學哲學學報》，第七期，97-126。

陳瑞麟（2002），《批判性地檢視傅柯的「知識／權力」理論》，發表於「再會傅柯」研討會，與「重訪東亞：全球、區域、國家、公民」研討會合辦，文化研究學會 2002 年會，東海大學社會科學院主辦，2002 年 12 月 14、15 口舉行。

陳嘉映、土慶節譯（1988），《存在與時間》，桂冠圖書公司。M. Heidegger(1927), *Sein und Zeit*.

陳榮華（2011），《高達美詮釋學：真理與方法導讀》，台北：三民書局。

張　兵（2015），《不可能的存在之真：拉岡哲學映射》，台北。秀威資訊。

張文哲編譯（2014），《心理學導論》，學富文化事業有限公司。Philip G. Zimbardo., etc., 3th ed.

張如芳譯（2017），《薛丁格的貓：50 個改變歷史的物理學實驗》，大石國際文化。Adam Hart-Davis(2015). *Schrödinger's Cat: Groundbreaking Experiments in Physics*.

張美惠譯（2012），《媽媽和生命的意義》，台北，張老師文化。Yalom,

I. D. (1999). *Momma and the Meaning of Life Tales of Psychotherapy*. Harper Perennial press.

張淑芬、廖鳳池（2010）。受督導者知覺之諮商督導關係歷程及督導關係事件研究，《教育心理學報》，42 卷，2 期，317-338 頁。

張寧譯（2004），《書寫與差異》，麥田出版社。Jacques Derrida (1967). *L'ecriture et la difference. Writing and Difference*, trans. Alan Bass (1978). Chicago: University of Chicago Press.

畢恆達（2000）：家的意義，《應用心理學研究》，8，55-14。Bi, H. D. (2000). "The meaning of home". *Reasearch in Applied Psychology*, 8,55-14.

莫言（2010），《豐乳肥臀》，北京市：北京十月文藝出版社。

許雅惠、廖鳳池（2005）。不同階段個別諮商督導歷程中督導議題與督導策略之分析研究，《輔導與諮商學報》，27 卷 1 期，65-82。

許韶玲（2002），《受督導者知覺其影響督導過程的因素之分析研究》，國立高雄師範大學主辦：諮商與心理治療實習和督導學術研討會論文。

黃仁宇（1987），〈我對『資本主義』的認識〉，收錄在復旦大學歷史系編《中國傳統文化再檢討——下篇：西方文化與近代思潮》。香港：中華商務聯合印出，商務印書館。

黃文宏譯（2000），〈胡塞爾現象學的操作概念〉（第 588-605 頁），載於倪梁康主編，《面相事實本身：現象學經典文學》，北京，東方出版社。

黃孟嬌譯（2008），《敘事治療的工作地圖》，張老師文化。White. M. (2007). *Maps of Narrative Practice*. WW Norton & Company, New York.

黃素菲（2006），《敘事取向的生涯諮商》，台北，張老師文化。Cochran, L. (1997). *Career counseling: A narrative approach*. Thousand Oaks, CA: Sage Publications

黃素菲（2008），〈麥克·懷特（Michael White）對臺灣學界的影響〉，台北：開平高中。發表於「向敘事治療創始人致敬，麥克·懷特（Michael White）追思紀念會」。2008 年 4 月 24 日。

黃素菲（2014），〈以「生涯興趣小六碼」建置多元生涯發展路〉，《教育實踐與研究》，第 27 卷第 2 期，133-166。

黃素菲（2016），〈後現代的幸福生涯觀：變與不變的生涯理論與生涯諮商之整合模型〉，《教育實踐與研究》，第 29 卷第 2 期，137-172。

黃素菲（2018），〈敘事諮商歷程與敘事結構特徵中生活目標改變之詮釋分析〉，《中華心理學報》，52(2)。（接受刊登，107 年 8 月出刊）

黃素菲譯（2016），《敘事治療三幕劇：結合實務、訓練與研究》，心靈工坊。Duvall, J. & Béres, L. (2011). *Innovations in Narrative Therapy: Connecting Practice, Training, and Research*. New York London: W W Norton & Co Inc.

黃惠惠（2005），《助人歷程與技巧（新增訂版）》，台北，張老師文化。

十三～十六劃（楊葉寧廖趙劉鄧蔡盧駱）

楊大春（1995），《德希達（Jacques Derrida）》，台北：生智出版社。

楊恆達、劉北成譯（1998），《立場》，Derrida（1972）原著，台北，桂冠圖書公司。

楊耐冬（1990），《百年孤寂》，台北：志文出版社。Gabriel García Márquez (1967), *Cien años de soledad*。

楊國樞（2008），《華人本土心理學與華人本土契合性》，五南出版社。

葉小燕譯（2014），《被討厭的勇氣》，台北：究竟出版社。岸見一郎，古賀史健原著。

葉安華、李佩怡、陳秉華（2017），〈自我敘說研究取向在臺灣的發展趨勢及研究面向：1994-2014 年文獻回顧分析〉，《臺灣諮商心理學報》，5(1). 65-91。

寧曉萌（2013），《表達與存在：梅洛龐蒂現象學研究》，北京大學出版社。

廖月娟譯（2017），《你要如何衡量你的人生？：哈佛商學院最重要的一堂課（全新增修版），台北，天下文化。Christensen, M. C., Allworth, J., Dillon, K. (2012). *How Will You Measure Your Life?* Harper Collins press. USA

廖世德譯（2001），《故事·知識·權力：敘事治療的力量》，心靈工坊。White, M., & Epston, D. (1990). *Narrative Means to Therapeutic Ends*. W. W. Norton, New York.

趙興國等譯（1998），《文學行動》，北京：中國社會科學出版社。
Derrida (1992). *Acts of Literature*, ed. Derek Attridge, London: Routledge.

劉北成（2001），《臨床醫學的誕生》，台北：譯林出版社。Foucault, M. (1963), *Naissance de la Clinique*. Paris: Presses universitaires de France.

劉北成、陳銀科、方海波，合譯（1998），《言語與現象》，Derrida (1967) 原著，台北，桂冠圖書公司。

劉北成等譯（1992a），《瘋顛與文明》，桂冠圖書公司。Foucault, M. (1961), *Madness and Civilization*. Translated by Khalfa J. NY: Routledge.

劉北成等譯（1992b），《規訓與懲罰：監獄的誕生》，桂冠圖書公司。Foucault, M. (1977). *Discipline and Punish: the Birth of the Prison*. Translated by Alan Sheridan. New York: Random House. Preface to the 1975 edition.

劉北成等譯（2001），《臨床醫學的誕生》，譯林出版社。Foucault, M. (1973). *The Birth of the Clinic*. New York: Pantheon Books. Preface to the 1963 edition.

鄧明宇（2005），〈從沉淪走向能動：一個諮商實務工作者的自我敘說到社會實踐〉，《應用心理研究》，25 期，115-142。

蔡秀玲、陳秉華（2007），〈受督者在諮商督導情境中的情緒覺察歷程研究〉，《教育心理學報》，38（3），311-329。

蔡璧名（2015），《正是時候讀莊子：莊子的姿勢、意識與情感》，天下雜誌出版。

蔡曉雯、郭麗安、楊明磊（2010），〈督導關係中的權力意涵研究：受督者觀點〉，《中華輔導與諮商學報》，27 期，39-77。

蔡錚雲（2006），〈現象學心理學的理論與應用（第二部份）：實徵與詮釋兩種應用模式系譜上的對照〉，《應用心理研究》，29 期，P53-70。五南出版社印行。

盧怡任、劉淑慧（2014），〈受苦轉變經驗之存在現象學探究：存在現象學和諮商與心理治療理論的對話〉，《教育心理學報》，45 卷，3 期，413-433 頁。DOI：10.6251/BEP.20130711.2.

駱明慶（2002），《經濟論文叢刊》，30:1，113-147。

【附錄 2】
延伸閱讀

- 《故事‧知識‧權力：敘事治療的力量（全新修訂版）》
  （2018），麥克‧懷特（Michael White）、大衛‧艾普斯頓
  （David Epston），心靈工坊。
- 《翻轉與重建：心理治療與社會建構》（2017），席拉‧
  邁可納米（Sheila McNamee）、肯尼斯‧格根（Kenneth J.
  Gergen），心靈工坊。
- 《開放對話‧期待對話：尊重他者當下的他異性》
  （2016），亞科‧賽科羅（Jaakko Seikkula）、湯姆‧艾瑞
  克‧昂吉爾（Tom Erik Arnkil），心靈工坊。
- 《敘事治療三幕劇：結合實務、訓練與研究》（2016），吉
  姆‧度法（Jim Duvall）、蘿拉‧蓓蕊思（Laura Béres），心
  靈工坊。
- 《關係的存有：超越自我‧超越社群》（2016），肯尼斯‧格
  根（Kenneth J. Gergen），心靈工坊。
- 《醞釀中的變革：社會建構的邀請與實踐》（2014），肯尼
  斯‧格根（Kenneth J. Gergen），心靈工坊。
- 《從故事到療癒：敘事治療入門》（2008），艾莉絲‧摩根
  （Alice Morgan），心靈工坊。

- 《說故事的魔力：兒童與敘事治療》（2008），艾莉絲·摩根（Alice Morgan）、麥克·懷特（Michael White），心靈工坊。
- 《故事的療癒力量》（2012），周志建，心靈工坊。
- 《敘事治療的實踐：與麥克持續對話》（2012），麥克·懷特（Michael White），張老師文化。
- 《敘事治療的工作地圖》（2008），麥克·懷特（Michael White），張老師文化。
- 《敘事取向的生涯諮商》（2006），賴利·寇克倫（Larry Cochran），張老師文化。
- 《兒童敘事治療：嚴重問題的遊戲取向》（2004），大衛·艾普斯頓（David Epston）、珍妮芙·弗里曼（Jennifer C. Freeman）、丁·勞勃維茲（Dean Lobovits），張老師文化。
- 《敘事治療：解構並重寫生命的故事》（2000），吉兒·佛瑞德門（Jill Freedman）、金恩·康姆斯（Gene Combs），張老師文化。

Master 054

敘事治療的精神與實踐
The Spirit and Practice of Narrative Therapy
作者：黃素菲

出版者—心靈工坊文化事業股份有限公司
發行人　王浩威　總編輯—徐嘉俊
執行編輯—林妘嘉　封面設計—蕭佑任
內頁排版—龍虎電腦排版公司
通訊地址—10684 台北市大安區信義路四段 53 巷 8 號 2 樓
郵政劃撥—19546215　戶名—心靈工坊文化事業股份有限公司
電話—（02）2702-9186　傳真—（02）2702-9286
Email—service@psygarden.com.tw　網址—www.psygarden.com.tw
製版・印刷—中茂分色製版印刷事業股份有限公司
總經銷—大和書報圖書股份有限公司
電話—（02）8990-2588　傳真—（02）2290-1658
通訊地址—248 新北市新莊區五工五路二號
初版三刷—2019 年 02 月　初版九刷—2024 年 09 月
ISBN　978-986-357-103-2　定價—560 元

國家圖書館出版品預行編目資料

敘事治療的精神與實踐 / 黃素菲著 . -- 初版 . --
臺北市：心靈工坊文化，2018.03
面；　公分 . -- (Master ; 54)
ISBN 978-986-357-103-2(平裝)

1. 心理諮商　2. 心理治療

178.4　　　　　　　　　　　　　　　　　　106017086